U0095203

CARTAS
A LUCILIO,
LÚCIO ANEU
SÉNECA

道德书简

全译本

［古罗马］塞涅卡 著

张维民 译

人民文学出版社
PEOPLE'S LITERATURE PUBLISHING HOUSE

本书根据古本江基金会 2007 年葡萄牙文版翻译

CARTAS A LUCILIO, LÚCIO ANEU SÉNECA

Edição da Fundação Calouste Gulbenkian, 2007, 3ªedição, tradução, prefácio e notas de J. A. Segurado e Campos

葡萄牙古本江基金会，2007 年第 3 版

若泽·安东尼奥·瑟古拉多·坎坡斯译注并作序

图书在版编目 (CIP) 数据

道德书简：全译本 /（古罗马）塞涅卡著 ；张维民译 . -- 北京：人民文学出版社，2023

ISBN 978-7-02-017970-1

Ⅰ．①道… Ⅱ．①塞… ②张… Ⅲ．①塞涅卡（Seneca，Lucius Annaeus 前 4-65 年）—书信集 Ⅳ．① B502.43

中国国家版本馆 CIP 数据核字 (2023) 第 087528 号

责任编辑　卜艳冰　何炜宏　邰莉莉
封面设计　钱　珺

出版发行　人民文学出版社
社　　址　北京市朝内大街166号
邮政编码　100705

印　　刷　凸版艺彩（东莞）印刷有限公司
经　　销　全国新华书店等

字　　数　448千字
开　　本　720毫米×1000毫米　1/16
印　　张　27.25　插页　5
版　　次　2023年7月北京第1版
印　　次　2023年7月第1次印刷

书　　号　978-7-02-017970-1
定　　价　148.00元

如有印装质量问题，请与本社图书销售中心调换。电话：010-65233595

目 录

引 言

若泽·安东尼奥·瑟古拉多·坎坡斯

引　言

若泽·安东尼奥·瑟古拉多·坎坡斯

一般人们把卢修斯·阿内乌斯·塞涅卡《致路西利奥的道德书简》（*Epistulae morales ad Lucilium*）看成是塞涅卡署名著作中最重要的一部。这种重要性由于几个方面：时间上看，是作者晚年的作品，因此反映出他比较成熟的思想；塞涅卡这个阶段的生活充满了悲剧色彩（最终导致自杀），在文字中比较清晰地反映出来；涉及题材广泛，对大量不同问题作出了深刻的思考，全部带有伦理性质；这些思索构成非常完美、思想一致的理论框架，非常富于实践性，亦即，是对具体情况的分析，对人性和人的行为，作出非常敏锐的评判；作者所选择的书信体的形式，有利于传达书中所含的大量的关于多种角度的罗马人生活和罗马文明的消息（不论是像我们这类人，认为这些信是塞涅卡与收信人之间真实的通信，还是其他人认为只是一种文学体裁的虚构）；最后，这部著作所提出和讨论的问题的性质，超越了其所写作的时代，提供出一个生动的思索的源泉，对社会的价值观提出深刻的拷问。

恰是这最后的因素，使我们决定翻译这些书信：令我们信服，今天阅读塞涅卡的书信，能够有明显的实践用途，在理解人性和确定人生价值方面，给我们宝贵的建议。出于这一原因，《引言》的内容不是一种对斯多葛派哲学的普遍研究，也不是专门对塞涅卡思想的介绍：关于其他范畴有杰出的著作，为此我们在参考书目中向有兴趣的读者作了介绍。本文仅仅提醒注意，在阅读这些书简前，认为有必要了解的几点问题。因此我们在此避免一切渊博的学识：生平事迹，参考资料，有关文献，哲学理论。所有这些，在适当的情况下，均在译文中作注释。为了与塞涅卡的文章保持一致的体裁，我们的《引言》就是一封致读者的信。

关于书简的收件人，由于与塞涅卡的友谊，而使他的名字与塞涅卡联系在一起，留名千古，我们知道他的名字，完全是因为有这些书信。

清楚之处是，路西利奥全名小盖乌斯·路西利奥，生于坎佩尼亚的庞贝城，这座著名的古城于公元七十九年毁于维苏威火山爆发。塞涅卡书信集在两个段落中，说自己路过这座城市，两次都写道：你心爱的城市庞贝。这并不成为强有力的根据，但是非常有可能因为作者以为这座城市是路西利奥的故乡，或者有着特殊的关系，才使用这样的字眼。

人们不知道他的出生日期，但是应该不会与塞涅卡相差很多，在《书信第二十七》中，塞涅卡说，你比我年轻，可是在《书信第三十五》中，说两个人的年纪相差无几。

社会地位上，路西利奥属于骑士阶层（equites），不是世袭，而肯定的是由于他的活动，恪尽职守以及与上层贵族的友谊（或许就包括塞涅卡），使皇帝器重他，授予他骑士地位。至少一封信的内容可以推断出这个过程，塞涅卡说他"精明"，使他得以被授予骑士阶级的头衔。

可以确定的是，路西利奥通过才干和奋斗，成功地成为罗马社会中出类拔萃的人物，他的文学活动，下面我们会说到，也对他的地位有某种作用。路西利奥官场上飞黄腾达的期望并不十分渺茫，成功升迁的可能性也很大。恰是因此，当塞涅卡在自己人生的决定性时刻，决定退隐赋闲，致力于哲学思考和文学创作的时候，便强烈地劝说路西利奥不要陷入社会承诺和政治罗网，相反，激励他遵循自己所走的道路，用全部时间研究哲学。路西利奥表现出反抗情绪，两个人发生固执的争执，但最终塞涅卡还是说服了他。

两人通信的时期，路西利奥在西西里担任帝国检察官，我们估计这是他一生担任过的最高职务，因为塞涅卡最后几封书信令人理解路西利奥最终决定遵从老师的劝告，也开始隐退。关于路西利奥生活的其他方面，人们一无所知，不知他何时去世，虽然很有可能卷入了塞涅卡的同一件祸事。

通过塞涅卡，我们除了知道路西利奥这些生平细节，还因为塞涅卡对他热情的赞美，了解到他在这样的一个历史阶段（卡里古拉和克劳狄统治时期，尤其在后者的美撒利娜时代充斥着宫廷阴谋），在高度适合滋生一切类型的腐败、堕落和恶习的道德沦丧的土壤中，表现出的美德。然而，只有这样才能解释塞涅卡决定把他接纳为弟子，担负起路西利奥精神导师的责任。塞涅卡挑选弟子十分严格，只有确认某人有可靠的哲学天赋的迹象才收留为弟子。从塞涅卡的话来判断，路西利奥有这方面的天赋，有坚定勇敢的人格，不为阿谀奉承所动，不惧怕王公大人们的"政治警察"的危险，总之具备实践美德的自然倾向，仅缺少一位坚定的向导，能把他的潜力开发出来的人。显然，路西利奥似乎最初是受到伊壁鸠鲁派哲学的影响，这就使他更需要一位向导。人们知道，伊壁鸠鲁派和斯多葛派是势同水火的两个哲学流派，相互反对，如同一幅肖像的正反面。尽管如此，正如事例所说明的，如果说两个学派的立场有许多不同，但也有许多相似之处：因此塞涅卡采取斯多葛派流行的做法，在他最初的几封信中，都用某种从伊壁鸠鲁的著作中摘取的格言和思想作为利器，当然，按照斯多葛派的意义加以阐释，以此，渐渐地把路西利奥拉近本学派的立场。

　　除了卓越的道德品质，他还有令人赞叹的智力素质。在哲学修养的兴趣中，还加上对文学的爱好，似乎在这方面他也显露出超常的才华。他的著作几乎全部佚失，只有塞涅卡夸赞的某些零散的诗句，可以肯定是他的作品。除了这些不存疑问的残篇，有人把现存的一些佚名的作品，部分或全部地说成出自他的手笔。著名的诗歌《埃特纳》就是其中之一。我们通过塞涅卡《书信第七十九》，知道路西利奥写过（或者塞涅卡给他写这封信的时候正在创作）一篇关于埃特纳火山的诗，但是没有任何证据说明路西利奥所写的那篇与流传下来的《埃特纳》就是同一部作品。况且，在同一封信中，塞涅卡提到已经有三位非凡的诗人维吉尔、奥维德、科尔内利奥·塞维罗都发挥过这个题材。他这样做，是为了以这个题材已经被那些著名诗人创作过的事实，来突显路西利奥的才华。此外，路西利奥还似乎想从科学的角度来研究埃特纳火山，这是受了塞涅卡对物理类型问题的兴趣的影响，这表现在塞涅卡把自己的著作《自然问题》①（Naturales quaestiones）送给他。

　　还有人想说他是另一些著作的作者：亚克兴角战役的一篇史诗的残章，近代一般认为是盖乌斯·拉比里奥所写，他是奥维德的一位诗人朋友；还不乏有人说他是《奥克塔薇娅》②的作者。当然这些想把现存的作品说成是路西利奥所著的尝试，都没有什么坚实的证据。慎重起见，我们仅仅把了解路西利奥作品具有权威的人物塞涅卡所引用的诗句，看成是路西利奥可靠的作品。

---

① 亦译作《天问》。
② 一部悲剧。奥克塔薇娅是奥古斯都的妹妹。

　　《致路西利奥的道德书简》不应被看作哲学专著，不应被看作仅仅为了避开理论表达的技术问题而写给一个虚构人物的一部虚构的书信集，总之，它不是一种纯粹的文学体裁。的确存在理论书信的文学形式（不论是否哲学的），古代文学中有这种先例，至于真正的朋友或家人之间的通信，交流对问题的看法，我们可以通过阅读柏拉图书信第七篇，或者西塞罗的几卷书信集来了解。我们可以说，塞涅卡的信介于前面所说的两种类型之间：是两个朋友之间的真实通信，全部是塞涅卡对具有哲学性质的不同问题的阐述。

　　致路西利奥的信不是塞涅卡所写的和发表的唯一的书信。许多文献来源，包括塞涅卡本人，都告诉我们他写过许多给其他人的信件。所有这些书信都没有流传下来。相反，保留着一系列据说是塞涅卡与圣保罗之间的通信，这肯定是因为塞涅卡多次被许多天主教神父引用，并大加赞赏，他们仿佛在塞涅卡的哲学中看到了天主教教义的先驱。

　　如果这些信的确写于塞涅卡人生的最后阶段，那么毫无疑问，他早就认识了路西利奥，塞涅卡想让自己的朋友追随斯多葛派的企图也由来已久。我们可以设想最初有一段时间对路西利奥是口头授课。可是，路西利奥公务在身，被派遣到西西里，从那时起，精神的指导只能通过文字的方式继续。两个朋友的分隔，是开始书信往来的原因。

　　这部书简毫无疑问是书信往来，而不是一种文学形式，这可以通过无数系列的细节来证实，对此我们仅仅举出几个例证。内容中有大量具体的痕迹，比如常常有一些程式的客套，塞涅卡表示收到了路西利奥的信件，或者表达读到这些信的欣慰；不少次提到路西利奥要求通信更频繁些；在一封信中，塞涅卡说收到了路西利奥的一部书稿，要留在另一次机会说出对那部著作的价值所作的评论；有的信中拒绝去写那些关于近况的简单内容，如许多人那样，客套地问候天气和起居。

　　这样，书信中就十分自然地有了两个朋友的许多个人生活细节和当时罗马日常生活的场景。第一类内容的例子很多，如塞涅卡在给路西利奥的信中，说见到了他们共同的朋友，说路西利奥为另一个朋友的死而崩溃，超出一个斯多葛派应有的表现；塞涅卡重复地谈到他的旅行，在他的庄园里度过的时光（其中一次，写到遇见了一个老奴隶，是他儿童时代一起玩耍的伙伴。他衰老的外表，使塞涅卡想到自己也已垂垂老矣，死亡近在眼前），海上的旅行（例如其中的一次，遇到风暴，他不得不跳进海里，游到岸上）；在一封信中叙述他去瞻仰了非洲的征服者西庇阿的别墅，带着赞扬描写他的俭朴；在另一封信中，借着路西利奥在西西里的机会，请他介绍一些岛上的地理知识，这肯定是为了写进一些科学性质的著作；有的信中还描写自己的身体健康问题，说关心自己的健康，主要是为了满足妻子宝琳娜的意愿。例子举不胜举。关于罗马日常生活，人们可以读到塞涅卡从巴伊亚到那不勒斯旅途中的描述，对斗兽场野蛮表演的描写和谴责，还有他不幸住在公共浴池附近，对那里嘈杂的声音污染的生动描述。

正如我们前面所看到的，这是非常有实际效果的通信，致路西利奥的信比单纯的传递新闻、交换信息有更深层的含义。塞涅卡有一个目的：他要转变这个朋友，让他信奉斯多葛派理论，逐渐让他掌握自己学派的原理，并能够将其运用到生活实践，尤其是摆脱他的社会与政治的条件制约，获得力量（uirtus①），尽量地接近智者的理想。换句话说，塞涅卡的书信是精神指导，并非仅仅是纯粹理论类型和目的的表述，而是思想的操作，尽管如此，并不意味着回避——在必要的时候——广泛地探讨理论问题。

为了达到这一目的，书信成为理想的传载工具。塞涅卡，至少作为作家，从来没有过分地表述理论而不结合实际；恰恰相反，只有在能够应用，能够内化，能够不可磨灭地塑造人的行为的情况下，他才对理论感兴趣。即便在被认为是他的纯理论著作《对话录》里面，理论与实践的结合也从来没有被忽视。我们甚至可以稍微夸张一点地说，他的论文，就是更长的书信，而书信就是简短的论文。书信是一种卓越的传载工具，因此塞涅卡总是从阐述非常具体的细节开始，借题发挥，引发出道理。一个简单的例子，就可以说明这一点。在《书信第九十一》，信的一开始，他给路西利奥讲述一场可怕的火灾，把繁荣的里昂城化为灰烬。这场灾难，使他们一个共同的朋友受到震撼而崩溃，这个人生在里昂城，城市的毁灭令他精神颓丧。这个事件，使塞涅卡深刻反思，并作出阐述：灾害（火灾、地震、洪水）都在事物的自然秩序之内；人受理性指引，应该顺从大自然的规律，自然灾害本身非善非恶，因为唯一的善恶，就是道德的善恶，其他的都无所谓。就这样，利用一个真实发生的事件，塞涅卡

---

① 美德。

教育路西利奥应该对善恶有所思考，同时，给他指出在各种境况中正确的行为方式。在其他的信中，塞涅卡从一个事件或一句格言说起，一再地发挥这一题材，这是那个他反复思考的主题：一切善恶都专属于道德范畴。

因此，我们看到塞涅卡的教学并不是系统问题的探讨，而是由于外部事件的发生引起，或因为路西利奥明确地要求塞涅卡讲这个问题或那个问题。没有教条主义的咄咄逼人，而总是抓住现实，更有意义的是，一直伴随着弟子的进展，根据具体情况，反复地强调那些表现出他有疑难的题目。当他信心动摇，或被错误见解暂时迷惑的时候批评他，当他表现出证明有可靠的进步的时候表扬他，在这种情形下，不断建议他思考新的问题，理论总是伴随着十分具体的事例，总保持着紧张，从来不与世俗妥协，从来不允许曲解原则。这套书信体文集之所以引起兴趣，原因之一就在于通过它，我们可以陪伴路西利奥的进步，其中有起伏，有怀疑，有矛盾，有暂时的脆弱，但总是重新鼓起勇气，在智慧的道路上加倍地艰苦努力。斯多葛主义并不是懦弱者的哲学：一个没有对它坚定信念的人来观察路西利奥的学术生涯，就能亲自发现，只有通过巨大的毅力（真正体力上的！）、不间断的思考和铁一般的意志的修习，才有可能接近像塞涅卡这样的智者的形象，他的理想带有某种产生于"返本归源"的刚毅。

正如塞涅卡的其他著述，致路西利奥的书信集中，在结构中的某些方面，除了前面已经指出的使它们成为实际通信的特色，也多少显示出强烈的愤世嫉俗的批评色彩。首先，是其直接和明显的伦理功能：每封信件都是对收件人的鞭策，让他接受一种思想、一种原则，在某种具体的境况中，采取这样或那样方式的行为。因此，或许可以这样准确地说：每封信（当然，各自的分量不同）都可以被看成一种劝说，而且，为此具有这类劝说文字为特点的形式。

最明显的是大量虚构的对话者的出现。整个过程是精心构思的，不论是劝说本身、哲学文句（不仅是塞涅卡的），还是讽刺语句（某种程度上由于愤世嫉俗的影响）。这体现在作者想象他的一个观点受到某个人（具体说是一个由他纯粹想象出来的虚构的对话者）的反驳，这种反驳给他机会，重新论述最初的思想，用新的论据来证实，或者用新的更令人印象深刻的事例将其演示出来。由此，在塞涅卡的文章中，大量出现这类语言模式：人们说，你说，你会说（dicunt, dicis, dices），然后塞涅卡再明显地加以大段的反驳，滔滔不绝。

在书信集中，这种程序有些令人不知所措，因为，既然是塞涅卡与朋友之间的通信，顾名思义，你说如何如何……这种句式，往往让我们疑虑，反驳的话到底是不是的确由路西利奥在塞涅卡所答复的信函中提出，还是由于单数第二人称，在拉丁语中，有一种可能是不确定主语，反驳应该是由一个虚构对话者提出，正如有些人所指出的，是作者想象出来的反驳，以便继续深入探讨所涉及的问题。如果说，有时候我们可以肯定实际上是路西利奥提出的问题，塞涅卡对其做出了回答，而另一些（也许是大部分）我们面对的应该是一个纯粹的虚构对话者。出现这种模棱两可的情形是令人遗憾的，因为假使我们能够肯定这些问题是由路西利奥所提出，我们就处在更优越的地位，来评判塞涅卡的弟子实际的进步，以及初涉斯多葛派修习对他来说有多么困难。

在批判中，也显示出不断地使用具体事例，来形象地说明某种判断，或每个问题。书信集中，充满了各种人物，在这样或那样的境况中，他们的行为成为赞美和追随的楷模，或者相反，成为谴责的对象。有些人物，是诸多文献中众所周知的历史人物，如苏格拉底、柏拉图、西塞罗、加图（是塞涅卡非常推崇并最多提到的人物），还有马其顿的亚历山大、汉尼拔、恺撒、奥古斯都，这里只举出人们熟知的人物；也不缺少神话传说人物，如代达罗斯和奥德修斯；而且还有名不见经传的人物，虽然地位微卑不为世人所知，但是他们的勇敢气贯长虹，比如那个宁肯自杀也不愿为斗兽场野蛮的观众表演的角斗士。许多有代表性的典型人物展示在漫长的画卷中，我们只有通过塞涅卡的书信才知道他们的名字，但是没有理由怀疑他们的历史存在，例如那个给人印象深刻的塞维利奥·瓦蒂亚。

这些人物往往是有独特小故事的主人公，有的是让人模仿的典范，有的是令人谴责的坏榜样，总是带有明显的伦理目的。每次，塞涅卡都对涉及的人物或讲述的事件，说出自己的价值判断，因此书信中引用的典故、轶闻、历史事件或文学作品，都不应该视作炫耀博学，或文学修饰。

总之，受激烈的抨击性的影响，书信集中引用大量的格言，有自己的也有他人的，为特定效果而构思，或从其他哲学家的著作中摘取（如伊壁鸠鲁），或诗人（普布里乌斯·西鲁斯或维吉尔）的诗句，塞涅卡总结说，富于诗意、引人注意的形式，更容易使某些道德品质深刻地留在记忆里。总体而言，从哲学家的著作里，他能够摘取大量的格言，尤其是在致路西利奥的信中；在中世纪，塞涅卡是被人广泛阅读并最受推崇的作者之一，他非常真诚地道出的这些格言，经过修道士们耐心的搜集，甚至充满了浩繁的资料库。可是有人说，塞涅卡关注句子形式上的完美，更是遵从实用的目的（构思完美简洁的诗句比冗长混乱的表达更容易记忆），而并非为了美学目的；美学专为起到辅助功用，从来不以一种其本身的价值出现。

塞涅卡从来不特别过分地看重修辞，这种看法可以确认，这在一定程度上使他对昆提利安的看法十分负面。为了遵循传统（人们知道亚里士多德的著作对后世思想家有很大的影响），古代的斯多葛派在哲学的划分中给修辞学一个位置，这是一个附属的位置，作为逻辑学的组成部分。但是当时不与道德搭界，从来也没有将其作为讲演的专门艺术来关注，而纯粹属于边缘性的说服的技巧。芝诺和他的继承者，明显地对传播"真理"感兴趣，修辞旨在说服听众相信"他们的"真理，而修辞不一定就是"那个"真理。因此古代斯多葛派摒弃一切夸夸其谈、虚张声势和巧言令色。当他们说修辞，并非在这个概念的习惯含义上，而是意味着从语言上表述真理的方式。

塞涅卡写作的时代，修辞在罗马已经有非常灿烂的传统，在实践和理论上，西塞罗是其高超形式的杰出代表。西塞罗是出色的演说家，给修辞崇高的形象，和谐地将精湛的技巧与渊博的知识结合起来，形成"人文科学"这个词汇非常恰当地表达出的不可分割的整体。这并不是说修辞在其技术层面不会服务于诡计谎言，正如西塞罗作为律师，比谁都更深知这一点。但是尽管如此，西塞罗不能想象，哲学如果没有艺术，也就是说没有修辞，能够有效地传播。

塞涅卡从来不对这个问题系统地发表看法，虽然，在他的文章中有些段落或多或少详细地涉及修辞学甚至语言学的问题。从某种形式上说，可以认为他的立场介于古斯多葛派的严肃和罗马对语言艺术的追求的偏爱之间。不能忘记，塞涅卡最初是一位演说家，而且是著名的演说家。他的文章，充分显示出运用语言技巧的熟练，尽管他装作对传统修辞极端轻蔑。对他来说，哲学是过于严肃的问题，不值得在遣词造句、修饰文风、长久地斟酌词语上浪费时间，这妨害了精髓：思想。然而，塞涅卡并不否认文学形式在传播理论上的重要性。例如，哲学真理，如果以言简意赅或以诗歌韵律的形式表达，就变得更加明白，容易记忆，让诗意的美吸引潜在的听众，对演讲更加聚精会神。这就可以解释，为什么塞涅卡本人并不十分欣赏戏剧，却写过许多悲剧，里面的基本思想由斯多葛派所启发，这是其主要动机：由于罗马公众对舞台艺术的热衷，塞涅卡决定通过文学形式，向他们传授一些主要的道理，他知道能够吸引注意力，并保证这些原则能够刻录在观众的精神里。

因此，毫不奇怪，塞涅卡的散文没有起伏的节奏，语句激越而短小，大量的复合句，不规则的结构（许诺阐述的并未兑现，宣布的计划并未完成，过分地采用新词，或古语、口语，等等），与西塞罗的经典主义形成鲜明对照，他从心里反感昆提利安，认为他是最不应该模仿的作者，而他却是最受塞涅卡同代人模仿的风格。尽管如此，昆提利安还是承认，并说塞涅卡的文章能对罗马青年的道德修养起作用。遗憾的是，塞涅卡的竞争，恰恰引起年轻人模仿形式上的不规则的文风，并未体现出在这种不规则文风中所含的对原则的升华。

我们时代的艾里希·弗罗姆（Erich Fromm）在他的著作《论不服从》一书中写道："毫无疑问，人类伟大思想的知识在世界上从来也未如今天这样如此广泛地传播。然而，其影响也从未如今天这样可怜。柏拉图和亚里士多德的观念，基督和先知的观念，斯宾诺莎和康德的思想，如今在欧洲和美洲为数百万的知识分子所了解。无数学校讲授这些思想，有些思想在全世界所有教派的教堂里宣讲。而在所有这些的同时，又见证一个这样的世界：遵从人不为己天诛地灭、无极限的自私原则，鼓动歇斯底里的民族主义的和准备一场疯狂的种族屠杀的世界。诸如此类的反差又如何能够解释？"

塞涅卡从未如此清晰地表达出，在理解的、作为纯粹一套知识的实践的文化，同不论是人与人之间、权力与人民之间还是民族与民族之间的关系上实际存在的"非文化"所表现出来的差异。但是，Mutatis mutandis（比照适用），几乎是他所有的文章暗含的问题，程度有深有浅。例如，当他问道，知道荷马是否与赫西俄德是密友，赫库芭是否比海伦年轻，帕特洛克罗斯和阿喀琉斯年龄多大，究竟有什么意义？这难道不是在质疑那种把文化理解成有损于真正的、吸收的、内化的、反映在经验——这个词汇的更广泛含义——人文主义中的文化的贫瘠的博学的意义？

塞涅卡也许比任何其他思想家愤世嫉俗的程度更激烈，他是个"进入情节"的人。除却人生的最后几年，他一直扎根于生活，参与当时罗马的事务。他有独特的经历，当演说家一举成名，几乎成为一个政治事件的受害者，因政治阴谋遭受流放，成功返回之后掌握数年实权，以后失宠，被迫自杀以免因被控参与推翻皇帝的阴谋而被处死。因此，他的哲学不是在超脱的世界里抽象冥想的结果，而是产生于每日的奋争，面对临时的境遇、命运、逆境和最难战胜的敌人——自身的软弱！由此，塞涅卡懂得了他的生活和哲学是与世界和他自己每日的斗争；大量的段落见证他把哲学看成一场战斗，哲学家是时刻准备投入战场的战士。可是，不是只把他自己的生活想象为一场战斗，所有的人的生活都是这样，不同的是，许多人，或许是大多数人，面对成见、面对社会所强加的虚伪价值观，毫无抵抗地放弃了，未战而降。

这便是说，比起其他的思想家，在某种更强烈的程度上，必不可少地需要更深刻地了解塞涅卡的生平，尽可能严密地确定他每部著作的年代、其写作时的境况，以及这些作品直接对象的人格。涉及《道德书简》，这些方面的信息十分令人满意：我们知道，这些书信产生于一个特别的时期，塞涅卡已经对正面影响和引导尼禄的政策完全失去了幻想，因此他唯一关心的是巩固自己的以及他的朋友路西利奥的道德和哲学修养，并且通过发表书信集，广泛地影响尽可能多的读者。塞涅卡知道他的生命正在抵达终点，接近那个盖棺定论的时刻，那个确定一位哲学家应当谋求达到的目标的时刻，那个为实现自己的目的而决定采取什么方式的时刻。这样，《道德书简》中的哲学，就带有至关重要的紧迫性，不仅局限在讨论诡辩论问题（虽然有时候塞涅卡不可逃避这些问题，甚至是被路西利奥所要求），并非循着纯智力性的思路，而是相反，呈现出一个极其严肃的艰巨任务，作为一种行动，他所有的人生意义都取决于此。

塞涅卡对路西利奥讲解的每个题材，深入探讨之后，总是有一个提问：为什么要讨论这个问题，这一点对道德的培养有什么意义？道德培养，对塞涅卡来说是主旨，一切其他的都从属于这个轴心。仅仅含有智力内容的理论的思辨，不能捕捉他的兴趣，文化假使不能转化为经验也不能吸引他；由于这个原因，尽管他掌握逻辑学，却断然地摒弃古代大师们的著作中深奥地辩论的逻辑思考，忍不住去批评，有时是尖刻地讽刺芝诺、克律希波斯、波希多尼；相反，他对物理十分热爱，因为这些问题使他得出道德方面的结论，而对技术却非常反感，因为从道德上讲，是非善非恶的。

我们说，对塞涅卡，哲学要转变成经验，也就是说，要具化成一个事例，其效用仅在于如果我们的每日生活根据这些知识来行动，知道至善在哪里。背诵哲学言论集——了解根据柏拉图、亚里士多德、芝诺、伊壁鸠鲁、克里安西斯什么是至善——而我们所做出的行动不直接涉及这些知识的内化，则完全属于无益的徒劳。哲学就这样变成了一种苦行，如果说不以世俗之见使人变成物质上是幸福的，却能给他高层次的幸福，也许我们应该说是至福（uita beata①），接近于东方密宗，或者某些不那么正统的天主教思想家追求的理想境界。塞涅卡不厌其烦地反复说到这种观点，从来不忽视具体情况：人的社会与政治关系的多样性，独特生存的内在性。主要在这种意义上，马努埃尔·安图内斯神父将他说成是"人类处境的哲学家"，不是因为他热心以思辨确定这种人类处境的线条，而关键是因为他试图给人一种对他一生所有的时刻都有益处的指导。因此，某些文章，以今天的科技思维，能不愧冠以（贬义的）"道德说教"之名。然而在塞涅卡看来，这些文章具有非常大的重要性，因为包含关于每个人生活中最直接问题的思考：例如，面对一个亲人的死亡如何反应，如何应对社会性质的责任，给物质财富什么价值，如何面对各个不同阶层的人，如何评价政治活动，怎样理解所谓进步，如何评判"科技发明"，如何教育子女，如何培养年轻人，什么是所谓的文化，等等。

　　在书信中，我们常常读到塞涅卡不厌其烦地重复的基本告诫：命令式的"要遵从自然②"（sequi naturem）。因为这一训诫也出现在伊壁鸠鲁派的文献里，界定塞涅卡说这句话的含义便十分重要，作为斯多葛派，他如何理解这个表达方式，因为由此而产生他的人类处境的观念。

　　塞涅卡区别"遵从自然"的概念所包含的两种含义。一方面，认为生物的"自然"。人与动物是一致的，在这个层次，遵从自然意味着仅仅是遵从本能，吃、喝、满足欲望，总之，被我们称为"自然需要"的东西，其中当然包括生存的本能。很显然，此处我们所面对的是所谓自然的"低级"观念，塞涅卡激励路西利奥（并通过他启发所有的读者）所遵从的，并非此意义上的。

　　塞涅卡在"高级"的层次，在人的天赋本性中，去寻找何物才是构成人的特有的"善"。他研究使人与其他动物接近或区别开来的各种特性，认为在自然需要方面人与动物都是一致的，但是人有所独具，那便是人的特有之"善"：理性。当然所说的自然就获得了不同于当这个概念用于动物的那种含义：对人

---

① "幸福人生"。
② "自然"也有"本性"的意思。

来说，意味着唯一和专门地按照理性的启发而生活。

可是，不管愿意与否，人都是个动物，因此，表面上看，当激励他遵从自然，便陷于矛盾：一方面在鼓励人遵从本性，另一方面，斯多葛派的（尤其是塞涅卡的）哲学的道路，目的在于超越本性，战胜"人的本性"。用另外的方式表达：既然理性是人的特有之善，我们应该这样想，当人自然地遵从理性而生活，显然便不能遵从本性的自然，由此，便有了战胜人的存在方式的紧迫性，以便有可能实现遵从自然的理想。

塞涅卡用区分人类灵魂的双重性来解决这个难题：一个低级的，其中本能、情感（affectus）作主导；另一个高级的，由理性（ratio）统治。因此，全部问题就在于达到由"高级"的本性实施对"低级本性"的统治。所有的人作为动物，都有低级的自然需要，明显地要回应这方面的缺乏，只有由理性决定应该如何、何时和到何种程度地给予满足。但是有时候出现这种情况，理性以高级本性，恰恰是拒绝满足自然需要，哪怕是如此迫切的生存本能。

我们可以这样说，人的特殊之善——理性——是整个人的存在中的一种潜力，可是为了充分地实现其力量，必须征服情感世界，也就是说，遵从人的本性，意味着即使不是根除至少也是将一切作为动物的人的自然本能维持在严格的控制之下：要求将潜力付诸行动。塞涅卡把理性的实现称为美德（uirtus）。分析到底，美德实际上就是理性，因为一方面美德与情感是径向对立，另一方面，理性也与情感相对立。

这样我们就完成了对塞涅卡思想中的三个基本概念（美德、理性、自然）的鉴别，这样我们就懂得了，当这位哲学家指出"要遵从自然"作为人的最高目的时所求何事：人的本性中特殊禀赋的是理性；理性潜在地存在于每个人，表现为美德，因此对人来说，遵从自然便是专指按照理性生活，实践美德。

理解塞涅卡著作的极其重要的结果正是由此而产生。塞涅卡本来完全有可能沿着古代斯多葛派大师的路走向诡辩论，致力于建立"美德"细致的等级体系，分辨出哪些是基本的，哪些是从属的，哪些是两者之间的关键联系，因此走上或许更"科学的"智性的道路，可是，毫无疑问，这没有太多的实践意义。而塞涅卡从来忠于具体的现实，他拒绝这条道路，而是仅局限于（可以这么说）整块地思索美德，不关心这个特定的美德是否比另一个多多少少更具美德一些。他的目的是让被引领者实践美德，仅此而已，他的教学意图，一如既往，重要的是"培养"道德教育的实际价值，而不是奢侈的智力"报告"。

人的获得幸福（uita beata），产生于符合理性地遵从自然，换句话说，产生于实践美德，对人来说，这便是至善（summum bonum）。据此，读者肯定可以推断出，对塞涅卡来说，幸福无关乎获得物质财富，也无关乎社会地位，或所行使的权力。幸福作为至善，仅在于道德之善（honestum），这种道德之善所能意味的（并且普遍所做的）恰是拒绝俗众眼中的"好事"。道德之善也缺乏希腊语相应词汇（ τὸ καλόν① ）中所含的某种美学意义。对斯多葛主义，尤其对塞涅卡来说，道德之善具有无情的严厉，是经受一切考验的俭朴，是一种"贵族气质"，使其变得极端难以实现，对大多数人来说，甚至没有吸引力。而且，还成为特定历史时期某些具体人物的理想，成为对外界限制的唯一防卫。塞涅卡正是这些人物之一，他的政治生涯的跌宕起伏，经历的形形色色的困境，使他不断地思索生活提出的实际问题。他的写作，除了是向公众传播他的思想的一种方式，以此实现教育的任务（一直以传播斯多葛主义为目标），也是自我教育的一种方式，是他给自己和别人提出的精神修炼，是对生存中的事件的思索，是一种捕捉住想法的方式，为自己找到某种稳定，某种基于忠诚原则的恒久，某种达到自我认同的方法，以便永远与自己一致，正如他自己所说，为了"喜恶有恒"（idem uelle et idem nolle）。

这样，塞涅卡的哲学并非作为纯粹的思辨而出现，而更是思想家追求的一种对自己和他人的治疗法。塞涅卡以强大的观察力，敏锐而中肯地察觉出我们可以将其称之为邪恶的（当时的罗马社会）末世之风，概括来说，可以定义为由于社会缺乏价值观而产生的无所适从。一方面是极度的经济繁荣（尽管尼禄统治末期有金融危机），某些边境战争和各省发生的一次两次的角斗士起义不足以动摇的政治和社会的稳定，高度发达的文化和艺术水平，另一方面伴随着道德价值观的巨大危机，斗兽场的表演就是症状之一，当时的伟大作家，如卢坎、波西乌斯和塞涅卡本人，对其作出毫不犹豫的揭露。生存缺乏高尚的目的，对物质财富无止境的贪欲，各色各样的挥霍无度（例如美食），一切类型的穷奢极欲，专意对感官服从，正如我们看到在塞涅卡的悲剧和波西乌斯的讽刺剧所表现的，这一切使罗马社会成了一种病态的社会，漂泊不定，很容易成

---

① 良好。

为江湖骗子、占星术士的猎物，各种给盲从者许诺某种救赎的迷邪教派敞开大门。

一个病体，不论是一个人还是一个社会，应该寻求医治，这正是塞涅卡不辞辛劳试图去做的事情，不仅准确诊断出病症，而且还慎重地开出药方。一个不服从理性而变成情欲的奴隶的人，明显是一个病人，正是由于我们每个人都潜在地具有的美德在他的身上没有得到发展，没有起作用。一个人，理性（也就是美德）在他的身上没有发挥作用，是有缺陷的人。因此，必须唤起他对自己病情的警觉，指出相应的原因，提出适当的治疗建议。哲学家的任务就是负责这种工作，就像一位医生，塞涅卡理解这就是他的使命。前面我们曾经说到，塞涅卡把他的生活和哲学活动看成一场战斗；新的探讨允许说他把哲学理解成医学形式，是灵魂的医学，当然，身体的健康，由于其本身缺乏道德价值，因此被塞涅卡降级为非善非恶的层次。

罗马社会所患的疾病，虽然会以各种不同面貌出现，本质上，定义起来非常简单：由于灵魂具有双重性（一个使我们等同于神的"高级部分"，一个将我们维持在动物水平的"低级部分"），罗马（且显然不止是罗马）环境将灵魂的存在限制在低级水平，那里占统治地位的，正如我们所见，是本能和情欲。相反，所有的哲学流派，都以将人从情欲的统治中解放出来为己任，给人提供一种更高级形式的"幸福"。这种排除了情欲的高级经验状态，希腊人称之为 ἀπάθεια（淡然）；塞涅卡将之界定为 tranquillitas animi（灵魂的安静，这也是他一篇论文的题目）。因此，哲学家的职能，根本上就是帮助"患者"获得这种他自己不能获得而社会的倾向决定性地使其远离的安静。

哲学因此不但是教育，而且扮演了医生的角色，这个名称意味着智者在完成他的使命时比纯粹的教育工作所要求的更大的努力。哲学应该医治灵魂的疾病，而不仅仅指出这些疾病。一个固执的"患者"，可以明知自己病症所在，但并不去医治；可以像奥维德在《美狄亚》里说的，uideo meliora proboque, deteriora sequor（我看到好的路，承认它好，可我宁愿走坏的）。假使发生这样的情况，哲学就没有达到目的。

从这些考虑出发，塞涅卡对罗马思想中两个观念作出新的反思：officium 的观念和 amicitia 的观念。前者直译的意思是"义务"，后者直译是"友谊"。这两个观念都是西塞罗的两部哲学著作的标题 De Oficiis（《论义务》）和 De

Amicitia（《论友谊》）。然而在西塞罗的著作中，强调两个观念的社会价值，亦即，比所有人对所有人的义务更重要的是，一个人作为公民对他的同胞、对他的社会阶层成员、对他的家庭成员、对他的政治团体的成员、对他的祖国的义务占优先地位。同样的相对性，也表现在涉及友谊的观念上，乃至于局限到称之为政治亲和力、朋党的地步，在其中，友谊作为最高的道德价值，完全失去适应性。

在塞涅卡身上，就看不到这一点。这位科尔多瓦的哲学家是个追求绝对的人，他不满足于社会上流行的纯粹相对的价值观，恰恰由于是相对的，不应该被看作真正的价值。义务和友谊，以塞涅卡的理解，在道德上是绝对的，不取决于社会阶层、民族、家庭关系、财富。这样塞涅卡才能说出他那样的话，例如那样说到奴隶。有时候，人们批评塞涅卡没有从他的想法引申出最后的结果，没有达到对奴隶制度的质疑。这类批评犯了与时代不符的错误：请想一想，还需要经历多少个世纪奴隶制才正式被铲除。在那个历史环境下，像塞涅卡那样说出奴隶是人，一个奴隶和一个自由人可以是朋友，一个奴隶一样有能力像一个自由人给他人以益处，尤其是宣称一个按照理性生活、实践美德的奴隶，比那些最高贵的、沉湎于情欲的罗马公民都更加无以限量地自由，是采取了真正革命的立场。假使说，斯多葛主义乏善可陈，我们看到一个罗马贵族（塞涅卡）、一个前奴隶（爱比克泰德）和一个皇帝（马可·奥勒留）都以同样崇高的道德来实践它这一事实，便足以使它赢得古代世界哲学流派的演变中一个独特的地位。

前面我们说到人性中有某种与动物一样的东西，有某种与神性一致的东西。也许现在是适宜的时候说明对斯多葛派而言，诸神（或一位神）是什么含义，以便避免某种误解。这种精确的解释对理解塞涅卡尤其需要，在他的著作中，有大量的词汇如神、诸神、天神的、神性，诸如此类，出现十分频繁。以另一种方式来说，必须进入斯多葛派理论的王国。事实上，没有任何一部解释斯多葛派的著作，能不花费些篇幅来说明这一点。然而，假使说有的作者是想报复这些思想家的泛神论，另一些作者则认为他们是唯物主义的；还不乏有人把他们看成一神论，更不乏有人把斯多葛派理解为一个宗教、一种信仰，而不是一种哲学。因此，提醒读者注意几点，并非没有用处，帮助读者在阅读这些书信的时候，每当遇到这些大量出现的神一类词语，有所依据。

我们便从剔除一神论和多神论这个（虚假的）命题开始。当出现神的名称，如朱庇特或其他神的名字，并非赋予其特殊的价值；首先，因为不论是塞涅卡还是他的前辈，在这一点上极其明确，当提到朱庇特或涅普顿，并不试图涉及传统万神庙里的神；其次，且尤其对塞涅卡适用，是因为斯多葛派在其教学职能中遵从的一个主要原则就是尊重其弟子可能具有的信仰，这并不妨碍在以后想办法用本学派的理论来吸引他。比如，前面我们看到塞涅卡如何对待从前是一个伊壁鸠鲁派的路西利奥，塞涅卡不攻击伊壁鸠鲁派，反而引用他的与自己看法相同的思想，或者，至少将其按照斯多葛派的思想来解释，对哲学上的对手，不采取贬低蔑视的或教条主义的态度。从这个意义上讲，可以说所有的斯多葛派都是一神论，因为他们中没有任何一个接受传统宗教的多神论，但是应该避免说他们就如犹太教、天主教或伊斯兰教那种意义上的一神论。

斯多葛派的神，不是别的，就相当于人身中所谓的灵魂："宇宙的灵魂"（对此亚里士多德已经提到 anima mundi mundia）。因此我们不应该惊讶，塞涅卡在他杰出的著作《自然问题》（*Naturales Quaestiones*）里的一章中，提出一整套同义语，来表达同一个观念：朱庇特是宇宙的引导者和守护者（rector custosque uniuersi），是世界的灵魂和精神（animus ac spiritus mundi），整个这座机器的主人和创造者（operis huius dominus et artifex）；但是如果我们将他唤作"命运"（fatum）也并非错误，或"原因之因"（causa causarum）；如果我们称其为"天意"（prouidentia）也是正确的，但是如果我们给他命名为"大自然"（natura）或"世界"（mundus），同样也没错。像有些人说的那样，说塞涅卡的思想中有某种固有的宗教性，只有当我们这样理解这个词的意义时才是正确的：我们说塞涅卡具"宗教性"，是他把人构想成与大自然为一个统一体，而不是在大自然边缘，更不是高高在大自然之上，他构想人应该懂得大自然，整合于大自然，不凌驾于它，也不毁坏它；作为超越意义上的冥想态度上的"宗教性"；但是，我们认为不应该说塞涅卡是宗教性的，如果我们给这个词某种这样的含义：崇拜的属性，信仰某种超越世界的神，做某种形式的祈祷或其他类似的表现形式。

关于唯物主义，不容否认，在某种意义上，斯多葛派（塞涅卡也不例外）实际上是唯物主义者，不是由于承认物质排除一切精神元素，而是认为一切，包括精神，都是物质性的。一个持续的宇宙，一切相互作用，这种一切作用于一切的运动，只有一切都是有体的、物质的，才是可以想象的。精神是一个体，灵魂是一个体，"神"是一个体；在这种意义上，对，说斯多葛派是唯物主义是合情合理的；但是企图把它说成是某种证实主义色彩的哲学的前驱，则是没有道理的。

在同一章中，还涉及重要并且有争议的斯多葛派概念"命中注定"。用这个词，不是十分舒适，我们觉得拉丁语的 fatum 并不存在今天它具有的某些含义。当说到"命中注定"实际上就不可避免地提出这个问题，在从属于严格的宿命论的世界里，人怎么可能是自由的（而且在塞涅卡哲学里，"自由"是非常重要的观念）。的确，在宿命论与自由之间，似乎存在一种无解的矛盾，且不乏有人把塞涅卡坚定地接受宿命又捍卫人的自由，看成他的思想缺乏系统和严密的结果，由于大量的阅读而使得他的哲学成了某种实际上不是恒常的折衷主义。

如果我们仔细留意塞涅卡在许多信件的各个段落里对我们所说的那些话，我们相信矛盾便自行解决了。情况是，人在很大程度上是命中注定：任何人也不能选择身体的形象、感官的敏锐、体力的潜能，正如谁也不能选择出生或（原则上说）死亡的地点和时间。这是一种实在的给定，人的意志对其无能为力。然而自由，则取决于每个人如何面对大自然（或者命运，此处两者意义相同）强加于他的决定。在一句名言中，塞涅卡写道：ducunt uolentem fata, nolentem trahunt（"情愿的人命运引导着走，拒绝跟随他的人命运强拖着走 ①"）。在这句诗中，明确地总结出他对这个问题的思想：那些大自然强加给我们的决定，如我们有死凡夫的条件，或是在一个受自然灾害制约的世界的处境，我们必须慨然接受，甘心情愿，因为无论如何我们都没有可能逃脱它们的"自由"；尽管如此，如何应对这些不可避免的突发事件，则掌握在我们自己的手里。例如，我们生在这个或那个时代，在这个或那个地方，都是一种事实：我们为什么要愤愤不平、抱怨命运，为什么让我们生为罗马人而不是希腊人，生为奴隶而不是自由人，生为男人而不是女人，又矮又丑而不是运动员一样的高大健美？理性告诉我们对此不必抱怨：为什么要不理智地哀叹"命运"信手

---

① 在正文中，翻译为："不情愿地去忍受那些，本可以心怀感激地去做的事情。命运引导那些跟随的人，拖拽着反抗的人"。

给予的呢？我们的行为违反理性（ratio）告诫，就是"愚昧"（stulti），不在自身中开发人的本性的潜能，就是"愚昧"，人的本性主要的特性，正如我们所见，就是理性。愚昧的极端，就是沦落为塞涅卡称为的"恐怖生活"（taedium uitae①）。与人们有时以为的相反，斯多葛主义不忽视"生活的快乐"，只不过对它的理解与俗众不同。

除了"命中注定"，我们还看到塞涅卡不断地使用一个表面上相似的概念"命运"。实际上，尽管有时候显得两个概念相互覆盖（塞涅卡并非以完美严谨的术语写作），这两个词是不同的：fatum（注定命运的力量）界定出主要的人的本性的线条（例如，有死的条件），而 fortuna（命运，福祉）意味着决定我们的外部境况（例如，长相的美丑，出生的贫富，等等）。不论是哪种情况，人都不能"自由"地选择自己的运气，可是，由前者强加给我们的，在道德决定力之外，而由后者所加之的则不是这样。

对斯多葛派来说，所有的事物都能在道德上被分成三类：一件事物可以是"善的""恶的"或者"非善非恶的"。一切符合道德之善的，都是好的；一切违反道德之善的，都是不好的；一切要看我们对它的使用才分出好或坏，而取决于其本身的事物，是不好不坏的。具体来说，美德显然是善（而且就是唯一之善）；恶习（是与美德对立的），明显属于恶（且是唯一之恶）；而像财富、膂力这类事物，不但可以用来行善，也可以作恶，属于非善非恶。

我们再来看这种分类中，fatum/fortuna 的地位，就可以发现，由 fatum 产生的决定性，实际上在好 / 坏 / 不好不坏这三种分类之外，而当我们说到 fortuna 的时候，已经不是这样。说我们的有死凡夫条件道德上是好是坏，或非此非彼，毫无意义；有死而已，谈不及其他。可是说社会条件是自由人和奴隶在道德上是非好非坏，一切取决于一个自由人或奴隶如何面对它，则有意义。前面我们已经说过，对塞涅卡来说，什么也不能阻止一个奴隶比一个自由公民更自由，只要是奴隶，与自由公民相反，以理性为指引。塞涅卡的两种不同的表达方式，可以解释这个问题：当他说 sequimur fatum，"心甘情愿顺从命运"，这意味着一种主动的、理性的、毫不抗拒的态度，相反 praebemur fortunae "我们都受命运制约"，原则上来说是面对一个非善非恶的世界的一种被动立场，

① 百无聊赖的生活。

但是这个非善非恶的世界，有可能通过理性、通过美德、通过道德之善的单一性，被我们所掌控并改造成"善"。恰是因此，塞涅卡（和其他遵从斯多葛派的作者）说 amor fati（爱命运），但是不说 amor fortunae（爱福祉）。总而言之，如果说人没有选择他的 fatum 和 fortuna 的自由，却有一方面秉赋的理性命令他"顺命"，而另一方面，拥有将道德上非善非恶的 fortuna 转化成真正的善的自由。

从思索将一切事物划分成三类——好、坏、非好非坏，我们自然而然地说到对塞涅卡来说非常重要的另一点，文章中大量出现的那些名词，如 sapiens（可以译成"圣人"，我们译成"智者"），或是 sapientia（我们译成"智慧"），亦即这位哲学家的观念中的圣人，就是一个真正的人，一个本体和道德上完美的人。

这种三分论自然不是塞涅卡的创造，因为所有的古代斯多葛派哲学家都提到。但是说它对塞涅卡有特殊的重要性，绝不夸张，因为只有根据它才有可能赋予价值。现在，选择研究哲学，本身就是给出价值。此外，由于塞涅卡的哲学是一种教学行动和精神指导的事业，而不是纯粹的思辨，显然首先需要考虑的恰恰是确定一个普遍而严格的价值层次：没有这些价值，就没有起码有效的教学或精神进程。

道德主体所作的第一个选择，在于决定是否愿意遵循理性（ratio）道路，还是宁愿采纳俗众之见（opinio）。出于本性，所有的人都潜在地秉赋理性，可是一切潜在的，若想能够转化为行动，都需要有利条件；如果没有这些有利条件，一个潜在的事物，就永远不能成为现实。还有就是，一个人驾驭他的人生，必须从他根据自己的价值观决定愿望什么或不做什么而开始。所有的社会都或明白或暗含地具有一个价值系统（在大多数情况下，是存在一种暗含的价值等级，未加明言，掩藏在一种表面明说、实际上不加以实施的价值系统的面具之下）。那种塞涅卡称之为 communis opinion 的所谓"俗众之见"，自然也宣布他的价值等级。一个斯多葛派哲学家应该分辨所发布的这种等级符不符合哲学，也就是理性，所确定的价值。

我们看到，塞涅卡唯一接受的给某种事物以价值的标准，就在其道德之"善"。对塞涅卡来说，道德之善不仅仅是至高之善，比此更甚，是唯一之善。在这一点上，塞涅卡毫无商量的余地，或许比他的斯多葛派的前辈更加苛刻，而且肯定比那些所谓的"半斯多葛主义"的思想家严厉得多。对他来说,某件事,一个对象,一个行动,一个想法,一件智力工作,只有以获得道德之善为目的,为了将人变得比以前更好,才有价值。道德之善(honestum)与理性(ratio)和美德(uirtus)相互认证。在道德之善与恶习(uitium,道德之恶,大恶)之间的对立是绝对的。因此,道德上完美的人(sapiens,智者)和道德上不完美的人(stultus,insipiens,"愚昧的,非智者")之间的对立也是绝对的。然而,此处有一个障碍:假使任何事物都有可能是好的、坏的或不好不坏的,为什么人只能是好的(有德的,理性的,智慧的),或坏的(浑身恶习,毫不理性,愚昧无知)?难道不需要给人第三种级别,我们可以相应地称其为"非善非恶的",其中包含所有那些既不绝对好也不绝对坏的人?

最严肃的古代斯多葛派对这个问题的回答是绝对否定的。一个人要么是智者,要么是非智者,没有回旋余地。一个人,哪怕是再接近智者的理想条件,即便是与那个条件相距甚微,这个人也必然列入"愚昧"一群,属于"初涉者"。这种严格性,必然是斯多葛派的智者成了一种 Übermench(超人),一种纯粹的理想人物,或者至少凤毛麟角。是数学上的无穷,一种可望而不可即的界限。颇有人以为,斯多葛主义是真正非人的哲学,因为提出的目标是一个高不可攀的理想!

领悟到这些批评的有效性,思想家们如帕奈提奥斯和波希多尼,企图把智者的形象作所谓的"人性化"。将其置于,假使说不是任何人都能达到,至少相当一部分的中等天赋的人能够达到的高度。为此,放弃了区别善与恶的严厉,将许多对古代斯多葛派来说(如我们所见,在塞涅卡看来就属于)列入非善非恶等级的事物,都包含于善者之内。这样,例如波希多尼就认为一个主要具有技术性知识的人,不愧智者的称号,认为一种不是明确以道德修养为目的的脑力工作,例如数学,也属于善(塞涅卡对此十分严厉地批判)。塞涅卡的这种批评,一方面,是向某种正统的回归,是一定程度上回到被"半"斯多葛派神秘化的古典斯多葛主义的极端严厉,但是从另一方面,也反映出对旧斯多葛主义立场的完善,变得更加人性化,而却不减其严肃性。

如古人一样,塞涅卡是决绝的:一切人,或为"善"或为"恶";这两个概念决定两个绝对的类型,由于是绝对的,可以作为极限。可是,与古人相反,塞涅卡承认在两个极端之间有等级。一个人可以不是绝对的"善""智者"

（而且塞涅卡说只有非常稀少的人在实际生活中达到这种理想境界，尽管存在一些典范，如苏格拉底或加图），可是，尽管处于"初涉者"，却可以向善。换一种表达方式，"善"与"恶"的等级固然是绝对的，不可更改，两极对立，人却有可能运用理性，追求接近智者的理想类型。第一阶段在于承认只有哲学确立的价值才是有效的可接受的价值，并且摒弃"俗众之见"提出的价值。接着，谋求尽量地在行动中实践这些价值观，以此逐渐地接近理想的模式。一个"非智者"可以在智慧的道路上进步，从低微开始出发，能够达到那样的地步，尽管继续是"非智者"，却已经不再退转。因此，对塞涅卡来说，智者的境界并非顿悟，所谓豁然开朗，得大光明，而是意味着不断的努力，锲而不舍，尤其是需要铁一般的意志力。

我们所面对的一点，比其他任何一点都更加显示出塞涅卡是一位罗马的思想家，一位非常与众不同的思想家。偶尔，希腊语的 διάνοια① 显得有可能是罗马人（和塞涅卡）的概念 ouluntas（意志）。然而，存在着相当大的差距。在希腊语中，是纯粹脑力的概念，在罗马思想家中则不是这样。即是说，希腊思想认为"意愿"是认知的结果：对柏拉图而言，一切恶都是愚昧的结果；一个知善的人，必然努力实践善。对罗马人来说，这种观念是不准确的：完全有可能理论上知道什么是善，尽管如此，继续作恶，正如前面引用过的奥维德的《美狄亚》的名句。故而，重要的是使了解的善和愿意实践的善之间能够相符。

塞涅卡著作的巅峰就在关于意愿的思考。善与恶，智者与非智者的两分法，纯粹的理论思索，无论如何已经不能使他满足。他总是着迷于具体，总是着眼于哲学卓越的实践功能，优先来分析非善非恶的范畴，因为只有这样人才有可能施展理性，将意志付诸行动。绝对的恶人，正如绝对的善人（智者），处于不接受改变的层次。一个绝对的恶人，如同病入膏肓，无可救药；绝对的善人，如同一个神，定义上不需要任何医治。因此，普通人，位于两个极端之间的人，可以利用哲学的修习，哲学家应该注意这种人，教育他们。在一些有利的情况下（我们可以设想塞涅卡与路西利奥的关系便是这样），哲学家能成功地使他的弟子，尽管未达到智者的等级，至少获得足够的进步，肯定他不会退转。

———————————

① 智力。

塞涅卡对路西利奥便是这样做的，对别的弟子肯定也是这样；而且对自己也如此。塞涅卡从来不认为自己是一个智者；对自己的局限性十分清醒，从来能自我批评，他的哲学思考和实践不但为了帮助他人，也为了帮助自己。许多塞涅卡的传记作者或哲学史家沾沾自喜，指出塞涅卡文章中主张的道德的高贵气质，与他个人行为的某些当受谴责的懦弱之间存在反差：可以说是空费了笔墨，因为塞涅卡比谁都更意识到这种矛盾。他的整个一生都是不懈地为填平这道鸿沟而奋斗，说他在人生的最后几年——具体说就是给路西利奥撰写这书信的几年——赢得了这场战斗，并非不准确。一个人的生命的价值，只有盖棺才能定论。正如马努埃尔·安图内斯神父说的，塞涅卡"多亏他的门廊下的大师和花园里的大师①，凭借他的直觉，依仗他漫长的思维修习，（……）悲观转化成乐观，悲剧转化成自由，不安转化成宁静"。归根到底，获得宁静——tranquillitas animi②——难道不是智慧的最终目的？

整个人生无非是对死亡做准保，希腊人，具体说就是苏格拉底，已经这样断言。对死亡，这个不可避免的普遍终点的思索，是塞涅卡不间断的关注。书信集中对 meditatio mortis③ 的呼唤不断地产生回响，并非作为病态的、几乎受虐的阻碍快乐地生活的修习，而恰恰是作为一种方式，能让人分辨什么是有价值的，什么是无价值的，从而获得一种由平和所构筑的生活的快乐，作为纯粹的物质满足的反踬。快乐（gaudium）不混同于快感（uoluptas）；快乐是一种内心状态，与虚假的、社会承认的——communis opinio④——"好事"毫无关系。对死亡的思索，不是别的，就是一个能够让人将快感转化为快乐。塞涅卡在人生的终点得到了这种转化：是他自己第一个承认，如果说在他生存的不同时期活得不好，至少知道，他在决定性的时刻死得好。这种结果正是由于他从来也不间断地实践哲学，依仗他每日的不断思考，尤其是绝对确定的意愿。

一个实证主义的参考分析定会去研究塞涅卡的思想在何种程度上具有独创性，尤其说他是一个已经形成的哲学流派的忠实信徒，而不是什么新系统的创

---

① 芝诺在门廊下讲学，伊壁鸠鲁在花园里讲学。
② "灵魂安静"。
③ "思索死亡"。
④ "公共舆论"。

建者。

在塞涅卡的文章里，具体说这些书信中，所使用的"资料来源"是什么？文章里涉及的一个相当可观的作者名单（且肯定不是塞涅卡所了解的全部），有哲学家、诗人、演说家、不同倾向和流派。如果我们只注意所提及的哲学家，从中我们就看到有门廊派（芝诺，克里安西斯，克律西波斯）、"半"斯多葛主义的思想家（波希多尼，帕奈提乌斯）、其他斯多葛的追随者、苏格拉底、柏拉图、亚里士多德、一些并未单独识别但仅说出学派名称的大师（犬儒主义，普勒尼学派，逍遥派）、罗马思想家（西塞罗，塞克斯蒂乌斯）、塞涅卡青年时代的老师（帕皮利奥，法比雅努斯，德莫特利奥），名单并不就此截止。由此，人们以为塞涅卡的哲学不过是某种"东拼西凑的"、生吞活剥的折衷主义，里面源于如此对立的学派，如斯多葛主义和伊壁鸠鲁主义的思想居然共存。在确认这种看法表面上的正确性的时候，有可能检验并分离出那些来自斯多葛派的因素和那些源于其他学派的或这位或那位思想家个人的观点。

与这种事实资料相反，我们发现在塞涅卡的文章中反复出现的一些段落，他声称是自己的创意，否认所有的正统倾向，摒弃芝诺而接近伊壁鸠鲁，在斯多葛派为基础的阐述中，嵌入柏拉图的思想、批评，有时候是尖锐的批评，斯多葛派最有权威的大师的主张，诉求以自己的头脑思索的权利。那么，文章中写明的两种资料，如何得到调解？

一切终归取决于对独创性的理解。如果我们把独创性理解为一切思想元素都该是无中生有（Ex nihilo）的创意，那么最外行的人也会说，塞涅卡的哲学不是原创。可是，假使我们通过另外的棱镜观察这个问题，试图在哲学家特殊的生活方式中寻找新颖的思想，看上去这个问题就会不同。采取这样的眼光，就发现所有对塞涅卡思想来源的研究都属于徒劳无益，因为可以说，他的哲学的个人经历是在哲学家本人的生活里，在长年以来与之保持的关系中，在如何于每个生存时刻决定行为的方式，给他的态度以形式。伊尔塞特劳特·哈多特（Ilsetraut Hadot）说，塞涅卡经常诉求的独立性，应该更被看成是一种内在气质的表现，而不是通常所说的哲学创意。我们认为这种说法是准确的。塞涅卡的独立性的确是内在的，产生于生活与思想相互作用，是逐渐获得的，只有在选择死亡的时刻才展现出全幅度的独立性；比所想的更独立，在如何独立的方式中。

这并不是说在塞涅卡的著作中，尤其是《道德书简》中，完全不可能识别出传统意义上的新颖的因素。

在塞涅卡所有思想的基础上，有对善与恶的严格的界定。对这位哲学家来说，善恶唯一存在于道德范畴。由此产生出他所表达的一切关于智力活动、关于科学研究、关于技术进步的价值观。在这几点上，塞涅卡是极端严厉的：技术进步不是真正的进步，因为处于物质范畴，而一切物质进步形式，都严格地不从属于道德进步，唯一不愧进步名义的是道德进步；科学研究不应该以任何掌控大自然的方式为目的的，而仅是对大自然的越来越多的认识，使人与大自然越来越整合，至于其他各种形式的智力活动，只有以某种方式追求道德完善而不是单纯聚集无用的知识才有意义。

因此，所有思想的最终目的，是获得那种精神的安宁（tranquillitas animi），使人不论是面对社会制约、面对政治责任、面对公众舆论（communis opinio）的暴政，还是涉及无条件地服从本哲学学派的教条，都能独立。总而言之，追求独立而强迫不断地思索死亡（meditation mortis），因为在一个由各种约法和限制构成的世界中，死亡是可能保证自由的唯一方式。需要指出的是，关于这一点，在大量的文章中，塞涅卡谈到自杀并辩护，在一定的条件下，以这种形式放弃生存。从某种意义上说，塞涅卡是自杀的辩护士，甚至因为，或许是人能表现完全彻底的自由的唯一境界。正如他在一封信里说的，没有谁能自由地选择生的时刻，可是每个人都有选择他想在哪个时刻死的自由。然而他不主张任何情况下的自杀，而专门是当只有放弃道德之善才有可能继续活着的时候。因此，塞涅卡只在，比如说，患了无法医治的病，如果疾病让人的理性混乱，才接受自杀，可是，如果唯一的目的是避免身体的疼痛，则不接受。然而，塞涅卡根本上主张，当外界条件，具体说，政治条件变得使人不可能有尊严地生活，意思是，不能够严格地遵循道德价值观地生活的时候自愿死亡。

既然我们说到政治，就必须指出，作为他独具的特性，人类活动的这个方面，在他思想里的重要性。在致路西利奥的信中，塞涅卡不断地否定政治活动的价值，劝说自己的朋友放弃官场生涯，详细地解释这个问题，就显得更加必要。实际上，古代的门廊派大师们主张人们，也就是哲学家们，参与城市生活，虽然不知道是否他们之中有人亲自担任过政治职务。塞涅卡认真地身体力行古代大师们的教诲，不论在著作还是行动上，都是积极的罗马政治的参与者。他的文章《论愤怒》《论慈悲》《波里比阿的慰藉》，或《克劳狄之死》的讽刺剧，在其他目的之外，有着强烈的政治动机。克劳狄死后，尼禄执政，塞涅卡以年轻皇帝的顾问名义指导罗马政治，他这样做，是因为觉得手中掌握了唯一的机会，通过政治对罗马的道德生活有所作为。只是权力的现实和塞涅卡的理想主义再一次显得不可调和，结果就是塞涅卡最终离开了行使权力，逃离权力越来越远。由此而来他在那篇短文《关于赋闲》中所说的，正是回答路西利奥奇怪地看到塞涅卡的做法与斯多葛派的原则相反而对他的一个质疑，主张智者应该远离公共生活：智者只有在保存最大的尊严，并且他的行动能够有益社会的时候，才应该参与政治生活；假使相反，条件是那样，乃至智者只有放弃道德才能处于政治之中，那么就应该隐退。正是这样的条件迫使塞涅卡离开，构成了写作《道德书简》的背景。所以，没有矛盾，仅仅是维护独立的需要，因道德尊严受到了威胁。

可是塞涅卡思想与众不同的特点，的确正如我们说过的，就在于坚持哲学是为了活学活用，永远不应局限于积累缺乏道德价值的知识。生活经验的哲学意味着一系列的技术，使塞涅卡接近某些东方思想的方式，甚至一些神秘的形式。这些技术中，我们着重指出塞涅卡强烈主张的体育科目（显然他自己也实践），并且明明白白地拒绝"文明的舒适"，或者精美的菜肴。这并非某种类型的"肉体禁欲苦行"作为赎罪的方式（塞涅卡没有天主教的"罪孽"观念），而是一种意志的锻炼方式，和把精神解放出来的需要，使精神变得更灵敏、更强壮。冥思静想加上身体的禁欲，让我们联想起印度的瑜伽术（尽管很难断定，我们所面对的究竟是一种影响，还是纯粹的目的的巧合）。

接续前面所谈到的一个问题（哲学家与医生的比较），还应该说到塞涅卡表现出的对他的"患者"心理现实的分析的关注，我们坚持说，不是一种纯粹科学类型的分析，而是疗法性质的：哲学家感兴趣的是对行为下指令的机制，例如路西利奥的行为机制，为的是通过分析，能够检查出"病症"并提出治病的"药方"。这样会不会有把塞涅卡看成精神分析先驱的危险？

最后，让我们来谈谈塞涅卡关于行动作何想法。通过前面所讲的一切，可以看出，塞涅卡否认行动本身的任何价值。行动的价值坐落在它的道德基础之上：施以恩惠，指导，教学，冥思，实践身体的禁欲，只有以道德目的作出才是有价值的。生活俭朴只为了在社会上赢得哲学家的声誉，是完全应该受谴责的。只有当行动是道德许诺的结果，塞涅卡才主张行动。这便意味着，需要区分在塞涅卡思想中什么是行动、不行动和不作为。尤其是不要试图使不行动（otium）和不作为弄混淆。关于这两种概念，不行动，意思是拒绝行动，作为一种价值，能够加之以道德方面的考虑，不作为无非是一种身体上或智力上的怠惰，基于十足的唯物主义的自私。对塞涅卡来说，第一种表现在不行动（otium）中的无为，可以是极其有益的，甚至有益于社会；第二种类型，是完全无意义。正如中国的老子说"无为而无不为"，当把行动本身理解为一种价值，只能引起混乱，引起价值观的变态混淆①。

---

① 这倒是对"无为而无不为"的一种奇妙的解释。

第一卷

（第一至第十二）

第　一

　　尊贵的路西利奥，你要这样做：诉求支配自己的权利，集中地利用直到此刻，一直被夺走、偷窃，从你的指缝间溜掉的你所有的时间。你要相信，事情正像我所描写的这样：我们的一部分时间是被夺去的，另一部分是不知不觉地流逝的，还有一部分是我们放任它逃逸的。然而最坏的情况是由于疏忽而浪费的时间。你瞧，在大部分人生中，我们行为失误，一半多人生中无所作为，而整个的人生中我们是徒劳无益。

　　你能指出某个人，重视时间应有的价值，利用好每一天时光，想到每度过一天便死去了一小段？想象死亡在我们的面前，是错误的：生命的一大半已经属于过去，而所有度过的生命都已经属于死亡的范畴。

　　因此，尊贵的路西利奥，就按照你所说的那样做吧：将所有的时光充分地填满。假使你把今天紧紧握在手里，就能更少地依赖明天。拖延，蹉跎，生命便这样消逝了。

　　路西利奥，任何东西都不属于我们，唯有时间才是我们的。天地赋予我们这种渐渐消逝、去而不返的时光，无论何人也不能将我们从时光中驱逐。人们是那样的愚蠢，竟认为这一切，就算是毫无价值、无用的，至少肯定是可以失而复得的，时间是对人们的一种借贷，但是任何人都不考虑他有义务对接受这种借贷作出辩护，尽管这是我们所得到的，无论多么感恩永远不能都报答的、唯一的财富。

　　也许你想问，向你灌输这些观念的我是怎样做的。我坦诚地告诉你：像一个生活富裕但并不挥霍的人。每天我都有一本账，我不敢说从来没有丢失过光阴，可是我知道什么时候、为什么、是怎样地丢失了时间。我可以报一下关于我的贫困的账目。我也像很多人一样，不是因为自己的过错，变得一贫如洗[①]：

---

① 指自己生命已经时日不多。

这是所有人都原谅的，可谁也不能伸手援助。

还说什么呢？我认为，虽少而知足者不为贫。但我更愿你能珍惜你的财富，而且越早开始珍惜就越好。正像伟大的哲人们所说：酒瓶见底再节省不是太晚了嘛。瓶底的酒，不但太少，而且净是沉渣啊 ①。

再见。②

第　二

无论是你写给我的内容还是听别人说起你，都使我对你抱有美好的希望：不做不间断的游历，也不为不停地改变地域而兴奋。类似那样的游来荡去，是灵魂病态的迹象：的确，我认为一个受到完美培养的心灵，在于能够心如止水，与自己相安。可是你要注意，不要去阅读大量的作者和各类的书籍，那样会将你拖入无所适从、游弋不定的境地。重要的是，假使你真的要你的精神中最终有些什么内容的话，你就要固定地阅读某些思想家的作品，以滋养你的思想。四处游荡，等于哪儿也去不成。一个终身游历的人，会有许多偶然的巧遇，但是不会结识真正的朋友。那些不深入研习一位思想家、匆匆而过地浏览所有作者的人，自然也是这样。没有经过消化、立即"退还"的食物，得不到营养，不会给身体以能量。同样，没有比不停地更换药剂对身体更有害的了。一个伤口，如果不断地试用、施敷各种药膏，就不会结疤。一株植物，不停地移植，就很难苗壮。任何事物，即使再有用，不停地换来换去，也会失去作用。书太丰富了，就成了零散的根源，因此，既然你不能阅读所有你拥有的书籍，拥有你所能够阅读的书便足够了。你会说：我有兴趣翻翻这本，再读读那本。品尝很多食物，是胃口迟钝的迹象，饭菜种类太多，非但没有营养，反而有害。所以，你要持续地阅读值得信任的几个作者，如果想更换其他的作者，

---

① 文中的财富、贫困，指的都是时间。"酒瓶见底再节省不是太晚了嘛"这句话引自古希腊诗人赫西俄德。
② 所有的信件结尾，都有问候语 Vale：再见（祝好，珍重）！谨注于此，以后的信件翻译中不再重复出现。

便重新去读最初的那些。每天都反省那些能够帮助你面对贫困、死亡或其他灾难的文字。选择一段能够有助你日间反思的话。这正是我所做的：从我所阅读的大量内容中，摘取某些格言。我今天的格言是从伊壁鸠鲁那里得到的（到他人的营地①里去转一转，是我的习惯，不是作为逃兵，而是侦察兵）。他说：彻底的贫困中保持快乐，是一种令人渴望的财富。太有理了，只要有快乐，便不贫困：拥有得少并不是贫穷，贪欲更多才是贫穷。我们在保险箱里有多少，粮仓里有多少，牲口有多少，获利的资本有多少，假使不是计算我们实际拥有的，而是算计我们欲望拥有的，那又有什么用？你想知道多少财富是恰到好处吗？首先，有所必需，其次，有所足够。

第 三

你说，把信交给了一个朋友，托他带给我，可是紧接着，又劝告我不要与他交换关于你的印象，因为连你自己都不习惯那样做。也就是说，在同一封信中，你赋予他又拒绝给他"朋友"的名义。假使你是在普遍意义上使用这个词汇，而不是用它真正的含义称他为"朋友"，如同我们称呼那些有资格被称为"尊敬的公民"或者对我们遇见时一下想不起名字的某人称呼"某先生"，还是情有可原的。可是，如果把一个不像你对自己那样信任的人称作"朋友"，便是犯了一个错误，显示出你对真正友谊的意义还不够了解。

你将某人认作朋友，就该对他已经形成了正确的评价，友谊开始之后，就必须有信任。而在这之前，对，应该作出判断。那些违背泰奥弗拉斯托斯②的教导、混淆这一原则所包括的固有义务的人，在友谊开始之后才去形成判断，而不是在形成判断之后再确立友谊的关系。应该以很长的时间来考虑，某人是否值得列入朋友名单。而一旦决定把他添加了，便应以敞开的心怀接受他，对他说话就像对自己一样自在随意。

至于你在那里，生活在那种境况，连对自己都失去了信任，什么都不可

---

① 塞涅卡是斯多葛派，与伊壁鸠鲁的哲学对立。

② 泰奥弗拉斯托斯（前371—约前287），希腊哲学家。

靠，就像是面对敌人。即使这样，也有些习惯上认为是私隐的事情，还是应与你的朋友分担你的忧虑，交换思想。如果你认为他是忠诚的，就应该这样做。有的人害怕受到欺骗，好像人们因受到欺骗而学会了欺骗，以这样的怀疑来为他们的错误找理由。 什么原因能够使我在一个朋友面前说评判自己的话语，什么原因又能够使我在他面前不能像独自一人那样来品评自己？有的人向遇见的任何人讲述只应告诉所信任的朋友的话，他们信任任何一副耳朵，把使他烦恼的秘密倾诉给别人。而另一种人，则正好相反，即使最亲近的朋友也什么话都不说，假使可能的话，连自己都不信任，把秘密掩藏在能多深便多深的内心深处。我们既不应该像前者，也不应该像后者，或者相信所有的人，或者谁也不信任。这都是错误的，我只能说第一种错误，更忠厚，第二种错误，更安全。

同样，无论那些急躁不安的人还是那些永远沉默的人，都该受到批评。实际上，在混乱一团中获得快感不是一种勤奋，而仅仅是过分焦躁、兴奋忙碌的心。而像躲避瘟疫一样拒绝所有的行动并不是沉静，而仅仅是麻木怠惰和优柔寡断。所以我们应该时刻记住我在蓬波尼乌斯①的著作里读到的话："有的人躲避到黑暗里，觉得光明中的一切都铭刻上混乱。"

这两者必须适度，必须静中有动，必须动中持静。把你的行为与自然比较一下，天地同样创造了白天和黑夜。

第　四

生命已开始，在继续，你要尽可能快些成长，以便有更多的时光享受端庄和平衡的心灵，即便是在心灵的修正和平衡的过程中，也同样可以得到享受，观赏一个纯洁无瑕而光明灿烂的灵魂，是相当高级的快乐！

你一定还记得脱下少年装、披上成年袍②参加广场集会时所感到的那种快乐。你还要准备体验更大的快乐，由于哲学，你褪尽童稚思想，加入成人的行

---

① 公元 1 世纪罗马执政官，悲剧作家。
② 古罗马习俗，青年着镶紫色边的白袍，16 岁举行成年礼，改穿纯白的男子袍。

列。直到此刻，在我们的头上所悬的并非自然而然地是童趣，而是幼稚，这才是坏事。而更坏的是当我们已经有了老人的权威，却依然保持着孩童的恶习，不仅是孩童的，而且是婴儿的。孩童的事是不重要，婴孩的事是不存在。而我们，既不重要，也不存在。

坚持下去，因为你将懂得，有些事情越会给你带来恐惧，其实越是不可怕。

任何坏事都不真是最大的坏事，只有最后那件才是真大。死亡会接近你。的确，死亡要是总与你同在，那的确可怕，可是自然的规律叫它总是或前或后地错过你。你会说，"很难叫心灵轻视生命"。莫非你没有看见生命如何因为微不足道的原因而不断地被轻视？那个在情人的门口悬梁殉情的人，那个为了不继续忍受主人的辱骂而跳楼的奴仆，那个为拒捕而用匕首自尽的逃亡奴隶。那么好吧，你认为道德没能力做到惊惧所能做到的事吗？人们总是想延长寿命，总是把长寿列为最宝贵的财富之一，是因为任何人也不能有第二次生命。

每天你思索一下这些，为了能够在生命离去时有心灵的宁静。很多人死死抓住生命，像被湍流卷走的溺水者拼命用双手去乱抓荆棘和岩石。很多人不得不在死亡的恐惧与生活的折磨之间可怜地挣扎，既不愿生，又难去死。

假使你想愉快地生活，就不要为它担忧。一件物品的主人只有做好失去它的准备，才能自在地享有它。一件失而不可复得的物品，我们最不易失去。振奋起来吧，要有勇气去对抗连最强大的人也不可避免的死亡。庞培的性命结果在一个孤儿和一个太监之手，克拉苏被残忍、傲慢的帕提亚人杀死，恺撒派护民官去刺杀李必达，自己却被奎利亚暗杀。谁也不能幸运到能够解脱威胁，让灾难转临到他人头上的地步。别相信现在的风平浪静，大海的脾气说变就变，在刚刚毫无危险驶过航船的地方，同一天另一条船就会遇难。你想象一个强盗，一个敌人，可能把短剑刺入你的喉咙，甚至都不是一个更有权势的人，任何一个奴隶都能决定你的生死。你可以肯定这一点：一个不在乎自己生命[①]的人，绝对是你的性命的主宰！你来查阅一下死于奴隶之手的案件吧，或是暴力的，光天化日的，或是阴谋设下圈套的，你会发现死于奴隶之怒比死于国王之怒的绝不在少数！所以，假使任何人都能做令你恐惧的那些事，那么你所惧怕

---

① 指奴隶。

的权力又有什么可怕。假使，说不定你落到了敌人的手中，战胜者给了你终结，说到底，那原本从来就是你命中注定。你要明白：自从出生起，你便走向死亡。这样的或类似的思考，我们应该时刻保持在头脑中。假使我们想安详地等待最后的那一刻，就让我们觉得这种恐惧在每个时刻都可能突然袭来。

在结束这封信的时候，我要留给你一句今天读到的格言，也是我在他人的花园里采摘的：真正的财富，是适合自然法律的贫穷。你知道什么是自然法律强加于我们的限度吗？不忍饥，不受渴，没有痛苦。为了免于饥饿，不需要到王公大人的府上，不需要看他们的脸色，忍受他们的恶气；不必到大海上冒险，或加入征伐的战争，那种自然的需要近在咫尺，伸手可及。是除此之外那些多余的东西才让我们在兵营中老去，才驱使我们到异地他乡！生活所必需的一切都近在身边。懂得和平地生活在贫穷中的人，是真正的富翁！

第 五

你坚持不懈地学习，不理睬其他的一切，唯重自身的日臻完善：这让我满意，不仅是告诫你，而且是要求你，要继续这样做。还要告诫你，不要像那些不是为了自身修养而更是为了表现给别人看的人那样：无论是你本人还是你的生活风格，都应尽量避免引起别人的注意。不修边幅，长发不理，胡须不修，伪装成对金钱的厌恶，床上凌乱拖地的被褥，这些都是野心的变态形式，是你所应拒绝的。哲学这个词本身，即使没有炫耀的态度，已经够让人们产生反感了！更不要说假使我们再远离共同的生活习惯。我们的内心是绝对不同的，但外表上和其他人一样地生活。我们的着装既不炫耀奢侈，也不寒酸吝啬，不用纯金镶嵌的镂花银饰，却也不认为没有任何金银装饰才是简朴。我们的行为应该是这样，每日的生活与众人比较起来，不是相反，而是更好。否则我们会把别人吓跑，让我们想改变的那些人远离我们，因为害怕模仿我们的某些行为，结果对我们什么都不学。

哲学首先保证给我们普遍意识、人类意识、社团精神，对它们的实践，使我们远离过分与众不同的生活。应该谨防我们的行为不仅得不到所期望的应有的钦敬，反而招来嘲笑和憎恶。

我们的目的首先是与自然和谐地生活。折磨自己的身体是一种反自然——拒绝基本的卫生习惯，居于肮脏的环境，饮食粗粝甚至令人反胃，奢侈与饕餮的饮食同样如此，只欲望精美的食品，都是我们应该避免的疯狂，我们所要的是平常而不必过分花销的生活。哲学要求简朴但无需苦行，简朴并不需紊乱。我主张中庸：我们的生活采取上等和普通之间的平衡。众人看我们的生活在一般之上，但是对他们来说并不奇怪。

"你说什么？难道我们要做和别人一样的事？我们与他们之间没有任何区别？"

最大的差别可能是：加以最细致的考察就可以发现我们与平庸如何不同，当一个人进入我们的家中，他所赞叹的是我们而不是家具。一个高级的精神能够把陶器当银器使用，但不比把银器当陶器使用的人更低贱。而那些不知如何承受财富的人，却是精神有缺陷的证明。

然而，我愿与你分享今天的小小收获。我从赫卡丹①那里读到，断除欲望像一副良药那样能医治恐惧。他说："当你不再有希望时，便不再有恐惧。"你会问，怎么可能调和这两种截然不同的事物。可是事情就是如此，路西利奥朋友，尽管它们好像是毫不相干，却有着内在联系。好像一条锁链连着看守和囚犯，尽管一点也不同，却并肩行走在一起：跟随着希望的总是恐惧。这毫不奇怪：两者的特点都是犹豫不安的心灵，充满着对未来的忧虑。两者的联系，主要的原因是我们不关心目前，而是首先将思想引向一个未来的时刻，这就是人类能力中最好的财富——预见的能力，我们会忧虑未来是否会向坏的情况变化。野兽看到危险便逃离，而一旦逃离便重新获得安全感。然而我们，无论未来或过去，同样令我们痛苦。（经验中）很多我们的财富变成对我们的害处：记忆使恐惧再现，折磨着我们，预见将它提前，（假使）仅仅是现在，谁会有什么不幸！

第　六

路西利奥，我发现我不仅在修正着自己，更是在改变着形象。我不确保，

---

① Hecatão，生平不详。

甚至不期待，我自身所残余的东西已经没有不须改变的。为什么我不能还有很多的东西需要抑制，或减弱，或提升？承认至此一直被忽视的缺陷，这本身已经证明心灵达到了更高的层次：对某些病人来说，承认自己有病，就已经有理由祝福了。

我愿与你分享突然发生在我身上的这一变化。于是我开始对我们的友谊产生更坚定的信任，无论希望、恐惧，还是寻求利用，都不能破坏的、那种人们愿为其献出生命的友谊。尽管是朋友却缺乏友谊的例子，我可以举出很多。唯有良好愿望的同心相连，才不会产生那种情况。因为他们不懂，朋友之间要同甘苦，尤其是共患难。

你不能想象，这对我每天是多么重要。你说"同我分享你所经历的成效"。我没有其他想法，只想向你传授我的经验：学习给我快乐，尤其是因为使我有能力施教！任何事物，哪怕再高尚、再有利，假使对他的知识仅仅保存给我自己，都不会使我快乐。假使恩赐于我智慧，但条件是只能自己保存，不能分享，这种智慧我宁愿拒绝。没有任何财富只占有而不分享就能够带来满足感的。

是的，我把用过的书寄给你，免得你浪费时间去寻找有益的途径，我将给你讲解那些书，使你能够立即了解那些值得我赞美和尊敬的作者。

一场生动的谈话，比写在纸上的议论有益得多，你应该来我这里，看看事情是怎样的经过，首先因为耳听为虚、眼见为实，其次，通过劝导，其路漫漫且长远，通过实例，其径短捷而有效。

克里安西斯如果仅仅作为芝诺的听众，永远不会使他的学派复兴，不是的，克里安西斯参与了他导师的生活，深入到秘密之中，观察到导师实践他的理论到什么程度。柏拉图、亚里士多德和后来创立各派的哲学家，从苏格拉底的生活中比从他的言论上所学到的要多得多。迈特罗多鲁斯[1]、赫尔玛可、波列诺，不是在伊壁鸠鲁的学校，而是在与大师的共同生活中，形成了伟大的人格。你来这里，并不是说仅仅你来受益，我也会受益，我们能够相得益彰。

现在，我还欠你每日的小礼物，今天令我愉快的是在赫卡丹那里找到的

---

[1] 迈特罗多鲁斯，公元前 4 世纪希腊哲学家。

这句格言，就送给你吧："知道今天我的收获是什么吗？我开始成为自己的朋友！"这收获太大了，如此便永远不会孤独！要知道，这个朋友，是每个人都能有的啊！

第　七

你想知道，什么是应该尽量避免的吗？人群！你还没有达到安全地参与到人群中去的程度。我直截了当地向你坦言自己的薄弱：回家时的性格永远不是出门时的性格，某些本来调节好的东西又改变了，某些本来已经剔除的东西又反复了。就像虚弱的慢性病人，哪儿也不能去，否则就会旧病复发。我们的精神也在从长期的疾病中恢复。和很多人聚会对我们有害：没有人不传染给我们一些恶习，腐蚀污染，沦陷堕落，潜移默化。因此，我们所参与的人群越众，危险便越大。而且，没有比世俗所好更有毒害性，比如去观看角斗表演，因为恶习通过娱乐享受的途径更容易暗中侵蚀我们。

你以为我说的是什么？是回来时变得更加贪婪、更野心勃勃、更倾向奢华？远甚于此者：与人们接触以后，我变得更残忍，更非人性。我偶然去观看一场午间的表演，本来想看到些轻松的、有趣的，让看倦了人血的眼睛稍加休憩的节目。我所看到的正好相反：相比之下在那之前的所有角斗，都属于慈善活动了，这个时刻的角斗，没有任何艺术可言，是纯粹的残杀。角斗士们没有任何防护，整个身体都暴露在攻击之下，每一次攻击都不落空。很多观众为此狂热，乐于观此甚于有名的剑手正常的对决。他们怎么能不热衷呢？没有头盔、盾牌去迎战对手的刀剑。为什么要护身甲？为什么要武术？这些只是拖延死期。早上，将人投与狮、熊；中午，将人直接投与观众！残杀者面对被屠戮者，胜出者不过是留待稍后再死。这些角斗士的唯一出路是死亡。人们用铁与火将他们杀死。这便是斗兽场场间休息的节目。"可是他们都犯了罪，是杀人犯。"那又怎么样？假使因为他杀了人，这样的对待属于罪有应得，而你，不幸的人，又做了什么，才该观看这样的场面。"杀死他，刺死他，烧死他！他怎么那样软弱地迎战对手的刀剑？他为什么在杀死对手时下手那么犹豫？我们要看用鞭子对决！让他们裸胸赤拳地对打！"节目间歇："那就绞死几个，总得找点事做!"那么好吧，难道你不懂得天道好还？做出坏的榜样会自食恶果？我祈祷神明教会那些不能自悟的人懂得什么叫残忍。

普通民众对道德缺乏勇气，意志不坚定，容易形成多数效应，必须避开这种影响。苏格拉底、加图、雷利奥——一个完全对立的人群，有可能动摇你的性格。我还告诉你：即便是我们，这些努力磨炼自己性格的人，在人群中谁也难抗拒雪崩式的恶习。只需一个奢侈或贪婪的榜样，就足以产生很坏的影响：同一个品位讲究的人同桌，会使我们丧失俭朴的勇气和信心；与一家富人为邻，会激发我们的欲望；结交一个坏的朋友会把他的瘟疫传染给我们，无论我们多么纯洁俭朴。想象一下，当我们随波逐流，被人群卷入习俗当中，会发生什么事呢？会被迫地，要么模仿他们，要么愤恨他们。然而，这两种态度都是应该避免的。你既不该因他们人多势众而与坏人同流合污，也不该因他们的不同而与大多数人为敌。你应尽可能地逃避到自身中，与那些能够使你升华的人交往，与那些能够使你变得更好的人在一起生活。这必须是相互的：教学相长。你不应为了虚名显示你的才华，混迹到公众之中，甚至去讲演或参加辩论。假使你有适合这些人的货，我也会建议你这样做，然而那些人中没有人听得懂你。很可能偶尔出现一两个可教的人，你该担负起教导他们的责任，直到把他们提高到你的水平。"那么说，我所学习的都是为了唯我所用？"不要担心，假使你的所学能为你所用，你就已经不算浪费时间了。

为了使我今天的所学不唯我所用，向你转述我所找到的三句话，出色的思想，意思都差不多，一句用来缴纳这封信应付的贡赋，另外两句是提前预付。德谟克利特[①]说："一个人对我来说相当于一个民族，一个民族相当于一个人。"另一位作者（关于他的身份有争议），当人们问他为什么对一篇很少人能看到的文章下那么大功夫时，说得也有道理："对我来说，即便是很少的读者，只要有一个读者，甚至是没有读者，就足以令我认真了。"第三句是伊壁鸠鲁的名言，他在致一位同窗的信中写道："我不会对很多人写到这些，而只是对你，我们相互而视，就已经是极其精彩了。"

尊贵的路西利奥，你必须将这些思想融入内心，以抑制从群众的掌声中获得的快感。当你身披光荣得到很多人的赞美时，更证明首先应该感恩的是自

---

① 德谟克利特（前460—前370），希腊哲学家。

己，因为说明你已经是能够得到很多人理解的人了！真正的财富，仅仅在你内心的论坛！

第　八

你反驳道："难道说你要我逃避大众，离群索居，自我陶醉？你激励我们的座右铭，难道不是为完美的行动而献身？"

那么好吧，似乎我在劝诫你怠惰无为？如果说我隐居家中，闭门不出，那是为了能够对大多数人有益。没有一天，我是在悠闲中度过，大半个夜晚留给研习，而不是睡神，直到被它征服，几乎快要闭上眼睛，而疲倦失神的目光仍然停留在工作上。我不但离开众人，而且离开营生，以放弃我自己的生意为始：我在为子孙后代而奋力。我要编撰一些将来对他们有益的东西。把一些像良方药剂一样有益的告诫写在纸上，我在自己的创伤上试用过，因此知道它们是有效的。那些伤口，尽管还没有完全愈合，但是至少不再痛苦地折磨我。我为别人指出正确的路，那是经历过多少使人厌倦的歧途，很晚才找到的路。我大声疾呼：避开一切俗人所好吧，面对一切偶然的机会，任何幸运的财富，都要立即止步，绝不轻信，鱼食饵，猎物踩中陷阱，便是因为希望的诱惑。你以为那是幸运的恩惠吗？那只是害人的机关！无论谁，若想安度一生，就要尽量避开这种令人失足的利益的诱惑，可怜的我们，却总是上当受骗，自以为捕获了利益，结果却成了猎物。这场竞赛把我们步步引向深渊。通向"上等"生活的唯一出路是"坠落"。不仅如此：当命运将我们引向歧途，我们连止步都不可能，甚至连直线下降、突然跌倒都做不到，命运不会让我们险些绊倒，它直接将我们掀翻、碾碎。因此，我采取正当的生活作风，仅仅以满足维持身体健康所必需为度。对待身体，必须强硬，使它不费力地服从精神：食限充饥，饮足解渴，衣唯御寒，居遮风雨。一所房屋是用树枝还是从异国进口的彩石建造，是毫无意义的细节，要知道，茅屋金屋对人来说总不过是屋罢了！你要蔑视一切冗余的事物、浮华的装饰，要想到只有精神才值得钦敬，对于伟大的精神来说，唯此为大。

难道你不认为做这些思考，无论对我自己还是对子孙后代，要比出席法律公务、在一份遗嘱印上我的手戳或是到议院投票支持某位竞选人更有价值得多吗？你要相信，那些看上去好像做得少的人，实际上却做得很多，因为那同时既是人的事业又是神的意志。

又是该结束的时候了，像往常一样，我要送给你一件礼物。这礼物不是我的，我一向在伊壁鸠鲁那里拾取麦穗，今天我读到他这句话语："若想获得真正的自由，就应该做哲学的仆臣。"信任地献身于哲学的人并不是被抛弃，哲学会立即给他以回报。完全地献身于哲学本身，就意味着自由。

或许你想问我，为什么引用这么多伊壁鸠鲁美妙的格言，而不是引用我们[①]的作者，然而，为什么要认为这些思想是伊壁鸠鲁的而不是属于众人的财产呢？多少诗人表达过哲学家们已经表达或有一天会表达的思想！不必说悲剧演员，更不必说悲喜剧角色，甚至从滑稽丑角的口中，道出多少绝妙的诗句！普布里乌斯·西鲁斯[②]曾经写出过多少雅而不俗的台词！我现在引用他的一句哲理名言，恰恰是我前面所讨论的观点，这便是，我们不该将偶然所赋予的视为己有：

> 凡是偶然所带来的都不属于我们。

我十分记得你在一句诗中，也表达过类似的、富有才华而精练的思想：

> 幸运的恩惠，不是真正属于你的。

也不会忘记你更出色的诗句：

> 既然能够赐予你，就能够从你手中夺去。

然而，这已经不是礼物，只是把你的东西又回赠了你。

---

① 指斯多葛派。

② Publilius Syrus，约活动于公元前 1 世纪前后。古罗马拉丁文格言作家，出生于叙利亚，后作为奴隶被掠往罗马城。他凭借自己的智慧和才能赢得了主人的青睐后被释放。不久即开始文学创作，并闻名遐迩。他的作品现仅存残篇。

第　九

　　你有兴趣知道，在伊壁鸠鲁的一封信中，他对那些断言智者自我满足因而无需朋友的观念的批评是否正确。伊壁鸠鲁这封信是写给埃斯蒂尔班和其他一些人的，他们认为至尚之善在于精神之冷漠。如果我们过于仓促，用"无耐心"这个词汇来翻译希腊语"阿帕蒂亚"，就会落入模棱两可的境地，能够使人产生与我们想表达的意思相反的理解。我们想说明某人能够拒纳痛苦的情感，然而这个词可以被理解成没有能力承受痛苦。因此，请想一想，是否最好表达成"精神的无伤性"或者"精神超脱于一切痛苦之外"。我们的学派与他们的区别在于，在我们的观念中，智者虽然感觉到却能够控制一切痛苦，而在他们看来，根本连感觉都没有。我们与他们之间有一点是共同的：智者自我满足。尽管智者自在自足，这并不意味着他不愿有个朋友、有个邻居、有个伴侣。而且，智者自我满足到何种程度呢？其表现为有时甚至满足于他自身的一部分。假使被疾病、敌人断去他的一只手，假使一场事故夺去他的一只眼睛，甚至双目失明，他依然满足于所残剩的肢体，在肢体残缺后依然像有着健全身体那样，保持同样的精神快乐。这时，与其为残疾而怨天尤人，毋宁不为之痛苦。智者是在这种意义上自我满足：他不是愿意，而是能够没有朋友。而这里所说的"能够"，我理解是以坚强的意志，承受某个朋友的丧失。实际上，他从来不是没有朋友，对某个朋友的丧失他能够快速地弥补。就像菲迪亚斯，假使失去一座雕像，他会立刻雕刻另一座，智者真正是结交朋友的专家，丧失了一个朋友，立即结交另一个来替代。他如何快速地结识另一个朋友呢？让我来告诉你，假使你同意，就算作我这封信所欠的礼物，今天的账就算两清了。赫卡丹说："我告诉你一个爱情的秘方，不用迷魂汤、灵仙草，更不用巫师的法术，若想被爱，就去爱吧！"不仅是老友旧交的牢固情谊给你带来巨大的快乐，开始结交的新友谊也是如此。已经成熟的友谊和正在结交的友谊，就如同农夫收获和播种一片麦田。哲学家阿塔罗常说，交一个朋友比有一个朋友更令人愉快，"恰恰好像画家正在画一幅画，比画完一幅画给他更大的快感"。集中精力作画，会给画家巨大的快乐，而当画家把手从已完成的作品移开，快感便不那么强烈地触动他。这时他在享受艺术的果实，而创作过程中，他在品味艺术本身。如果孩子的青年时期充满兑现的许诺，他们的童年肯定会更甜蜜。

　　然而让我们回到话题，智者尽管自我满足，但是愿意有个朋友，一切是为纯友谊而结交友谊，为了不将如此伟大的美德闲置，不是（像伊壁鸠鲁在同一封信中所说）"为了在患病时有个人来帮助，落难入狱的时候有个人来解救，陷入贫困时有个人来救济"。而是相反，为了有个人，能够在他患病时去帮助他，在他患难时去解救他，把他从敌人的监狱中解救出来。只顾及自己的利益，为自私的目的而结交朋友是不正确的。以其道开始，便以其道告终：结识个朋友为了解除牢狱之灾，一旦锁链的声音响起，他便无影无踪了。这种友谊应该叫作"投机取巧的友谊"，出于利用的动机，将某人看作朋友，一旦没有用处，便会冷淡。正是因此，富贵多亲朋，贫贱常孤独①。在面临考验的时候，朋友便逃避了，因此才有那些因为恐惧而发生的逃避、背叛的事例，令人痛心。这种友谊的开始与结局，恰恰十分吻合：因利而生，无利而终。如果在友谊中寻求的不是友谊本身，而是别的利益，那么任何利益都会凌驾在友谊之上。

　　"那么为什么而结交朋友呢？"为了有个人，可以为他而死，可以伴他流放，为他甘冒一切危险，为他将自己献给死神。你所提及的"那些东西"，那种以利益为目的，患得患失的，不是友谊，是交易！爱情毫无疑问与友谊有某些相似性。我们甚至可以认为友谊能达到疯狂的程度。谁能够由于利益、野心、荣誉而产生爱情呢？是爱情本身，超然于其他一切，使精神由于对美的欲望而燃烧，混合着对某种相互爱抚的渴望。那么好吧，难道有可能从一种高尚的原因中产生在道德上应被谴责的爱慕吗？你会说"此刻并不想知道友谊是否应该为友谊本身而渴望得到"。相反，此刻，没有比表明这点更重要，友谊应该为友谊本身而欲求得到，这样，那个自我满足的人则可以接受它。"以什么方式接受它呢？"以观赏一件美的物品的同样的方式：既不是出于低俗的利益，也不担心命运的反复无常。以有利的处境为目的的结交，意味着剥夺了友谊本身的尊严。

　　"智者自我满足"，路西利奥朋友，很多人对这句格言的理解是不正确的。让智者远离开他周围的世界，将他局限于以自己的身体为界。因此十分必要界定这句话的含义和范畴：智者以生活得幸福而自我满足，不简单地为生而生，生活中或许会缺乏很多东西，但是为了生活得幸福，只需要有健康的、高尚的

---

① 穷途末路无人问，富在深山有远亲。

精神，而并不在乎财富。我再引用一段克里希波的论述，他说，智者无所匮乏，尽管他需要很多东西："相反，愚蠢的人无所需要（恰恰因为他们什么都不晓得正确地使用），因此他们匮乏一切。"智者需要双手、眼睛、日常生活所需的很多东西，但是并不匮乏任何东西：匮乏意味着有所缺需，作为智者，意味着不缺任何东西。所以，尽管他自我满足，却需要有朋友，愿意有尽可能多的朋友，但是并非为了生活得更幸福，因为即便没有朋友他也可以活得幸福。至尚之善，并不寻求自身之外的辅助工具。他专注于自身，完全居处于自身，假使寻求自身外部的某个事务，便听天由命。"假使偶然的情况下，智者沦落牢狱，隔绝无友，如果被抛弃在怪诞的民族中，漂流在大海的漫漫航行中，滞留在一片沙漠里，他的生活会是怎样呢？"他的生活会像朱庇特一样：当宇宙解体，所有的神都融为一体，那时大自然渐渐失去运动，他将栖于自身，一切凝注于他的思想。智者也将是这样：自我封闭于内心，他栖住于自身，面对自己。当他能够随心所欲地支配生活的时候，他自我满足，但是结婚；他自我满足，但是生儿育女；他自我满足，但是如果不能在众人中生活，他便放弃。并不是某种功利刺激他寻求友谊，而是出于一种自然的天性，正如我们有别的天生的爱好一样，友谊也是这样。人的天性中有对孤独的恐惧，因而寻求同伴，同类的人互相吸引，寻求友谊也是我们的本性所使然。即便是极其亲密的朋友，将他们与自己并列甚至高于自己，但这些对于智者来说都属于不取决于他自己的身外之物，对之采取埃斯蒂尔班方式，就是伊壁鸠鲁在他的信中狠狠地批评的那位埃斯蒂尔班。他的城市被攻占了，妻子儿女死于非命，战火吞噬着一切，埃斯蒂尔班孤自出发，尽管遭受这一切，却依然幸福。以攻城而出名，被人称为"围城者"的德莫特利奥问埃斯蒂尔班，他是否失去了什么。哲学家回答道："没有，我所有的财富都在这儿，和我在一起。"这才是一个坚强的、不屈不挠的男人，能够赢得他的敌人的胜利本身！"什么都没有失去！"他说。这使德莫特利奥竟对自己的胜利怀疑起来。"我所有的财富都在这儿，和我在一起。"正义、美德、谨慎，这个简明的事实把凡所可失去者都不视为财富。我们惊叹有些动物，穿过烈火而不受丝毫损伤，我们更钦佩一个穿过刀剑、毁灭、烈火而毫发不伤的人！你看到，如何战胜整个一个民族，能够比战胜唯一的一个人更加容易吗？这句简单的话使埃斯蒂尔班成为一个斯多葛派，一个坚韧不拔的人，他也能够在整座城市被焚毁时保持自己的善。自我满足：这是他所设定的幸福的边界。

你不要以为只有我们才能说出崇高的语句。伊壁鸠鲁本人，埃斯蒂尔班的批判者，说过一句类似的话，请你当作礼物来接受，虽然今天的义务已经交付过了。"一个即使是全世界的主人，还嫌自己的财富少的人，这个人才是穷鬼。"或者，你愿意把这句话换另一个方式来表述（我们必须习惯于思考意义，而不受拘束于语言）："穷酸，就是做了世界的皇帝，还不觉得幸福的人！"为了说明这种思想如何表现为人民智慧性质的俗语，我来引用一位滑稽诗人的诗句：

> 一个不觉得幸福的人，就是不幸福的人。

事实上，假使你就是认为它不好的话，你所在的处境又有什么关系呢？"怎么会是这样？那么假使一个不诚实的财主，一个拥有很多奴隶、多得过分的奴隶主，有一天突然说：'我幸福了！'这样简单地说一句，难道他就成为幸福的人了吗？"不是的，问题不在于他说什么，而是在于他所感觉的，持续的感觉，而不是某一日的感觉。你不要担心如此幸运的境界会成为可鄙的卑劣者的属性：只有智者满足于其所拥有，一切不明智的蠢人都因自己的不满足而痛苦。

第 十

正如我所说的那样，观点不变：你要避开大众，避开小群体，甚至避开孤立的个人。在我所认识的人当中，我不愿有谁与你对话。然而，请你留意我对你的判断：我敢于让你信任你自己！据说，上封信里提到的那位埃斯蒂尔班有个学生叫克雷特，一次他看到一个青年人在独自散步，便问他一个人这样孤独地在做什么，年轻人回答说："我在同自己讲话。"克雷特于是说道："你可要小心了，十分地注意你在做什么呀：你看，你正在同一个坏脾气的人讲话！"

当一个人被痛苦或恐惧所控制，习惯上我们会守护他，别让他独自闯什么祸。不能把没有分辨力的人，交付给他们自己：他们可能对自己和他人做出错误的决定，采取危险的行动，或者听任不光彩目的的引导，这一切都是当恐惧或羞耻将隐藏在心底的戾气浮现到表面时，激发出的大胆的行为，使人感觉敏锐，情绪易怒。总之，却荒唐地失却孤独唯一的益处——保藏秘密，不被告发——因为他自己就出卖了自己 [1]。

你看我对你是如此充满期望，更确切地说，你看我是多么的信任你（"期望"这个词汇，所涉及的是某种尚且不确定的益处），其程度之深，竟然找不出任何人能够陪伴你，胜于你与自己相伴。我深深记得你在朗诵某些格言时的激情，话语中充满了活力，我当时便赞叹道：这些语言不是发自口中，而是坐落在坚实的基础上，这不是个普通的人物，是追求拯救灵魂的人！你的话语与行为，要永远以此为目的，注意别让任何事使你灰心丧气。要恳求诸神将你从旧的心愿中解脱，而发出全新的宏愿：恳求他们赐予你智慧、完美无瑕的健康的精神，其次才是健康的身体。为什么不呢？你必须经常地向诸神发出那些祝愿，要毫不犹豫地请求神明伴随着你：别要求他们能力之外的任何东西！

一如以往，我以一件小礼物结束这封信，是摘取雅典诺多罗的至理名言："可以肯定，当你不以大声就不能向众神祷告时，便会完全地释放出你的情感。"但是，普遍说，人们是何等地愚昧，喋喋喃喃，为最卑劣之事向诸神发出祷告！当别人想听清他们在祈求什么的时候，却闭口不言了，可是见不得人却诉说给神！因此，请你想一下，这个观念是否很好："同人生活，就像有神在看；与神说话，就像有人在听。"

第十一

我们谈了一阵，你的朋友和我，这第一次的谈话，便显示出他优秀的人品，让我看出他多么热情洋溢，充满智慧，乃至在哲学领域的进步。尤其这次谈话不是预先有准备的，而是即兴的，这更向我证明他的前途无量。他努力控制着自己的胆怯——这对一个年轻人来说是个好迹象——绯红的面颊就说明他所感觉的羞

---

[1]《易经·系辞》：乱之所生也，则言语以为阶，君不密，则失臣，臣不密，则失身，几事不密则害成，是一君子慎密不出也。

涩。我十分地确信，即使将来他获得了自信，克服了所有的弱点，甚至成为智者，永远都不会失去脸红的倾向。实际上，任何智慧都不能使我们摆脱某些天生的身体方面的脆弱。与生俱来的，先天的倾向性，可以通过实践而弱化，但是永远不能消除。有的人尽管十分能够控制自己，但在公共场合，也会汗流满面，就像马上要累死或热死了；还有的人发表讲话时，会两腿发软，牙齿打战，舌头僵直，口唇黏连。这些都没有什么技术或锻炼可以改变的，天性的力量，即使是最坚强的人也会感觉到这种软弱。这种软弱中就包括脸红，就连最酷的人也会突然地满脸通红。当然年轻人更经常，他们的血更热，面孔更细嫩，但是成熟的人和年纪大的人，也一样会脸红。有的人脸红时最可怕，好像事情意味着不顾一切廉耻。例如苏拉，没有比他脸红的时候更残暴了。庞培没有比他脸色通红时更加急躁无常，当他对公众演说，尤其是在众议院演说时，脸总是红的。记得我有一次看到法比雅努斯在议院里作证，脸全都涨红了，这是神奇地涌现出的廉耻的心迹。这种现象不是产生于智慧的缺陷，而是由于一种未曾意料的情况，让没有经验的人感到拘束、局促，因为他们天性有容易脸红的倾向。就是这样，有的人血流平静，而有的人血流激越，能够一下子涌上面容。这种现象，正如我所说的，没有什么智慧可以压制，否则，如果智慧可以消除一切缺陷的话，就会对本性具有绝对的权力了。与生俱来的那些条件，身体的素质，所赋予我们的本性，即使精神再加努力，长久的改造，加以完善，却永远不会离开我们，这种现象我们既不能阻止，同时也不可能激发。戏剧演员，他们可以模仿爱情，表现恐惧、焦虑、忧伤，能够表现羞涩，通过这样的演技：低头颔首，欲言又止，眼光盯着地面。脸红，却还是做不到的事情。脸红，不是想制止就制止、想激发就激发的。对于这种现象，智慧无可作为，毫无保障，无能为力，这是天性的现象，无论我们愿意不愿意，它发生，它消退。

这封信已经在要求结尾的礼物。说到它，它便到！把这句格言铭刻在心，是健康而有益的："我们应该选择一个优秀的人物做楷模，永远把他树立在眼前，使我们在生活中时刻好像有他在观察着我们，好像我们的行为都在他目光的注视之下。"尊敬的路西利奥，这个观念是伊壁鸠鲁提出来的，以此赐予我们一个守护者、一个教育家，而且颇有道理，因为假使在犯过错的人面前站出一位见证者，大部分的过错就不会犯了。让我们的灵魂有个典范，崇敬他，由于他的权威，即使是最隐藏的内心深处也变得高尚起来。一个不仅当他在场，即便是他的影像也会使其他人变得更好的人是幸福的！一个能够获得别人尊敬，只要想到他的榜样，就能令人的精神和谐有秩的人是幸福的！一个能够对某人有这种崇敬的人，不久就能感染他周围的人，对他产生同样的崇敬。例如选择加图，如果你觉得他太严厉，那么就选择雷利奥，他的精神是很柔和的。你要选择一个人，他的生活、言论、面容，总之，这些灵魂的镜子，是令你愉悦的。时常注视他，或者作为你的守护者，或者作为你的楷模。再说一遍，我们需要有个人做榜样，以他的品格来提炼我们的素质，没有规矩便不成方圆！

第十二

　　无论我转向哪边，看到的都是自己衰老的痕迹。我到乡下的庄园去，抱怨为修缮一座颓塌的房子的花费。管家说问题不在于他缺加照管，简而言之，不过就是那房子太老了。这座房子是在我手中建造起来的，如果连我这把年纪的石头都已经老得可怜了，我又如何能不老？我很生气，对他找茬儿发火。"这些悬铃木好像拾掇得一点也不好，树叶都秃光了！"我对他说道，"你看，树枝疙疙瘩瘩，枯枯燥燥，树干又瘦又脏！要是给它们松土浇水，树木怎么会是这样子。"管家对我的守护神①发誓，该做的都做到了，必须小心的都小心了："可是它们已经都老了！"在这儿只是我们之间的话，那树是我亲手种的，亲眼看到第一次发芽。

　　我转向大门。"这是谁？"我问道，"这个衰朽的老家伙，就这么理直气壮的被放在大门口？是你从哪儿弄来的？找来个活死尸停在那里，你究竟打的什么主意？"那老人对我开口了："怎么，您认不出我啦？我是小福子，那时候您常送我玩具呀，我是您的管家福乐西托的儿子。您喜欢的伙伴啊。""这可是绝妙！"我说道，"这人是疯了。小男孩儿，还成了我喜欢的伙伴！甚至一点也没说错，连满口的牙都掉得光光。"

　　我亏欠这个庄园：无论转向哪边，都让我觉察到自己的老迈。那么我们便

_____

① 古罗马人认为，每个人都有一个神灵，相当于个体保护神，男人的称为"génio"，女人的称为"Juno"。

拥抱它，欣赏它：假使我们善于利用它，年老可以成为愉悦的源泉。熟透的果实会变得更甘美，童趣在终结的时候更加光灿。喝酒的人，最后那一杯给他更大的快感，令醉态达到峰值，给他入醉的冲击，任何令人陶醉的愉悦都是保留在最后的时刻。这个年纪是极其美妙的，已经趋向于终结，但是还没有倒下，几乎就要到达屋檐的边缘，我认为这种状态充满了诱惑，或者说，至少就算不是诱惑，而简单地说，没有需求，便已经足矣。已经厌倦了欲望，置之于身后，是多妙的事情！

"可是，死神就在眼前，那该是多么伤感！"你会说。

好吧，无论是老人还是年轻人，眼前都该看得到死神（它并不按照年龄的顺序招呼我们）。况且，没有任何人老到那种没了再多等一天的权力的地步。而在生命中，一天便是一级台阶。我们整个存在都是由部分组成的，是一环套一环，大圈套小圈的同心圆，有一环是将所有的环包揽在内的（这一环包含了从生到死的所有时间）。有一环是包括青年时期的，另一环环绕着童年，此外，每一年的本身还分成时间的节段，所有这些时期阶段的组合，就构成我们的生命。一个月包含在一个小的圆环中，一天有更短的周长，尽管如此，也有开始有结束，有起源有终端。所以，那个以言语费解而出名的哲学家赫拉克利特[①]说，"每一天都与所有其他的一天无异"。

这一概念由其他人表达起来，方式各异。一个人说，是同样数目的时间，而且颇有道理，因为一天的时间都是二十四小时，所有的一天都必然是相同的：夜长了便日短了。另一个人说，所谓每天都一样，指的是普遍的现象，一天里所包含的是即使再长的时间中所共存的——光明与黑暗。在宇宙不断的变化中，所有这一切在倍增着，但并非不同……[②]仅仅是有时缩短，有时延长。于是，我们将每一天组织得就像是打完一场仗，就像是一个时限，生命的终点。帕库威奥享有对叙利亚的统治，就显示他有权统治那里，举办豪华的冥宴，让他的"朋友们"将祭奠的酒宴抬到他卧室，击掌高唱，"活过了，活过了"。每天他都给自己举办葬礼。他是以沉痛的意识这样做，而我们却以平和的心情这样做，当我们去睡觉时，满足而快乐的说：

---

① 赫拉克利特（前586—前480）。

② 原文注释：此处文字有缺损。

我已生活，走完了命运赐我的旅程。①

假若神明赐我们新的一天，我们快乐的接受。最幸福的人，自身的可靠的主人，是没有焦虑地等待第二天的人。那个每天都说："我已生活过了！"②的人，每天都在有所获得。

又到该结束这封信的时候了。"呃！这信不带给我礼物了吗？"别担心，总会捎一点。一点吗？不对：是很多。实际上，还有什么比我现在写给你的这句话更卓越呢？"在贫乏中生活是种不幸，但是没有必要在贫乏中生活。"③怎么不如此呢？通向自由的途径随处可见：多不胜数，简捷又方便。我们感谢神明，任何人也不被强迫着持续地活着：我们能够对自己的贫乏踢上一脚。

你会说："这句话是伊壁鸠鲁的，为什么你要到他人的园地去摘取呢？"所有是真理的一切，都是属于我的。我还会继续向你引用伊壁鸠鲁，为的是让那些不是由于思想而是由于名人才对他们热衷并以他们的话为誓的人懂得，正确的思想，是属于所有人的。

---

① 引自维吉尔《埃涅阿斯》。
② 就是已经死了。
③ 伊壁鸠鲁语。

第二卷
（第十三至第二十一）

第十三

我知道你很有勇气。即便是在开始学习我们那么健康的、那么有能力的、使我们得以胜利地面对最艰难困境的信条之前，你已经愉快地迎战命运了。此刻，当你正开始与命运展开短兵相接的肉搏，体会着你自己的力量时，你会更加奋勇，实际上，当我们在这儿或那儿突然遇到种种困境，尤其是偶尔情况下深陷其中，我们所能倚仗的只有自己的力量。只有这样才能看出是否有真勇气，到何种程度，那种永不放弃的自由的决断，这种困境才真正是我们勇气的试金石。一个从没有受过伤的角斗士，是不能面对高度激烈的角斗的。只有那个见过自己血流如注，体验到重击下牙齿嘎吱作响，摔倒在地，承受着对手身体的重压，虽然被击倒，却从不气馁的人；只有那个每次被击倒后重新以更大的勇气站起来的人，才能在走下竞技场时怀着胜利的希望。与此相类似，我要说的是你已经几次被命运击倒在地，但是你并不认输，相反，重新站起来以加倍的勇气继续搏斗。真正的美德每次遭受打击，都会赢得新的力量。

然而，假使你同意，我将给你一些忠告，帮助你增强意志。路西利奥，我们的恐惧要比我们的实际困苦多得多，令我们忧虑的往往是我们的想象而不是事实。我并不是在用我们斯多葛派的语言对你讲述，而是以不太严谨的语言。实际上，我们斯多葛派认为，一切使我们念念叨叨、唉声叹气的，都毫不重要，只配鄙视。且不说那些伟大的话语，就连——噢，神哪！——这类真正的叹息都不重要。我只告诉你这一观念：别提前就垂头丧气，因为你所害怕眼看就要发生的事，也许永远都不会发生！至少这一点是肯定的：尚且没有发生！有些事情使我们痛苦，超过使我们痛苦的理由；有些事情使我们痛苦，超前于使我们痛苦的理由；有些事情使我们痛苦，并没有丝毫理由。也就是说，或者我们夸张了痛苦，或者我们提前感受了痛苦，或者仅仅是我们想象了痛苦！

有一点是存在争议、在辩论的，让我们现在就来探讨一下。我认为是微不足道的那些，而你则有可能认为是极其痛苦难忍的：我很清楚，有的人被皮鞭抽打还能够大笑，而有的人被扇一巴掌便哎哟乱叫。待一会儿我们将看到，这些情况究竟是由于其固有的严重性，还是由于我们的脆弱才使他们那样。这会儿，请先注意这个告诫。当你周围的人都努力来说服你，说你是个倒霉蛋的时候，你要仔细地思索一下，不是思索他们的话语，而是思索你自己所感觉到的，分析自己的承受毅力，因为你对自己才是最了解的，你要自问："是什么原因叫他们悲叹我？为什么他们惧怕得发抖，为什么害怕我传染他们，好像不幸是一种瘟疫？使我痛苦的到底是实实在在的不幸，抑或仅仅是见解上的不幸？"你问自己："我的忧虑与痛苦，是不是没有原由，难道是我想象出了并不存在的不幸？"

我倾听你的提问："我又如何能知道折磨我的究竟是想象出的还是实际存在的呢？"我告诉你一个方法。我们的苦难或者存在于现在，或者在将来，或者在两者之间。于现在的很容易判断。你的身体很健康，没有受伤害，身体没有遭受任何暴力：那么明天会发生什么就再看明天吧，今天则是没有任何问题。"可是，肯定会有的！"你会说。那么好吧，请看我们是否能把未来的不幸当成有效的论据！使我们惊慌的恐惧仅仅来自猜测、幻觉。正像在战争中，一个谣言就决定一场战役的胜败，纯粹的谣言让一个胜者变成败者。路西利奥朋友，事情就是这样：我们突然间会接受平庸的见解。我们不用批判的眼光观察和分析恐惧的原因，就惊慌失措，夺路而逃，像那些看见远处被畜群卷起的烟尘便弃阵而逃的士兵，像那些为一个莫名其妙的谣言而恐慌的人群。幻觉出的痛苦，恰恰是更加惑乱人心，我不知这究竟是为何！真正的痛苦还可保持一定的限度，然而那些不确定的，则给人无限想象的一切余地，让怯懦的人找不到北。没有一种恐惧像恐慌那样的如丧考妣，无可控制。如果害怕使人丧失理智，恐慌则引发完全的疯狂。因此，我们以最大的谨慎分析这种情况。自然，将来会发生什么不幸：事实上此刻它还不存在。有多少事件我们不希望便不发生！有多少事件我们希望却从没有发生！即便是肯定会有什么未来的不幸，为何要提前就受苦？等它来了再受苦，此时此刻，何不想些更开心的事。这样去享受你的光阴：已经是益处了！许多下一个危险，甚至或许是一个即将爆发的危险，境况都会出现暂停、消除、转化。火灾中我们有可能逃避，被埋在倒塌建筑的废墟中我们有可能毫发无伤，一把砍向我们的利剑又可能转了方向，有的人已经给他派出了刽子手，他却活了下来。厄运也是反复无常的。可能会临到我们头上，也可能不会：不是尚且遥远吗？先想些快乐的事吧！

常常，是在没有出现任何某种未来不幸的迹象时，由我们的心凭空造出了虚假的念头。对某人所说的一句模棱两可的话做最坏的解释，对某人所发的脾气看得比事实更加严重，所想的不是他发怒到什么程度，而是他假使发怒会做出什么事情！如果我们在那里对未来可能发生的事情担惊受怕，倒霉就成了没有边际的，生活还有什么意义？在这一点，要靠你的分辨能力，鼓起勇气，远离即使是一种有理由的恐惧。如果你做不到，可以用另一恶习来克服这个恶习，用希望来抗衡恐惧。无论我们所害怕的事是多么肯定，更加肯定的是终有一天所害怕的那些事会结束，正如我们的期望有一天会破灭一样。因此，你要思考给你希望或恐惧的各种因素，所有事情的出现都是福祸相依的，以最好的方式采取行动，相信会发生你所更喜欢的情况。即便是坏的因素更多，也要情绪乐观：不要自失镇定，立刻想到大多数的人，听凭自己的喜好指引，都会不可避免地遇到什么不幸或灾难。谁也不能抗拒自己采取的冲动决定，谁都不懂得调节恐惧使其符合现实，谁都不懂得说恐惧是个坏参谋，无事生非，叫你相信它。就让我们随波逐流，把祸福相依看得不可争辩，不去权衡，不患得患失，稍微的焦虑就不会化为恐惧！

我甚至为对你使用这样的语言，为用这种庸俗的开导来激励你而感到羞愧。一个平庸的人会说："也许这不幸不会发生吧！"而你，应该说："就算发生了，那又怎么样！让我们来看看谁战胜谁，也许祸事来得正对我有益，也许这样的死使我的生命变得高尚！"是毒芹成就了苏格拉底的伟大！加图拔出宝剑，保障了他的自由，却拔除了他大半的光荣！然而，很长时间以来我已经在激励你，而你所更需要的是实践的建议而不是鞭策。我并非引导你走向与你的本性相反的道路：你生而具有这类哲学的天赋。这更是你增强和升华已具备的优秀品质的理由。

又是结束这封信的时候了，只差在上面盖上图章，就是说，引述某些重要的格言，让你思考。

"在各样缺陷中，还有这种愚蠢：总处在生活的开端！"① 我诸友中的尊贵者路西利奥，请你思索这句话的含义，你看人们的浑浑噩噩是多么令人厌恶，每天为他们的生活打造新的基础，都死到临头还在设想新的希望。请你一个一个的来观察他们：会看到有些老人，为政治权谋，为巨大的远征，为生意经营，精疲力竭，费尽心思。还有什么比一个老朽还要开始新的生活更恶心人的呢？

——————————————————————

① 引自伊壁鸠鲁。

若非我所引用的、被当成我自己的这句话不那么出名，不属于伊壁鸠鲁广被流传的那些格言之列的话，我就不会再说出它的作者了。

第十四

我承认我们天生就宠爱自己的身体，承认我们有义务照看它。不否认我们应该关心它，可是否认我们该做它的奴隶。一个做自己身体奴隶的人，一个对身体过分忧虑的人，一个为了身体无所不为的人，便将是万物之奴。我们不该做为身体利益而生活的人，而要做简单的没有身体不能活的人。过分注意身体，会使我们担惊受怕，忧心忡忡，过度爱护身体的人，道德变得不值一钱。我们给身体最大的关爱，但是当理智、尊严、忠诚要求的时候，毫不犹豫地将他付诸火焰。无论如何，我们尽可能地避免受罪，不仅是避免危险，我们处身于安全之地，及早就思虑用什么方法远离恐惧的根源。这些根源，据我的记忆，有三类：我们会惧怕贫穷、疾病和权势者罪恶的暴力。三者之中，最震撼我们的是他人滥用权力造成的灾难，因为会伴随着巨大的动荡和混乱。自然灾害、贫穷和疾病，都是静静地发生的，并不通过视觉和听觉引起恐怖。而第三种灾难发生在一片喊叫中，刀剑，烈火，铁链，经过训练的成群猛兽，将人撕碎，肝肠涂地。想象一下这时的情景吧，监牢，十字架，绞架，拖尸钩，穿透身体从口中钻出的木桩，被车裂的肢体，用可燃物编织再涂满燃料的火刑袍，以及一切人们的残忍居然还能够设想出的别的酷刑。因此，如果说这是引起最大恐惧的一类危险，是丝毫也不令人惊奇的，它以那么多样的形式出现，布满可怕的场面。正像在刑讯中，越是更多地展示残酷的刑具，便越有效（如此以视觉来战胜曾抗拒住痛苦的人），在那些使我们痛苦、令我们失去勇气的恐惧之中，最有效的是展示给我们看的。有些灾难同样可怕，饥饿，干渴，溃疡，内脏如焚的高烧，可是假使没看见，就不引起注意，因为不是展示出来的，相反，激烈的战争通过看得见的场面将我们战胜。

因此，我们要谨慎避免成为一个挑衅者。有时我们应该慎防整体一个民族，有时候，城邦政府多数通过议会作决定，我们与议会的成员应该谐调；还有时，有些人以个人名义，从人民获得权力反过来施加权力于人民，我们对他们要小心谨慎。将这么多人都结交为朋友的任务太庞大，我们只需不把他们当作敌人就足够了。因此，智者不去激怒权势者，而是躲避他们的怒气，如同在大海上躲避风暴。如果一位粗心的舵手不小心提防奥斯托①的危险，斯库拉就会掀起风暴波涛，把航船推向左边，被卡利布底斯②的漩涡卷入深渊。另一位舵手更加谨慎，向当地人了解水流的方向，从云的形状预测风向，航线避开那些有名的暗流险滩。智者使用同样的方法：避开伴随在危险的权势者身边③，但是小心不要表现出是在躲避他。安全大部分取决于我们寻求它而不过分的明显，因为我们回避某些事，就相当于我们在谴责它。故当以一切谨慎防范小人。一开始，我们不应有野心：竞争引发冲突！第二，不可拥有任何可能对一个潜在的盗匪有诱惑的东西，你的身上尽量不要炫耀任何可作为战利品的东西④！任何人也不会纯为杀戮的快感而杀死同类，或者说，至少这样的人是不多的。更多的人杀人是出于计算而不是出于仇恨。任何强盗都不去理会一个一无所有的人，即便是在被侵略者占领的街头一个穷人也什么都不怕。古语说，有三件事物是接连的，须得避免：仇恨、妒忌、蔑视。如何能做到，只有靠智慧的指导。实际上，很难得到平衡，因此小心为要，别因为对妒忌的恐惧而使我们陷于蔑视，或者担心踩到别人好像就意味着别人可以来踩我们。对很多人来说，让人害怕的权势，就是恐惧的原因。我们从所有的阵线撤退下来：被轻蔑与引起怀疑同样的危险。解决的办法是到哲学里寻找庇护：我是说不单是对优秀的人，而是即便对不是非常坏的人，学哲学会产生像祭司的灵符一样的效果。法律语言的雄辩，或者即便是其他形式施加影响于民众的雄辩，都会引发敌意，而哲学，是一种和平的艺术，凝注于自身，不会引起蔑视，哪怕在没有文化的人群中，哲学也是优胜于其他一切艺术的。邪恶永远不会战胜美德，哲学的名誉永远是受崇敬和神圣的。此外，只有以宁静和谦逊才能从事哲学。

此处你将提出反驳："什么，难道你认为敢于投票反对内战的小加图是以谦

---

① 指南风。

② 斯库拉和卡利布底斯都是希腊神话中的海妖。

③ 伴君如伴虎。

④ 匹夫无罪，怀璧其罪。

逊从事哲学？他难道不是敢于置身于两个统帅之间，不顾狂怒的利剑？难道不是责骂庞培和恺撒，谴责他们两个？"我们可以探讨在那种情况下智者是否应该干预政治生活。小加图的目的是什么？已经不是为自由的缘故，自由已失去很久了。问题是国家的主宰是恺撒还是庞培：他们之间的争夺与小加图何干？两股势力他哪边都不属于。选择一个独裁者：谁胜出与他何干？也可能其中好一点的获胜，但是不可能肯定叫更坏的那个不获胜！我现在所说的是小加图最后的时刻。在此之前的那些年月，国家处于暴力的争夺之下，也不适合接受智者的参与。那些日子，小加图除了大声喊叫那些谁也不听的话，被愚昧的群氓当着他奴隶的面拖出论坛，被从议院直接送进监狱，还能做什么呢？

以后我们将会看到，智者是否应该与国家合作。此时，暂且提醒你注意那些生活在政治边缘的斯多葛派，他们致力于研究生活导向和建树人权，而不招致权势者的不快。智者不应该打扰普通民众的风俗习惯，也不应该过一种怪异的特殊类型的生活而惹人注意。"你是说采取这种原则，智者将会永远地安全吗？"我不能向你保证这一点，正如我不能保证说有规律有节制的生活必然意味着出色的健康。有时候一艘船可以在港湾沉没：可是你觉得在深海中它不会沉没吗？一个人在多种活动和事业中，假使不是自己的疏忽随意，不保证安全，会少遇到多少危险？偶尔无辜的人会成为受害者（谁能否认？），但更经常的是那些有过失的人。击剑手的铠甲中剑，不减弱他的灵活。此外，智者能够对他的决定负责，并不保证这些决定的成功。假使说开始取决于我们，结果却取决于命运，而即便如此，我不赋予命运裁判我的权利。"但是这样你可能会遭受羞辱和严重的挫折。"一个盗匪可以杀死我，而审判我，做不到！

现在你伸出手，向我索取每日的贡物。我在你的双手放满黄金，说到黄金，你要学会从中获取最完全的利用的方法。"那个更好地享受财富的人，是更少地需要财富的人。""谁说的？"你问道。为了让你看到我是多么的宽宏大量，我决定引用别人的话：这句格言是伊壁鸠鲁的，或者是迈特罗多鲁斯的，或是那个派别的另一位思想家。可是如果他的话对所有的人有益，作者的名字又有什么重要？一个需要财富的人，为财富焦虑而渴望，任何人也不能享受作为忧虑的源泉的财富。总是想着再多弄点，想着扩大财富，忘记了从中获取益处。查阅账目，查阅租金，磨平了契约石，这哪里是财主呢？简直就是会计！

第十五

　　古人习惯（这种习惯一直保留到我的时代）在写信时，写下抬头后，这样落笔："您的身体好吗？愿您越健康越好，我现在身体很好。"而我们呢，就有理由这样写："您勤学哲学吗？越勤越好。"的确，真正的健康寓于哲学之中。没有哲学，心灵，乃至身体，都会得病，即使十分强壮，也仅仅是蠢人和疯子的健康。因此，首先培养心灵健康，其次才是身体健康，况且，假使你的目的仅仅是有个好身体，这后一种健康，并不耗费什么气力。锻炼手臂，转动脖子，做胸部肌肉的体操，对一个文人是完全不适合的蠢举：即便是很成功地消减了脂肪，增加了肌肉，你也永远比不上一头肥牛的气力和重量！还要想到躯体越硕大，心灵就越受阻滞，越不灵敏。因此，你应该尽量限制身躯体的肥大，给心灵最大的空间！过分关心身体的人，会有许多不方便：一方面锻炼所需要的努力使我们气喘吁吁，不能专心致志地从事紧张的脑力工作，另外，超量的进食，会限制我们的智慧。那些体育大师，从最下等出身的奴隶中招募，他们的时间分成油的部分和酒的部分①，而且以哪天流的汗多，补充同样数量的酒，用只喝酒而不进食来逞英雄！喝酒与流汗：这样生活会得胃病！

　　有些锻炼简单易行，很快使身体疲劳，节省我们的时间。这些锻炼尤其值得我们注意：跑步，哑铃操，各类跳跃——跳高，跳远，抬腿跳，我把这后一种跳跃称为"萨廖跳"②，有些人用有点挑衅的语言，称之为"踩染缸"③。可以选择一项不太难的运动④。无论你喜欢哪一项，都要快速将身体锻炼转入心灵锻炼：心灵的锻炼要从早到晚地做。身体的锻炼不要求很大的努力，心灵的锻炼

---

① 指竞技士肉身搏斗时身上涂满一层油。在场下，便大量饮酒。

② 萨廖跳，萨廖学院是培养祭司的学院，崇尚战神玛尔斯，每逢三月，在罗马街道举行宗教游行，一边舞蹈，一边敲打盾牌，我们可以想象出他们夸张的舞步。

③ 葡萄牙文版注释：认为此处所指的是酿造葡萄酒的踩葡萄的工序。

④ 葡萄牙文版注释：此处手稿字迹模糊，属于按照推测的意思翻译，各家意见有别。

则是无论天冷天热，甚至年老都不可间断的。以此培养出一种财富，随着年龄的增长而丰富！我并不是说，你要整天伏案读书，做笔记，必须让心灵得到休憩，然而为了不失决心，只是稍稍一会儿。

乘坐轿子，身体在运动，不妨碍智力活动：你可以阅读、口述、谈话、倾听，这些事情，哪怕是步行的时候，也都不是不可以做的。你也不应该忽视语调的训练，我建议你不要渐渐抬高声音，调节在一定的音域，然后降入低音。也许你还有学正确的行走的想法！？要是这样，你可以找那些生活所迫寻求新的生计的人去请教，在他们之中有些人矫正你行走速度的时候，另一些人就在你吃饭的时候盯着你的嘴，总之你只要有足够的勇敢、天真、耐心，有很多细节会受到他们注意的观察。

你训练讲演肯定不会立刻从所能够达到的最高音去吊嗓子！自然地，会一点点慢慢地提高嗓音，就像在法庭上，演说人一开始总是用谈话的语气，直到慷慨激昂地高喊。任何人也不一开始便哀求罗马市民的慈悲①！这样，根据你不同时刻的心情，对恶习的谴责，有时更加激越，有时更加平和，根据你自己的认识调节语气声音。当你掌握了语调，当想使语气变得平静，便慢慢地而不是突然降下来，保持在中音阶，不像没有文化的村夫的特点，粗鲁地改换语气。事实上，我们做这些练习并不是为了训练嗓音，而是通过这种练习训练我们自己！

别担心，我就会使你放心，这事有点重要：一个小礼物——希腊格言——添加在已经给你的那些有益的话语里。给你这句出色的信条："不明智者的生活缺乏魅力而充满畏惧，因为完全向着未来。②"你问我谁是这句话的作者，和以前的是同一位。你想象中，"不明智者"怎么理解？是弱智、呆瓜？不是的啊。而说的就是我们，你我这样的人的生活，我们不去思索如何无需任何要求而生活得快活，如何不管命运怎样，都生活得完美，感觉到满足。路西利奥，你要不断地想着，你已经成功获得的所有财富，当你看到那些比你多的人，你也要注意到那些不如你的人。当你要对神和生活感恩时，你要想到你所超越的

---

① Quirites，是拥有充分权利的罗马市民。祈求市民的仁慈（Captatio beneuolentiae），是演说家阐明观点后，习惯用的一句话。
② 引自伊壁鸠鲁。

大多数。再有：假使其他人超过你又有什么关系？划出一个你所不越的界限，即使你想那么做！断然地远离对空幻财富的欲望，甚至有时最好是仅仅愿望获得而不是得到它！此外，如果其中有什么具体的，必然会使我们满足，事实上所发生的是，我们越是体味，就越会渴望。让那些诱惑的幻景远离我们吧：一切处在不确定的未来的东西，与其追逐命运，何如我自己来舍弃？为何要舍弃？我为何要忘记人类的意志薄弱而置身于积累财富？我为何要为财富而受罪？这天是我最后的一天呐，而且就算偶然说得不太准①的话，我的末日也不会太远了！

第十六

我肯定，路西利奥，对你来说，这个道理是明显的，不学哲学，任何人都不能够得到可接受的人生，更不用说幸福的人生了，而且，幸福的人生是完全地实现智慧的结果，而要得到可接受的人生，则初涉哲学而已。尽管这是个明显的道理，尚须通过每日的静思加以确定和深入内心：事实上，保持目的之坚定性比使目的正直要困难得多，如果我们想把良好的愿望转变成智慧，就必须持之以恒，要不断地努力，强化我们的信念。

因此，你无需对我说那么多，长篇大论地宣布你的"笃信"：我深知你已有相当的进步。我清楚地知道，你的话语发自什么源泉，既不是伪装的，也不是夸张的。尽管如此，我还是要对你说出我的想法：我对你抱着很多期望，但还不是完全的信任。而且我要你对我也是如此，换句话说，不要过分毫无保留地相信我对你所说的。你要自己观察，从各个角度自己分析，自己研究。尤其是检查自己是否在哲学研究和个人的生活方式上有所进步。哲学不是展示于公众的一种本领，不是为了用于表演的，哲学不在于言语，而在于行为。哲学的目的不是让我们消遣无聊的光阴，也不是为了摆脱索然的寂寞。哲学的目的是为了塑造我们灵魂的形状和结构，教会我们寻找生活的道路，指导我们的行

---

① 不是最后一天。

动，指出哪些是该做的，哪些是该放弃的，是我们的船舵，是选择方向，而不是随波逐流。没有哲学，任何人不能毫无畏惧地生活，任何人不能安全地生活。我们每时每刻都处于无数的境况而缺乏忠告：哲学能够给我们答案。有的人会说："如果存在注定的命运，哲学对我有什么用？如果存在一个指引一切的神，哲学对我有什么用？如果一切听命于偶然，哲学对我有什么用？事实上，改变预先已决定的，与防范未确定的，同样都是不可能的，因为或者我的决定事先已由神指引如何行动，或者命运丝毫不给我自己决断的余地。"

尊贵的路西利奥，不管这些理由如何有价值，即使所有的都是有效的，我们依然应该致力于哲学。任凭我们被命运严酷无情的法律所裁决，任凭冥冥中支配宇宙的神给我们安排了一切事件，任凭偶然，混乱无序地，将人生的旅程推向灾难，哲学将会保护我们。它会激励我们自然地遵从于神明，毫不动摇地抗拒命运，它将教会我们追随神明，或承受偶然。可是此刻还不适于开始讨论，关于存在神意的安排，我们受命运束缚于某种运程，受突然和偶然事件的主导，我们在决断上受局限的问题。现在让我回到问题开始：说服自己勇猛精进，毅力坚强，永远别灰心丧气，别意志消沉，保持这种勇猛，成为一种形态，使今天的这种勇猛变成你灵魂不变的格式。

我知道你从一开始便在寻找这封信给你带去的小礼物，好好抖一抖，就找到了。不必为我的仁厚感到惊奇：直到此刻我一直慷慨地……把别人的财富送给你。可是，为什么说是"别人的"？任何一句好的格言，不管作者是谁，都是我的财产。是的，给你伊壁鸠鲁的另一句话："如果你按照自然生活，将永不穷困，如果你按照俗论生活，将永不富有。"自然的需求是微小的，俗论的需求是无量的。你可以在双手里聚集许多百万富翁的财产，命运可以赐你超出一般的经济水平，居金屋，服紫袍，雕栏玉砌，奢华无比，不仅拥有财富，而且脚踏财富，还可以锦上添花，拥有雕塑、绘画，和所能创造出来的一切豪华的艺术杰作：而所有这一切只能叫你更加贪婪。自然的欲望是有限度的，而由虚伪的俗论所产生的是无限的，伪善不终结，欲望无止境。行走在道路上的人会抵达终点，而错误，则是没有限度的。因此，你要远离空虚的欲望。当你想知道你的欲望是源于自然，还是产生于虚伪的见解，你要考察它是否能找到边界：如果获取得越多便越觉得缺少，那么可以肯定，那不是自然的欲望。

第十七

你若是智者，更确切地说，你若想做智者，就应把空想放在一边，努力尽早地达到精神的完善。倘若有什么阻止你前进，就摆脱它，从根上铲除邪恶。你说："阻止我的是家产，我想把家业经营得能靠其收入来生活，不让贫困成为一种负担，或者说，别让我成为他人的负担。"当你这样讲时，我觉得并没有考虑到所掌握的一切资源。我的意思是，你意识到了基本点——哲学的最高用途，但还未足够明确地辨别一些细节，尚且不知哲学在任何时刻能怎样地帮助我们，用西塞罗的话来说，在最严重的情况下，"赶来救助我们"①，如同其他平常境况时一样。照我告诉你的去做，向哲学请教，它会说服你不把账目看得那么重要！这才是你的症结，就因为这你才延迟了学业：为了没有对贫穷的担忧！而贫穷不是值得向往的吗？很多人，是财富阻碍了他们致力于哲学。贫穷不是障碍，不是苦闷的起因。穷人，当听见军号吹响，知道情况与他没什么关系，当听见人们大声地叫喊"水，水"，就寻找避开火灾的办法，不需要考虑抢救什么财物，如果要出洋旅行，不引起码头上人群的骚乱，让唯一旅行者的护从的喧哗充斥整个海港，他的周围没有一大群奴隶，为了养活他们，必须依靠遥远地区的富庶。没有要养活半打有着健康习惯的胃口、除了吃饱没有其他奢望的人的问题。饥饿得到稍许便满足，考究却要求极其繁多。贫穷使人以满足于迫切需要的为限：你为什么该拒绝它的陪伴呢，如果甚至有见识的富人都接受为一种习惯？假使你想没有负担地观照心灵，就应该做个穷人，或者，过穷人的生活。如果不采取简朴的生活，哲学的学习不会有成果。而简朴不过就是志愿的贫穷。因此，别再说什么借口："我还没有足够的收入，当我有了，就会完全致力于哲学云云"，你看，哲学才恰恰是你应该最先得到的，不是应该拖延推迟，放到最后的，而是你必须以其为始的。"我想首先安顿好谋生的手段。"你所该做的是学会"安顿"你自己：假使说有什么能妨碍你活得好，没有什么能阻止你死得好。贫穷困苦没有任何理由使我们远离哲学。为了获益于哲学，我们甚至应该承受饥饿！多少被围困的城市，所忍受的痛苦除了避免听任战胜者的为所欲为，没有其他报偿的希望，而未能经受住饥饿。哲学

---

① 引自西塞罗《荷腾修斯》。

所许诺给你的报偿远远高尚于此：永久自由，无所畏惧，无论面对人，还是面对神。为了获得这一报偿，你不觉得甚至忍受饥饿都是值得的吗？有的军队经历了食尽粮绝的局面，靠草根充饥，所吃的食物仅仅提起来就令人恶心，为了抵抗外国人，忍受了足以让你吃惊的一切。为了把心灵从困难中解脱，难道有人会对忍受贫穷有所迟疑吗？无需任何预先的准备，即便没有干粮也可以抵达哲学。什么？你要获得一切以后，才想得到智慧？哲学仅仅是你生活中的又一件事物，这么说来，它纯粹是个附属品？那么很好：如果你已经有点财产了，就开始哲学一下吧（否则你怎么知道你所拥有的财富是不是已经过多了呢）。假使你一无所有，就别做其他的，先去学哲学吧。"可是我缺乏非有不可的资源呀。"一开始，你不会缺乏资源，因为自然的生活所需是少而又少的，智者适应于其所自然。假使陷入极端的匮乏，这种情况下，就将放弃生命，你便不再是你自己的负担。假使拥有起码的维持生命的不可或缺的资源，就利用起来，不为不可缺少之外的所烦恼忧虑。给胃和肌肉"所足而已"，观察着富翁们的忙碌，商场上激烈的、无止境的争夺，智者平静而快乐，会发笑，说道："为什么要延迟你自身的修养？你在等着收取租金？等着从几笔生意获得利润？等着成为一个老富豪临终遗嘱中的受惠人？让你一夜之间暴富？智慧将财富放在你的双手：为了显示财富是多余的，简直就好像把财富白送了！"可是这些思索都是更适合别人的，你更接近于富裕的人。假如换个别的时代，你都是阔得过分了，只有一件事在所有时代都是永远一致——知足者而已。

若不是给你培养出了坏习惯，这封信至此已可结束了，去觐见帕尔图国王的人，都必须携带贡品。对你，没有件礼品，我不能说再见……那么好吧，我用一句伊壁鸠鲁的话来交账：

赢得财富，对很多人来说，永远没有止境，可是仅仅换来了贫穷。

不必惊讶，恶习并不在别处，而在心灵自身。使我们认为贫穷不可忍受的缺点，同样能使我们认为财富不可忍受。你可以叫一个病人躺在一张木床，或是一张金床上，没什么区别，因为不管你把他抬到哪里，都带着他的病。同样，一个有病的心灵在财富或贫困中也是没有区别的：恶习永远都跟随着他！

第十八

　　我们正在十二月：城市浑身是汗！整个集体生活充斥着混乱无序、排场奢华。装点着轰轰烈烈、繁荣昌盛的节日气氛，好像农神节①与平日真有什么区别。其实有什么区别呢？所以我觉得有些人的话很有道理，他们说以往只是十二月一个月，而现在已经整年都是过年了！

　　你要是在我这儿，真想和你交换一下看法，听听你认为应该采取什么态度：究竟是一点也不改变我们的日常习惯，还是为了不令人觉得我们与大多数人的风俗相背，也开个热闹的晚宴，换下衣袍。实际上，在古代，我们在巨大的动荡和公共灾难的情况下才"改换服装"②，而现在我们为享乐和节日改换服装。如果我对你了解得不错，若是由你来判断，会同意我们应既不完全相似，也不绝对地相异于戴市民帽的人③。除非认为在节日，我们尤其应该严格要求心灵，在所有的人都沉湎于狂欢的时候唯独我们拒绝享乐。这难道不是意志的坚定，不听任气氛的诱惑，沉湎淫荡，不随波逐流的可靠验证吗？如果说在一片醉得几乎要吐的人群中我们能保持节制是最顽强坚韧的表现，如果说我们能够身处边缘，既不引人注意，也不卷入人流的旋涡，我们的态度就更稳健，这就是说，我们做同样的事，而保持不同的精神状态。总之，加入节日却不沉沦堕落。

　　我多么想考验一下你心灵的坚韧，在那些卓越的哲学家信条的基础上，为你量身打造出这另一个信条：让你在数天时间里以少量而粗淡的食物充饥，穿尽可能粗劣的衣服，而你评论自己说："难道这就是我所害怕的吗？"心灵应该在平静的时期对困难做好准备，在命运对我们微笑的时期锻炼面对命运的不公。士兵在和平时期做军事演习，即便没有敌人也要修建防线，通过超出一般的训练以便有能力面对现实的需要。如果你想叫一个人在具体的情况下不惊慌失措，就要在情况发生前训练他。应该将这一原则付诸实践，每个月都模

---

① 据说古代的农神节的习惯与现在的圣诞节相似，人们交换礼物，饮酒作乐。

② 指的是古代战争时脱下长袍换上铠甲，在灾难时换上丧礼的服装，而现在却在节日中换上晚宴的礼服了。

③ 古罗马市民尤其在农神节戴的一种御寒的帽子。对获自由的奴隶，一般给一顶这种帽子作为他新的自由民身份的标志。

拟陷入极度的贫困，目的是学会忍受，永不畏惧。不要以为我所说的是泰门[1]式的晚餐，简陋的修道室，和一切厌倦了自己财富的富人们所炫耀他们能接受的，不，我要你真正以麦草为铺、粗布为衣，吃难以下咽的硬面包。这样的生活过个三到四天，有时还要更长一些，不是为了心血来潮的怪癖，而是为了取得经验。那时，路西利奥，你可以相信，你将满意地看到如何用两个铜板来解饿，就会懂得要安全地生活，我们不需要很多财富，一点用处也没有！即便命运以我们为仇的时候，它也不会拒绝给我们节俭的所需。还有，这样做，你没有理由认为是做了什么了不起的事（不过是做了和成千上万的奴隶、成千上万的穷人一样的事）：你有权夸耀的只不过不是被迫这样做而已，事实是，你将永远更容易忍受你临时所经受的罢了。我们对着木桩练习剑术：为了对命运有备无患，使我们对贫穷习以为常。我们假使懂得当穷人一点也不难，那么富人做得就更安心。享乐大师伊壁鸠鲁在一些固定的日子，总是不尽兴地吃喝，以观察是否对完美无缺的快感产生什么伤害，体验这种伤害能够到何种程度，并且是否很值得消除。至少在卡里诺执政时期，他写给波列诺的一封信中是这样说的。他在那封信中得意地说才吃了不到一个铜板，而迈特罗多鲁斯，当时还不是那么高深，则需要一整个铜板。你以为这类进食仅产生饱足感吗？它会产生快感，不是那种不断产生的、轻微的、一瞬即逝的，而是永久固定的。不是说以水、麦糊、燕麦面包渣为生是愉悦舒适的，而是能够在那样的食物中感到的快感，因此而达到一种对一切和任何命运的不公都能抵御的状态的高尚的快感。在监牢中，有充足的食物，刽子手给死刑犯不太简劣的饭食。那么你可以看到心灵是多么伟大！自愿地受约束于如此节俭的饮食，甚至连死刑犯都不被那样对待。这种态度，就相当于夺掉了命运的武器！那么就开始吧，路西利奥朋友，模仿这些哲学家的习惯，固定一些日子，放弃你的财富，培养以最小的需要而生活的习惯，与贫穷维持联系：

我的贵客，您别拒绝对财富轻蔑，让人们看看您不愧对神！[2]

---

① 希腊哲学家。

② 语出维吉尔。

除非轻视财富任何人都不配面对神。我并非禁止你拥有财富，我希望你是拥有而不渴求，而这只有当你信服了没有它也可以幸福地生活时，如果你把它看成随时有可能消失时，才能做得到！

该是把这封信折叠起来的时候了。"可是，"你说，"还欠我礼物呢！"我把你送到伊壁鸠鲁那里，由他来买单！"无节制的暴怒引发疯狂。"重要的是我们应注意这句话是何等的正确：我们大家都有奴隶，都有敌人。我们所有人都容易燃起这种激情之火，它可以由爱或恨而产生，在严肃的情况下与游戏和玩笑的情况下同样会发生。不在于引发暴怒的原因是否重要，而在于它所产生的是何类后果。正像火势不在于其大小，而在于所引燃的材料。非常坚固的建筑，能够安然无恙，而一点火星便可使干燥易燃的材料变成一场火灾。尊贵的路西利奥，就是这样：极度暴怒的结果便是疯狂，因此必须避免暴怒，不仅仅为了服从克制，也是为了保持头脑健康！

第十九

每当收到你的信，我非常快乐。这些书信使我充满期望，给我带来的不仅是许诺，而且是对你的确信。继续这样做，是我对你的坚决要求！对一个朋友的要求，还有什么能够好过为他的自身利益而要求呢？如果有可能，要减少你的那些职务，不然，就一下子断除！我们已经失去太多的时间，老之将至，已经开始整理行装！敌对的命运会把我们引向何方？[①] 我们在巨浪间挣扎着生存，至少也要死在港湾。我不劝你为你的隐退制造一个光荣的名目，不必自负，也不必掩饰。因此我也并不强迫你，为了谴责人类的疯狂而希望你彻底的隐世埋名。你的退隐要采取既不引人注目，又不完全默默无闻的方式。别的人，那些还没做出这样决定的其他人，可以选择是否归隐。你已经没有这种自由：你的才气、作品的风雅、与贵族英华的友谊，都将你置于公共目光之下。你是个有名的人物。即便是你隐避到偏远的地方，你的过去也使你声誉四海！你不可能

---

① 原文是"这敌意把我们引向何方？"。根据上文"死之将至，已备行装"看，应是指死神。

在黑暗处生活，无论你逃到哪儿，一大半儿你旧有的光辉永远伴随着你。然而你却可以要求一种不打搅别人的清闲的隐居生活，心灵不感到怀念或悔恨。说到底，你究竟放弃了什么能叫你想起来就不自在的事物呢？门客？去找你的人没有不是为了从你那儿得到点什么。昔日的门客寻求友谊，今日的门客皆为利益！只要保护主 ① 感觉受到欺骗，改写了遗嘱 ②，每日的早安就献到别人的门下了。珍宝不能用很少的钱买来：因此你思考一下，到底是放弃你自己，还是放弃一部分你的过去。要是你能在你出生的环境条件内渐渐老去该多好，要是幸运之神不把你抬高到那种程度该多好！事业上快速的成功将你推向远离健康生活的前景：统治一个省份，检察官的职位，合乎逻辑的可期待的新的高位，更重要的职务在等待着你，然后又一个荣升，到何时为止呢？为什么要等到再也没有你想要的职务了呢？永远不会到这个时刻！根据我们的学派，命运是通过无限的因的连接而交织成的，抱负的连接也是一样：一个引发另一个。你卷入这样一种生活，为了它，永远不可能摆脱它可悲的奴役。把你的疼痛的项颈从车辕下退出来：宁可一次被他们砍断，也不愿被他们永远压迫。如果你隐退到私人生活，一切的规模都会变小，你所拥有的，就足够你聚积的。而现在，所有的聚集在你头上的财产、荣誉，都不能使你满足。你宁愿哪样呢：让你满足的贫困，还是让你饥渴的富足？成功不仅是野心勃勃的，而且也是暴露于他人的野心之下的，当无论什么都满足不了你时，你也是无论怎样都满足不了别人的。你会问我，什么是脱离这种生活的方法？！随便任何方法！想一想你为钱财遭受的危险，为你的职务耗费的心力！……为了获得清闲，你也要冒险才能生活得严肃、平静，除非你宁愿首先在官事的焦虑中，接着在政府的庶务中，在情绪激动中，在永远不能避免的不断的政治风暴中，终老一生。你的成就越是增加，越是增加你的忧虑！我想在这里给你引述一句麦塞纳斯 ③ 的话，是在他威望的极盛时期道出的真理：

峰巅其高，雷电摧之！④

---

① 古罗马为获得自由人身份的奴隶或平民充当保护人的贵族。
② 原文词汇的意思虽然是"遗嘱"，但应该是"契约"。当然，遗嘱，有财产继承的问题。
③ 麦塞纳斯是罗马大帝奥古斯都的朋友。
④ 原句为：是高度本身雷击峰巅。我想是"木秀于林风必摧之"的意思。

你可能会问,这句话出自哪一部著作,我现在就告诉你:《普罗米修斯》①,他想表达:"顶峰招致诋毁。"那么好吧,这个世界上有什么权力值得让你做出这样的蠢举?②麦塞纳斯是个有才华的人,如果不是他自己的成功使他成为灰心丧气的阉人,他可能会成为罗马才气雄辩的杰出人物。如果你不立刻收卷起风帆驶向海岸,这就是等待你的。麦塞纳斯这样做只是太晚了……

我满可以用这句麦塞纳斯的话算作清付今天的账,可是我知道你会脸上挂不住:你只收新币还要铸得精美的!既然如此,非得用伊壁鸠鲁的一句格言来还债了。给你吧:"先想与谁为伴吃喝,而非所吃所喝,食而无友,如同狮狼。"如果从公共生活中退隐下来,你才能有这种情况。假设你不隐退,你会有很多餐桌上的陪伴,由奴隶从给你请安来的门客名单中点选,然而,在前厅选朋友,在宴会厅考验他们,是种错误!对那些因为各种公务忙得头昏眼花的公共人物来说,没有比把不以其为友的人认作朋友更糟糕的事了。有些人以为他的慷慨能够博得好感,而在现实中,另一些人欠你的越多,越是仇恨你:欠少者为欠债人,欠多者为仇敌!"为什么?难道我们的恩惠不能为我们赢得友谊?"是,能够,但是要有选择受惠人的可能性,恩惠要施与得当,而不是随意挥洒。因此,当你还在开始成为自己的主人时,遵循智者的这一告诫:在这个问题上,非常重要的是考虑受恩惠者的人品而不是所施恩惠的多寡!

第二十

如果你身体健康,如果今天你觉得无愧为自己之主,那么我非常高兴。假若能逃避开你所四处漂泊的、没有希望的、随波逐流的、动荡不定的那片大海,则将是我的光荣。但是,尊贵的路西利奥,我十分恳切地要求你一件事:让哲学深入你的内心,把评价你进步的基础建立在勇气的坚定和欲望的消减上,而不是在你的语言和文字上,以行动来证明言论!同那些目的在于想赚取听众掌声的演说者不同,与以哗众取宠的题材和语言,吸引年轻人和闲散人的

---

① 葡萄牙文版注释:不知此书是何种著作,大概是一部悲剧。

② 这句话的原文是:世界上有什么力量能够让你使用如此愚蠢的语言。

注意为目的论坛讲演者不同，哲学不是教人说话，而是教人行动，它要求每个人生活得有原则，生活得行如其言，不违背自己，重要的是他所有的行为都保持同一本质。智慧最大的责任，也是最好的表现，就是言行一致，智者，在任何情况下应与自己完全相符。"可是谁又能达到这种水平？"很少的人，的确，但即便是少，终究是有！我并不隐瞒，这项事业是艰难的，我也不会说，智者总是以同样的速度前进，尽管永远是朝着一个方向。所以，要自我分析一下，看看衣着是否与房子不协调①，是否对自己慷慨，对他人吝啬，是否饮食简朴，而居室奢华。在生活上一劳永逸地采取一种品行原则，使一生符合这一原则。有的人在家里自律，在外面张扬无度，这类行为是一种坏习惯，是还没有找到自己节奏的游移不定的心灵的迹象。那么，这种不觉悟由何产生呢，我来给你解释，这是目的与行动的差异。原因在于任何人都不明晰地确定他所欲求，并且，在去做的时候，也不忠守他的目标，而是企图走得更远②，而这里所说的并不仅仅是改变目标，结果是倒退，重新沦落到以前所扬弃和批判的境况。③ 总之，可以说所有古人对智慧的定义，作为包含一切人类生命周期的公式，智慧可以归结为：对同一件事物永远欲求或不欲求。无需再加上我们所欲求的应该是以公正作为条件，因为是公正的，才可能永远欲求同一件事物。情况是人们不知欲求什么，除非在欲求的当即，任何人也不一劳永逸地断定自己的所应欲或不应欲，每天改换主意，有时候每天从一个极端换到另一个极端，对很多人来说，总之，生活只不过是一场搏戏！至于你，要忠实于自己所采纳的目标，这样或许能抵达最高的峰巅，或者说，至少是只有你自己才懂得那还不是最高的峰巅。

　　"可是，要是我的家不存在了，组成我的家庭的所有这些人，他们怎么

---

① 原文是"衣服和房子"，葡萄牙文中，衣服也可以有"床单"的意思，塞涅卡大概是说"外表"和"实质"。

② 这句话的含义应该是：任何人在确定目标的时候，都是含糊不明的，在行动的时候，总是想达到超乎原来的设想，或者过犹不及。

③ 理解这一段，可以参考书信第七：你想知道，什么是应该尽量避免的吗？人群！你还没有达到安全地参与到人群中去的程度。我直截了当地向你坦言自己的薄弱：回家时的性格永远不是出门时的性格，某些本来调节好的东西又改变了，某些本来已经剔除的东西又反复了。就像虚弱的慢性病人，哪儿也不能去，否则就会旧病复发。我们的精神也在从长期的疾病中恢复。

办？"当所有这些人不再靠你吃饭，他们就会自己养活自己。而你，那些通过你的俸禄所从来不能懂得的东西，由于你的清贫而将得到了解：真正的朋友会留在你的身边，而那些不是来找你而是来找我的财富的人就会离开了。这不正是足以让我们喜爱贫穷嘛：它展示出谁真正爱我们。谁也不知为取悦你而对你说谎的那一天什么时候来到呢！因此，你要向这个目标静思、努力、选择——靠来自自己的财富生活得自我满足，让神去安排你所有的其他愿望。难道有我们能力所及之外的幸福吗？把自己收缩到谦卑得不可能再降低的地位。今天的信送给你的礼物，就是为了帮助你更加有勇气做到这一步。

你尽可以对我侧目而视：这次又是伊壁鸠鲁负责为我付账！他说："相信我对你讲的，如果你睡在草垫上，穿着破旧的衣裳，你的话就会获得更大的力量，因为这样以实践验证出你的话不仅是说说而已。"我不得不又一次提起注意我们的德莫特利奥，因为我亲眼见到他半裸着，躺在一件连草垫也不算的东西上：这样的人不是在教授真理，而是在见证真理！

"什么？"你问道，"难道人不可能感觉到对我们自己所拥有的财富的轻蔑吗？"当然可以。一个人看着他周围的财富，长久以来奇怪为何财富向他汇聚，嘲笑它们，他不是感觉到，而是"听人说"那是他的财富——这样的人精神是高尚的。极其重要的是不听任自己因以财富为邻而腐化堕落，身居财富而获得清贫，这是心灵伟大的迹象。

"我不知道，"你反驳说，"这种人倘若突然沦落得一贫如洗，怎么能够承受。"我也不知道，你那个可怜的夸夸其谈的伊壁鸠鲁，倘若突然掉进财富堆，怎么轻视它？正是因此，无论是前者还是后者，重要的是检查真正的意图，看清这个人是不是从心底厌恶贫困，另一个人是不是从心底的确不喜欢财富。除非明显是由于一种选择而不是由于匮乏而忍受草垫和破旧衣裳，这草垫和破衣并不成为高尚情操①的可靠迹象。还有，一个高贵的人格并不因为贫困是更可取的处境而急切地寻求它，而是当作容易忍受的境况锻炼自己适应它。路西利奥，经过长久的静思之后，当我们接受贫困时，实际上并不困难，甚至是舒适的。清贫里有我们的快乐所不可缺少的一种东西：安全。因此我认为有必要按

---

① 原文为"高级智慧"。

照我在另一封书信①中所说的那样，像那些伟大的人物多次言明的，安排几天时间在想象中的贫困里生活，为真实的贫困作准备。容易的生活，使我们把一切都看成艰难困苦，我们越是因为安逸而变得柔弱，越是有必要这样做。必须让我们的心灵从睡梦中警醒，必须激励它，展示给它看到自然赐予我们的是多么稀少。任何人也不是生而富有，当我们出世的时刻，必须以一片尿布和一口奶水为满足：以此为始，竟至于觉得整个王国都还是不够！

第二十一

你觉得你信中谈到的那些人给你带来麻烦？最大的麻烦来自你自己，是你自己损害着自己。你不确定到底希求什么，赞美美德易，实践美德难，尽管你知道幸福在何处，却不敢接近它。说到底，是什么阻止了你？既然似乎你对这个情况没有明确的概念，那么让我来告诉你。你认为应放弃的那类生活具有某种程度的伟大，虽然你预见到将要接受智慧而平静的生活，但世俗生活表面的荣华依然吸引着你，似乎放弃社会就相当于沦落于完全的黑暗。你错了，路西利奥，从世俗生活转入智慧生活是一种升华！区别在于一种光明是发自你自身，而另一种是折射于他人，这使得两种生活截然不同：世俗生活的光耀产生于外部条件，一个小小的障碍便会立刻产生阴影，而智者生活的光耀则产生于自身的光明！你的学业会使你成为一个声名卓著的人。我给你讲一个伊壁鸠鲁的例子。在一封他写给当时身居要职的伊多美纽②的信中，说服他离开那种虚荣的生活，鼓励他去追求智慧坚实而正确的荣誉。信中说："如果你的兴趣在于光荣显耀，我的信给你的荣誉要高于你所追求的那些地位，会让人们寻求你。"难道伊壁鸠鲁说错了吗？如果哲学家不在他的信中提到伊多美纽，如今谁还记得他？所有那些宫廷里的达官贵人，所有那些封疆大吏，就连那个给伊多美纽封官的国王本人，都早已被埋在忘却的深渊。是西塞罗的书信使阿提喀的名字不朽。亚基帕是他的女婿，台伯留是他的孙女婿，德鲁苏斯、恺撒是他

---

① 书信第十八。
② 生平事迹不详。

的曾孙，在这么多如此杰出的人物中间，如果不是西塞罗把阿提喀的名字与自己的联系在一起，阿提喀依然将被历史遗忘。总有一天我们会沉淀，被深深埋入时间之底，只有个别天才人物浮出大众，在有一天也潜入沉寂之前，经久不被遗忘，他们的名字依然活着！我许诺给你的正是伊壁鸠鲁许诺给他朋友的，路西利奥，后世必定将记住我的名字，我要让一些人的名字由于与我的联系在一起而不朽①。伟大的维吉尔许诺给他的两个英雄长生不死，并履行了诺言：

> 这一对英雄是多么荣幸！
> 假使谁在我的诗句永生，
> 当伊尼特的府邸矗立在
> 卡皮托利奥坚固的石岩，
> 当罗马议会维系着帝国，
> 千秋万代永记你等英名！②

　　所有那些被幸运眷顾、荣显于世、作为外来政权③的代理和参与者出人头地的人，只是当他们有显赫的地位时，名声赫赫，宾客满堂：一旦消失，很快被人遗忘。相反，对天才人物的推崇却永远与日俱增，而且不仅仅是他们，所有可联想起他们的事物都将获得纪念。

　　我不白白在信中提到伊多美纽的名字，就由他负责为我交纳贡赋。在伊壁鸠鲁写给伊多美纽的一封信中，写出了那句卓越的格言，奉劝他为了使皮托克莱致富不要走平庸而虚幻的途径："要想使皮托克莱富裕，不需增加他的财产，而首先应减少他的贪欲。"这句话过于明了，无需评论，过于雄辩，无需雕饰，我只想请你注意一点：你不应把这句话理解成仅仅说的是财富：里面的真理适用于其他的情况。如果你想让皮托克莱成为受尊敬的人，不应增加他的财富，而是消减他的欲望，如果你想让皮托克莱终老于永远富足的人生，不应增加他的寿命，而

---

① 塞涅卡还真自信，但是他确实做到了。

② 引自维吉尔《埃涅阿斯》第九章。

③ 原词汇有"他人的、外国的、不相干的"等意义。外来政权的可能性较大，不过存疑。

是消减他的欲望。你不要以为这些文句是伊壁鸠鲁的财产：它们属于所有的人！在哲学问题上我的理解是，可以像议院里 ① 所做的那样：假使有个人的提案仅仅是一部分使我满意，我请他把提案分列成款项，我只对认可的那一项投赞成票！

我以如此大的善意引述伊壁鸠鲁出色的话语，为的是让那些居心不良的、想在他的理论中找到一块毛毯遮掩自己的恶习而追随他的学说的人明白，如同一切地方，必须过一种正直的生活 ②。在伊壁鸠鲁的小花园，入口处镌刻着这样的铭文："来访者，您将在这里度过愉快的日子，因为这里的至善乃是享乐！"——看守这座花园的人亲切和善，接待来访的客人，为他敬上用粗陶碗盛的栗子粥，恭敬地捧上一杯水，不停地问对接待是否满意。他会告诉访客："这座简陋的花园，并不仅为了打开您的胃口，更是使您饱足尽兴，不以过量的饮品增加您的干渴，而是以自然和健康的方式使您安详平和，是这些享乐伴人终老一生。"我所指的是那些不能以口头的安慰给以满足的，然而却是需要某种具体的东西才能满足的欲望。至于那些不可控制的，但有可能延迟的，甚至被抑制或压抑的欲望，我给你指出，对所有这些欲望都有效的一点：源于这些欲望的快感 ③ 可以是自然的，但并非必然是自然的。是一种如果你愿意才满足它的快感。用话语敷衍肠胃它是不满足的：它要抗议，要求填饱。好在还不是一个非常苛刻的债主：只要给它你所欠的，它就会离开，而不是把一切你所能给的都给它。

---

① 大概应该译成"元老院"。

② 伊壁鸠鲁主张享乐主义，塞涅卡认为即便在伊壁鸠鲁的学说领域中也"如同一切地方"，不是纵欲无度的享乐，而是"必须过一种正直的生活"。

③ 同一词汇，前面译成"享乐"，此处"快感"。

第三卷
（第二十二至第二十九）

第二十二

你已经明白应该摆脱那些虚幻而有害的职务，但是不懂得怎样才能做到。你看，有些事只能在场才能给你指出来！医生也不能以书信决定什么时间适合洗澡、什么时间适合进餐：必须给病人号脉。有句古话说，角斗士只有在竞技场上观察对手的表情、手脚的动作、身体的姿势，才能形成自己的策略。对于风俗习惯责任义务的观察，有可能以普遍的方式做出，以文字写成，能够给不在场的人，甚至后世以忠告。但是对于作出具体决定的方式和时机，任何人都不能远距离出谋划策，必须面对特定情况，加以思考。恰逢其时，抓住机会，不仅需要在场还需要留心的关注。因此你要时刻准备好，一旦有机会，就眼明手快全力抓住它，最终脱离那些充满欺诈和谎言的职务。听清楚我的忠告：以我之见，你非得摆脱那类生活不可，不然肯定为之送命，别无可言。但是我也认为应该循序渐进，你受条件所限，陷入那片关系网，盘根错节，结宜解而不宜断，一下断除于你有害，但是假使没有任何办法松解那些关系的结扣，那么就快刀斩乱麻。谁也不会那样胆小害怕，甘等失去平衡，一朝倾覆。当此之际，一开始，你不要再插手其他事务，满足于你已经承诺的工作，或者用你喜欢的话说，形势赋予你的承诺。你不应该为新的事业冒险，不然，你就别再借口说是形势所迫。像人们习惯的那样，你说："我是迫不得已，虽然不愿意做，但是别无他路！"其实不过都是虚假的辩解。谁也没有被强迫跑步去追逐幸福，哪怕我们不与命运抗争，至少我们该停住脚步，不听任命运的摆布，已经算不错的了！

你不会生气吧，如果我，不仅限于给你提出忠告，而且求助别的权威，比起我来，他们经验更丰富，当我被迫作出决定时，一向借重他们的意见。你可以读一下伊壁鸠鲁正是为这个问题写给伊多美纽的一封信。信中，伊壁鸠鲁鼓励他的朋友，在某种更大的权威剥夺他退隐自由之前，尽快摆脱他的一切职权。同时，他还说，在没有遇到恰当的时机之前，不应该采取任何态度，但是当那个久久期待的时刻一到，便冲上去一下捉住它！他说，如果准备逃跑，就不应该躺下睡觉，即使是最困难的境地，也总会有得救的希望，时机不到，不能急切，轻举妄动；时候来临，就不能犹豫不决。我猜想，你此刻想知道斯多葛派的态度。任何人也没有权威来指责他们鲁莽：与其说斯多葛派勇敢，不如说更谨慎。

也许你会期待别人这样说："对责任压力的退让是一种耻辱，身负重任责无旁贷。一个强大有力的人，不会逃避责任，相反，正是困难增加他的勇气！"是的，这正是斯多葛派人的话语，但那是在当我们不必委曲求全，不愧为一个正直的人，当我们值得坚定地维持在我们职务的位置的时候。如果情况不是这样，一个斯多葛派不会堕落到做出没有尊严、自欺欺人的举动，不会单纯为了保持职务而维持活跃。就连你期待看到所做的那些都不会去做，换句话说，不会持续忍辱负重，承受巨大政治阴谋的打击。当一个斯多葛派发现处在受压制的、可疑的、模棱两可的境况，就应该后退，并非转身，而是渐渐撤退到安全的地方。尊贵的路西利奥，倘若不赋予那些职权的利益任何价值的话，逃离职务并不困难。听任自己受职务束缚和羁绊的人，是出于这种思虑："可怜的我啊！难道我非得放弃这么美好的前景①？难道非要在收获之前退出？难道非要被我的门客遗弃？我的轿子再没有扈从，我的门庭再没有宾客，冷冷清清？"人们拒绝放弃的原因正在这里：虽然厌恶公共生活的猥琐，却喜欢它的回报。抱怨自己的野心，正像一些人抱怨情人：假使我们到他们的心里去分析一下，找到的不是憎恶，而是一时的反感！这些抱怨自己所选择的生涯的人，这些大谈要退出他们离开了就没法过的境况的人，在他们内心的深处，你会发现其实在心底是自愿继续那种，听他们说起来，似乎只给他们带来痛苦和矛盾的活动！相信我吧，路西利奥：很少人甘愿为奴，很多人深思熟虑而后屈从为奴。至于你，如果你的意图是摆脱羁绊，如果你诚心诚意地准备拥抱自由，如果你仅仅是因为提防某种未来的麻烦而推迟断绝公共生活，那么所有斯多葛派追随者都会为你鼓掌喝彩。所有的芝诺门徒和克里希波门徒都将会告诫你谦卑、诚实，崇尚自我完善。但是，如果你的迟疑不定是由于患得患失，计算能保有多少财产，维持赋闲生活需要多少金钱，你就永远不得逃脱：海难中谁也不能驮负着行李逃生！幸而靠众神的恩典，将你提升到更高尚的生活方式，这不是众

---

① 原文是"许诺"。

神以庄严慈善的面容赐予虔诚信徒们的，那种虽然灿烂却是不祥的，仅仅为了给他们的祈祷偿愿的恩典！

我已经在这封信上加盖了我的印封，现在还得再打开它，为了让它带给你惯例的礼物。也就是带去一句令人赞叹的话语。我的头脑里出现这句格言，不知是更钦佩它所表达的真理还是它的雄辩。谁的格言？伊壁鸠鲁：你瞧，我继续在别人的家里搜寻。这便是："没有任何人离开生活时，不是如同刚刚进入它。"你可以任意观察什么人，青年人，老年人，中年人：在所有人中都会发现他们面对死亡同样的恐惧和面对生活同样的无知。不管是什么，谁都不觉得做完了，所有人都将利益向未来延伸。依我看，没有任何一句格言如此恰当地斥责老年人的幼稚了。伊壁鸠鲁说我们离开生活时处于出生时同样的位置。这并不确切：我们死的时候，比出生时要差得多。而在这个问题上，缺欠是我们的，而不是自然的。自然有权抱怨我们："怎么竟是这样？我繁育出你们，不带野心，不带恐惧，不带迷信，不带邪恶，没有任何诸如此类别的恶习。你们那样的出去，竟这样的归来！"一个人在死亡的时刻像出生时一样的无忧无虑①，这样的人便获得了智慧！可是，所发生的是，当危险临近，我们恐惧得发抖，心慌意乱，脸色苍白，泪流如涌，万分无奈。多么令人羞愧，当我们抵达永恒安全的临界，却听凭痛苦所控制！道理在于，真正的财产一旦皆空，于是我们便悲叹空耗了一生。任何一部分生命都不能永恒停留在我们的双手，生命于我们如同过客，云消雾散。谁也不关心活得好，而是关心活得长，归根结底，活得好是任何人都可以做得到的，而长生不老却是谁也做不到的啊。

第二十三

你不要以为我给你写信是为了议论气候怎么有点不同了，冬天怎么不那么冷了，春天怎么不那么暖了，不然就是天气怎么冷得比往年早了。这些纯粹都是无聊的闲话。我只写那些我觉得无论是对你、还是对我都有用的东西。因此，除了激励你去赢得智慧，我还能做什么呢？你想知道什么是智慧的基础

---

① 原词汇的意义是"安全""确信""可靠"。

吗？不从空虚的事物中寻求满足。我说基础，其实是顶点，只有到达最高点的人，才能知道什么是真正的满足，才能不听从别人来评断自己的幸福。一个任凭被所有的希望所吸引的人，为随便什么期望都躁动不安的人，即便那希望对他是伸手可及的、易于实现的、从来不失所望的，他也总是处于痛苦之中，没有自信。尊贵的路西利奥，你首先应做的，是学会快乐。你在想，当我将偶然的财富与你分离，当我认为我们应该避开希望这美人鱼甜美的歌声，我是要剥夺你很多享乐吗？恰恰相反，我愿你永远不乏快乐。我的愿望是快乐永驻你的家中，并使它开始植入你的身体之内。其他种类的快乐能消除脸上的阴云，但都是表面的、浮浅的、不能满足心灵的。除非你理解快乐就是在笑！不对，应该是心灵的觉醒、自信，是超脱处境之上的。相信我，真正的快乐是一种非常严肃的东西。你想一想，如果能够轻蔑死亡，对贫穷敞开大门，抑制享乐，锻炼承受痛苦的能力，对这一切，正像我们骄傲的年轻人所说的那样，永远表情轻松，眉头都不皱一皱，你会是什么感觉。将这些思想植入内心的人，就获得巨大的快乐，但并不是满面笑容！我的愿望是让你拥有这类快乐。有朝一日你懂得这种快乐发自什么源泉，便一得永得，永远与你相伴。轻金属的矿脉在表层，贵重金属的矿脉在深层，因此给开发者更大的报偿。普通大众为之所乐的那些都是轻浮表浅的，所有从外部输入的快乐都是缺乏基础的。我所说的，努力使你接受的快乐，是那种持续的，越膨胀越深入内心的性质的快乐。路西利奥朋友，我请求你以唯一可能的方式行动来获得幸福：拒绝并蔑视仅在外表闪光的，取决于某人的许诺或某人的恩赐的财富。把真正的财富当成你的目标，寻找你之内的快乐。"你之内"是什么意思？意思是幸福源于你自身，自身最美好的地方。我们这具躯体，尽管无它什么也做不成，可以把它看成一件器物，不可缺少，但是并不珍贵。躯体以虚幻而短暂的快乐诱惑我们，这是种一旦结束就产生厌恶的快乐，倘若不极其地节制有度，结果会变成它的反面。的确如此：快乐正处于悬崖的边缘，如果不适可而止，就会演化成痛苦。另一方面，保持那种我们觉得好的恰当的尺度是很困难的。然而对真善的欲望则不会有这种危险。如果你想知道何谓真善，由何而来，让我来告诉你：真善在于良知，在于诚实的目的，在于正义的行动，在于鄙视意外的财富，在于平稳的速度，始终如一而持之以恒的生活道路。那些不断地改换意图的人，不仅仅是改换，而且听任偶然的摆布，假使他们自己游移不定，变化无常，如何能够落实在牢固而持久的基础上呢？极少的人能够深思熟虑地安排自己的人生。大部分人，像河流中的碎片，行不自主，随波逐流。假使水流缓弱，便静止不动，几乎死气沉沉；假使水流湍急，便猛烈地动荡；水流缓慢把一些滞留在河岸晒干，水流激越把另一些卷入大海。正是因此，我们应该一劳永逸地确定我们的所欲，并永远坚定地保持这个目标。

该是缴纳我的赋税的时候了。我可以引用你尊贵的伊壁鸠鲁的一句话，就算这封信履行了诺言："永世处在生活的开端，是多么可悲！[①]"或许同样的意思可以这样表达得更清晰："总是重新开始生活的人，活得不幸。"你不懂为什么吗？这句话的确需要解释。所发生的是，这样的人的生活总是不完整的，因为他们还处于生活的开端，不能对死亡做好准备[②]。我们的态度应该是这样，任何时刻都已经生活得足够，这是那些永远为他们的生活寻找方向的人所做不到的。而且，你别以为处于这种境况的人是少数：实际上是尽数如此！甚至有的人于应该死亡的时刻开始生活。你觉得奇怪吗？那么告诉你一个看上去还要更怪诞的：有的人甚至还没开始，便已经死去！

第二十四

你对我说，你忧心忡忡，有个愤怒的仇人在试图陷害[③]你，不知会发生什么后果，觉得我能劝说你，使你思路更清晰，不为一厢情愿的希望所左右。可是，你何苦要提前为灾祸而苦恼呢，况且如果觉得事情会发生得太快，是不是在以对未来的恐惧来打扰现在？这纯粹是愚蠢，说不定事实上某一天你必定会是不幸的，可是你从现在就开始不幸起来了。我想通过另一种方式来使你平心静气。倘若你想摆脱所有的、并且是任何一种苦恼，便去想象所惧怕发生的事

---

① 在第十三封书信中，也引述了伊壁鸠鲁类似含义的一句话。同样的批评，似乎还出现于另外几封书信中。
② 大概塞涅卡对死亡十分焦虑，这或许是由于受到当时社会环境的刺激，看到太多的的人死于非命的缘故。塞涅卡自杀而死。
③ 原文意思是"图谋的诉讼程序"。

真的发生了，无论这种灾难是什么，仔细估计它的范围，同时衡量你恐惧的程度。很快你将明白所恐惧的对象或者是无足轻重的，或者是短暂而不持久的。如果为了赢得勇气而需要榜样，那是不难找到的：每个时代都有丰富的事例。在任何历史时期，不管是罗马还是其他民族的历史，你都能遇到天生具有哲学思维的冷静的人，或者至少能有勇敢的冲动。假设你被判了罪：最严重的情况无非是被流放或囚禁。那么有比被施用火刑或暴力而死更加可怕吗？你考查所有的情况，想象那些已经历过所有这一切而毫不发抖的人的情景。问题不是发现例子，而是作出选择。茹蒂利奥 ① 经受了审判，使人们发现那个案件令人悲叹的不是他被判有罪的结果，而是不公正。枚特洛被流放，怀着勇气，而茹蒂利奥甚至以快乐受之。枚特洛表示对共和国的热爱返回罗马，而茹蒂利奥拒绝返回，让人转告给苏拉，那时候，苏拉是任何人不论什么事都不敢拒绝的独裁者。苏格拉底在牢狱中谈论哲学，一些朋友想释放他出狱，他拒绝了。要留在牢狱中为了给世人做个示范，我们不应该害怕那两种人们如此恐惧的事情：死亡和监狱。穆修 ② 把自己的手放在火焰上烧烤，忍受火烧是痛苦的，尤其是我们自己把这种酷刑加诸自己。但是穆修，一个粗野的人，没有任何保护他抗拒痛苦和死亡的哲学信念，仅凭着所秉赋的军人气概，由于事业的失败而惩罚自己。他看着自己的手在敌人的火炉上烧烤，站在那里一动不动，不是他自己把手移开，而是他的敌人看见都烧得露出骨头，强把他拉开的。在对埃特鲁斯坎人阵营的征讨中，穆修有可能是最幸运的，但绝不是最勇敢的。你看，真正的勇气更直接地对付危险，而不是引发危险的残忍。波尔塞纳 ③ 原谅穆修刺杀他的图谋，而穆修却不原谅自己的失败。

我知道你要说："这些故事都在所有的学校里听得烂熟了，我就知道，待一会儿，我们说到轻蔑死亡的问题，你就会讲加图的故事了！"我为什么不能讲一讲呢？在最后的一夜，加图把剑横在床头，读着柏拉图的一篇著作度过。关键的时刻，加图准备了两种工具：第一种保证给他以死的意志，第二种给他了断

---

① 这篇日记涉及很多古罗马历史事件和人物，受知识和资料所限，不能详注。请读者注意。

② 应该是指 Gaius Mucius Scaevola。

③ Porsenna，传说中的国王。

的可能性。他采取了那些不可能有出路的情况下所能采取的一切措施，使得任何人既没有权利杀死他，也没有可能救他。他拔出那把直到那时从没有沾过人血的宝剑，高喊道："命运，你试图阻止我，但没有成功！直到今日，我并非为我自己的，而是为我祖国的自由而斗争。我的一切奋斗，不是为了争取自由地活着，而是在自由的人们中间活着。现在人类已经没有希望，加图将去寻找一个可靠的地方。"然后挥剑给自己致命的一击，医生们包扎起他的伤口，加图由于失血过多，失去了力量，但是不减勇气，与其说是对恺撒愤怒，不如说已经更加愤怒自己，他用赤裸的双手将伤口裂开，与其说是给灵魂打开道路，不如说是将高贵的灵魂喷薄出去，那是如此鄙视一切和任何形式的权势的灵魂！

我不仅仅为了耸人听闻才搜集事例，而是为了激励你抵御那些我们想象中最可怕的灾难。如果向你表明，不仅英雄藐视呼出最后一口气的时刻，而且甚至连怯懦的人在某些情况下，在决定性的时刻，都能够提高到可贵的水平，我的鼓励就更加容易。这是庞培的丈人西庇阿的故事。逆风把他的船队吹到非洲海岸，当他看到战船被敌人攻占，便挥剑自戮，别人问道，将军怎么了，他回答说："将军健康且安全！"这句话使他与当时的伟人齐名，使他获得命运赋予非洲大地上的西庇阿们的永恒的光荣。如果战败迦太基人是光荣的，战胜死亡就更加光荣。"将军健康且安全"，对一个将军，一个加图的军队的将领来说，还有什么更有尊严的死亡方式吗？我不想把你投入历史的书籍中，表现出对死亡轻蔑的人如此众多，遍布各个时代，数不胜数。你只需想一想，我们痛苦地抱怨其懦弱和淫荡的，我们这个时代。在所有的社会阶层，经济水平，年龄阶段，都会有很多以死亡结束灾难的人闪跃在你的眼前。相信我的话，路西利奥：我们不但不应该恐惧死亡，而且应该以死亡终结恐惧！因此，以平静之心来听你的那个仇人的威胁吧！尽管良知告诉你应该自信，但是由于案件中会有诸多外部因素的介入，即便你期望公正的裁决，还是要准备可能成为最大不公的受害者！尤其永远不能忘记这一点：不要小看外部原因的重要性，细心分析起作用的所有因素，你会发现，在你的境况下，唯一可怕的东西是你自己的恐惧。我们所发生的与经常发生在孩子们中间的情形一样（这很好地证明我们不过是些大孩子）：当看见平常所爱的、习惯的、一起游戏的人戴着面具就吓坏了。所以我们要做的就是摘下他们的面具，不仅是人还有事物的面具，还原他们各自的本来面貌！那些在你的周围晃动的、炫耀着刀剑、火焰的那一群刽子手，究竟是为了什么？剥开本质，里面隐藏的不过是对不明智者的恐吓：你不过就是死神罢了！不过是刚刚不久前，我的奴隶、我的女奴毫无恐惧地面对的那个死神！那些森严陈列的皮鞭、刑床，究竟是为了什么？那一队人各自手执专门的刑具，每件刑具专门折磨身体的一个部分，所有那些器械都是为了将人凌迟成碎片，究竟是为了什么？且不谈所有这一切让我们看着就吓得目瞪口呆的刑具，且不说被折磨的呻吟、哀号和尖叫：你不过就是痛楚罢了！是痛风病患者无声忍受的，胃病患者在最精致的宴会上吃喝时忍受的，分娩的年轻妇女都要忍受的同样疼痛！如果我能忍受，你是轻微的；如果我不能忍受，你是短暂的！

你要不断地思索这些虽然经常听到，甚至自己也多次重复的格言。然而你应该以自己的经验证实，那要比听说，甚至自己说过更加切实。满口哲学而不将所学付诸实践，这是对我们最严厉的批评。别对我说只是现在你才发现原来死亡、流放、疼痛，与你也有关系！从我们一出生，就与所有这些连在一处了：因此我们要想到一切我们所感受到的可能发生的事一定都会发生。我确信你已经遵循了我这一忠告。我不愿放弃继续对你的鼓励，现在你不要让此刻的痛苦占据你的精神，否则它会变得怯懦，在关键时刻会表现得软弱无力。你要把对个人问题的注意力转移到对普遍的所有人的问题上。不断对自己说你的身体终归是要死的①，脆弱的，暴露于一千零一种痛苦之下的，痛苦不仅是由权势者的暴打或滥用权力造成的：享乐本身也会变质成痛苦，宴饮会引起消化不良，醉酒会引起消沉麻木和神经麻痹，沉湎淫乐会引起手足和所有关节的畸形。我将变穷：成千上万的人与我相似。我将被流放：我想象出生在被流放的地方。我将被捆绑：那么难道此刻我就是行动自由吗？我，难道不是自然造就的被捆绑在自己的身躯这个重负之上？我将要死了：也就是说，我不再能患病，不再能被绑缚，不再受制于死神！

我并不蠢到那种地步，像伊壁鸠鲁派们那样喋喋不休地重复：对地狱的恐惧是没有根据的，根本就没有什么绑着伊克塞翁的地狱之轮②，没有什么西西

---

① Mortal，有死凡夫的。

② 希腊神话关于地狱的描述。

弗斯[①]向山顶推巨石的大山，没有什么人的五脏六腑每天被吃掉、第二天的早上再长出来！谁也不是幼稚到会害怕那条把守地狱大门的三头狗，黑暗、鬼魂、穿着长袍的骷髅。死亡或者将我们完全消耗掉，或剥夺走我们的一部分。在第二种情况下，被夺除的是身体的重负，而剩下的是我们自己最优秀的部分。如果我们被完全消灭，那么就什么也不剩，无论好的部分还是坏的部分同样化为乌有。请允许我在此处引用你的诗句，不过首先想提醒你想到，所写的东西不仅是为别人而且是为自己所用才好。说一套而想另一套，是不正当的[②]：而所写的东西自己并不相信，那么就更不恰当了！我还记得有一天你阐述了这样一种思想，我们人类并不一下子突然沦陷死亡，而是渐渐走向它。我们每天都在死，因为我们每天都被剥夺一部分生命，所以，伴随着我们的长大，生命在缩减。最初我们失去童稚，然后是年少，最后是年轻。所有流逝的，直到昨天的时光，都是不可挽回的，我们所在的今天，正与死神分享它。不是最后一滴水使滴漏[③]流空，而是这之前所有流去的水。同样的，我们并非了结于最后的构成死亡的那一时刻，而那只是唯一的生命耗尽的一刻。在那一刻我们抵达死亡，但是很久以来我们朝它走去。你以惯有的、一向卓越的、从未崇高如此刻的、以你为真理服务的雄辩语言将这种情形描述出来，写出这样的诗句：

> 死神渐次而来，最后一个将我们带走。[④]

我认为你最好去读你自己的话而不是我这封信。你会发现那个把我们填满恐惧的死神只不过是最后的一个，但不是唯一的一个！

我看见你正在寻找：想知道什么是我选择装进这封信的有价值的格言，有用的哲学概念。我给你送去的这个东西，出自我现在手头在做的一件事。伊壁鸠鲁对害怕死亡的人如同对切望死亡的人作出一样有力的批评。他说："由于

---

① 西西弗斯是希腊神话中被惩罚的人。他受罚的方式是：必须将一块巨石推上山顶，而每次到达山顶后巨石又滚回山下，如此永无止境地重复下去。

② 原词汇是 indecent（下流），这里批评得似乎有点重了。

③ 计时器。

④ 引自小路西利奥。

厌倦生活而奔向死亡是多么可笑，当人们接受一种生活，却受它刺激产生奔向死亡的愿望。"在另外一个段落，他写道："当人们是由于对死亡的恐惧使生活充满焦虑，还有什么比愿意死亡更可笑呢？"① 你还可以再加上另一种不亚于这两种可笑的情况：真是天大的荒唐，我简直要说这就是人们的疯狂，有的人甚至自杀……竟然是因为怕死！……如果你思索某些这类主题，就会赢得意志的力量，承受无论是死亡还是生活。这两个方向我们都应受到激励，毫不动摇，使我们对生活既不过分热爱也不过度仇恨。即使当理智在劝告终结自己的生命，也永远不应该不加思索和冲动地作出这种决定。一个勇敢而智慧的人，不应逃离生命，而应走出生命，尤其重要的是，要避免那种袭击了很多人的激情：死亡的激情。正如涉及其他问题那样，在死亡现象中，也存在不加思考的倾向，精神往往会受到控制，无论是有勇气的、性格坚定的人，还是毫无力量、缺乏勇气的人，只是第一种人感觉对生命的轻蔑，而另一种是不能承受它的压力。很多人厌倦于日复一日的重复，总是做同样的事，总看见同样的人，这使得他们感觉到对生活的厌恶，而不是仇恨。何况，甚至哲学本身都能够引起我们产生那种厌倦，当它对我们说："我们总是忍受同样的事究竟到何时？从来没有其他的事，除了醒便是睡，除了吃便是饿，除了冷了便是热？任何事都有尽头，一切都是交织地循环往复，一切在交替地发生，从不间断，夜以继日，日以继夜，夏去秋来，秋去冬至，冬去春回，一切过去了又会重新再来。我们没有实现任何新的东西，看不到任何新的事物：有时这正是厌倦的原因所在！"很多人想，生活不是艰辛的，而是多余的。②

第二十五

正确地对待我们的两个朋友，必须运用完全不同的方法。的确，其中一人的恶习必须加以改正，而另一人的恶习则必须全力制止。我非常坦率地告诉

---

① 因为怕死，而使生活充满焦虑，却愿以死了之，这难道不可笑吗？

② 这篇书信充满了厌烦情绪，塞涅卡甚至用了"不正派""下流"这样的词汇。大部分篇幅在讨论死亡、自杀等。虽然在说服别人，但又似乎自己被这个问题困扰。

你：只有强硬地对待他，我才真是你的朋友。"这是什么话！"你会说，"你以为能够将一个四十岁的弟子置于控制之下吗？要清楚他已经达到坚固的、不可处理的、不接受改造的年龄 ①。只有尚且年轻的心灵是可塑的。"那么好吧，我不知道成功与否，可是我宁可不成功，也不愿不负责任。况且即便是长期的病症，我们也不应该失去医治的希望，如果我们对病人的不服从显示出严厉，如果我们强迫病人去做或忍耐许多违反他意愿的事，就有治愈的希望。关于我们另一个朋友，我的确没有太大的期望，要不是他在犯错的时候，还会脸红。必须培养这种羞耻感，当存在这种知耻之心，我们就有理由抱有希望 ②。至于对我们的"老油条"，我必须十分仔细地对待，免得让他自暴自弃。没有比现在更适合对他下功夫的机会了，此刻他的恶习正处于休歇状态，他的情况与一个回头的浪子很相似。别的人认为，与恶习的决裂似乎可以是彻底的，可是我不信服话语：我知道，哪怕对天发誓，此刻在瞌睡的，而不是被克服的恶习，终究会反复。我要花些时间试图控制它们，但只有试验一个阶段以后，才知道能不能有所收获。

至于你，要像直到现在所做的那样，继续表现出勇猛无畏，继续减轻你的负担！除了严格必要的，我们什么也不要拥有。我们回到自然的规律中去，就会有丰足的财富。我们所缺乏的那些就将是免费或廉价的：自然满足于面包和水！你看，谁也不会穷到连这两样财物都不能得到的地步。按照伊壁鸠鲁的说法，一个把他的欲望限于这两者的人，有堪比朱庇特的幸福。现在我把这位哲学家的一句话，写入本信。这便是："做一切时，都好像伊壁鸠鲁在观察着你！"我们的头上面有个大师，无疑是有益的，有个我们寻求他的许可的人，有个，这么说吧，参与我们的思想的人。远比这重要得多的是，好像我们总在某个优秀人物 ③ 的目光下生活。假使你的行为永远如同受人观察着，我就已经很满意了，因为孤独是一切恶习的劝诱者 ④。当你有了更多的自尊，便获得保

---

① 四十而不惑，原来还有这层意思。

② 无耻，是最重的话吧。

③ 大概可以译成"正人君子"。

④ 君子慎独。

护，那时就不需要师表 ① 了。暂时，你要托庇于某个权威的保护：可以是伟大的加图，或西庇阿，或雷利奥，或任何别的大师，在他们面前即使最下流的人也会有所收敛，压抑自己的恶习。至于对你，需要一个在他的面前你不敢堕落的人。当你达到那种水平，当你感觉到对自己的尊重，那时我会许可你做那种伊壁鸠鲁也同样忠告的事："避入自身，尤其当被迫处于人群中的时候！"你变得与众不同是好的，只要能安全地避入自身。你看人们普遍是这样：大家都在与人相伴时有所获益，唯独不获益相伴于自己！"避入自身，尤其当被迫处于人群中的时候！"然而这唯有在你成为一个优秀的、平静的、有节制的人的时候。否则，你应求庇于众人之中，而逃开你自己，以此躲避私密面对一个没有品行的人。

第二十六

不久前，我曾对你说，已望见老之将至，现在我深信已将年老抛却在身后！对我的年纪来说，或者至少对我的身躯来说，已经用另一种概念才适合，因为"年老"是对人所处于尽管疲惫了却还没有消耗殆尽的生命阶段的命名。我则列于行将就木的老朽之数。可是，有件事我请你考虑：就是我不在心灵中感到，尽管在躯体上感到，年岁的不公。仅仅是衰老了我的恶习，正像肢体对这些恶习的协助。我的精神依然生气勃勃，为已然不必那么操心身体而显得快慰，就是说，已经摆脱了大部分身体的负担。我的精神显得欣喜若狂，开始和我讨论年老的问题，说年老对它来说是"年龄的精华"。我们就相信它吧，让它去享受自己特殊的财富。现在，它叫我静思，叫我分辨在目前这种风格的、平静而简朴的生活中，哪些属于哲学的，哪些属于年岁的，注意观察所有我所不能做的和所有我所不愿做的，不要把我已不可能做的看成是不愿意做的。事实上，没有什么可抱怨的，结束了那种终归有一日会结束的事，又有什么损失呢？我知道你会反驳："当我们自感渺小、衰败，用个确切点的词汇，希望破灭，是种巨大的损失。老年，是种现实，并非以一次打击将我们震撼、击

---

① 原文是"教育家"。

倒，而是腐蚀我们，日复一日消磨我们的精力。"那么有没有比自然的、一点点逐渐消失直到我们抵达尽头更好的死亡方式？我并非说突然的一击或是意外的死亡是什么坏事，只是说一点一点的死是一种更温和的死亡方式。而我，至少似乎已经距离那个决定性的时刻不远了，在那至高无上的一天，将对我的一生作出定论，我在观察，并且对自己说道："直到此刻我的所做所述都没有价值，都不过是在伪装，在给无数装饰之间的心灵做软弱的、夸夸其谈的保证罢了。我有价的所作所为，全都仰仗于死亡。因此，我毫无惧怕地准备着迎接那一天，毫无伪装，毫无掩饰，对自己作出评判，是否我所说的那些话语，我的感觉，我所说的那些反对命运的勇敢的言辞，都不过仅仅是虚伪的假面！他人的评论并不重要：永远是变化不定的，总是有意见分歧的。一生所做的研究也不重要：只有死亡将宣布对我们的决定性审判。这是我的见解：哲学的争论，文学研讨会，智者的文章中收集的格言，博学的交谈——所有这一切一点也不表现心灵的力量！就连最胆小的人也能说出勇敢的话……实际所获只有在心灵消散的一刻才将得到见证！至于我，我接受所有条件，不惧怕决定性的审判。"这里看到的是我对自己所说的话，可是你要当作也是对你说的。你比我年轻，但这并不重要：问题不在于年龄。谁也不知道死亡在何时何地等待着你，因此，你随时随刻等待着它！

　　已经在结束了，我的手正在做终结的仪式，因此我该数一数钱币，给这封信旅费。即使不对你说我向谁去借钱，你也会猜到我去敲谁的钱匣……可是请你稍稍等一下，我掏自己的钱袋给你付账！但是银行家是伊壁鸠鲁，他告诫我们说："思索死亡"，或者"给学会死亡以最大的重视"，或许同样的思想，这后一种概念说得更加明白。也许你会觉得学习这东西是多余的，我们只利用一次！可是正是因此我们才该思考它：我们必须永远研究一种不能证实是否已经懂得的事物！"思索死亡"，伊壁鸠鲁以这句话语让我们思索自由。一个学会死亡的人，会忘记一切奴颜婢膝的处境，他会高于，更确切地说，超脱于一切权力的所及！假使他的面前总有一扇门是敞开着，那么监狱、看守、锁链，与他有什么相干？唯一束缚住我们的锁链：是对生命的爱。我们不完全压抑对生命的热爱，但是要消减这种热情，以便一旦境况要求的时候，便什么也不能拦挡，阻止我们准备好立即去做，或早或晚，必然要做的那件事情。

第二十七

"你以为你是谁，来劝诫我？或许你该劝诫一下自己吧，你自己的品行已经修炼好了吗？就来装模作样地指教别人？"你的反问是有道理的，而我，还没有无耻到这种程度，自己病着，就给别人开药！我对你说的话，就像在疗养院里的病友谈论同样的病情，分一半儿自己在用的药给你。因此，你听我讲话，就仿佛我在自言自语，就像我允许你进入我的私密，我的内心在当着你的面争论①。你看，我在不停地对自己这样重复道：

"想一想你的年纪吧，塞涅卡，你会对怀有与年轻时候一样的意愿与目标而感觉到羞愧。既然你已经临近死亡的一天，看吧，是否能叫你的恶习比你死得早些。消除那些杂乱无章的、你只有努力克服才能摆脱的享乐吧：那些享乐不是在满足之前比之后更加有害。我们在犯罪的时刻可能并不吃惊，但是并不因此摆脱痛苦。对于有罪恶感的享乐也是如此：我们在获得满足之后，就会感到悔恨。即便不是有害的享乐，也不是持续而长久的，至少都是瞬间即逝的。首先去寻求一种真正持久的善良，唯一处在这种条件下的，是心灵自身的升华。唯有美德能给我们永恒的、不可动摇的快乐。会有一些障碍，但就像太阳下流动的乌云，永远不会遮住光辉！"

什么时候才能让我们进入这种快乐呢？如果说我们并没有止步不前，现在是该加快脚步的时候了。还有很多的事情要做。假使想达到这种目标，你还缺乏很多我这方面的关心，而且还缺乏你那方面的努力。美德不是通过寻求来获得的。我的知识只能对你有所帮助。我记得有个富翁卡尔威修·萨比诺大人，这个人富比财神，却有着获释奴隶的智慧。我从来没有见过比他更被幸运恩宠的人了。他的记性之坏，连尤利塞斯、阿喀琉斯、普利安的名字都时不时地忘记，而这些人的名字人所共知，如同我们记住自己老师的名字。任何一个老报客奴②，已经忘记客人的姓名，随口报来，张冠李戴，也不会像萨比诺那样的把特洛伊人混淆成阿奎乌人！就这样，他还想做个有学问的人。他想出了什么主意呢：以金子的重量为价，买下一群奴隶，有的能背诵荷马，有的能背诵赫

---

① 原文直译"在你面前与你讨论"，这里应该是自相矛盾的意思。

② 专门负责给来客报名的奴隶。

西俄德，另外九名背诵其他抒情诗人，这些奴隶花去他难以想象的财富：不是一买来就有这种才能，必须把他们送去专门培训。一发现这支队伍已经训练有成，他便命令杀死了教练。这些奴隶坐在他的周围，当引用什么诗句时，就悄悄地提示他……可是他还是说到一半就忘了！于是，萨特利奥·夸特拉多这个常年围着愚蠢的富翁的阿谀奉承者和寄生虫（也是富翁的批评者，这个属性与前两者总是共生），建议他再买新的奴隶，提醒忘记在半截的句子！萨比诺回答道，每个奴隶花掉他成千上万的塞斯特尔修①，萨特利奥说："你要是买座图书馆，花的钱会少得多！"然而那位大人继续认为，家中有个有学问的人，就相当于是自己的学问！……

萨特利奥还试图说服萨比诺去学摔跤，可是萨比诺是个体弱多病，苍白瘦小的人。"这怎么可能呢，我连腿都站不稳，"萨比诺说，"求求你，别这样好不好。"萨特利奥回答道："你那些身强体壮的奴隶是干什么用的？"

品德高尚的精神不是能借来用的或者买到的东西！即使是有得卖，我十分怀疑会有人去买……恶习，倒是每天都有人去收购啊。

可是已是向你付账并道别的时候了。"真正的财富在于在贫穷中能够满足我们按照自然的法律的所需。"伊壁鸠鲁不知疲倦地重复这一格言，可是重复一件我们永远没有恰当地学会的事物，从来也不过分。对某些病人来说，只需告诉他用什么药，对另一些人，则必须强迫他服下去！

第二十八

你以为这仅仅是对你发生了吗？你惊奇，好像这是件稀有的事，在如此漫漫的旅行和游历如此多不同的地域之后，竟然没能消除压抑心灵的悲伤。你应该换灵魂，而不是气候。尽管你穿越辽阔的大海，尽管你如我们的维吉尔所说：

> 海岸，城市，消失在地平线。②

---

① 古银币。
② 引自维吉尔《埃涅阿斯》第三章。

你的恶习会跟随着你，无论你所到何处。某天，有个人对苏格拉底发出同样的抱怨，他回答道："为什么你要吃惊怪你的旅行无济于事呢，既然无论去何处你都携带着同样的情绪？使你痛苦的原因，正是当初让你出发的同一个！"实际上，改换地点，了解新的风景和城市，能有什么帮助呢？所有这种动荡，毫无意义。你从一个地方走到另一个地方，对你没有任何益处，因为你永远是与自己相伴。你必须卸掉压在心头的重负，在此之前，没有任何地方能给你带来快乐。要想到你现在的精神状态恰似维吉尔笔下的西比尔，激烈，冲动，被从外界而来的心灵力量所掌控：

西比尔狂奔着，她想除却充满胸膛的神力！①

你从一地漫游到另一地，想驱除内心的痛苦，你无止境的游荡只会将其加重。这就像一条船，装载的货物如果固定不动，就不会感觉到什么，可是假使是滚来滚去，就可能把船向它施加压力的一侧倾倒。你自己思索一下，这种不停的运动，只能对你有害，像抬着一个病人绕圈子！然而当你摆脱了苦闷，这时候，任何改换地方对你都是怡悦的：你可以去天涯海角，去荒蛮之地，去那个无论什么地方，只要表示对你热诚的接待！关键是你出发时的精神状态，而不是你要抵达的地点。正是因此，我们不应该过分地爱慕某个特别的地方。我们必须活得有这个信念：我们不是专门为某个特别的地方而生，我们的祖国是整个世界！当你确信了这一真理，就不再会为从一个地方走到另一个地方，把出发时的厌倦从一处带到另一处，感叹这种徒劳无益。假使你说服自己，一切的大地属于你，那么你所驻足的第一个地方就将立刻使你快慰。你现在所做的，不是旅行，而是飘荡，从一边跳跃到另一边，而实际上，你所追求的——遵循道德的生活——可以在任何一处获得。你找得到有比广场更充满杂乱的地方吗？可是，假使必要，即便那里你也能安静地生活。当然，若是能选择，我愿意视线离广场越远越好！某些恶劣的气候会对最坚强的健康造成危险，同样，某些地方对那种的确有德行但还不太坚定、依然在完善过程中的精神，是不适宜的。我不认同那些投身到浪潮中，过着动荡的生活，每日怀着最大的勇气，

————————————————

① 引自维吉尔《埃涅阿斯》第四章。

对困境作斗争的人。那种生活，一个智者可以承受，但是不去寻求，他更愿意在和平而不是冲突中生活。摆脱自己的恶习，去与别人的恶习作斗争，这没有什么益处。你可以反驳说，在苏格拉底的周围聚集着三十个独裁者，都未能屈服他的勇气。可是，主人的数目又有何干？奴性仅仅是一个。一个蔑视奴役的人，将永远是一个自由的人，无惧那些有权势的人如何众多！

该是结束这封信的时候了，可是我先要缴纳通行税！"治愈之始，在于自觉错误。"我认为伊壁鸠鲁说得十分有理。的确，一个人如果不觉悟到犯错，就不会愿意纠正。在改正错误之前，应该意识到错误。有些人会对他们的恶习洋洋自得：怎么能想象那些把自己的缺点当美德的人会去纠正错误呢？恰是因此，只要可能，就对自己起诉吧，对自己立案审判。由书写对自己的起诉书开始，然后做自己的法官，只有最后才当自己的辩护律师，而且，时不时给自己判处刑罚！

第二十九

你问我，我们的朋友马赛利诺近来怎样，在做什么。他很少来我家，原因纯粹又简单，他害怕听人说道德。然而，对此危险，他是免除的，因为我认为除非是他愿意听，不应该对人道德说教。由于这个道理，如果第欧根尼以及其他犬儒主义者们对过路人毫无区别的，口无遮拦的，加以责备，这样做的权利就值得怀疑。对生来或因为疾病而成为聋哑人喋喋不休是什么效果？"为什么？"你反驳道，"要少发议论呢？又不费钱！我不能知道，对我向其发出忠告的人是否有用，但是我肯定对那些慷慨的向很多人发出忠告的人是有用的。让我们生性豪爽，乐善好施，救助他人，努力去争取，不可能不在某一次获得成功！"

尊贵的路西利奥，以我之见，这里面有一个有价值的人所不该做的事！这样做，对于那些不轻视你的尊严，可以帮助他们改善自己的人来说，你的权威就好像被淡化，失去了重量。一位出色的箭手，不是偶尔射中，而仅仅是有时失误。偶然达到目的不能算艺术。智慧是一种艺术，应该有把握稳中目标，选择有能力深造的弟子，而远离那些无可造就的例子，当然不是突然地，不做最后努力地，而确实是无所期望的时候。

我对马赛利诺还没有完全失望，他是个还可挽救的人，只要我们向他伸出紧急的援手。危险是他把向他伸手相援的人拉下水。马赛利诺的精神很旺盛，却是倾向邪恶一方。无论如何我会去冒这个风险，放胆去指出他的缺陷。他将行如往常，用甚至让居丧的人发笑的戏谑诙谐，先是嘲弄自己，然后是我们的学派，并且立刻打断我对他说的一切。他会对各哲学流派品头论足，批评个遍，指责哲学家们的腐败、受贿、情人、宴飨，给我指出某人在通奸，某人在酗酒，某人结交朝贵。他会对我说，快乐的哲学家阿里斯顿在轿子上授课，那是他选择的履行他的职责的最佳时刻……当人们对斯考茹斯问到他属于什么学派时，他回答说："肯定不是逍遥派！"人们也向那位卓越的茹利奥·格勒西诺问到他对阿里斯顿的看法，"我不能说，我不知道他走路的时候能够说什么！"茹利奥回答道。就好像向他问一个战车斗士。

总之，他会把这些闲话向我劈头盖脸地抛来，说正直的人不会兜售哲学，更会远离它。可是我决定忍耐他的粗俗，也许他叫我笑，可是我能叫他哭，如果他顽固地微笑，那么我就正如事情发展不太妙的时候那样，会很快乐，因为幸好碰到了一个快乐类型的疯子！然而这种快活不会很长久：你看，很短的时间内，相同的两个人会进入同样强烈的激怒。我决心找马赛利诺交谈，向他表明，他如何越是更少地被很多人所喜，则越有价值。我如果不能清除他的恶习，至少能使其收敛，虽不断除，却变得不再经常，或许由不经常变成习惯而达到断除。即使是这样的效果也不容轻视，因为对严重的病情来说，好一段时间的平静期，几乎等同于健康。

当我在准备照顾我们的朋友，而你，有能力又晓得从何基础出发，因此懂得要达到什么目标，你要改正为人的方式，去获得勇气，面对恐惧变得坚强起来，不去重温那些能引发你恐惧的一切。在一个只能一个人通过之处而害怕大众，难道不是愚蠢吗？况且也不是很多人有杀害你的可能性，尽管很多人威胁要这样对你。自然对事物是这样规定，只有一个人能杀死我们，就如同只有一个人能给我们生命。

如果你不是太苛刻，完全可以免除我最后的支付，可是我并不小气，现在在结尾的时候清偿债务。拿着，这是我欠你的。"我从不想取悦世俗，我所知道的，世俗不喜欢，世俗所喜欢的，我不愿知道。"谁说的？似乎你在想我不了解我的学生……是伊壁鸠鲁，可是所有其他学派的大师都会对你说同样的话，逍遥派、学院派、斯多葛派、犬儒派。一个只有道德使他快乐的人，如何能实际地取悦世俗呢？以清白的程序，不能赢得民众的青睐。你必须首先等同于俗众，只有他们认为你是其中的一员才会赞同你。为你的学业，你对自己的见解远比别人对你的看法重要得多。模棱两可的人的友谊，只能在模棱两可的事中交结。这对你在哲学上，这种崇高的、超乎一切的艺术上，又有何益？恰恰是要引导你愿意更使自己快乐而不是取悦俗众，对那些品评你的人，更重视品质而不是数量，生活得既不畏神，也不惧人，能够战胜或终结对手。另一方面，如果说是我让你在世上众口传说，声名鹊起，如果在你的门前，如同舞台上笑星出场那样掌声热烈，如果全城的女人和儿童为你编织赞美的花环，我又如何能不必须对你悲叹？因为我知道，是由什么路径获得这样的宠爱。

第四卷
（第三十至第四十一）

第三十

　　我刚刚去拜访奥菲蒂奥·巴索：看见这个杰出的人物身体残败，与年龄在搏斗。时光的压迫对他微薄的体力已经过于沉重：衰老如大山压顶。你知道，他一直是体弱多病而虚弱的人，但曾经有一段时间维持着，或者说加固着他的身体，而现在，突然间就放弃了。就像一条漏水的船，一两条漏缝还可以修补，可是假使很多地方出现漏洞，缺少木板，船壳就不可避免破碎，一个衰老虚弱的躯壳也不可能长久的修补维持。可是，就像一座将倾的建筑，当所有的结构都脱节了，修理好一些，另一些又松散了，唯一所做的就是想办法走出去。我们的巴索是精神坚强的人，哲学让他能够死在眼前而保持乐观，让他不论身体状况如何都坚强快乐，当身体的力量减弱的时候，不失去心灵的力量。一个出色的舵手，即便是在风帆破碎，樯倾楫摧，也会奋勇将残船驶向旅途的终点。我们的朋友巴索就是这样，他以勇气等待着终结，他的神情，就像等待着另外一个人的死亡，我们甚至觉得麻木得过分。这是件十分重要的事情，路西利奥，伴随着时间去学会当我们那个不可避免的时刻来临，勇敢地死亡的能力。其他形式的死亡，总是留给人一些希望：疾病有可能治愈，火灾或许会熄灭，在似乎将砸倒我们的崩塌中会九死一生，海浪会吞噬一些人却将另一些人毫发无损地抛上海岸，士兵砍向受害人脖子的剑会突然收手，然而，衰老将一个人带到死神的门前，这是没有任何希望的，谁也不能为他求情。没有任何另外方式的死亡，也不能无限延长。巴索使我觉得，他在参加着自己的葬礼，做自己的掩埋，活着的是自己的残存，以智慧承受着自己的哀悼。的确，他对死亡大发议论，他明确地谈论死亡，以说服我们，这一章节会造成紊乱和恐惧，而这是垂死临终的罪过，而不是死亡本身的错，既不在于死亡也不在于死亡之后，存在某种东西造成我们的痛苦。因而，一个恐惧将永不痛苦的人，就像一个恐惧永不会感觉痛苦的人，是一样的不智。会有人认为有某种恰恰是在于不再感觉才感觉到的一种事物吗？"死亡，"他说，"处于那样的一点，不祥的那一点，乃至于对所有的不幸的恐惧都集中于那一点。"我知道，这样的真理人们已经多次重复地说过，还将不断地重复，可是当我从文章中读到，或者从那些他们自己拒绝应该恐惧，他们自己尚且远不须以无惧的眼光审视死亡的人口中说出，从来没有觉得如此的有益。可是巴索值得我最大的信任，这是一个谈论自己将临死亡的人。我要告诉你我的看法：我认为死亡那一刻给人的勇气要大于与死亡的相邻。死神立刻要出现，实际上，给最胆怯的人不躲避不可躲避之事的勇气。就这样，一个剑斗士，即便是在整场角斗中不那么勇敢，也会向对手送上脖颈，助他斩下犹豫的剑。可是，那种死亡，对，那种不可避免的死亡，却是尚且在接近的死亡，要求一种持续的坚定勇气，一种最稀有的，只有智者才能获得的勇气。正是因此，我以极大的快慰听巴索宣讲他关于死亡的决定性的见解，解释它的性质，如同某个人十分靠近地观察它。我想象，你更会相信，更加的信服，一个死而复生的人，以亲身的经历，告诉你在死亡中不存在任何不好的事，至于死亡临近所造成的不安，谁也不会比那些死亡已经出现在路上，正向他们走近，正准备迎接它的那些人描述得更清楚。在这些人中你尽可以包括巴索，他不会让我们弄错。他说，惧怕死亡，如同惧怕衰老，都是非常的愚蠢，因为如同老年是成年的继续，死亡则是老年的继续。不想死，就等同于愿意不曾生活：所赐给我们的生命就是带着死亡作为终点的，并且我们是向着它走去的。恐惧它怎么不是一种愚蠢呢？凡是肯定的，就只有等待，只有模棱两可的，才疑惧。死亡有一种众生平等的无情性：谁能抱怨存在对所有人一律相同的条件？首要的公平因素就是平等。在这一时刻辩论大自然本性的原因是多余的，自然的本性要我们的普遍法律等同于它本身：大自然所造就的一切，由它自己分解，所分解的一切，重新来造就。而如果有人幸运地衰老得缓慢，就是说，不是突然地失去生命力，而是一点一点地被消磨，噢！他该如何地感谢众神，由于能够享受一个人必要的安逸，而尤其应该感激他所烦劳的人！你可以看到有的人希望死亡，甚至与那些如同我们通常希望长寿一样的人那样的热忱。我都不知道究竟哪一种你认为对我们是更大的鼓励，是那种渴望死亡的，还是那种以快乐的平静等待死亡的，实际上，第一种的愿望有时是产生于一时突然的狂怒愤慨，而第二种的平静来自深刻的思虑。可以由于愤慨的行动而到达死亡的时刻，可是以快乐迎接死亡的来临只有长久以来为此一时刻作准备的人才能做到。

坦白地说，许多原因加在一起促使我多次去拜访我的这位朋友：了解他是否总是保持同样的勇气，还是他的勇气随着体力而消减。事实是，就像比赛选手，在跑完第七圈以后，即将抵达终点时更加明显地兴奋，他的勇气越发有活力。忠实地实践伊壁鸠鲁的学说，他说，首先，希望最后那一息无论如何不是痛苦的，假使是的话，也在其短暂中获得解脱，因为任何确实巨大的痛苦都不会是很长久的。况且，哪怕是在灵魂分离肉体的一刻，即使是十分的痛苦，必须记住在那之后再也不会感觉任何痛苦。他还相信一个老人的灵魂已经就在他的嘴中，不会犯难就能离开躯体。"火，遇到顺风的草地，只有雨才能浇灭，或者是将一切化成灰烬，可是假使缺少燃料，就会自己熄灭。"这些话，我尊贵的朋友路西利奥，听起来使我十分的欣慰。并不是因为对我说来是新鲜的，而因为是在一个关键的时刻嘱咐我。难道这意味着我从未见过一个人剪断生命之线的时刻吗？见过，的确见过，可是我觉得更有意义的是一个人的态度，他抵达死亡而没有对生的仇恨，他迎接死神而不是哀乞。他还说，面对死亡的悲哀是我们自身的苦果，因为当我们判断死神临近时，我们任凭恐惧的侵袭。可它距离谁又是不近呢，不是任何时刻，任何地方给以突袭？"你看，比如，"他补充说，"有时一些死亡的原因似乎对我们降临，可是很多其他的我们不感觉恐惧的原因其实危险更加迫近。"发生了战争，敌人的存在是死亡随时的威胁，人们拥挤踩踏，死亡提前到来。如果我们能对恐惧的原因加以区别，我们将看到，有些是真实的，有些是表象的。我们所恐惧的并非死亡，而是想着死亡，我们与死亡总是分开一小段距离。因此，如果我们应该畏惧死亡，我们就该总是畏惧它，因为任何年龄我们都受制于它。

然而我要预先防备，你千万别像痛恨死神一样，讨厌一封冗长的信，所以，我就要结束了。至于你，要永远思索死亡，以便永远不畏惧它！

第三十一

我正重新认识我的路西利奥，已开始表现出如同许诺要成为的那样。要继续那种精神态度，使你蔑视一切平庸的财富，而仅仅倾向于至善：我甚至不要求你比自己努力做到的更加高大或完美。你的基础培养是相当志气恢宏：因此，你谋求达到的只是你自己设立的目标，实践已经内化的原则。总之，为了成为智者，你保持关闭了听觉，仅仅用蜡封了耳朵还不够：你需要比尤利塞斯给他的同伴们所使用的更加有密度的材料。水手们害怕的声音，虽然是诱惑的，却不是全世界的声音，我们应该防卫的声音不是来自一个礁石，而是在世界的四面八方回荡。因此，并不仅是经过单单一个可疑的地方，有欺人的诱惑，而是所有的城市。对于那些愿你更好的忠告，你要显得是个聋子：用心是好的，只能对你有害。如果你想幸福，就祈求众神吧，让众人所希望于你的什么都不要实现。他们所喜欢看到的在你身上积聚的财富不是真实的财富，只存在一种财富，幸福的原因和基础：自信。为了获得自信，你只有一条路：不要把任何奋斗[①]看得太重要，或者说，将其看成是列入那些对你来说既不好也不坏的事物中。实际上，不可能出现一种交替地既是好的又是坏的事物，既是容易承受的，却又是吓人的。奋斗不是一种善。那什么是善？对奋斗轻蔑的本身。因此我批评任何空洞无意义的活动。但是，以获得道德为目的的努力，这种情况下，投入的精力越大，我会越加钦佩，会高声激励："就这样，勇敢！加油！一口气登上顶峰！"奋斗对高贵的心灵是鼓舞。但是你不应该将你的志向仅限于你父母在你小时候对你的祝愿。此外，一个像你一样的，在事业上获得最高职位的男人，再祈求众神，岂不荒唐！你为何需要向他们祈求？不论是何物！你造就自己的幸福，你很容易做到，只要你懂得这一点：所有意味着美德的都是善的，所有包含恶习的都是恶。如果不沐浴着光，什么东西都不会闪亮，如果不是被黑暗笼罩或在阴暗物体的阴影下，什么东西都不是昏暗的，要想温热就需要火，要想凉爽就敞开风，同样，要使事物是道德的或是耻辱的，各自只需存在道德或恶习。善者何谓？在于科学。恶者何谓？在于愚昧。智者，那位哲学的卓越艺术家，懂得拒绝或择取其所适当，但是对所拒绝的既不惧怕，对所择取的也不惊喜，为此他只需赋有高贵而坚定的心灵。我不许你垂头丧气，妄自菲薄！甚至仅仅不拒绝奋斗还都不足够：你必须主动去追求奋斗！

"你说什么？"你反驳道，"不该拒绝徒劳无益的、多余的、由不太高尚的动机引起的奋斗吗？"

_____

① 也可译成"努力""工作""劳动"。

不该，就像不该拒绝为充满了美的对象的奋斗。关键是心灵的耐力，这种能力需要热烈地寻求艰苦卓绝的工作，你要对自己说："为什么停住？害怕汗水不配是个男人。"

我还要说的是，为了使德行完美，必须使我们的生活在任何情况下保持方向的一贯性，完全的一致性，而这我们只有通过科学，通过对人与神的事物的了解来达到。至善既在于此，如果你达到了这一点，便不再是一个祈告者，而成为了众神的亲密朋友！

"可是如何达到这一点呢？"无需翻越本宁或格莱安阿尔卑斯山，无需穿过坎达维亚沙漠，不必与斯库特斯兄弟相遇，也不必经过西拉与卡律布狄斯——然而正是为了你那个微不足道的检察官的衙门，才会经历这些险难。此时的道路是安全的、愉悦的，而大自然赋予你品质来完成这一旅程，假使你不半途而废，那些品质将使你抵达终点，成为一个等同众神的人。使你与众神等同的不是金钱，因为一个神什么也不拥有。连那件想象的长袍也没有，因为神是赤条条的。既无虚名，也无炫耀，或是你的名声在民间的流传：神，谁也不知道他，很多人想象他的坏处，而且肆无忌惮。不会是成群的奴隶抬着你的轿子招摇过市：而神，这位至高无上，威力无边者，是他亲自让宇宙运转。哪怕是美或力都不令你幸福：老之将至，两者都烟消云散。我们应该寻求某种不随着时间腐败的也不曾有微小阻碍的东西。只有心灵在这样的条件之下，只要它是道德的，善良的，高尚的。一个居住在人的躯体中的神——这就是对这一心灵准确的定义。这样的心灵，可以见于罗马贵族、一个自由民、一个奴隶！事实上，什么是"一个罗马贵族""一个自由民""一个奴隶"？仅仅是名义，源于人类的野心和不公。若想升天，可以从任何一个角落出发。站起来吧，因为：

　　显示出你也无愧为神。①

为了成功于此，黄金、白银毫无用处：用这些材料不可能塑造出神的形象。想一想吧，众神尚且聆听我们的那个时代，他们都是泥塑的造型！

---

① 引自维吉尔《埃涅阿斯》第八章，参阅书信第十八。

第三十二

所有从你那边过来的人，我都向他们打听你，我想知道你怎么样，习惯在什么地方、和什么人交往。你欺骗不了我：我在陪伴着你。你活得就好像所有的行动都讲述给我，或者更确切的说，我亲自在场。你知道在所有我听到的关于你的话中，什么最使我满意吗？是听不到说你的任何事，我所询问的那些人中的大部分不知道你在做什么。这其中就有件有益的事：你不同那些和你的性质与目的不一样的人交往。我相信那些人不能引导你步入歧途，相信你能够保持目标，哪怕是有大群的人围绕着你，劝说你放弃你的所作所为。我要说，比起担心他们使你改变方向，我更害怕他们阻碍你的步伐。我们前进的困扰，是种损失的累积：就好像，尽管此生已是可怕的短暂，我们的不觉悟又尤使其缩短，而我们还时不时地重新开始启动。我们将生命细微地缩短，我们将生命破成碎片……前进吧，因此，我尊贵的路西利奥，想象如果一个敌人在追踪你，那时该是什么速度，如果你怀疑有一队骑兵随着逃亡者的足迹追逐而来正在迫近。事情正是如此：你正在被追迫。快点走吧，逃逸吧，直到安全之地。你还要想一想，在死之前，我们使生命达到完善那是多么令人钦佩的事！然后我们就可以安稳地度过余生，没有什么别的欲望，享受着完全拥有的幸福人生，它虽然延续，但不能是比曾经有过的更加幸福。当你看待时间，觉得当它已经于你不相关，你就获得了完整的宁静，明天对你无动于衷，完美的满足于已有过的生活！你知道人们对未来充满贪欲会变成什么？事实上是什么都不能实现！你的父母愿望你获得某种财富，而我却相反，我所期望于你的是对所有那些其他人祝愿你充分拥有的财富感到轻蔑的能力！你的亲戚们愿你钱堆如山，使你成为一个富豪，可他们忘记了，为了给你，就要剥夺别人！我所希望于你的，是你对自己的掌握，是你的精神，被不觉悟的思想所困扰的精神，最终确立自己的主张，赢得坚定的自信，感觉到对自己的满意，总之，就是一旦懂得了真正财富的性质（并且懂得它就是拥有它！），你的精神便不需为欠缺而延长它的存在。一个成功完善他的生命的人，一劳永逸，处于一切境界之上，无为而化，成为自由的人！

第三十三

你想要我在这一系列书信中，像前面的书信一样，也引述一些大师的格言。它们会如花似锦及时地绽放，让整篇作品都充满着活力。你要知道，一部从中产生这种卓越语句的著作，都有不同的价值：当一座森林长成同等的高度，我们不会止于在一株树的前面赞叹。同样类型的格言——无论是诗句中还是历史中都俯仰皆是！因此我不愿你把它们看成是伊壁鸠鲁的：它们是属于大众的，尤其是属于我们的，然而在伊壁鸠鲁的著作中显得更加引人注意，是因为非常罕见，是因为出人意料，是因为在一位通常宣扬冷漠的人那里十分新奇地发现富有激情活力的格言。的确，很多人是这样想的，在我的笔下伊壁鸠鲁作为一个充满精力的人，尽管他长袍阔袖，却有可以在波斯人和短衣人中看到勇气、能力、准备战斗的精神 ①。所以你没有必要求我写格言和引用什么话语：在我们的作者中属于恒常的题材，而在他人那里则作为警句。在我们之间没有广告的计谋，我们不欺骗顾客，把顾客骗进店来，看到里面除了橱窗中所展示的没有别的有价值的东西：我们让每个人采纳他所喜欢的款式。

想象一下我们要把一总的格言区分开来，将它们归于谁呢？芝诺、克里安西斯、克吕西波、潘内修、帕奥西多尼乌斯？我们不是在君主统治下，每位君主保有他的治权领域。在伊壁鸠鲁学派中，赫尔玛尔科的语录和迈特罗多鲁斯的语录都可以归宗为大师的话。这一学派所讲述出的所有的和任何一句的格言，都是由唯一的一个人所启示和激发而出现的。

即便我们想这样做，我再说一遍，也不可能从大量的著作中，抽出一样水平的语录：

只有穷人才点数他那几只羊。②

无论你把目光注视在何处，都能看到值得你留意的语句，只不过不是所有

---

① 伊壁鸠鲁喜欢穿长袖的袍子。罗马人认为穿短衣是女性化和淫荡，而波斯人的长衣与穿短衣的蛮族同样尚武。

② 引自奥维德《变形记》第八章。

的语句都有同样高度的水平。

那样的话，你便失去欣赏我们顶尖级大师们思想精华的机会：你要研习、再研习整部的著作。理论在持续地展开，天才的创作始建于基础，这样任何基石都不可撤除，没有整体，就会坍塌。我不阻止你观察细节，只要是同一个人的细节，但是你要想象一下，那个炫耀她的腿和手臂的女人并不是美人，而只有那个女人的整体美，阻止你去注意孤立的细节。可是，如果你想做摘录，我不会对你装成债主的样子——双手接着！你可以在任何一页书籍中获取大量的格言警句，连续不断地采摘，不需要刻意地翻找。思想并不是一个一个地跳跃出来的，而是渐渐地铺展开来，形成相互连贯的整体。我不怀疑节录可以对一些人有益处，可以这么说，他们还是没经验的，从表面理解文字，更容易记住孤立的、简明的、熔铸成几乎是诗歌形式的语句。因此我们教孩童们格言，其中就包括希腊人所说的"童谣"，因为孩童的精神还不能容纳更广泛的题材，不能完全地理解它们。可是一个受过高级教育的成年人，去采摘几朵"小花"，依仗背诵几句流传最广泛的名言，实属羞耻：已经是该相信自己的力量的时候了。说出自己的语句，别去记忆他人的。一个老者，或一个近乎的老者，却有一种汇编的智慧，是种羞耻。

"芝诺如此说。"可你呢，你怎么说？"克里安西斯有云……"而你，又作何说？你听别人的指令要到什么时候？自己下指令吧，说出堪被金石青史流传的语句吧，说出点你自己的话来！因此我认为所有在别人的影响下搜集的思想，都属于注释，永远不能说成著作，不具有高贵的风骨，因为对长久所学从不敢越过雷池一步。以他人的文字作记忆训练。可是，"记得"和"知道"是不同的两码事。"记得"是记忆曾经背诵的，"知道"则相反，是使我们所学的东西成为自己的，不依赖于一种模式，也不需要时刻去望一望大师。——"这是芝诺的思想，那是克里安西斯的思想。"要在你与书本之间嵌上点什么东西。你要继续当学生到何时？该是你自己也传道授业的时候了。

既然可以阅读，是什么道理我要去听讲呢？有人说："听一节生动的讲课要好得多。"是的，但不是像速记员的职业那样的仅限于复制他人声音的讲课。

不但如此，事实是这些人还从不负责任地监护自己，一方面他们复制前辈的题目，而每一代又总是与自己的上一代有偏差，另一方面，他们复制给我们那些依然在研究中的观点。你看，如果我们满足于已经被发现的事物，就永远不会作出新的发现。除此之外，一个追随某个作者的人，永远什么也发现不了，甚至想都不想去发现。那么这意味着我拒绝去跟随前人的踪迹，不重复他们走过的道路吗？不是，我沿着古老的道路前行，假使发现有更短更好的路径，将会去开辟它。在哲学这条道路上的前人，他们不是我们的主人，而是我们的向导。真理是人人可及的，非某人所专有。大部分的真理将要由后人所发现。

第三十四

我非常地高兴，每当我看到你在做，在给我写信，就感觉衰老在减轻，感觉在获得力量，我要看你（已经脱离了庸俗）会进步到什么程度。如果说一个农夫对他所种植的树木的快乐在结出果实的时候达到高点，如果说一个牧人的快乐来自他牧群的羔羊，如果任何一个人感觉所养育的子女就如同少年的他自己，我们，精神的教育家，当突然看到所关照的曾经还是脆弱的精神变得成熟起来，你想象我们的感觉会是怎样？你与我紧紧相连，你是我的作品。当初我看到你人品的性质，向你伸出手来，忠告你，鼓励你，不许你进步得缓慢，鞭策你立刻前进。"然而，"你会说，"那不是我自己的意愿吗？"是的，这就已然很有意义，而且并不仅仅在如人们所说的，开始即成功的一半的意义上。这个问题取决于意愿，因此善良很大程度上，在于我们想做好人。你知道我把什么称为善：是完美的善，绝对的善，是那种任何暴力或强制都不能够迫使我们行恶的善。我预见你就将是这样的，坚定不移，自我规范，你的言与行完全的协调一致，两者由一个模子所铸造。那些言行不一的人，不是遵循真理的道路。

第三十五

我执意激励你学习哲学，是在为自己的益处而工作：是我想获得一个朋友。如果你不继续像以往作出的那样自我修养，我便不能得到这个朋友。现在你尊重我，可是还不算是我的朋友。"你说什么？难道两者不意味着一回事吗？"不，这是十分不同的事情，因为，如果说友谊永远是有益的，爱则有时可能是有毒的。如果没有其他原因，你要继续进步，至少学会去爱。行动要快，你看，乘着能从我这里获益，你的修习就不必求助别人！……我已经预见到成就，已经想象我们两人如何肯定会有一个灵魂，知道我的年龄已失去的活力将能够从你那里获得，尽管不太遥远，可是我愿得到看见这一刻的快乐，这都只是为了你，你的完善。我们所爱的那些人，虽然不在眼前，都是我们快乐的源泉，虽然是轻微而朦胧的。亲眼看到，亲身见面，亲声交谈，有着某种快感，尤其是，我们不单单看见我们所爱的是谁，而且还体验到如何的爱。因此，来与我合作吧，那是我的努力的最高报偿，你要想到——这可以振奋你的目标——你是有死的凡躯，而我是垂暮的老人。快点来到我的身边，但是首先去到你自己身边！进步，永远朝着这个最高的目标：获得完美的永恒。当你想验证是否有所进步，就去自问今天的意志是否与昨天一样：意志的变化是心灵游移的迹象，随风游荡到这儿，漂泊到那儿。固定地，紧紧抓住地面的东西是不会偶然的游离的：臻于完美的智者也是如此，而且，甚至那些尚且处于完善阶段的人也能做到。两者的区别在于，后者尽管不改变立场，却从根基有所摇晃，而前者纹丝不动。

第三十六

要鼓励你的朋友振奋起来，不要理睬那些人们对他的批评：深居简出，放弃伟大的事业，尽管他能够在事业上更加进取却宁愿喜欢安静。显示给那些人，他每天以更有益的方式去做自己所感兴趣的事。那些因为势高权重引起普遍妒忌的人，永远不能生活得安身立命：一些人被推翻，另一些人自己垮掉。那类幸福永远不知何谓平静，相反总是自我激奋。每天醒来都出现各种念头，每个人都在四处活动，一些人活得过度，另一些人过得奢华，一些人满怀骄傲，另一些人垂头丧气，而所有的一切都同样使他们毁灭。你会说："总有人能承受得起这类的幸福。"当然有，就如同有人耐酒力，因此有的人宾客满堂而活得快活，丝毫也不能成为说服你的理由，宾客们从他那里所求的与一池水没有区别：喝到满腹，留下一池脏水！"人们会觉得他是平庸的人，没有价值的，不活跃的！"好，你知道，有的人不正确地使用语言，所表达的意义恰恰相反。首先说他是个幸福的人。那么好吧，他的确幸福吗？没准有人认为他是个性格过分坚定沉闷，这对我来说一点也不足为虑。阿里斯顿说，比起笑容满面在社会上受欢迎的人，他更喜欢沉默寡言的年轻人。浓厚苦涩的新酒最终会变得醇美，而那些在酒桶里似乎可口的酒，却经不起陈酿。别介意人们称呼他沉默寡言，说他对人生的进取不感兴趣：随着时间的推移，那种静默会结出丰硕的果实，只要他继续道德实践，在自由派的学习中浸润自己，不是那种浮浅知识的学习对我们就足够的，而是那种我们应该倾注灵魂的学习。而现在恰是该学习的时候。"你说什么？难道还有什么时候我们不该学习的吗？"没有，只是，假使说任何年龄我们学习都是正确的，却不是所有的年龄都适合开始学习认字。一个老年人，在小学里上学那是可耻而荒谬的：我们应该在年轻时代获取知识在老年运用它！总之，这是对你极其有益的工作，尽量地完善你的朋友的品格，人们习惯说对这种益处不但该寻求也应该给予，毫无疑问这是最伟大的益处，给予与接受同样的有益。此外，你的朋友已经不能自由地退缩，他作出了承诺。比起对许诺的美好期望的破灭，向债权人宣称破产都不算太丢人。为偿还金钱上的债务，一个商人要依仗大海允许他成功地结束商旅，一个农夫要依仗他耕种的田地的肥沃和气候的变化，你的朋友要履行他的诺言，那么就只有依仗他的意志。命运对于性格没有法力。当他形成个性，心灵便达到最大的宁静，达到那种完善的状态，任何事情都不能伤害他、利用他，不论发生什么，都坚定不移，假使给他一些世俗的财富，他不以为喜，如果被偶然剥夺一些甚至全部的财富，他不以为忧。

如果一个人是生在帕特里亚，从小就会拉弓射箭，如果生在日耳曼，从小就会投标枪，如果生在我们祖父那个时代，从小就会骑马，学习和敌人肉搏。每个民族都有特殊的方式，建议甚至强迫青年人去练习。我们的人该思考的是什么问题？抵御所有的武器，对付一切类型敌人的方式是什么？在于对死亡的蔑视！任何人都不怀疑死亡本身有些恐怖，违背我们那种天生的、引导我们热爱生命的情感。的确没有必要坚持不懈地为走向我们天性本能的状况而作准备，就相似于我们所具有的自我保护本能。假使有必要，任何人也不须去学开心地躺在一张玫瑰床上！相反，一个人却需要严格的训练以便在酷刑下保持坚定，在必要时，在受伤的情况下屹立不倒，为营地放哨，连长枪都不拄一下，因为在这种情况下，最微弱的支撑都会变得易于入睡。死亡本身没有任何害处，因为一个事物若要有害，必须首先存在①！假使你有如此大的要长寿的欲望，那么就要想到我们将目光扫视（万物从其中来，瞬息回归其中的）大自然中的一切，没有任何事物会完全的毁灭，万物中止，却从未失去，使我们充满恐惧，我们拒绝接受的死亡，是打断生命，却不是将其终结，有一天将会到来，我们重新看到光明，回到生活，那是若没有预先忘记前生经历，很多人都会拒绝的！在另一个机会，我会详细地给你解释以什么方式去认知所有那些我们看来似乎是被毁灭的事物仅仅是变化。对肯定有一天会回来的，就应该甘心情愿地自动离去。观察一下那些持续地周而复始的周期现象吧：你会看到这个世界没有什么会完全灭绝，而是一切在交替地隐藏、再现。夏结束了，明年还会有夏，冬消逝了，然而季节一到就会将它携回，夜遮掩了阳光，可是不久白昼会驱散黑夜。星星再次以它们的行迹穿越已然经过的天穹，持续地，一半儿从天空上升，另一半儿从天空下降。

我在结束的时候仅仅补充这一思考：怀中的婴儿和疯癫痴呆的人不恐惧死亡，我们的理智都不能给我们和那些缺乏理智的人所达到的同样镇静，难道不是我们的羞耻吗？

第三十七

把自己与道德实践联系在一起的最坚强的纽带，是立志做一个好人，以一个誓言来确定。如果有人对你说这是轻而易举的事，那么他在和你逗笑。我不想欺骗你。无论是最高贵还是最卑贱的职业②中，承诺的公式如一：背诵此誓言："死于水火、牢狱、刀剑之下"。那些把自己的肢体出卖给角斗场，以那种残酷血腥的暴行赚取吃喝的人的情况，为的是让他们违背自己的意志，甘受暴力，而你的情况是，自愿而快乐地承诺这样的誓言。角斗士可以投弃武器，向观众乞求宽恕，你则不能丢掉武器，哀求饶命：你必须宁折不屈地赴死，不能

---

① 比较老子：何谓贵大患若身，吾所以有大患者，为吾有身，及吾无身，吾有何患。
② 最高贵的是哲学，最低贱的是角斗士。

服输。何况，多赋予几天，多活个几年，又有何价值？我们，斯多葛派，从不放弃！"那么，"你会问，"如何我才得以解脱？"你不能逃避不可避免的，却可以战胜它！

> 开辟道路，以我武功！①

而那条道路，是哲学给你指明的。如果你真的想获救，如果你愿意生活得安全而幸福，如果，总之，而且这才是最根本的，你想自由，那么就致力于哲学吧。获得这一切，别无他法。无知是极其卑劣的、贫贱的、没有尊严的、奴颜婢膝的、受束缚于无数非常激烈的情感。智慧将把你从所有这些难以忍受的激烈情感的暴君——它们时而交替时而共同地统治我们——的统治下解放出来，这是唯一真正的自由。为了抵达智慧，只有一条道路，是唯一而且笔直的、不会走错的、步履坚定的、持之以恒的道路。你若想征服一切，就要服从理智，如果你走向理智②，你就将引导很多人。理智会告诉你该做什么，如何做，这样你不会因发生的事件而惊慌失措。你不能给我指出某人知道如何开始想得到他所欲望的。为什么呢？因为人们普遍地不是由思考引领，而是为冲动所左右。幸运降临于我们的次数不少于我们碰到命运。失却尊严的不在于"我们走去"，而在于"我们被带着走去"，在事件的旋涡中，突然地、意外地自问："可我怎么会落到这种地步？"

第三十八

你有完全的理由要求我们之间的书信来往更加频繁。对话是极其有益的，因为会一点点印在心灵，而那种预先准备好的，在大厅所作的讲演，修辞过于华丽，缺少亲切感。我们说哲学是善意的劝诫，你看，谁也不在大庭广众之下给他人劝诫。有时候需要点方式风格，我们暂且说是演说式的，但是当属于那

---

① 引自维吉尔《埃涅阿斯》第二章。
② 塞涅卡这里的理智或理性，很像老子的"道"。

种，迫使某个犹豫不决的人下决心，但又不想使其对学习的意愿产生反感，而又得以传授我们的教导的时候，那么就最好使用更不刻意的话语，这样更容易渗透并印刻在意识中。事实上，所需要的并非词汇的丰富，而是有效。我们该像播种种子那样的散播语言，你看，一颗种子，虽然微小，如果落在肥沃的土壤，就会倍增它的生命力，并且从之前的微小发展成相当充分的壮大。理智也是如此。乍看起来没有很大的活动范围，可是随着它的作用，会获得力量。我们的话语是简短的，但是假使我们的精神欢迎并接受它，便会强壮繁茂起来。正像我对你所讲的，我们的话语的条件仿佛一粒种子：颗粒虽小，会结出丰盈的果实！所需要的仅仅是如前面所说，一种适当的精神理解它、内化它，如果是这样，不久这一精神便将繁衍出更多其他大量的、同所接受的一样的精神来。

第三十九

请放心，我一定会写一部十分系统和概要的哲学著作，如你向我要求的那样。至少，你可以看看继续按我们惯用的方法，而不是那些大部头的，现在称为讲义、以前使用拉丁文的时代称为教程大纲的著作，是不是更有益处。第一种方法对于在初学阶段的人来说是尤其不可缺少的，第二种方法是针对已经了解这门学科的人的，因为前者传授知识，而后者仅仅提供题目。无论如何我会按照两种方法给你大量的资料。你可别向我要这求那：一个来求助专家的人因为他不是专家！总而言之，我将写所有你想要的，可是我以自己的方式来写，与此同时你有大量的作者的著作可读，不过，我不知那些著作系统到什么程度。翻开哲学家名人录，你都不需更兴奋，看到那么多人在为裨益你而工作。你肯定希望自己在这个名单中有一个位置，因为高贵的心灵中最美好之处，在于任凭它去从事一项高尚的活动。任何一个有崇高精神的人都不会感到庸俗低贱的职务对他有吸引力，而会感受到关注真正伟大事业的对他的吸引，使他升华。火苗竖直的升起，不能扑伏于地面，不能卑恭屈服，正如它不能静止，我们的精神也一样，永远运动，越是高贵，便越是活跃热烈。那个向着道德的方向自然运行的人是幸福的：以此决定性地从命运的打击中得到拯救，并获得减缓盛极的手段①，减轻厄运，轻蔑那些有死凡胎普遍赞叹的事物。一个伟大心灵的卓越之处在于蔑视伟大。在于恰到好处而不奢侈过度，因为前者尺度适当，限于生活所用之必须，而后者的淫奢是有害的，因为其本身是冗余的。如同过度的施肥对麦田是有害的一样，麦秆会因麦穗过于沉重而折断，麦粒过多会导致不成熟。心灵也是如此，会被无止境的养尊处优的生活而腐蚀，享受这样的生活不但对他人有害，而且对自己也有害。任何敌人对一个人的打击都不会像某些人所遭受的享乐对他们自己的打击那样沉重。只有一种理由，病态的淫狂才可以对这种人的无节制开脱：他们自食其果。并非无理智，而是疯狂压倒了理智，欲望超过了自然的限度，必然堕落成荒淫无度。自然的需要有它自己的终端，而产生于享乐的、人为的需要，永远没有界限。功能不可缺少一种尺度，可是又以什么标准衡量哪些是多余的呢？因此，很多人沉湎于享乐之中，成为一种习惯，没有了享乐，就无法生活。这些人才是最可悲的，因为他们听凭自己沦落到这种地步，他们使那些最初仅仅属于多余的东西成了非要不可的。不是享受快乐而是变成了快乐的奴隶，最悲哀的是，结果去喜爱那些恰恰是造成了他的不幸的东西。就这样达到不幸之巅峰，快乐堕落成一种自然状态，恶习一旦成了习惯，就会不可救药。

第四十

我感谢你频繁地给我写信，当然这是你所具有的来到我面前的唯一方式。每当我收到你的信，没有一次不是立即就与你相伴。就像我们喜欢凝视远离的友人的肖像，以此排遣深深的怀念，获得安慰，尽管是虚幻的、短瞬的，我们又怎么能不为收到一封带着久别友人的手纹、亲笔字迹的书信而欣喜若狂？信纸上朋友的手纹，令我们几乎能够感到他的亲临——总之，那种在直接接触中我们尤为感受的东西。

你在信中说，在路经西西里的时候，去听了塞拉皮安②的哲学讲座。"词语

---

① 盛极而衰。老子：保此道者不欲盈。

② 生平不详。

像瀑布般涌出，没有同一的方向，词汇就像相互推挤踩踏，话语滔滔不绝，喉咙都显得过于狭窄。"一个像这样的哲学家我不敢赞同。哲学家的方向，正如他自己的人生，应该是有条不紊，从容不迫，而慌忙急促，则不能把事情做得井井有条。因此，荷马向年轻人演说，用紧凑的辞令，没有间歇，语言像雪花一样从唇间洒落，然而，给那些老年人演说，就用平静流畅的比蜜汁还甜美的语言。要知道：那种词不达意、激烈浮躁式的语言，很适合于江湖骗子，而不适合一个要讲述——并教授！——重要而严肃的课题的人。一个哲学家，我以为，既不应该像铜壶滴漏那样点点滴滴，也不应该话语匆匆，既不应迫使我们聚神而听，也不该让我们头脑眩晕。有气无力的讲话，会降低听者的注意力，由于缓慢和不停地断断续续而产生厌倦，不过，一句让人等待的话，比飞快得听不清的话，要更能记住。另外，哲学家应该向弟子们传授道理，让人捕捉不定不算是真正的传道授业。不但如此，追寻真理的风格，不应该注重词藻和修饰。那种平庸的辩才，一点也不倾向于真理。它的目的是煽惑大众，通过激烈的语句吸引缺乏素质的听众；不注意认真地分析，是一种愤怒的发泄。连自己都没有能力控制的辩才，那又如何能用来说服众人的精神？还有，一种以改造头脑为目的的讲演风格，应该是深沉的，发自我们自己的最深处，因为只有持续的作用药力才能生效。平庸的风格是空洞无用的，是发出噪声，缺乏活力。而我所需要的是平息我的恐惧，控制我激烈的情绪，消除我的错误，压制我的淫欲，消灭我的贪婪：这些任务，哪个能用尖利的话完成？谁是给一个路过的病人治病的人？面对震耳欲聋、杂乱无章、夸夸其谈，一点儿也不能感觉快乐。有许多手段，在见识他们表演之前，我们原来以为是不可能的。我们有这些语言的魔术家，只听他们讲演一次，就足够认识他们的了。从他们那里，有什么可学的或者可模仿的呢？对人的精神能有什么判断呢？他们的风格不过是思路混乱，毫无遮拦的胡言乱语？当我们向山坡下面跑，在想停住的地方会止不住脚步，不由自主地被所获得的惯性的力量带到我们想停住的地方更远之处。语速太快的演说也是如此，不仅不能控制自己，而且没有哲学的尊严，哲学应该把演说"放置"，而不应该"投掷"，要走得平稳、可靠。"你说什么？难道哲学不能偶尔使用一种振奋人心的风格吗？"当然可以，但是不能伤害其道德的尊严，这种尊严正是会受到激烈的过分粗暴的雄辩的影响。哲学的风格，应该是有力的，然而不能失去节制；应该像一条河，平缓地流淌，而不是湍急地奔腾。对于一个演说家，我很难接受那种快速的讲话节奏，没有能力回到思路上，不能自控，口若悬河，海阔天空。况且，一个法官，怎么能跟着一个没有什么天赋，尤其是还没有经验的人的论据和思路？当演说家的表现欲，或抑制不住的激情使他开始情绪激动地讲话，即便是这样，他讲话的语速，不能让听众跟不上。因此，你要避开去听那些对说得多比说得有质量更感兴趣的"哲学家"，这对你只有好处。如果有必要，你要像维尼修斯那样演说。"他怎么演说？"当人们问阿瑟利奥 [①] 对维尼修斯的演说怎么看。他回答说："拖拖拉拉！"另一个人，格米诺·瓦莱里奥评论说："我真不懂为什么说这个人善于辞令，他都不能连着说出三个词来！……"可是你为什么不更喜欢像维尼修斯那样讲演？难道你害怕来一个调皮捣蛋的，就像那个人看到维尼修斯一个词一个词地向外吐，哪里是讲话，简直是听写，就开玩笑道："说出点东西嘛！什么时候你能说句成句的话？"哈特利奥是他的时代最杰出的演说家，至于他的"跑步"风格，我愿意任何明智的人尽量的避免。他没有一丝犹豫，毫不停顿，一口气从头说到尾！

此外，我还认为，不同的风格适合不同的民族。比如在希腊人中，这种风格就是可以接受的，而我们就习惯有个间歇，哪怕是写文章也是如此。甚至西塞罗，罗马雄辩的顶峰，也一步一步的行进。罗马风格更加缜密，懂得评估价值，却让他人来评价。法比雅努斯，不论是在人生的正直还是知识的渊博上，都非常杰出，还有十分雄辩的口才（这个优点只能在别的才华之后才考虑），与其说他热情，不如说善于随心所欲地讨论问题，他的语言可以说是简易的，而不是快速的。对一个智者，这种简易我接受，但并不要求。只要你的讲演不是磕磕绊绊，我希望是语气平和的，不是过分的丰沛。越是看到你若不失掉对你自己应有的尊重，就不能够达到雄辩，我便更有理由让你远离讲台的恶习。你该表现出自然的神情，不去注意你所讲的，可是逃脱了你的监视，你的口才气势磅礴，会引导你说出许多东西，让你后悔，你会希望宁可没说。我再说一遍，不降低尊严，就永远不能达到雄辩！此外，还是一种需要每天练习的艺术，换句话说，结果不是每日去做事情，而是成了每日关注词句！即便是你毫不费力，词汇丰富，才思如泉，就算是这样，也需要对演说有所收放，一个智

---

① 阿瑟利奥（Publius Sempronius Asellio，约前 158—前 91），史学家。

者，最好是有一种相当谦逊的、简明的、不鲁莽的言辞。一言以蔽之，我的忠告是：说话要慢！并以此做结。

第四十一

你的事业，是卓越而有益的，如果的确是像你写给我的那样，你继续朝着智慧的方向前进，你能企及且获得智慧，去向神庙求告不是太过愚蠢吗？无需向苍穹扬起双手，也不必求祭司让我们对神像发愿，似乎那才更容易得到神明的眷顾：神明就在你的近前，就和你在一起，就在你的内心！真的，路西利奥，我们的内心都住着一个神灵，观察并管理我们的行为，好的和坏的行为；按照我们怎么对他，他就怎么对待我们。没有神灵，任何人都不能做个好人；或者说，难道有人能够没有神明的帮助而得到好运？伟大而正确的决定，好人的一切行为，都是神明的启发：

　　神是何物，人们不知道，可是他存在！ [1]

如果你走进一片密林，里面生满参天的古树，枝繁叶茂，错综复杂，遮天蔽日，那样壮观，那样孤寂，原野上漫无边际的浓荫，就会使你感觉到神明的存在。如果你看到一座山上悬在半空的岩洞，不是人工凿就，而是大自然的鬼斧神工，形成宏大的空间，你的灵魂必然会受到一种神秘的宗教光辉的撞击。我们环绕着大河的源头祭拜，我们在突然涌出滔滔泉水的地方修建庙宇，温泉的泉眼是我们朝圣之地。幽暗的碧潭和深不见底的湖泊，对我们来说有神明的特性。如果你看到一个在危险中毫不畏惧的人，一个对庸俗欲望丝毫也不动心的人，在不幸和挫折中保持乐观的人，在狂风巨浪中镇静若定从容不迫的人，从高处俯视其他人群，与神平等地对视——难道你不感到对这样的人的一种景仰的心潮？你不会说："难道这其中有些超越的东西，有些太过于高尚的，让人觉得不能与将其封存在内的可怜的躯体相提并论的东西吗？"一种神的力量

---

[1] 引自维吉尔《埃涅阿斯》第八章。

降临在这个人的头上，他的灵魂升华，完美地掌握自己，经历事件却不降低自己的水准，他笑看人们的恐惧和平庸的欲望，是天力所驱动的灵魂。一种这样特质的灵魂，没有神的相助是不可能持久的；因此，它最崇高的部分，属于它所由来之源。是的，太阳的光芒照射到大地，但是发自它的光源。同样地，那种高尚的上天的神灵，降临到我们头上，使我们更挨近地体会到神明，它陪伴着我们，却保持着与它的根源相连。天心的生发，是叫我们仰望上天，让我们知道实际上举头三尺有神明。那么什么是这个神灵的特点？就是它并不闪光，而是通过它自身的恩惠发光。还有什么比赞美一个人外部的东西更蠢的事？还有什么比对事物的赞美朝夕非更加疯狂？一匹马并不因为有金鞍鞯而变成好马。染成金色鬃毛的狮子，已经被对它的修饰弄得疲惫，而俯首帖耳地任凭人们打扮，比起没有任何装饰，保持原始的凶猛的狮子，进入斗兽场的态势是完全不一样的。这头狮子一现身就带着凶猛的野性，正如大自然赋予它的本性，凶猛之美，令人恐惧，没有其他装饰，远远超过另一头柔顺的、带满了金叶子的狮子。任何人除了对属于他自身的，都不能自负炫耀。我们喜欢葡萄树，是看到它的枝藤挂满了果实，沉甸甸的珠串压弯了葡萄架，还是看见葡萄生出金叶玉果。葡萄树的美德是结出丰盛的果实，同样，一个人令人赞叹的是他的独特性格。一个人拥有一队健壮的奴隶，一所豪华的庄园，良田万顷，雄厚的盈利资本：所有这些没有什么在他自身中，而仅仅是在他的四周。对一个人，我们只推崇那种不能从他身上夺走的、也不能赋予他的专门属于人的东西。你想知道是什么吗？是灵魂，而且在灵魂中，一种完美的理性。人实际上就是有理性的动物；因此，如果一个人能实现了他出生的目的，就达到了独自的完美。理性并不要求人更多，而是简单的东西：按照他自己的本性生活！使这个目的变得难以实现的，是使我们相互推挤着走向堕落的普遍的疯狂。不但谁也不能劝阻他们，庸民百姓还鞭策鼓励他们，那些人又怎能走上拯救之路？

第五卷

（第四十二至第五十二）

第四十二

如此说来，这位绅士使你信服他是位仁人？！你看，一个仁人不是一个这么快就出现和被认识到的一种东西！你知道我是如何理解"一个完善的人"的？他只能是第二等的，因为一等的完人，如同凤凰，五百年才出一个。真正伟大的事物，出现的间隙这么巨大，是丝毫也不足怪的：微卑的，平庸的，对平民百姓而言的，命运令它们不断地出现。而那些真正令人赞叹的，则相反，十分稀有。那个人比他自我标榜的还相差很远。如果他知道什么才是一个完人，他就不会自以为是，甚至也许会对成为完人失去希望。"可是，他对坏人有坏的看法。"坏人也有这样的看法：对邪恶的人，没有更大的惩罚比不幸的人让他们想起自己。"他憎恨那些突然获得巨大权力而毫无节制地滥用权力的人。"等哪天他掌了同样的权，就会行同样的事。有很多人，由于弱小而好像没有恶习，可是当他们一旦对自己的力量赢得自信，他们的恶习不会比其他人在有钱有势的地位上明显表现出的堕落有所收敛。他们还缺乏放纵邪恶的条件。正像一条蛇，尽管是毒蛇，在它冻僵的时候，却可以抓住它，不是因为它缺少了毒性，而是因为在冬眠。对很多人来说，叫他们把残忍、野心、淫荡发挥到最恶劣的水平，只是缺少时运。如果他们有了为所欲为的权力，你将会看到他们此外没有别的欲望。还记得另外那个人，你担保说他对你忠心耿耿？我曾对你说，他是不可信任的，朝秦暮楚的，你只抓住他的翅膀，而不是握住他的脚；我错了，你其实只捏住了他的一根羽毛，他把那根羽毛留在你手里，逃了。你还记得后来他对你的嘲弄？所有反对你的勾当他反而都自得其咎。他不懂得，陷人于危者必自危。不想一想，他的抱负，尽管不肤浅，是多么难实现。

正是因此，我们应该分辨清，我们想付诸艰巨的努力而实现的理想，或者是毫无益处，或者首先有不利之处：有些是多余的，还有些是不值得花费那么多的精力。可是我们往往看得不是很深入，因此把事实上代价昂贵的东西以为是天赐的。由此而看出我们的愚蠢：我们只觉得用钱买的才有价值，而把用我们自身支付的看成是白送的。我们不愿意购买假设必须用我们的住宅、避暑山庄或收入财源来交换的东西，我们却会完全愿意用焦虑和危险来交换，为此我们牺牲掉荣誉、自由和时光。由此可见，事实上我们觉得自己比什么都更不值钱！因此，对所有的决定和行为，我们都该像对一个小贩儿那样做：问一问我们想购买的商品的价格。我们往往付出原本不应该给的昂贵代价。我可以给你指出，许多财富的获得，即便是赠送的，也要以我们的自由为代价：我们假使不是那些财富的占有者，会更加是自身之主。你应该思索我对你说的话：不论是利润还是开销。"这件物品会消损。"你看，是身外之物；没有它你很容易照样过，如同没有它之前一样的生活。如果你占有了一件事物很长时间，在餍足之后失掉；如果占有很短时间，在习惯它之前失掉。"你将赚钱更少。"烦恼也会变小。"你的进账会变小。"妒忌心也同样会小些。注意，所有这些所谓的财富，环绕着我们的判断力，当失去时，会令我们热泪盈眶：你就会发现，我们并不是为任何真正的损失所感动，而仅仅是为一种损失的念头所感动。是一种我们感觉不到的损失，仅仅是想象的损失。一个是自身之主的人，不能丢失任何东西。可是，又有多少人能够成为自身的主人？！

第四十三

你特别想知道，我是怎么得到那件事情的消息，是谁告诉我你那个和任何人没有讲过的想法？是那个几乎无所不知的东西：流言。"什么？"你说，"我会有这么重要吗，乃至被人们流言蜚语？"你不应该以距离罗马多远来衡量，而是以你所居的地位来衡量。任何一个事物，比他周围的突出，在那里就算大。所谓大没有确定性，大小是相对比较而言。一般在河中庞大的船只，在汪洋大海中显得渺小，船舵对一条船来说很大，对另一条船可能很小。在你所处的省份，尽管你觉得自己并不十分显赫，而你却是个大人物。所有的人都想办法打听你如何生活、如何晚餐、如何起居，因此你必须注重自己的生活作风。当你在众目睽睽之下生活，当你住宅的围墙保护你却不掩藏你的生活，你要认为自己是个幸福的人，那些围墙的存在，在大多数人想象中，不是你为了生活得更安全，而是为了秘密地腐化。我来告诉你一件事，可以用来评价我们的生活作风：能把大门敞开地生活的人是少见的。发明门卫不是出于虚荣与傲慢，而是由于心术不正；我们的生活是这样，乃至于突然被人看见就相当于犯罪被捉了现行。良心要求别人的见证，恶意则生活在持续的焦虑，甚至孤独中。如果你的行为是光明磊落的，就让所有人都知道；而如果是可耻的，既然你自己就知道，对他人隐藏又有何益？如果你对自己的见证毫不在乎，那该是多么可怜的人！

第四十四

你又在那里耍小孩子脾气，一开始，抱怨缺少天然的禀赋，接着抱怨没有运气，而归根结底，超越平庸、最大限度地得到人所可能达到的幸福，都在你自己的掌握之中。除了哲学自身所具有的，如果说还有其他的优越条件的话，其中就有血统世系的差别：如果我们追寻远古的渊源，我们会发现所有的人都是神的后裔。你是一位罗马骑士，是由于你的功勋，被擢升为骑士团成员。但是还有很多人，尚且不能在剧院的前十四排就座，依然不被允许也不是所有人都能进入元老院，甚至接受他们做最艰苦危险的军人，进入军营里也要严格细致地挑选；智慧，恰恰相反，是所有人都可触及的，对于它，我们都是与生俱来的贵族。哲学既不拒绝也不挑选任何人 ①：它的光芒照耀所有人。苏格拉底从来不是罗马贵族，克里安西斯是挑水夫，被人雇用去浇灌花园；柏拉图并不因为是贵族而成为哲学达人，而是哲学使他高尚尊贵。是什么原因使你失去将会具有他们一样的幸运的期望？所有的这些人，都将是你的祖先，只要你的所作所为无愧于他们。假使你深信任何人不能在贵族素质上超越你，你就能做到。我们每个人都有同样数目的祖先，没有一个人不是从远古代代相传。柏拉图说，所有的帝王都是奴隶的后代，所有的奴隶都是帝王的子孙。社会地位的不同，是由于漫长岁月的动乱而混杂，是命运的动荡起伏。谁是那个有贵族气质的人？就是那个天性禀赋着美德的人。只有这一点是值得重视和考量的。至于其他的，如果追溯到古代，没有任何家氏没有一个之前的空白。自从开天辟

———————————————

① 有教无类。

地，直到今日，人类经过几度兴盛和衰微。一个庭院里，摆满被烟熏黑的雕像，不使任何人变得高贵。当初无论谁，他们生活都不是为了给我们光荣，只不过是生活在属于我们的时代之前罢了。灵魂才是给我们贵族性的，一种任何人都能做到的贵族性，无论他是何种的社会地位。你设想一下，自己不是罗马骑士，而是一个解放的奴隶：在那些出身自由的人当中，唯一的自由人就是你，这掌握在你的手中。"可是怎么做？"你会问道。你只需不以平民的标准评判好与坏：你要考察，不是他们从哪里来，而是他们要向哪里去。所有能够为获得幸福人生作出贡献的那些都将是有完整权利的善，因为它不可能退化而成为恶。然而，所有的人都追求得到幸福人生，但是现实为什么几乎所有人都失败，达不到目标？是因为将幸福转变成一种不过是为达到它的一种手段的东西，因此，越是寻求它，越是离它更远。幸福的顶峰在于对它的价值彻底的安全感、毫不动摇的信心；可是人们所做的是寻找各种担忧的借口，是背负着沉重的包袱，在欺人的人生道路上前行。这样便越来越远离要达到的目标，越是奋力想达到，越是困惑、徘徊、退缩。对这种人所发生的事，就像一个人跑在迷宫中：速度使他们失去方向。

第四十五

你抱怨那里缺少书籍。数量并无所谓多少，重要在于质量：有条理的阅读是有益的，如果仅仅是庞杂的，就成了纯粹的消遣。一个人想抵达预定的目标，就要遵循唯一的一条道路，而不是在几条路上游荡：那便不能旅行，成了任意飘游。你会回答我，不是问我要劝告，而是要我给你送书去。我愿意给你寄去所有我能给你的书，我甚至愿意倾我全部的藏书寄给你。要是可能的话，我甚至愿意到你那里去，如果我不是有坚定的信念，相信你不久就会摆脱掉职务，尽管已经年老，我早就会开始这个旅途，哪怕是卡吕布底斯和西拉还有她们传说的水域都不能阻挡我。我会穿越那些危险，甚至是游泳，只要能够拥抱你，去亲身评定你的精神上的进步。

前进！你向我要求给你送去我的书这件事，并不使我想象自己是个有文学天才的人，正如假使你要我给你一幅画像，我不会以为自己是个美人。我知道你说这些，是出于好意，不是由于成熟的思索，而假使偶然地产生于一种思索，是由于你的善意的启发。不管我的写作的价值如何，你把它们当作一个寻找真理的人，而不是掌握真理的人的作品来读，一个持续的锲而不舍的寻求者。我不把自己的权利转让给任何人，我不将其刻上任何所有者的名字。我相信，非常相信伟人，但是我有诉求自己思想的权利。何况他们并没有给我们留下完美无缺的真理，而是有待研究的；而或许，假使他们不是因为也研究那些冗余的题目，应当会发现本质的东西。可是他们耗费了太多的时间在文字游戏上，在试图更繁复却毫无用处的诡辩的争论上。我们打造曲折的论据，运用模棱两可的概念，最后，我们解开整个谜团。我们难道有这么许多闲暇？难道我们已经懂得如何面对生命和死亡？我们应该以全部的精力所寻求的，是如何被事物而不是被言词所蒙蔽的方式。分析同义词的区别又有何用？对任何人不造成困难，除非是在课堂上的讨论。许多事物蒙蔽我们，我们要学会观察它们。我们把不好的东西认为是好的，对所欲我们昨是而今非，我们既渴望又恐惧，我们的决定自相矛盾。阿谀奉承多么好似友谊！不仅仅模仿友谊，而且胜过并超越它，我们听着顺耳，接受着顺心，因此一直渗透到我们的心坎儿深处，诱惑我们，毒害我们。那么好吧，我们来学会辨别友谊和赝品。一个笑容可掬的敌人接近我，装作是朋友；恶习以美德的名义而来：把鲁莽称作勇敢，把胆怯看成节制，胆小怕事的人，美其名曰谨慎。在这些情况下我们有犯错的危险：对这些事情我们应该给出准确的定义。我们要是问一个人，长没长角，谁也不会那么愚蠢，把手比在头顶；也不会头脑愚钝到非要用十分巧妙的措辞，来确定到底有还是没有。这种敏捷蒙骗我们，但是天真无邪的，就如同魔术师用碗变出小石子，所有的乐趣在于手法的奇妙，要是说明了如何做到的，就失掉了趣味。我说这些"伎俩"也是如此（对"奸诈"还有什么词更贴切）：忽略它，对我们也没什么损害；了解它，也没什么用处。

何况，如果你有兴趣分析语意的双关，不如先去考察"幸福的人"不是那种世俗理解的人，换句话说，不是一个钱财充裕的人，而是这样的人：对他来说全部财富栖住在他的灵魂里，是一个平和的人，一个心怀坦荡的人。他把世俗的利益踩在脚下，只赞叹身中那种提高人的素质的东西，他遵循大自然的教导，顺应它的法则，按照它的规定生活；对这种人，任何力量也剥夺不了他自己的财富，这个人能够变坏事为好事，思想坚定，毫不动摇，无所畏惧；这个人，外力摇动他，不能改变他的道路；命运对他最猛烈地使用最残酷的武器，可以划出血痕，却永远不能将他弄伤，即便是划痕也是非常稀有的，因为命运的标箭折磨人类，一般就像冰雹打击他那样，砸在房顶上，跳跃，融化，对房屋的主人却不造成伤害。

你为何要用这种话题，你称为"骗子"的已经被说滥的话题来浪费我的时间？整个人生，在我理解中，就是一个谎言：既然你这么精明，批判它，将它引导到真理的道路。它把那些大部分是多余的事情认为是必须的；即便是那些不是多余的，对我们的舒适与幸福也毫无贡献。实际上当一种东西是必需的，它便不是善的；要么是我们把"善"这个词矮化了，把这个名词用于面包和菜汤，以及生命必不可少的一切。凡是好的，因此都是必需的，可是一切必需的不一定就是"好的"：有许多必需的同时又是低级的。谁也不会无知到将善的尊严的观念堕落到日常用具的水平。那么好，与其在这上面费精力，不如显示人们将时间浪费在肤浅无用的事物上，指出那么多的人，如何在浪费生命，寻求的事物不过是辅助的手段，这难道不更好吗？观察个体，思索社会：所有人根据明天而生活！你不知道这有什么坏处？能多坏有多坏。这种人不是生活，而是等待生活，并且将一切拖延。即便是我们全神贯注地生活，生命还将超越我们；假使我们这样随波逐流，它将经过我们如同陌路；终结我们的最后一天，却是日复一日地失去的。

但是，为了不超出一封正常的信的篇幅，不应该占满读者的左手，我把这个辩证法的讨论推迟到别的时间，过于思维敏捷的人，这是他唯一的所关心的，除此别无他虑！

第四十六

你许诺的那本你的书已经到了我的手里。我翻开书，打算慢慢地阅读，消遣品味。可是它使我欲罢不能。你懂得，你的词句是多么使我愉悦，假使我说那是容易阅读，大大超越你我惯常的篇幅，乍一看上去，仿佛是蒂托·李维或伊壁鸠鲁的书。确定的是，我完全被阅读的喜悦所占据，毫不延迟地读下去。阳光召唤我，饥饿在抗议，乌云威胁我：都不能阻止我读完它，阅读给我享受和快乐。"这个人有何等的才华和精神力量！"我甚至会说"富有激情的笔触"，时而平静，时而热烈。可是不，不是激情的笔触，而是持续的灵感。你的文风充满阳刚之气，这并不妨碍不时在恰当之处，有一种侠骨柔情。你有很高的格调和风骨，要这样维护保持。当然，题材也有帮助；恰是为此，你要选择内容丰富的题材，引人入胜，激发想象力。

关于你的著作，我再次阅读时还会说更多。此刻，我的意见还是不扎实的，就好像是听到的，不是阅读到的。请允许我更小心翼翼地分析。你不必担心；我只是对你说实话。你要做幸福和快乐的人，因为即便是如此遥远，我也没有道理对你撒谎，正如人们常做的：无缘无故，撒谎已经成了习惯！

第四十七

我很高兴，听从你身边来的人说，你和奴隶们一起生活，待他们就好像是你的家人。单是这就证明你是一个有好的教养、有文化的人。"他们是奴隶"，不，他们是人。"他们是奴隶"，不，他们是同伴。"他们是奴隶"，不，是更谦卑的朋友。"他们是奴隶"，不，是服役的伙伴，假使你想到我们所有人都逃不过命运同样的打击。因此我觉得认为和奴隶一起晚餐是丢人的事情的看法，是可笑的。那么，难道这不仅仅是那种傲慢，那种主人被成群的站立一旁的奴隶所围绕着进餐的习惯的一种极端表现？主人吃得比需要的多许多，没节制地贪吃，给撑胀的胃过分的负担，已经不习惯它的胃功能，把一切呕吐出来要比消化花费更大的气力。而同时，那些不幸的奴隶连动一动嘴唇说话都不成：稍稍耳语便要受到惩罚，用藤条抽打，甚至偶然的声响都不允许——咳嗽，喷嚏，叹息——都鞭刑伺候。任何打搅主人安宁的声响，都要受到严厉的惩治；整夜站立，不吃，不语。结果是，这些被禁止在主人面前讲话的奴隶，在背后说他的坏话。古时候，奴隶们不仅可以当着主人的面交谈，而且能和他对话，不把他们的嘴缝上的时候，他们能够为主人冒生命危险，舍身救主；他们在主人进餐时交谈，却在受刑时沉默。后来出现了那个谚语：有多少奴隶就有多少仇敌。不是的，他们不是仇敌，是我们把他们变成了仇敌。且不谈对待他们的那些残忍的、非人道的处置，好像他们不是人类而是驮载负重的牲口。当我们躺在轿子里进食，一个奴隶专门为擦拭涎唾，另外一个爬行着清理酒醉的来宾的呕吐。另一个奴隶的专职，是切割名贵的珍禽；用他灵巧的手，将禽鸟从胸切到尾部，精准地劈成小块。不幸的人，他的生命除了切割禽鸟，没有别的目的。只是，大概训练奴隶这样服务于自己享乐的奴隶主，比这样训练技能的奴隶更可怜。另外一种奴隶是随侍，穿着女人的衣服，化妆得像个女人，同自己的年龄奋争。不允许他们长大，强迫他们做童子，尽管是士兵的体魄，却用油膏或镊子，把体毛除净，彻夜不眠，为酒醉和淫秽的主人服务；在他卧室里当男人，在他的餐厅作侍童。另一个，是负责观察来宾的，这个不幸的人，是在发现客人有哪些特长中度过光阴的：谁更擅长阿谀奉承、饕餮豪放、言辞敏捷，第二天被邀请来。还有厨师长，他要善于揣摩主人口味的细节，要让菜肴激发出贪婪的食欲，要让菜式美观主人喜欢，要把菜配制得新颖，唤醒他麻木的味蕾，要让他们对已经厌倦的食物产生食欲，要让他们对每日三餐有胃口。可是与他们一起晚餐，那是主人绝对不允许的，是对他们贵族地位的冒犯，与一个奴隶同坐一张桌子，是对贵族身份的凌辱。天道公理！有多少奴隶主不是出身奴隶阶层？我曾见过卡里斯托的前主人，站在他的门前。我曾见就是这个人在他的脖子上刺字，命人将他和那些废奴一起卖掉，但又在门口被留下来，而其他奴隶都放了过去。这个以前的他的奴隶，被他编入第一轮被叫卖的十人组，拍卖人还在那里吊嗓子，现在用同一块钱币支付他：叫他滚蛋，不配接受在他的门下。前主人卖掉了卡里斯托，可是那个买下卡里斯托的主人又给了他多少恩惠！

好好地想一想，这个被称为你的奴隶的人，和你生于同样的种子，享受同样的天空，呼吸同样的空气，像你一样有生也有死。你作为自由人看他和他作为奴隶来看你，有着同你一样的权利。在瓦鲁斯灾难中，许多有显赫先祖的人，怀着通过建立军功进入元老院的豪情壮志，成了命运的牺牲品：一些成了牧羊人，另一些去看守茅草屋。那么你看，是否应该蔑视一种你自己也可能不幸沦落的社会地位？

我不想广泛地讨论这一领域，写一篇关于奴隶待遇的长篇大论，关于我们普遍地对他们表现得极端水平的骄横残忍、辱骂虐待。非常简明地说，我的观念是：和你的下人如同你愿意与你的上级那样地生活。每当你的头脑中想到你相对于奴隶所享受的权力，就想起你的主人相对于你的另一种权力。"可是我不属于任何主人！"你会说。尚且不晚，或许还会属于。你不知道赫卡柏、克洛伊索斯、大流士的母亲、柏拉图、第欧根尼是在什么年纪沦落为奴的？要对你的奴隶宽厚仁慈、切实的友爱，在你谈话、作决定、进餐的时候接纳他们。

在这一点上，所有上流社会的人都会对我抗议："这简直是卑鄙无耻至极！"可是就是这些人，我见他们亲吻别人的奴隶的手！不见我们的大人将奴隶主置于仇恨之下，将奴隶置于凌辱之下？对奴隶主称为"家父"，对奴隶称为"家人"，这种称呼至今在哑剧里使用。不但如此，还法定一个节日，在这一天，不但是合法的，而且是必须要奴隶与奴隶主一起宴饮，还分派给他们荣誉的头衔，管理庄园，审理断案，把庄园变成一个小共和国。"你是说我该叫所有的奴隶都与我同桌进餐？"不是，正如你不让所有的人做自由人。但是，别以为我会排除这个人或那个人是因为他们干粗活重活，比如这个养马，那个牧牛。我不以他们的工作评判奴隶，而是根据他们的品行：每个人的品行是自己决定的，而工作是处于偶然的分配。有些应该与你共同进餐，因为不愧有这份尊严，另一些与你一同进餐，是为的使他们不愧如此；由于你和低贱的人的关系，使他们还残存着一些奴性，与善良的人在一起，会全都消除。尊贵的路西利奥，你没有理由只到元老院和论坛中去寻找朋友：如果你仔细地环视四周，会在你的家里找到。有时候，一块璞玉只是缺少雕琢他的人。你试一下，然后看看结果如何。买马的时候，不是看马如何，而是打量马鞍、嚼嚼是愚蠢，以服装或社会地位取人，是愚蠢到顶。何况，社会地位在我们来说，就如同穿着外表。"他是个奴隶。"但是可以有自由人的灵魂。"他是奴隶。"可是，这又能降低什么？给我指出来谁又不是：这个人是性感的奴隶，那个人是贪欲的奴隶，另一个是野心的奴隶，所有人都是期望的奴隶，所有的人都是恐惧的奴隶。我能给你举出例子，一个执政官受一个老太婆的驱使，一个花花公子受制于一个女奴，我能举出贵胄家族的子弟成了舞娘的奴隶：没有任何奴隶制度比自甘情愿接受的更卑贱堕落。这就是你的理性，不让我们的愚蠢妨碍你亲切地对待奴隶，而不是以高傲的优越感来对待他们。启发尊敬要比唤起恐惧好得多。

说到此，有人会说我主张给奴隶们自由人的帽子，因为我说要"奴隶主启发尊敬要比唤起恐惧好得多"，说我主张奴隶主走下他们的高台。"说什么？"他们问道，"叫他们对我们，像对待门客和受保护人那样尊重吗？"这样说话的人，不记得凡是对神明足够的，对主人来说就不算少。被尊敬的人也是被热爱的人，而爱从来与恐惧不相干。因此，我理解，你不愿意在你的奴隶们中唤起恐惧心这非常之好，你只以言辞教训他们：只有那些不可理喻的，才用皮鞭教训。不是所有触及我们的都刺激我们；是我们的富豪的生活使我们有暴戾的倾向，甚至稍不如意，就暴跳如雷。我们为自己培养出帝王的骄横。而帝王，忘记了自身的权力和别人的弱小，发起怒来，像头扑过来的野兽，仿佛有被什么冒犯，而庞大的命运之神使他们完全不受任何威胁。他们清楚地知道是这样，不过是寻找一切机会为非作恶。感觉受伤害，是他们能够伤害他人的一种手段。

我不想耽误你更多的时间，你已经不缺我的告诫。道德除了别的，还有这种益处：对自己的满足，永远保持一致性。而邪恶，那才是摇摆不定，变化多端，而且并非变得轻些，而仅仅有所不同罢了。

第四十八

你旅途中给我发的信，像你的旅行一样长，以后我再回复：我需要集中思想，小心分析给你的忠告。你自己，在决定是否向我咨询之前，思索了很长时间。我也应该思索很长时间，而且更有理由，既然是解决一个问题，比提出它需要更多的时间。更何况，一个是为你的利益，一个是我的兴趣。可是，我是否又一次像个伊壁鸠鲁派在说话？我的利益与你的一致；换一种方式就不是你的朋友，而是把关于你的一切当作我自己的来考虑。建立在我们之间的友谊，使我们完全的利益共享，无论幸福和挫折都不是个人的：我们同甘共苦。一个人如果只顾及自己，一切只图自己合适，不可能生活得幸福：一个人为自己而活，必须为他人而活。一起生活——以高贵的和持续的努力所保持的——将我们作为人置于其他人之间，承认有某种一切人类所共同的东西，是对发展那种最亲密的共同生活，我刚刚所说到的——友谊——是最重要的。一个与其他人有许多共同之处的人，与他的朋友完全与共。

这就是，路西利奥，一个善者中的善者，这正是我更愿听英明的大师们给我解释的，换句话说，什么是我应该对待一个朋友或任何一个人的义务，而不是教给我"友谊"这个词汇所有的特色，或是"人"这个词的所有含义。智慧和愚蠢，遵从相反的道路。我的道路是哪条？我该循着什么方向？对一个人来说，全部的人是一个朋友，对另一个人来说，当是朋友，就不再算做人；这一位寻求结交一个朋友，另一位成为别人的朋友：词语，咬文嚼字，拆音析节，便是这样的折磨人！几乎好像是，如果不以充满缜密的思维，得出一种虚假的结论，在真正前提下引申出一种错误，就永远不能分别哪些是该避免的，哪些是该做的。羞耻呀！已经老去，还在对如此严肃的事情，游戏文字！

老鼠是双音词；因为老鼠啃奶酪；那么一个双音词啃奶酪。设想我没有能力解决这个命题：我的无能为力会带来什么危险？什么损失？或许我得小心，别在老鼠洞里发现满是双音词，或者别让一本书，假使我不小心的话，吃光我的奶酪！或者另外一种演绎推理更巧妙：老鼠是双音词；一个双音词不啃奶酪；因此老鼠不啃奶酪。噢！多么幼稚！我们眉头聚皱纹，脸上长胡须，就是为了到这种地步？难道这就是那张严肃而苍白的脸教导我们的吗？如果你想知道哲学给人类带来的有用的东西，我告诉你：观念。有的人濒临死亡的大门，一些人被贫苦折磨，另一些人受财富，自己的和他人的，所折磨；有的因为霉运而痛苦，有的期望逃脱过度的享受；有人被人憎恶，有人受神诅咒。为什么要做那些无聊的游戏？不是玩闹的时候：重要的是帮助那些不幸的人。你许诺搭救海上遇难的人、被囚禁的人、疾病缠身的人、贫穷困苦的人、被判了死刑、刀斧悬在脖子上的人：为什么你视而不见，心不在焉？你怎么做？这个人充满恐惧：不是玩弄文字游戏，帮助他从恐惧中解脱出来。从四面八方，所有的人向你举起手，请求你为他们没有方向、没有前途的生活给一点帮助，他们得救的希望全部寄托于你；请求你将他们解救出吞没他们的旋涡，向一个失去方向、随波逐流的人显示真理的光芒。告诉他们，对大自然来说，哪些是所需的，哪些是多余的，遵从它的规律是多么简单容易，那些遵循大自然规律的人的生活是多么舒适、无忧无虑，反之，更相信舆论而不是大自然的人的生活是如何艰难复杂……（此处有断章残缺）……只要是教会他们将恶习分解，就能够减轻。那些研习，能够使我们从欲望中解脱或减弱什么？如果这诡辩仅仅是毫无用处倒也罢了，可实际上，的确是毒害人的。什么时候你愿意，我可以给你举一个人的明显事例，很有天赋的人，钻进这种牛角尖里，变得精神萎靡，一蹶不振。甚至叫我感到羞愧，说这些大师给他们愿意学习向命运抗争的弟子们的武器或训练！……难道那是达到至善的道路？难道是通过这些途径，哲学的"既然，那么；因为，所以"，甚至连娴于审判官公告的律师都感到可耻而无用的奥妙精微？当你以那种方式审问一个人，有意识地诱导他出错，那么还不如实际上你就把案子断成他败诉好了。可是，审判官对一些人是这样，哲学对一些人也如此：把你掌握的权利还给他们。因为你们背离了你们的伟大许诺、你们庄严的话语、你们保证让我的眼睛不再为金子和利剑的光芒而惊呆，让我能够将他人所欲望的和恐惧的都毫不动摇地踩在脚下。你们为什么降低到这些语法的琐碎？你们有何话可说？

这样升到星空？①

哲学许诺给我的，是变得与神一样。我受到的是那种邀请。因此我来了。那么就请尊重诺言。

我尊贵的路西利奥，可能的话，减少那种精妙细微的讨论，那种哲学的诡辩。良好的精神培养最好是明确简易。即便是我们还剩下很长的生命时间，也必须小心节约，以便有足够的时间给那些必不可少的事情。时间如此缺乏而紧迫，却去学一些毫无用处的东西，那才是愚蠢至极！

第四十九

仅仅是因为看到某个地点，观赏一个景色，才勾起我们回忆，想起一个朋友，我尊贵的路西利奥，这意味着，精神上的懒惰和冷漠。然而一个熟悉的景色，有时候的确是会唤起我们深深扎根在灵魂的思念。不是一种磨灭的回忆的再生，而是缥缈的记忆变得清晰。这种情形就像人们失去了某个亲人，痛苦随着时间而渐渐轻淡，可是去世的人的一个宠奴的在场，一件他用过的衣物，或看见他的住宅，就会重新唤起悲伤。我最近路过坎帕尼亚，尤其是那不勒斯，经过你可爱的庞贝，唤醒我对你难以置信的怀念：我的眼睛里充满你的形象。在这种时刻，我尤其感到你的离别：我又看到你强忍的感情、饱含的泪水，却在正想抑制它的时候爆发，夺眶而出。

仿佛我失去你的陪伴才一瞬间。可是，假使我们回忆，"才一瞬间"，发生

① 引自维吉尔《埃涅阿斯》第九章。

了多少事？才一瞬间，我还是个年轻人，去听哲学家索西安的课；才一瞬间，我开始了律师的生涯；才一瞬间，我先是失去兴趣，然后是失掉继续做律师的可能性。时间的速度是无限的，而只是我们回望过去，才领悟到。时间以那样的方式欺骗现在正使用它的人，使人们不察觉它惊心动魄的飞逝。你想知道为什么？因为所有过去了的时间，都聚积在同一个地方；所有过往都被看成是一个模块，构成一个整体；它全部沉入同一个深渊。况且，在我们这短暂的人生中，不可能标界出一段很大的间歇。人的存在是一个点，比一个点还要小。大自然把如此短暂的存在让人表面看起来是漫长的岁月，只是为了戏弄我们，将其划分成童年、少年、青年，由青年到老年的过渡时期和最后的衰老。在如此稀缺的时间内，分成那么多的阶段！不久前，你离开的时候我刚刚同你告别。然而，这个"不久前"代表了我们短暂存在的相当长一段时间，而这个存在，我们不要忘记，很快将会被剥夺。平常，我不觉得时间的流逝如此之快，而此刻，对我来说似乎不可思议地快，难以想象地快，或许，是我感觉到接近终点，也许，是因为我要警醒你，并评估在我身中造成的消耗。

正是因此，看到人们将大部分生命花费在无足轻重的琐碎事，才引起我的愤怒，而哪怕我们再加节省地将其运用在本质的事物上，都还嫌不够。西塞罗说，他从来没有时间去读抒情诗，哪怕是生命增加一倍，我要说对辩证法我也是如此，它的荒唐不智更令人烦恼，假使说抒情诗是公认的无病呻吟，而辩证法则令人相信是有用的作品。我不否认应该涉猎一些辩证法的研究，但是仅仅是关注一下而已，一种敬意，可远观而不亵玩焉，并且为唯一的目的：我们千万不要把饶舌的絮叨，看成仿佛是伟大而深邃的思想表述。为何你要被一个问题所折磨，而更正确的做法是忘却它而不是谋求去解决它？一个人在恬静而悠闲的旅行中，可以收集许多的纪念品，可是当敌人来进攻，当士兵得到出发的命令，情况的紧急迫使丢弃在消闲时光所积攒的一切。我没有闲暇培养我们的洞察力，来分析语意模棱两可的表述。

> 看啊，所有的人民都联合起来，看那些要塞，
> 城门紧闭，磨刀擦剑。[1]

---

[1] 引自维吉尔《埃涅阿斯》第八章。

我的义务是勇敢地聆听我周围所有这些勇气的爆发。所有人都会认为我是个疯子，而且有道理，如果，老人和妇女在抬运石头，加固城墙，当男人们拿起武器，在城门前等待或要求出击的命令，当敌人的标枪打着颤钉在大门，当脚下的土地因奸细挖掘地道而抖动，我却坐在那里四平八稳地思索着这类三段论："你没有丢失的就是占有的；因为你没有丢失角，所以你有角。"①或者别的什么，这种形式作出的，说胡话式的精密思辨。如果我致力于这样的问题，你也会觉得我是精神不正常：而我自己也在抵抗着这样的围攻！只不过是，在现实的围攻中，危险来自外部，有一座城墙将我与敌人分隔开。然而，在我所说的这场围攻里，致命的武器攻击自我的内部。所以我没有时间耗费在无聊琐碎的事物上，我忙于更重要的任务。我必须如何行事？死亡在追迫，生命在逃逸。给我一个建议，在这种情况之下我该怎么办，指给我一条路，如何才能使我既不逃避死亡，生命也不逃避我。请给我勇气，面对困难，迎接不可回避的；使我对缺乏时间痛苦得轻些。告诉我生命的好处，不在于长短，而在于我们如何度过她；告诉我有可能（的确往往会是如此）活得寿命长久，而即便如此，却是活得短暂。当我去入睡，对我说："你看就有可能一睡不醒！"当醒来时，对我说："你看会有可能再不得入睡！"对我说，当我走出家门，有可能再也回不来；对我说，当我回到家有可能再也出不去。如果你以为只有海上旅行生与死的距离才最近，那么就大错特错，在任何一个地方，生死之距都是同样之小。不是死神临近的所有情况都那么容易看得分明，但是所有的情况都是同样的临近。照亮我的黑暗，这样更容易向我传道授业，为此我已经有了准备。大自然赋予我们学习的素质，给我们一种理性，虽不完美，却是能够加以完善的。请同我讨论公平正义，同情怜悯，节俭朴素，两种贞操②：那种不侵害他人的贞操和那种尊重自己的贞操。如果你接受，就不要跟我绕圈子，我将很容易达到预期的目的。正如那个悲剧诗人说的：

真理的论述极简单。③

---

① 引自第欧根尼·拉尔修的著作。

② 关于两种贞操，参阅书信第九十四。

③ 引自伊壁鸠鲁悲剧《腓尼基女人》。

正因为如此，我们不该将它复杂化。对有崇高目标的人来说，没有比辩证法荒谬的深奥细微更有害处的了。

第五十

你的信，我在你发出好几个月后才收到。因此我觉得，向送信人询问你生活得怎样是没有意义了。他必须有铁的记忆力，才能想得起来。此外，我希望你的生活是那样，不论在任何地方，我总是能知道你怎么样生活。就是你的生活中，确实地，每日都有所完善，摆脱这样或那样的错误，你知道那些你所归咎于别的原因的恶习，是如何归根到底原因在你的自身？某些恶习，我们习惯于把它们归因于地点和时间的环境条件，可以肯定的是，无论我们走到哪里，那些恶习都伴随着我们。你知道，哈尔帕丝忒，我第一个妻子的滑稽小丑，依然住在我的家里，因为遗嘱叫我担负这个责任。我本人对那种可怜的家伙一点儿也不感兴趣，如果我需要一个小丑儿来逗乐子，不必舍近求远：我自己嘲弄自己！可巧呢，这个女丑儿突然失明了。你都难以相信，可是千真万确，这个不幸的女人不知道自己瞎了。不停地要伺候她的奴隶带她到别的大厅去，因为房子到处全是黑暗的！在这个女人的事情上，使我们觉得有一件事很可笑，我希望你能理解，人们普遍发生的事：谁都不察觉自己的贪婪和自己的野心。盲人至少还请个人来引导他们；我们走路磕磕绊绊，却不愿意有个人来引导，还反复说："不是我有野心，而情况是在罗马没有别的生活方式的可能性；不是我酷爱奢华，而是这座城市逼得我这样开销；暴戾易怒不是我的错，我还没有找到正确的人生道路：这仅仅是因为年轻的结果！"

为何我们要欺骗自己？我们的疾病不是来自外部，而是在我们自身的体内，扎根在我们的脏腑，而由于我们不知道自己害了病，恢复健康才非常困难。即便是我们已经开始医治，什么时候才有可能战胜为数众多的疾病的强大病毒？疾病尚在初起的时候容易医治，甚至都不必去请大夫。尚且是青嫩的、未经世事的灵魂，毫不迟疑地遵从给它指出正确道理的人。那些有意识地脱离正道的人，才是难以规劝他们回归自然。我们似乎对学习智慧感到羞耻！天神可鉴，如果我们觉得求师问道是一种羞耻，我们就能因此放任自流，失去获得智慧益处的希望。智慧只有通过努力才能得到。说实话，都无需太多的努力，假使像刚刚所说的，在坏习惯结晶之前，开始培养和修正我们的灵魂。但是，即便是已经石化的，我依然并不绝望：以不懈的努力，不断的和强化的修习，所有的坏毛病都能够克服。我们可以矫正木梁，无论它多么弯曲；通过火烤，我们可以矫正弯曲的木板，令它自然的形状适合我们所用。塑造灵魂更容易，这种材料很柔软，比任何液体都更任器随形。灵魂实际上不过是某种赋有一定形状的精气吗？那么你可以观察空气是如何富有灵活性，比任何材料都更可塑，具有伸缩性，恰是由于它最细微灵活。因此，路西利奥，你没有理由灰心丧气，因为邪恶统治我们，哪怕长时间以来是控制我们，而对我们来说：任何人想达到智慧，都是先经历愚蒙！我们所有人在自己家中都有敌人：修习美德，就相当于消磨掉恶习。我们应该以同样的坚定的意志改正自己：一旦学会，智慧的财富就会一得永得，在我们的掌握之中。美德永远不被忘却。在不合适的土壤里，植物生长很困难，因此，很容易将它们拔掉，清除；可是种在适当的土壤里，就会深深地扎下牢固的根。美德与大自然一致，而恶习，则如毒草荆棘。美德一旦获得，不能被摘除，是很容易保持的；然而获得它却是非常艰苦的工作，因此，是一个软弱多病的精神特有的对陌生经验的恐惧。所以，我们要强迫这个精神迈出最初的几步路。过了这个阶段，治疗便不再是那么痛苦，甚至伴随着痊愈的过程，变成快乐的源泉。身体的药物治疗，只有在治愈的时候才感到快乐；哲学则是相反，是同时的健康又愉悦。

第五十一

每个人各自有其力所能及，路西利奥朋友！你在埃特纳脚下，西西里著名的火山，梅萨拉和瓦尔修[①]（他们都这样相容）将它称作"独一无二"，我从来也不懂为什么。有很多火山地区，不光是在山区，但是山区的火山更普遍，也许是因为火焰上的倾向，平原地区，也有火山。至于我，没有更好的，巴亚斯就使我满足了。但是我头天去，第二天便离返了。巴亚

---

① 不详。

斯是个该避免去的地方，因为尽管它禀赋大自然美景，却是一个花天酒地之处。

"你说什么呀，难道说有的地方会令人生厌？"说的不是这。我的意思是有些类型的服装比另一些款式更适合于智者，适于正派人。并不是这种或那种颜色令人厌恶，而是认为这种还是那种款式对致力于俭朴的人有点儿不太相符。地点也是如此，智者，或向往智慧的人，拒绝居住在那些被认为有悖良好风俗的地方。一个人若是想隐居修行，就不能选择坎诺坡，虽然没有任何法律禁止我们在坎诺坡生活简朴，或甚至在巴亚斯，那里已经纯粹是恶习的巢穴。在那里，享乐的生活没有限度，真正是恣意享乐，就好像这座城里有一种放荡税！我们应该选择对身体和人格都健康的地方居住。我不喜欢住在被一群粗野的人围着，到处是酒馆的地方！我有什么必要去看那些酒鬼在海边东倒西歪，船上或湖边的狂欢、歌唱和乐队的回声！去观看恣意享乐，肆无忌惮的挥霍。我们应该尽量避免一切刺激我们恶习的东西。我们应该使灵魂坚强，保持它远离享乐的诱惑。一个冬季的驻扎，足以使汉尼拔堕落；他顽强地穿越阿尔卑斯山的冰雪，却为坎帕尼亚的轻歌软舞沉沦，赢得了战争，却被恶习战胜。我们的人生也是一场战役，是军事远征，我们永远不能停息，休憩，放任自己。一切之首要，我们应该，正如你所见，要战胜那种连最坚强意志的人都能受其控制的享乐。意识到智慧人生所要求的努力的人，懂得这场斗争，不能通过性感和柔情来赢得。那种温泉澡，那些桑拿浴，用干燥空气蒸馏身体，和我有什么关系？所有的汗水都应来自劳动。如果我们学着汉尼拔的榜样，中断战事的进程，去用温泉泡暖身体，所有人都会指责我们，而且有理由说我们不合时宜的懒惰，对一个胜利者是危险的，那么对尚且没有获得胜利的人，又有多么危险！我们的远征，比迦太基的军人更艰难：不进则退是我们更大的危险，每前进一步都要花费巨大的努力！命运向我宣战。我不听从它的命令，不接受它的枷锁，而是企图与它保持距离，这就意味着更大的勇气。我不能让灵魂懈怠；假使我对享乐让了步，我就将会向痛苦、疲惫、贫困让步；野心和暴戾想控制我；我将被撕碎，在无数的情欲中身败名裂。自由是我们的目标，是对我们艰苦卓绝的奖励。你知道什么是自由？在于不是一切的、不是任何需要的、不是任何偶然性的奴隶；在于与命运对等的决斗。假使哪天我发现它有比我更大的力量，即便如此，那力量也将是无能为力。我永远不服输：死亡将是我的手段。

一个关心这类思考的人，应该强迫自己选择居住在严肃简易的地方。过分温和的气候，使人变得很娘气；地理的特点，毫无争辩地会在某种程度上使人孱弱。在粗糙的山路上把蹄子磨炼坚硬的骡子，能够在任何道路上行走，在柔软湿润的牧场养大的牲畜，很快会倒下。最好的战士来自山区，城里人、家生奴，都是软弱的士兵。从扶犁到执剑的手，承受任何艰辛，身上涂满油膏训练出来的竞技士，第一次平局就服输。更加严酷的地理环境，使人意志坚强，能够胜任伟大的事业。西庇安流放地若是在利图诺，要比在巴亚斯好得多，那样一个人，给他如此妖艳性感的隐退，实在是不公平！最早的掌握罗马人命运的那些人，马略、庞培、恺撒们，在巴亚斯修建了他们的避暑山庄，但是都修建在山顶，好像这才与军人身份相匹配，雄视山下的平野。观察他们所选的地势，他们修建宫殿的地点位置，遥想建筑的胜状，会觉得那更是城堡要塞而不是居舍。你觉得老加图曾经去这座城市住过，去数从他眼前乘着小船过往的多少俗人，去眺望涂着五颜六色彩画的船只漂满玫瑰花瓣的湖面，整夜地听着小夜曲的噪声？难道不是真的，加图更愿意亲手挖掘一个地道，在里面度过唯一的夜晚。一个人，如果真的是男人，他难道不更愿意被军号所唤醒，而不是软绵的歌声？

可是，已经够了，虽然，对巴亚斯的批评，对恶习的谴责，永远不过分。路西利奥，我请求你向它们发动一场没有大本营的战争。恶习对你也不丝毫的仁慈。打退所有那些使你心碎的情欲，如果使用其他的方法不能将它们拔除，那么你最好是将它们一起连心也拔除掉！尤其是同享乐宣战，将它们看成是你最凶恶的敌人。正如埃及人把强盗叫作"情人"①，它们抱紧我们，为了把我们扼杀。

第五十二

这是什么倾向，路西利奥，使我们脱离原来所追求的方向，将我们推向想

---

① 希腊语"强盗"和"情人"，只有一个字母之差。传统注释认为是一种文字游戏。

离去那一点？我们的内心在争辩什么，使我们丧失坚定的意志？我们在自相矛盾的决定间犹豫不决，我们不能忠于一种自由的、绝对的、始终如一的志向。你会说，没有一种始终如一的目的，一种持之以恒的兴趣，是愚蠢的证明。可是究竟如何、什么时候，我们才能摆脱那种愚蠢？单靠自己，谁也不能摆脱一个旋涡，需要有人伸手搭救，拉一把，才能站到坚实的陆地。伊壁鸠鲁说，某些人能够没有任何帮助而达到真理，他们自己披荆斩棘，开辟道路；他赞美那些人，自觉地自我提高。然而，另外一些却需要外来的帮助：没有向导，就不能前进，有了向导，就能够奋勇向前。伊壁鸠鲁说，迈特罗多鲁斯便是这类人其中的一个。这种精神极其可嘉，但是说起来，是属于第二等级。我们不属于上乘，但是如果能被接受为第二级别，就该十分高兴。何况，不该因为某个人受他人的帮助而获救便看不起他，因为有求获救的意识，并非一件次要的事。除了所说的这些，我们还能遇到一种人，同样不可小觑：这些人给他压力，就能迫使他走上正路，这种人不仅仅需要个向导，需要有人助他们一臂之力，通过开导，给他们鼓励。这种人属于第三等。如果你想知道这类人的一个例子，伊壁鸠鲁会指出赫尔马库斯。假使说，前面说的那些类型，得到伊壁鸠鲁的祝贺，后者则令他敬佩，的确，尽管两者都抵达同样的目标，而后者更应该受到赞扬，因为面对更困难的材料。可以想象一下，比如要修建两座相同的建筑，一样的高大宏伟。一个建筑师的地段质量好，可以毫无问题的开工。另一个面对松散的土地，需要花巨大的努力，打造坚实的地基。对观察者来说，第一个人的建筑……①，而第二个人的工程，最重要和艰难的工作是被掩盖了的。修行也相似，一些精神是开放的、易受的，而另一些则需要动手加工，最好的努力都花费在打基础上面。因为这个理由，我觉得性格上没有问题的人是幸运的，而认为那些需要克服天性的缺陷，换句话说，经过刻苦努力，达到智慧的人，是值得钦佩的。

要知道，我们的精神属于这第三种：艰苦卓绝的一种。我们穿越障碍前进。因此，我们奋斗，却不拒绝要求他人的帮助。那么你要问："可是向谁，我要向谁来求助？"如果你想要忠告，就向前人求助，他们会很乐意地给你：为了寻求帮助，我们可以求助于活着的人还有古人。活着的人中，我们不应该找那

---

① 此处有断章空白。

些言语轻佻、流行时髦、在公共论坛有局限社圈的人，而要找那些用他们的实际行动实践自己诺言的人，教导我们应该避免做的事情，永远别被当场抓住在做自己所谴责的事。总之，选择一个值得你敬佩的人做你的导师，不是因为他的言辞，而是他的行动。这并非说我禁止你去听那些哲学家的讲演，那些有公开讲演的习惯的哲学家，只要是在接触大众的时候，他们的目的是完善听众和自己，而不是出于自私目的的动机。一个哲学家没有比寻求掌声更卑劣的了！难道说一个病人对给他做手术的外科医生鼓掌？心中留存默默的敬重，以感恩心接受哲学给你的治疗。如果发出叫喊，我将其解释为感到手指触痛到恶习的伤口而刺激出的呻吟。你的本意是对主题的伟大表示注重和震撼？那非常好；如果你的想法是表达，你认为那个人比你强，更有价值，他又怎么能允许你们鼓掌？毕达哥拉斯的学生，被要求五年保持沉默：你以为期限一过，他们就立即许可说话、鼓掌？

究竟是多么完美的疯狂，一个人讲演结束，在一群傻帽的掌声中笑容可掬，心满意足！那群你没有理由对他们鼓掌的人，给你的掌声，能给你什么满足！法比雅努斯常常做公众讲演，但是人们十分敬重地听讲。如果有时候听到掌声，是因为问题的水平高，而不是由于出口惊人，妙语连珠。剧场里的掌声和学校里的掌声，应该有所区别：即便是鼓掌，也要有分寸。如果我们仔细观察，一些细微之处可以启发人，在任何的情况中。例如，一个小动作可以体现人的道德修养。一个人走路的姿势，表情动作，一个偶然的旁白，通过以手加额，眼睛的转动，能显示他的堕落；奸笑可以揭露一个恶棍；一个人的表情动作，可以看出是一个疯子。所有这些缺陷都能从某种可以察觉的迹象表露出来：如果你想要知道一个人的人格，就观察他如何发出或引起喝彩声。整座礼堂里响彻对哲学家的掌声，他的身躯淹没在人们崇拜的热情中：那么好吧，这比崇拜者更甚，正在冲他鼓掌的那些人是他真正的送葬人。把这些欢呼留给那些专门以取悦大众为目的的艺术吧：哲学必须在静中受敬。一次两次的，可以对年轻人的冲动让步，因为他们安静不下来。这种掌声可以作为对年轻人精神参与的召唤和鼓励。但是重要的是他们要对演讲的问题、而不是风格而兴奋；否则，不是激发对主题的兴趣，而是引起对雄辩的赞叹，这样的雄辩对他们只能是毒害。

现在，我对这个问题就此打住。在公共场合讲哲学的方式，那种哲学家能允许的，在大众中的并对大众的，是需要全面彻底地发挥、解释的主题。当哲学交给了大众，便会退化，这是肯定的。何况，你把自己的神庙托付给祭司而不是托付给小商贩，便不言自明了。

第六卷
（第五十三至第六十二）

第五十三

　　我信心十足地海上旅行之后，是什么又使我中途放弃？我出发的时候，大海是平静的；说实话，天空却是乌云密布，那种总是会起风或下起雨来的样子，从你的帕尔特诺佩到普特俄利不过是几海里，我想能很快地越过，尽管天气阴沉沉的让人担心犹豫。这样，为了行程快些，我取道深海，朝着内西达方向，原打算避开所有的海湾。当航行到一个前进和后退都没有区别的方位，那片诱惑我的平静水面，开始起了变化，尚且没有刮起风暴，大海就开始波涛翻滚，渐渐的，一浪紧似一浪。我开始要舵手让我在任何地方上岸，可是他说那一带海岸陡峭，无法接近，说海上风暴中，他最怕的就是坚硬的陆地。可是我已经太难受了，顾不得什么危险，我开始晕船，恶心欲吐，又吐不出来的那种，难受至极。我坚持要舵手靠岸，不管他愿不愿意，强迫他这样做。当我们接近海岸，都等不得维吉尔的诗中描述的那些场面：

　　　　船头向大海昂起。①

　　或是：

　　　　把锚从船头投下。②

　　我想起多年洗冷水澡③老习惯的绝技，跳入大海，带着"冷水游泳健将"的装备，就是件毛线衣。你都想象不出来，我在浅滩上摸索，最后终于找到一

---

① 引自维吉尔《埃涅阿斯》第六章。
② 引自维吉尔《埃涅阿斯》第三章。
③ 见书信第八十三，塞涅卡谈到他洗冷水浴的习惯。

条路。我才懂得水手们害怕陆地是有道理的！难以相信我承受了连我对自己都忍受不了的那些。你要知道，海神的仇恨让奥德修斯遇到的还不光是到处的海难，还有晕船！至于我，不论从海上去哪儿，都要像他那样得用二十年！……

等我的翻江倒海的胃平复下来，你知道，光从海里出来，不足以消除恶心，当我用按摩使身体平静，开始想到我们有忘记自己的虚弱的倾向，即便是身体上不停地表现出来，而另外一些，则越是严重就越是被掩藏。任何人都可以把一个寒噤不当回事儿，可是当开始发起烧来，即便是最能忍受的人也会说生了病。我们的脚有点疼，感觉关节有点刺痛，开始我们装作没事儿，说是崴了脚踝，被绊了一下。当还不确定是否得病的时候，一开始，我们不给它名称，可是当踝关节都肿起来，两只脚都变了形，我们迫不得已，承认得了痛风。

影响精神的疾病，所发生的情况正相反：越是严重，我们就越不察觉！我尊贵的路西利奥，你没有理由目瞪口呆：一个人睡得很轻，即便是入睡时也能看到事物，有时候，还有意识，知道自己是在睡觉；可是，如果睡得很深，连梦也没有，精神变得非常的麻木，使人失去对自己的意识！为什么没有人坦白他的恶习？因为他们尚且被恶习控制：讲述一个梦，意味着已经醒来。坦白恶习，意味着治愈了恶习。让我们醒来，以便能够批判我们的错误。只有哲学能够唤醒我们，只有它才能把我们从一个深沉的睡梦中摇醒：你要全心全意地致力于哲学！你不愧于它，它不愧于你：你们要相互拥抱。你要以勇气和决心，拒绝沉湎于别的一切；做个半吊子哲学家，千万不要！假使你病了，会放弃一段时间不去管理你的财产，放弃论坛里的事务，在你恢复健康的时期，认为谁也不那么重要得足以让你值得去操心费力；你所做的，是全心全意地寻求尽早摆脱病痛。那么好，现在你为什么不采取同样的态度？从所有的障碍中解脱吧，全心全意地致力于获得正直的精神，这种东西，是任何三心二意的人所得不到的。哲学施加它的主导，它可以给予闲暇，但是从来也不情愿；哲学不是一种辅助的行为，而是基本的行为，它才是主人，它永远是眼下的主导。当某个城市向亚历山大许诺一部分土地和一半的财产时，他回答说："我横扫亚洲，没想要接受你们愿意给我的什么，你们才是我给你们留什么就要什么。"哲学对其他的事物，也是这样霸道："我不接受你们剩余的时间，你们才是仅仅有我所不需要的时间。"把你所有的精神致力于哲学，永远陪伴它，永远实践它：与其他的人群保持巨大的距离；你远远地将其他人甩在身后，神离你便不远。

如果你问我，什么是与神的距离的差别，答复是：他们延续更长的时间。将全部的真理封存在如此狭小的空间，是件伟大的艺术品！你的存在空间的秘密对智者来说像永恒对神那样，并没有多少：由于智慧和你的本性，而摆脱了恐惧。你的状态令人赞叹：既有人的时空脆弱，又有神的永恒保障！为击退偶然性的一切暴力，哲学具有不可思议的力量。没有任何弓箭可以刺透它的身躯，它防护和抵抗得那样好，有些攻击的力量被化解，就像微弱的箭头的力量，被衣服的褶皱所吸收；另外一些攻击，被有力地反弹回去，击中向它放箭的人。

第五十四

缺乏健康使我享受了长期的休假，可是病痛突然又再次袭击到我的头上。你问我这次又得了什么病，的确有道理这么问，因为没有我没尝过的病痛。可是有一种，我一直是对它忠贞不渝；我看不出什么理由这种病希腊语要用"哮喘"来命名，拉丁语的"喘息"表达的意思完全一样。每次发病，时间都极短，就像急风暴雨：半个时辰的时间实际上就过去了。事实是没有谁可能尝试它更久的时间。我忍受过各种疾病的痛苦，所有级别的将我置于死亡边缘的病痛，但是没有比这种病给我更大的折磨。怎么不是呢？如果别的病情仅仅是我"病了"，而在这种病中就像是"吐出灵魂"！所以医生们说，哮喘是"死亡的彩排"，因为总有美丽的一天，我们那"一口致命的气"终于会成功地挣脱，获得它那么多次试图获得的解脱！你以为我充满快乐给你写这些话是因为这次逃脱了？我要是高兴该多么可笑，如同这次危机的结束意味着恢复了健康，就好像以为法院的延期开庭的传票，意味着胜诉那么可笑！

在我喘不过气来的时候，我总是不断地以镇静和勇气，试图用思想减轻病状。我对自己说："这是怎么回事？为什么死亡需要这么多次地考验我？尽管下手！就像我对什么是死亡已经没有长时期的经验！"如果你问我这是在什么时候，我将告诉你：出生之前。死亡是无存；我完全知道这样的状态："我存之后"与"我存之前"一模一样。如果说"无存"意味着痛苦，那么我们在来到这个世界之前，我们必然也痛苦；实际上，在出生前，没有任何苦处。告诉我：一盏灯熄灭之后的境况比它点燃之前更坏，是不是最愚蠢的想法？对我们也如是：我们被熄灭如同我们点亮。在过渡的一段时间，我们可能体验到某种痛苦，但是在两个端点之外，我们享受深沉的平静。假使我对这个问题看得对，我尊贵的路西利奥，错误在于我们认为在我们身后有"死亡"，而"死亡"是一个既在我们之前，也在我们身后的时间阶段。死亡是我们之前所流逝的所有的时间；那么，如果我们不开始存在，或者放弃存在，又有何区别，假使说，两种情况的结果都相同，也即是说，"无存"？

就是以这样的思想，或别的类似思索，不断地鼓舞我的勇气（当然是静静地，因为那种情况不适于做宣言！）；一点一点的，那种窒息变成了急促呼吸，渐渐平复下来，呼吸间歇越来越宽畅。最后终于结束；可是即便是现在已经过去了，我还是不能正常呼吸；感觉依旧有点呼吸困难。总而言之，对我来说，我只是不想感觉灵魂上的窒息。有件事我可以向你担保：我在死亡的时刻不会颤抖，我感觉对死亡已经做好准备，我从来没有整天地作一个计划……向一个毫不迟疑地去死的人鼓掌，并模仿他，尽管他喜欢生活！离开，因为如果被驱逐，这里面有什么勇敢可言？然而，我的情况，有点勇气可言：我的确是被驱逐出生活，可是我做出好像是以自由的意志离开她。对一个智者，永远不是被驱逐，因为只有强迫一个人，违背他的意志离开一个地方，才是驱逐。一个智者，从来不做违背意志的任何事情：他摆脱必然性法则恰恰是因为愿意那种必然性对他做的束缚。

第五十五

我刚刚乘着轿子，游逛了一圈回来，疲惫得很，假使这一趟是步行也不过如此。原来，被别人肩扛着旅行也累人，而且，或许更加疲惫，因为是反自然的：难道大自然给我们双脚不是为了自己走路，如同给我们双眼不是为了自己来看？奢侈的生活，夺走了我们的体力，以前我们缺乏意愿而不做的，今天我们不做是因缺乏体力！但是我的情况是感觉需要活动活动身体，或者是因为嗓子里卡住的痰需要咳出来，或者是因为别的什么原因，想用轿子的颠簸来避免呼吸不畅，感觉对我有些好处。正是为了这，我把旅途延长，一路风景令人流连忘返，从库马斯到塞维利奥·瓦蒂亚的别墅，海岸在那里一转，形成一个狭窄的通道，好像一个地峡，一边是海，一边是湖。不久前的暴风雨，使地面变得坚硬，正如你所知，强烈的海浪不断冲击，会使道路结实，而长久风平浪静的天气，湿气消退，沙子变干燥，行走起来更一步一陷。

按照我的习惯，到周围去找些引发我思索的什么东西。我刚刚去观看了从前瓦蒂亚的产业、他的别墅，那个从前的执政官、可怜的富豪瓦蒂亚在那儿住到极端衰老——而这就足够让人说他是个幸福的人。很多人因为与阿西纽·伽路的友谊关系失宠而灾难降临，开始因为对塞雅诺表示仇恨，后来是对他表示同情（事实是，对这个人的敌意并不比对他的友谊危险要小些！）；当出了这件事，大家都喊道："噢，瓦蒂亚，只有你懂得生活！"不，瓦蒂亚懂得躲藏，如此而已，并不是懂得生活；在生活得快乐和生活得懒惰之间，有巨大的差别！瓦蒂亚还活着的时候，我每次经过他的别墅，从来都说："此地长眠着瓦蒂亚！……"哲学，尊贵的路西利亚，有如此令人崇敬和神圣的含义，哪怕是模仿哲学的生活，都引发普遍的赞叹。一个生活在隐居中的人，在平民百姓的眼中，是生活在悠闲、平静、自我满足中，只过与世无争的日子，而事实上，这种类型的生活，只有智者才能达到。只有智者才懂得什么是为自己而活，因为道理很简单，只有智者才知道什么是生活！一个人避开公共生活、社会生活，被迫地离开，由于他的野心的失败，感觉没有能力看着其他人在他失败的地方成功，怯懦地躲藏起来，像个受惊而弱小的野兽——一个这样的人，不是在为自己而生活，他在做的，是更加恶劣，是为了口腹之欲活着，为了懒惰活着，为了放纵活着。不在为他人而活，并不自然而然地意味着我们为自己而活！对目的的觉悟和坚定意识，依然是非常重要的，乃至一种持续的不作为，就能引起敬佩！

关于所说到的这座别墅，我不能具体地描写，因为我只看见了前脸和其他的过路的行人看得见的部分。里面有两个人工山洞，十分宽敞，就像两间宽阔的大厅，一间永远不见阳光，另一间从日出到日落，总是充满阳光。一股水流，一边流向大海，另一边接连着阿格卢济亚湖，从中流过，像一条水渠，将一片梧桐树林分在两岸；渠水尽管被不停地使用，还是使人想在那里养些鱼。确实，要是风平浪静的时候，没有什么用场，可是当坏天气使渔夫们不能出海的时候，就可以食用养的鱼了。这座别墅最大的优越性是与巴亚斯相邻，使它既避免了城市的嘈杂，又不失去它的乐趣。这是我所欣赏的宜人之处。我认为这座别墅在任何一个季节都是令人舒适的，它迎着西风，将山庄前通向巴亚斯的道路打扫得干干净净。瓦蒂亚选择这个地方享受快乐的确一点也不傻，悠闲懒散地度过晚年。

可是，在精神安静方面，选择这个地方却并不太好：灵魂给每件事各自的价值。我认识伤心的人，住在充满欢笑和快乐的庄园；我见到过有人住在完全的与世隔绝中，却好像永远忙碌。因此，没有任何理由这样想你不在坎帕尼亚生活的因素，阻止你享受内心平静的生活。你不在坎帕尼亚生活又能怎样？只需你心驰神往则足矣。你可以只要什么时候想就能和你的朋友们在一起！这种最崇高的友谊的享受，是当我们身不在场时才体会得更深切。当我们见面习以为常，就变得迟钝。我们经常在一起聊天、散步、聚会，在各自的家中相互接待，我们不再想刚刚还与我们在一起的朋友。我们应该有更多的耐心，忍受分别，像还没有分别的时候一样，我们更多的时间是远离他们。首先因为每个人回他们自己的家去过夜，而后，因为每个人有他们不同的工作，有各自专门的研究，有他们在自己的乡村的家中的季节。你看，在遥远省份乡村的度假，永远也不能使我们相互隔绝。我们的朋友在灵魂里，灵魂永远不与我们分开；不论是谁，不论什么时候想念，他永远与灵魂同在。这样，你可以有我们的陪伴，一起学习、吃饭、散步……如果有些障碍限制我们遐想，我们的存在会显得更加狭窄。我看见你在我面前，路西利奥朋友，我正在听见你的声音，我离你那样之近，已经不知道究竟是在给你写信，还是写一张纸条，送到你家！

第五十六

我简直要死，如果安静对一个致力于做学问的人，像他所认为那样的必要的话。我此刻所在的地方，四面八方都是嘈杂的声响，因为我的住宅下面，有个公共澡堂。想象那种让人的听觉绝望的各种噪声：似乎有个大力士练举重，用手费力地举起铅杠铃，没有成功，或装作在使力气，只听见憋劲的嗯哼；呼吸中断，然后又通气，于是发出呼啸的哨音，是一种喘息的呼吸；如果碰巧来一个体弱的人，只想作个普通的按摩，于是传到我们耳边的是用手拍打肩膀的声音，一种根据用手掌平击或是扣掌而击发出的不同的声音；可要是来了个打球的，开始讲他得了多少分，那便是世界末日！还掺杂着所有闹市的喧哗：被当场捉住的小偷，喜欢一边洗澡一边大声唱歌的人，还有那种在洗澡池拍个平板跳水的声音！除了这些，至少还算是正常的声音，想象一下这时候突然剃毛匠发出高叫，时不时的发出揽生意的叫卖来引起人们注意，还是一种尖厉刺耳的娘娘腔，只有揽到刮腋毛客人的时候才停止，这时候，取而代之的却是顾客的尖叫。还能享受各种叫卖声：卖茶饮的，卖香肠的，卖点心的，每种饮料和食品的叫卖声都有不同的腔调！

"你的脑子须是铁做的，"你这样说，"在这样嘈杂、如此不同的和巨大反差的噪声中维持运转。我们的克里希波朋友，如果遇见许多人和他打招呼，都感觉几乎快死了。"的确，我向你起誓，我对这种嘈杂的喧嚣的烦恼，并不甚于听海浪和瀑布声，虽然知道有一个民族只是因为不能忍受尼罗河瀑布的声音搬迁了都城①。以我理解，听有条理的话，比听胡言乱语更打搅人，因为前者引起我们的注意力，而后者只是充斥和刺激我们的听觉。我周围的不断造成对我打搅的噪声，还包括街上经过的车轮，给我修房屋的瓦匠，邻居家的木匠，卖乐器的小贩儿在喷泉②边试吹他的长号和芦笛，不是吹奏，仅仅是吹！此外，断断续续的比持续不断的声音更使我难受。我感觉对噪声已经非常有耐受力，甚至有能力忍受为了让划桨手的节奏一致的喊号长③的厉声尖叫。我强使自己的精神保持对自身的注意，不为外部所动。任凭外界不论有什么噪声，只保持精神内部没有矛盾，没有野心和恐惧之间的斗争，没有贪婪和挥霍之间的争论，令其中之一想压倒另一方。总而言之，如果我们内心情欲激荡，外部的安静又有何用？

　　　　一切在夜的静寂中安栖。④

这是假的：任何宁静祥和，除非是坐落在理性上。夜不消灭疾病，使疾病突显，仅限于替换了我们烦恼。在休息的时刻，我们失眠，心神不安，像白天一样；只有道德良知能给我们真正的平静。你看那个人，想办法在他宽敞房子的寂

---

① 参阅塞涅卡《自然问题》第四章。

② 古罗马的一个喷泉。

③ 古代行船用帆和桨手，有喊号的人，使动作一致。

④ 出自泰伦斯·瓦罗（Varro Atacinus，前82—前35），他是古罗马早期的著名诗人之一。

静中入睡：为了不让一点儿声音刺激他的听觉，所有的奴隶都保持默不出声，任何人走近他都踮着脚尖。即便如此，他还是在床上辗转反侧，不能让各种思虑与睡眠相调解。甚至抱怨听到事实上并没有听到的响声。你觉得这是什么缘故？是他的精神在干扰他，是他的精神需要平静下来，是他的心烦意乱需要被控制。精神不会仅仅因为身体在休息而平静；休息时常常满腹忧虑。有时候，每当我们休息时，显得不能保持安静的时候，我们应该为所作的事兴奋一下，必须用默想正确的行动来愉悦自己。伟大的将军，当看到士兵拒不服从命令，就强迫他劳作，让他更不安静，让他总在警觉中：严肃的管控，不许士兵随随便便、调皮捣蛋；事实上，改正散漫的恶习，没有比让他保持活动更好的方法。很多时候，我们给人想退休的印象，由于对政治的厌倦，或是受够了困难缠身而无人领情的职务；我们恐惧，悔恨交加，可是不久对一个官位的野心又会膨胀。这就是野心没有连根铲除，仅仅是因为事情发展不尽如人意的厌烦或是愤怒。关于奢侈，也是如此，时有一次两次，好像是放弃了，可是立刻又开始诱惑这些伪装的节俭的爱好者，正在斋戒实践的当中（不是被彻底戒除，而是暂时的放开手），去寻求快感，装得越是假，玩得越是烈。恶习是一种事实，公开的承认便不是那么严重，正像疾病，当从孵化期变成显示出它全部威力的时候，也正是接近被治愈。要知道，贪婪、野心和其他一切折磨人灵魂的恶行，越是伪装隐藏在冒充的痊愈之后，越是麻烦。我们好像是而事实上并没有从政治隐退。当我们是诚心诚意的隐退，当轮到我们真的退休了，当我们真的轻视一切如幻影，于是，如上面所说，没有什么能诱惑我们，没有任何呼唤——无论是人唤还是鸟鸣——能够打断我们正确的、坚定的、完全可靠的思想。当一句简单的话语，当一种机会条件的凑集，就使我们动心——这只是证明我们的性格摇摆不定，不能掌握自我；在我们的内心保持着某种担忧，某种非现实的恐惧，令我们变得总是心神不宁，像维吉尔这些诗句里描写的埃涅阿斯：

> 刚刚我冒着投射来的标枪箭雨
>
> 在希腊人的重围中，我也沉着镇静，
>
> ——此刻，哪怕微风也让人惊吓
>
> 任何响声都叫我惊慌失措
>
> 我心惊胆战，为身边的儿子，

为肩头的老父！①

在前面的场景中，英雄的行为像一个智者，枪林箭雨，无所畏惧，强大敌军武器的进攻，城墙崩塌，成为废墟；在第二种场景，表现得像一个平庸的人，充满对命运的恐惧，对任何微小的声音吓得发抖，对这个人，十分微小的声音，都成了巨大的响声，恐惧，害怕，很小的动作，使他失去勇气。他的负担，使他成为胆小鬼。平民的眼中的命运的宠儿，肩上扛着巨大的财产——你会看到他们"为带在身边的人，为肩上驮负的人而害怕"。只有不为任何哀求、呼唤、诱惑，或是威胁之声所动的时候，才可以被认为是自己的主人，不为之心慌意乱，任何幻觉，周围的声响，都毫无意义。"怎么会是这样？至少该不时或完全地避开噪声，岂不更好？"当然是，正是因此，我不久就会离开此地。我只是想锻炼一下，经历一下，不值得忍受这种折磨更多时间，当我们知道奥德修斯如何给他的武士们想出了一种非常有效的解毒剂……甚至能抗拒美人鱼！

第五十七

当我离开巴亚斯，返回那不勒斯时，便毫不犹豫地说服自己，天气恶劣，不再走海路。只是由于道路布满泥泞，令人感觉仍然是在海上颠簸……那一天我经历了田径运动员所忍受的一切折磨，先是用油洗了澡，然后在抵达那不勒斯山洞的时候，遇到尘暴！哪里是什么山洞？是一座没有尽头的监狱，几把火炬，与其说给我们在黑暗里照亮，不如说是给我们照它的黑暗！何况，即便那地方被照亮，亮光也穿不透灰尘——如果说在露天空气中，灰尘已经令人非常不适，在一个封闭的空间，把什么都搅动起来，没有任何透气口，落回将它扬起的人的身上，那又该是如何？两种直接相反的折磨，同时落在我们头上，在同一条路，在同一天，先是泥泞，后是尘埃！

尽管所有这一切，甚至山洞的黑暗也给我思索的题目：我感觉到灵魂的震撼，一种困惑，并非由于恐惧，而是被眼前这既不寻常又令人厌恶的从未上演

---

① 引自维吉尔《埃涅阿斯》第二章。

过的剧目所引起。都不关乎我自身——他远在可以接受的状态之外，我且不说完美状态！——而是与那些受到命运的打击，感到灵魂的震颤，脸上变色的人们一样。有些感觉，我的朋友，就连最勇敢的人也不能躲避：好像是大自然提醒我们的有死凡躯的处境！因此，有人看到毁灭的景象会感到恐惧，有人在悬崖边向深谷下望，会感到眼前一阵晕眩，这不是恐惧，而是一种感受，完全自然，理性在此无能为力。正是因此有勇敢的人，甘心自己流血，因为他忍受不了看别人流血；有人看到打开和处理一个新伤口，就瘫软昏倒，有人见不得化了脓的旧伤；还有人看见刀剑就心中打颤，却能经得起被刀剑砍杀。可是，正如刚才讲述的，我的感觉虽不能说是一种痛苦，但至少是有些局促，因此，当重新见到天日，我满心是一种不假思索的、无法控制的快感。于是我开始对自己说，对一种事物比对另一种更害怕，而两者产生同样的效果，是有多么愚蠢。比如，一座塔和一座山，同样倒塌下来压住我们，能有什么区别？没有任何区别，可是很多人对山崩更恐惧，尽管两种情形的结果都是一死。也就是说，恐惧不是产生于事件对你的后果，而是引起这种后果的情形。

你以为我会说那些斯多葛派的话吗？对他们来说，一个人的灵魂被巨大沉重物体所压，不能保持为一个整体，被限制住自由脱离躯壳，立即就被粉碎。不是的，我不会说这个，我觉得作出这样论断的人，犯了一个错误。正如火不能被压缩（它逃逸，并包围主要向它施加压力的物体）；正如空气不能被打击或封存，不可能被切割，而是立即包围住要攻击它的物体；灵魂也是如此，是由极其细微的材料所作成的，不能被束缚在躯体里被碾碎：它十分活泼，能逃脱压迫它的物体。闪电强烈地在广阔的天空闪耀，一个小小的缝隙便逃出，释放出雷电，灵魂比火光还精细，不管是什么躯壳都能够逃脱。现在还差知道，灵魂是否能够永生不灭。就目前说，你可以肯定的是：如果相对躯壳是不死的，那么就没有任何方式摧毁它，因为长生不死不允许有任何保留，而且对于永恒的东西，不能丝毫伤害它。

第五十八

从来也没有像今天这样理解我们的贫乏，我指的是词汇的贫乏，能够到何种地步。我们偶然说起柏拉图，就遇到上千个无法表达的概念，找不到恰当的词汇；但是，以前有许多名词，因为我们追求品位，而不再使用。然而在贫乏中，还要穷讲究，真是无法忍受！那种叮咬牲畜，把牛群驱赶得满山谷里四散而逃的昆虫，希腊语称为"马蝇"，古时候称为"asilus"（虻）。这有维吉尔为证：

> 在西拉罗树林边，在阿尔布诺的绿色草地，有大量的飞虫，罗马人称为"阿丝鲁"，而现在希腊人叫它"奥埃丝吐鲁"，一种讨厌的蝇子，嗡嗡刺耳，在树林里折磨并驱散牲畜。①

我认为应该理解成是一个过时的词汇。为了不浪费你很多时间，我告诉你，以前有些简单的词，是很常用的，比如"以武力了断（cernere）"这个词语。维吉尔就有例子：

> 强大的英雄们，来自四面八方，一决雌雄，以武力了断（cernere）。②

现在我们对同样的概念使用的动词决断（decernere），或者说，不再使用简单形式的动词。古人还说 si iusso（我若令）而不像现在说 si siusero（如果我命令）。你不要太相信我的话，你可以去读维吉尔的诗句：

> 其余军队，站到我身边，听我命令（iusso）。③

我不必给你详细地讲这些，让你知道，我在文法学校浪费了多少时间，只是叫你有个印象，多少恩纽斯、阿基乌斯使用过的词语，都已经过了时，废弃不用了；哪怕是一直被人们阅读的维吉尔的著作中，有的词汇都不再流行！

"说这么一大段开场白，你到底是什么意思？"你会问道，"你到底什

---

① 引自维吉尔《农事诗》第三章。
② 引自维吉尔《埃涅阿斯》第十二章。
③ 引自维吉尔《埃涅阿斯》第十一章。

么目的？"我对你毫不掩饰：我想达到的目的是，如果有可能，使用"质"（essentia，本质，精华）这个词而使你不觉得刺耳；而且即便刺激了你，我还是要用！我有西塞罗给这个词作后盾，我觉得他是有分量的权威，在近期的作者中，我有文风雄辩、优雅、明朗的法比安，哪怕对我们挑剔的品位来说也不愧是优雅的文风。路西利奥朋友，我还能怎么办？还有什么别的方法，翻译希腊语 ουσία（本质，物质）这个词，那种重要的概念，本质上，构成所有其他一切的基础？因此，我请你同意我对这个词的运用。而且我会尽量地节约利用你给我的敬重，或许，我满足于只要你简单的同意。何况，你的仁慈，又能怎么样，假使我这儿有一些不可能用拉丁语说出来的，这情况会引起我对我们语言的愤怒？你要是知道，我翻译不出来的，才只是一个词，就会对罗马语更加责难。你想知道是哪个词语吗？ τοον（希腊语"存在"）。我可以让你觉得有点弱智：有个现成的资源，我可以用短语 quod est（即是）来表达这个概念。可是，这两者之间有显然的区别：我被迫地使用一个动词，而不是名词。而我们被需要所迫使，得说"那就是"。

我们的一个朋友，非常有学问，今天说，"存在"曾经被柏拉图以六种不同的意思使用。我能给你指出所有的这六种，如果先给你解释有一种东西叫"种"，另一种叫"类"。我们首先寻找的是第一位的"种"，然后从中派生出各种"类"，由这个"种"产生一切的分别，具有把一切都包含在其中的普遍性。如果我们把每件事物，不断向上归纳，最终就能找到第一位的总种类。

亚里士多德说，"人"是一个类，"马"是一个类，"犬"是一个类。我们现在得找出所有这些类的共同属性，一种将它们都包括在其中的元素，这些类所从属的性质。这种性质就是"动"。于是我们获得了所指定的这三个种类——人、马、犬——的共同种类，换句话说"动物"类。可是有的物种有生命，但不是动物；我们说植物、树木有生命，所以我们说它们有生，有死。因此，更高一级的类别是"生物"类，其中包括动物和植物。可是还有的"存在"是没有生命的，比如岩石，因此需有一种比"生物"更原始的类别："体"。如果我们说，所有的"体"，可以分成"有生命的"和"无生命的"，那么"体"类就可以有从属的分别。可是还有在"体"之上的种类，因为我们说，有的事物是"有形体的"，有的是"无形体的"。那么，从中派生出这些有形和无形事物的那个种类，又是什么？正是刚刚我们以非常不恰当的形式称为"存在"的那个东西。这个"存在",我们可以分成"有形体的"和"无形体的"。于是我们有了最原始的,第一级的分类,我们将其称为"总类",而其他的则成为"别类"。例如,"人"是一种"总类",可是在其中,有不同的"别类",民族(希腊人、罗马人、帕尔图人),肤色(白种人、黑种人、黄种人),个体(加图、西塞罗、卢克莱修)。当包含许多元素,就是"总类",当从属于某一种特殊性,便是"类"。至于说"存在"在种类中是总体的,普遍的,没有任何另一种类在其之上,是一切之源头,一切由它派生。斯多葛派还要它从属于更高的一级,更初始,一会儿我再说它。就此刻,我想表明,我所说的这个"存在"种类,应该实际上被看成是最高的,因为它包容别的一切类别。

我把"存在"分为两类,"有形体"类,和"无形体"类。没有第三种可能性。"有形体"的总类则又分为"有生命"类和"无生命"类,在"有生命的"类中,又分为"有灵魂的存在"和"仅有生命特征的存在";或者,就说成是有自身运动的存在,这些存在分成能行进、位移的,和吸收营养、生长、以根系固定在土地上的存在。至于"动"物,还分成多少类?分成"有死的"和"永生的"。

有些斯多葛派的观点认为,"存在"之上,最初始的种类是"某"(quid),因为前面我说要告诉你。"在自然界,"他们说,"有的事物是存在的,有的事物是不存在的,但是包含在大自然里。这里所指的是想象力的产物,比如半人马、巨人,和其他一切从虚假的观念中产生的,最终获得了某种形象,尽管没有物质的形体。"

可是,让我们回到开始提出的问题,或者说,柏拉图是以什么方式构思存在的六级层次。首先,"存在"是不能用视觉捕捉到的,不能用触觉触及的,或以别的什么感觉器官;是只能想象的。所有的总类别,例如人类,都逃脱视觉的管辖范围;我们看到的是特殊的存在,例如西塞罗,或加图。"动物"不是视觉的对象,而是思维的对象。但是,它的种类可以看到:一匹马、一条狗。

第二,在存在的层次上,柏拉图认为,那种卓越的、超过其他的,被称为"超越的存在"。这样,"诗人"是一种普遍称谓,是给所有写诗的人的名称,可是,在希腊,变得只用来称呼一个人:当人们说"诗人",便理解为在对我们说荷马。那么,什么是"超越的存在"?是神,所有存在中最强大的。

第三，是那种有独特存在的事物。这些事物是无限的，处于我们观察之外。你想知道这些是什么吗？是柏拉图的特色的命题：是那些被他称为"理念"的东西，从中产生我们所看得见的事物，一切由此而具形。"理念"是不朽的、永恒的、不可触犯的。要理解好什么是"理念"，或者说得更清楚一些，柏拉图所理解的那种是什么："理念是大自然中一切存在永恒的模式"。对这种定义，我举一个例子，为的是让你的思想更清晰。你想象我要描绘一幅你的肖像。我的画的模特是你，我的精神从对你的观察，抽取某种构图加之于我的画作；那种结构，指引我并决定我，从中产生我的模仿，这就是"理念"。那么好吧，大自然拥有相似的、无限量的、人类的、鱼类的、树木的模式；所有的未来生存的一切，从这些模式取形。

第四，就是"eidos"（表相或外形），小心这个"表相"，如果你觉得是难以理解，那就对柏拉图发脾气，而别冲我。况且，任何一种抽象的思维，总是有难度。刚才我用了一个画家的例子。如果这位画家，想用一幅画表现维吉尔，他观察维吉尔本人。"理念"就是维吉尔的面部，是未来的画作的模特，艺术家从中所取的形，加之于他的作品的就是表相。你不理解这有何区别吗？理念是模特，表相是从模特判断出的形，并加之于画作；理念是艺术家模仿的那个东西，表相是他所作的那个东西。被艺术家复制在雕塑上的模特本人也有某种形式，是他的"理念"。如果你更喜欢另一种解释，我会说，表相在作品中，理念在作品之外，而且不仅仅是在之外，而且是先于作品存在。

第五，是普遍性存在的事物。此时我们已经立足于我们的世界，是所有存在的万物，如人、动物、物品。

第六类包括那些仅仅以比拟的形式存在的事物，例如"虚空""时间"。

我们能够看见和触及的东西，柏拉图拒绝将其列入被他认为赋有独特存在的万物，因为是在不断地变化，永续地增长或减少。我们任何人在老年，都与年轻时是不相同的；我们任何一个早上醒来都与昨天晚上的不一样。我们的身体快速流淌，像河里的水。所有你看见的都伴随着时间飞速流动，我们看见的东西没有能保持原样的，就连我自己，当我在说事物的变化时，我已经变化。

这就是赫拉克利特那句话的含义："我们能，却不能两次跳进在同一条河。"河的名称没有变，而那个水已经流逝了。我们的眼睛更易感受到河水的这种现象，而不察觉在人中的这种现象，可是我们身中时间的激流，不比河水流逝得更慢。所以，我惊讶的是那种疯狂，我们如此热爱身体这种捉不住的东西，害怕有一天我们会死去，而每一刻都是它前一时刻状态的死亡。所以，你要做这样的准备，不害怕哪一天发生那种正在持续不断发生的事。我说的是人，流动的物质，会变老，暴露于所有的意外事件：所谓永恒的、不可毁灭的世界本身，也改变，而不是安稳不变。尽管世界继续并且的确在其中包含一切自古以来就有的事物，容纳的方式却与以前不同，换句话说，改变了相应的秩序。

"所有这些深奥的哲理，"你会说，"对我有什么用处？"如果你问我，我会告诉你，没有一点用处。然而就像一个雕刻家，工作时间太久，眼睛感觉疲倦，就停一会儿，让他的眼睛休息一下，像人们常说的，恢复一下精力，我们也如是，时不时地，应该放松一下精神的注意力，消遣一下，解除疲倦。可是重要的是，消遣必须是有益的；你瞧，假使你注意到，即使是这种思辨，从中也可以获取对你的修养有好处的东西。尊贵的路西利奥，这正是我所采用的方法：从任何知识中，哪怕是离伦理哲学非常遥远，我也总是尽可能地从中汲取有用的元素。对我们人格的完善，还有什么比我们刚刚所涉及的思辨能与它更无关？柏拉图的那些"理念"如何能使我成为更好的人？我能从中汲取什么来帮助我压抑欲望？但千万不要是这种想法：按照柏拉图的说法，所有存在的一切都不属于有真实存在的事物之列，都是为了感官的，令我们的兴趣变得敏锐兴奋。因此，都是想象的事物，它们随着时间变样，不具有任何稳定性和持久性。我们到底是该愿意把它们当作应该是永远存在的东西，还是我们该永久地占有的东西？！我们，人类，脆弱而昙花一现，我们生活在虚无的事物之中：还不如我们让灵魂昂然去面对那种永恒的东西。我们赞叹在高处盘旋的理想形态和在它们之间的神明，运作安排让这些造物成功抵御死亡的方式，他们不能以阻止物质的形式将其创造成不死的仙人，于是让理性超越身体的缺陷。整座宇宙的续存，不是由于它是永恒的，而是因为它是在某物的管理和守护下；如果是长生不死的，就不缺少一个保护者。他是宇宙的工匠，宇宙由他维护，他的力量统治宇宙的脆弱材质。因此，我们蔑视所有的如此没有价值的，乃至他自身的存在都有疑问的事物。我们同样思考，如果宇宙与我们一样是有死的，却以它自己的天意捍卫不受这种危险，那么就在某种程度上，我们有可能以自己的意志延长一点这个可怜的躯体的寿命，只要我们能够控制并压抑将它大部分消耗掉的情感。柏拉图本人，由于有节制的生活习惯，得享老年。实际上他有健壮和精力充沛的身体，正如他的名字意思是宽胸的人，是因为他的身体高大，然而，长途的海上旅行，消耗掉他许多精力。他的简朴，面对一切激发贪欲的事物的节制，对自己健康的严格关心和在意，尽管遭受各种不幸，使他得以活到老年。你知道，我觉得柏拉图在生日那天去世，享年整整八十一岁，是因为他对健康十分严密的重视。由于这个缘故，一些星相家路过雅典，为逝世的柏拉图设祭，相信他超越了人的一般命运，以九的平方达到非常圆满的寿数。我不怀疑你能活到这个岁数，比它总数少那么几天，无需任何牺牲！节俭可以延长寿命享受老年，而这，如果说我不认为是令人向往的，却无论如何不觉得是该拒绝的。我们能尽可能久地一起生活实在是一种快乐，只要我们有尊严地提供愉悦，相互陪伴。

总之，我们对这个问题提出看法：我们是否该缩减衰老的最后阶段，不是消极等待我们的终结，而是用我们自己的手来加速它？被动地等待死亡，几乎是一种怯懦的态度，正如一个嗜酒如命的酒徒，在喝光酒坛里的酒后，去吸吮沉渣。现在就差知道，生命的最后几年是陈渣，还是相反，是最透明纯粹的阶段。要懂得：只要心智没有减弱，感官完好地服务于精神，身体没有衰败并且已经半死不活的，因此，最重要的是要知道，延长的究竟是生活还是死亡。如果身体已经不能完成任务，为什么我们不把灵魂从羁绊中解放？有可能我们甚至该在必要这样做之前就动手，别出现那种情况，到我们必须做的时候，已经无能为力。因为活得坏比死得早的危险更大，那种不肯牺牲很少的一点时间，换取从如此多的偶然侥幸中摆脱的人是愚蠢的，很少有人在长久的年老之后，一直到死都能力不减弱。那么难道是认为，丢失掉几天生命，比丢失掉结束它的权利要更加严酷？你千万不要听反了，好像现在这些思考就适用于你，要想清楚我所要表达的：我不会终结我的老年，如果它让我使用那些构成我自身最好的部分的功能。但是，如果开始影响到我的智力，摧毁了我的某些能力，假使剥夺我的生活，而仅仅给我留下生存，那么我便逃出这座破败的、成了废墟的楼宇。我不会为逃避死亡而不去治病，只要是可以医治的，对我的精神不严重的。我永远不会为躲避痛苦对自己下手：这样的死就是认输。可是，如果知道那种病永远不放过我，那么我便走出这个生命，并非因为疾病本身，而是因为它成了我值得为其而生活的一切的障碍。为避免痛苦而死，是软弱和胆怯表现，仅仅为承受痛苦而生，却是一种愚蠢。

我已经写得太长了，况且，这题材使得一天的时间显得漫长。一个懂得结束自己生命的人，怎么不懂得结束一封信？那么好吧，祝你健康！你更愿意听这样的祝福，而不是关于死亡的冥想！

第五十九

你的信，给我巨大的快感！请你同意我使用这个词汇，是以大家理解的意义，而不把它理解成斯多葛派的，一切快感都是恶习。就算是吧，我们并不因此而放弃使用"快感"这个词，来说明一种内在的快乐。我很清楚，再说一遍，根据我们的定理，"快感"是一种不耻的东西，只有智者才懂得什么是真正的快乐，那种灵魂的升华，是全面地掌握它的真正财富。但是，用流行的话来说，我们说"非常愉快"是当知道某人被任命为执政官，或是结了婚，还有就是他老婆为他生了孩子，所有这些情景，不但不是快乐的原因，而且很有可能是未来的不幸的前奏；因为快乐 ① 没有终点，也不能化为它的反面。正是因此，当维吉尔这样写时：

> 精神的那些
> 反复无常的快乐 ②

他写了美丽却不恰当的诗句，因为快乐永远不能是反复无常的。他想用"快乐"这个词，表达"快感"；何况，很明显诗人在影射那些以自己的恶习为乐的人。从我这里讲，说你的信给我巨大的快感不是没有根据。对于一个非智者，——为了合法合理地成为快乐的缘由——属于一种很容易一时间就转化为反面的、想象出来的、虚假的、过分的、不假思索的好事情，所引起的无法控制的冲动，——恰是因此，才不叫"快乐"而称其为"快感"。

---

① 斯多葛派的快乐（幸福）是没有退转的。
② 引自维吉尔《埃涅阿斯》第六章。

还是让我们回到主题。令我满意的是在你的信中，看到你对词语的把握，和对文风的注重，不是即兴的漫笔。有许多人，写东西毫无章法，仅仅是被一些美丽动听的辞藻所驱使。你不是这样，你的文笔洗练，言简意赅，适应主题，只说想说的话，表达出言外之意。你的文风显示出某种更重要的征兆：你的灵魂对废话连篇、夸夸其谈不感兴趣。总之，我在你的文章中看到某些隐喻，不是大胆的，在某种意义上说却是勇敢的；看到某些比喻，可是，人们借口只有诗人才有权使用它们，而禁止我们使用这些形象，这就意味着，他们没有读过尚且还没有对雄辩痴迷到畸形的时代的古代作家。这些作家，尽管语言简易，唯一关心的是让读者理解，却又有一种充满对比的风格，我认为这对哲学家非常必要，然而并非同诗人的原因一样，而是作为克服语言限制的一种手段，让讲演者和听众直接抓住所涉及的题材。

现在我正读塞克斯蒂乌斯的著作，有意思极了，思想深刻，虽然以希腊语写作，却认同适合罗马特色的哲学。他使用的一个比喻引起我的注意：如果假定敌人有可能发动意外的、不知道从什么地方而来的攻击，军队应该以方阵行进，时刻准备投入战斗。"同样道理，"他说，"智者也应该这样做，他的品德应该均等地警觉，以便一旦看到微小的障碍，就立即反应，不让指导这些德行的灵魂仓促应对！"在军队里，将领们布置军队，使将军的命令同时下达到所有的战线，步兵和骑兵同时得到指挥部发出的信号。塞克斯蒂乌斯说我们的行为中，不但与军队相同，而且更加必要。往往发生这样的情况，军队无缘无故地害怕敌人，那条认为是最危险的路线，结果却是最安全的。那么，无知这种东西，就总是受到突袭，危险从上下左右攻击它，有理由担惊受怕。危险的进攻有可能来自背后，也有可能从前方跃起，任何一种情形都令他恐惧，毫无准备地遇到偷袭，连救兵都吓傻！但是智者总是警觉的，时刻准备应付突袭，即便是贫穷、不幸、耻辱、苦难落在他的头上，也绝不后退一步；智者毫不动摇地面对这些灾难，从中安然渡过。对我们来说，各种各样的原因，使我们瘫痪、软弱。我们处在这些恶习中的时间太长，不容易摆脱掉。实际上，不仅仅是沾染了恶习的污迹，而是完全被浸染。

在此，没必要再援引别的比喻！我们还是先来分析我经常跟自己辩论的一个问题：是什么缘故，我们被愚昧如此有力地死死捉住？首先，是因为我们没有以足够的力量排斥它，也没有用尽我们的力量摆脱它；其次，我们对智者的教诲不够信任，反而对一个如此严肃的问题不当回事，以轻描淡写的方式对待。何况，一个人用恶习留给他的闲空时间来学习向恶习斗争，又怎么能学得好？……我们任何人对这个问题思考得都不够深入，我们浮皮潦草地涉及它的枝节，就像非常繁忙的人，觉得用几个小时致力于哲学就不但足够，而是富裕了。而最伤害我们的是轻易就获得自尊心的满足。如果我们遇到某人，觉得我们是好人，明白事理，完美无缺，我们立刻表示同意！甚至我们对矜持的赞美都不满意：哪怕是不知羞耻的阿谀奉承，我们都以充分的权利照单全收。如果有人宣称我们是世界上最优秀的、最智慧的人，我们也颔首认可，即便我们知道那个人是说谎成性！我们的自我满足，甚至能到这种地步，竟然想让人夸赞被我们的行为当面揭穿的美名。一个以折磨别人为乐的人，却要喜欢被赞扬为宽厚仁慈；一个无耻偷抢的人，却要做独立自由的榜样；一个沉湎酒色的人，却想当模范精英！效果呢，就是谁都没有改正自己人格的意愿，因为每个人都觉得自己是这个世界上最好的人……亚历山大去攻打印度，给那里的人民带去从未领教过的战争和毁灭。一次他包围了一座城，围绕着那座城寻找攻城的薄弱之处，被一箭射中。他继续骑在马上征战了一段时间。最后终于因为流血和伤痛，跨在马鞍上的腿开始感觉麻木，不得不下马。于是说道："所有人都发誓说我是朱庇特的儿子，可是这个伤口叫喊说我只不过是人的儿子。"我们要像亚历山大那样做。当有人自相矛盾地对我们阿谀奉承，应该是由我们来回答他："你说我明白事理，可是我自己知道我想要许多没用的东西，我有多少祈告，若能如愿，只会给我带来害处。我甚至连这件事情都搞不懂，动物的本能教会它知道什么是吃饱了：食物和水，吃到恰到好处。我都不知道进食的量应该是多少！"

现在我教你验证自己还不是智者的方法。真正的智者，生活在完全的快乐中，幸福，平和，镇定；与神明平等地生活。那么你分析自己：是否从来不感觉忧伤，是否某些希望使你对未来的期待心灰意冷，是否你的灵魂白天和黑夜都保持一致，也就是说，全面升华，对自己满意，那么你就成功达到人所可及的最高境界！可是，如果四处奔波，并以各种方式，不求别的只图快感，你就知道离智慧和真正的快乐远而又远。你想获得快乐，可是如果你想通过财富或者荣誉来获得，就达不到目标。这就好像是通过痛苦求得快乐。你所追求的这些就像是满足于快感的源泉的财富与荣誉，只不过是未来的痛苦的缘由。所有的人，我再说一遍，都谋求一个目标：快乐，但是忽略了获得长久的，灵魂深处的快乐的方法。一些人在飨宴、放荡中寻求快乐，一些人在满足野心中、众星捧月式的满足中寻求快乐，还有的以占有一个美人寻求快乐，还有的，总之，为吹嘘自己的博学多识，毫无益处的文学崇拜而快乐。所有这些人，听凭被短暂的自足所欺骗，就像醉酒，一时的满足和狂醉，换来无尽的苦闷，就像赢得群情激动的掌声，却付出巨大的痛苦！所以，要想清楚我对你说的：智慧的结果是获得不可改变的快乐。智者的灵魂如同月上天①：永恒的安宁。这里，你有愿望获得智慧的另一个动机：达到永远不缺少快乐的状态。一种这样的快乐只能来自美德自身的觉悟：只有坚强的人、正直的人、有节制的人，能够获得快乐。"你说什么呀？"你反驳道，"难道那些蠢人、恶人，就永远不快乐？"不过如狮子用利爪扑住猎物！那些听任自己倒在酒醉中、淫欲中，整夜的沉湎恶习，在渺小的躯体内积累快感，直到超过饱和点——那些不幸的人，最终会喊出维吉尔有名的诗句：

> 你清楚地知道如何在虚假的快乐中
> 我们度过（特洛伊）的最后一夜②

放浪形骸的人，整夜在虚假的快乐中度过，过得的确就像是最后一夜！然而，神的快乐，和那些堪与神同的人的快乐，没有中断，没有极限。界限是有的，假使是由外部因素而来。可是，正如不靠着谁的施舍，也不受制于谁的主宰：命运夺不走它没有给的东西！③

第六十

我伤心，我生气，我对自己很愤怒！那么你继续对自己作，你的保姆，你

---

① 古希腊人认为天有层级，月亮之上为永恒的天界。

② 引自维吉尔《埃涅阿斯》第六章。

③ 参阅书信第八，塞涅卡引用的路西利奥的诗句。

的蒙师，你的妈妈对你的祝愿?！还不明白他们的希望对你的伤害？噢，我们的家人对我们的祝愿是与我们的益处多么相反，而且，现实中越是显得更成功，就越是相反！我已经不吃惊，我们的缺陷从稚嫩的童年就与我们相伴：因为，如果我们在自己父母的诅咒中成长！……但愿神明能有时听我们说起自己的时候，不向他们祈告！何时我们才能不总是向神明索取？好像我们还不能自己吃饭！多少次我们还要把城市那么大面积的庄园种满？多少次全体人民去为我们收割？多少次为了一张餐桌，那么多的渔船到四海去捕捞？几亩草地就喂饱一头牛，一片森林就足够无数头大象生活，人类，为生活却需要整座大地和全部的海洋！这是怎么了？大自然赋予我们这样细小的身躯，却给了我们填不满的肚子，总不餍足，超过最硕大的贪吃的动物？绝对不是！自然的满足于多么的微少！……它满足于很少的一点点。我们在胃上如此地花费，不是因为饥饿而是被迫地讲求排场。那么好，我们把这些人列入萨卢斯特所说的那一类"胃的奴隶"的动物之列，不算做人类，而有些，甚至连动物都不能算，而是归列到死人！人活着就是为了对他人有用，活着就是要懂得充分开发自己的功用。那些人活得昏天黑地，稀松懒散，把自己的家变成坟墓……我们就该在他的大门旁立一块墓碑，刻上他的名字：这些人是提前地，活着就已经死掉的人！

第六十一

让我们不再愿望曾经所期望。从我的角度说，尽可能地不在老年还怀有孩童时候的梦想。我的日日夜夜，我的努力和思想，都把终结我旧的缺点为目的。我以这样的方式，把每一天都当作整个的一生来度过；可是，苍天可证！我不急着把它当作最后一日地享受，而仅仅是把它当作假使真是我最后一日那样地面对！我以一个死神在他正在写信的时候突袭他的那种人的精神态度给你写这封信。我已经准备好出发，越是不刻意去想知道未来还给我留下多少时间，就越享受生命。在老年来临之前，我为生活得好而操心，现在我老了，我关心死得好；而死得好，意味着有能力接受死亡。你要特别注意，做任何事永远都不要烦恼：某人想对你设置障碍，强加给你的一件迫切的事情，当一个人自愿地接受它就不再是障碍。这就是我要对你说的：那个以好心情完成一个命令，就避免被奴役的最痛苦的方面，那就是违背意愿地做这件事。任何人不会因为别人命令你做什么不快活，而是当不情愿地做才不快活。因此，我们要准备好自己的灵魂，自愿地去做环境对我们所要求的，那么首先，就不带痛苦地思考自己的终结。对死的准备，优先于对生的准备。生有它足够的资源，是我们怀着对那些资源的过度的贪婪而忧虑：因此，我们似乎并且永远好像缺少点什么！

为了使生命是足够的，不在于多少年、多少日，而在于灵魂的品质。我已经活得足够，我尊贵的路西利奥。我可以完全满足地等待死亡。

第六十二

所有那些想让人们相信，他们不学习，是因为太忙碌，都是纯粹的骗子。事实上，忙碌只不过是个借口，是想伪装忙碌的人吹起的泡沫。我是自由人，路西利奥，完全自由，而且，不论你在哪儿，所有的时间都随你支配。我不去忙于事物，顶多，我应付它们，我不去没事找事浪费时间。无论我在哪儿，都来反省我的思想，思索某种对我有益的东西。哪怕是与朋友聚会，都不停地观照自己，不把精力耽误在陪伴由于临时的情况或社会责任的缘故，与他们在一起的那些人物。我的伙伴都是那些最优秀的：不论他们生活在什么地方、什么时代，我的精神是要与他们在一起。现在不论到哪儿我都带着这个出色的人物，他就是德米特里，我避免与"紫衣人"①为伍，为了和这个几乎贫穷的人一起说话，我对他敬佩至极。我又如何能不对他赞叹，当我发现他什么都不缺乏？轻蔑一切，有人能做到；占有一切，谁也做不到。蔑视财富是通向财富的最近的路。而我们的朋友德米特里，不是像某个能蔑视一切财富的人那样生活，而是允许让别人占有一切财富！

---

① 指罗马贵族。

第七卷
（第六十三至第六十九）

第六十三

我深切地哀悼你朋友弗拉克的逝世，同时，我认为你该节哀，悲伤不应该越过合理的限度。我不敢要求你面对这件事不感到起码的震撼，虽然这是理想的。然而这样一种坚强的心，只有超乎命运的无常之上的人才能做到。即使是这样的人，也不会不感觉灵魂的收紧，但愿仅仅是被掐了一下的感觉！对于像我们这样的人，任泪水畅流是能够原谅的，只要不过量，只要我们能够抑制住。重要的是，面对一个朋友的消逝，我们的眼睛既不干枯，也不泛滥。哭泣，可以；嚎啕大哭，不可以！你以为我是在强加给你一条严厉的法律，而当甚至希腊最伟大的诗人只给一天的哭泣时间，或告诉我们尼俄柏都不少吃一顿饭①？你想知道什么是过度悲哀和痛哭的原因吗？眼泪是用来证明伤心，换句话说，哭泣不是发自痛苦，而是想向别人表示我们痛苦！谁也不独自一人时纵情一悲……噢，我们不幸的愚蠢，甚至把痛苦都用来做炒作的工具！

"你说什么？难道我得忘记我的朋友？！"你对他有短暂的怀念，如果与哀悼的表现相匹的话：不用多久，任何一个偶然的成功，都会使你笑逐颜开！甚至我都无法预见，要经过很多时间，所有的怀念都会淡漠，再强烈的悲伤，都会被时间平复。你只需观察一下自己的行为就够了，所有的伤心的外部迹象，都会平息。此时，你在培养你的悲痛，可是，不论你再怎么培养它，都会过去，而且，越是现在表现得激烈，过去就越快。我们更应该把对逝者的怀念化为一刻温馨。谁也不情愿地去想一种一想起来就伤心的事情。自然有可能，想起某个已经去世的我们所爱的人的名字，灵魂中会感觉某种压迫，可是那种压迫感总是伴随着某种欣悦。我们的朋友，阿塔罗常说："就让对我们去世的朋

---

① 引自荷马《伊利亚特》第十九章："必须毫不犹豫地把死者埋葬，仅仅在哭泣他一天以后。"第二十四章："一头秀发的尼俄柏都不忽视进餐，她看见在家里死了十二个孩子，六个儿子年轻力壮，六个女儿花样年华。"

友的怀念是好受的，就像有些水果尽管酸却是可口，或者，就像太老的陈酒，我们会喜欢它的苦味儿，过一段时间，苦味儿消散，记忆中就留下纯粹快乐的部分。"让我们就相信他的话。"想起活着和健康的朋友，就像是品尝蜂蜜和蛋糕；重新想起去世的朋友，却是甜中带有苦涩。可是，谁又能否认酸辣的调料不会更开胃口？"我不持这种观点：对我来说，想念已经去世的朋友，是某种给我们甜美的满足的体验；当与他们在一起，我知道有一天会失去，而现在我失去了他们，仿佛永远和我在一起！

尊贵的路西利奥，处事要公平，不要把命运赐给你的好处解释成坏事：它夺走了你一个朋友，可是当初是它给你的这个朋友。我们尽情地享受朋友的陪伴，因为我们不知道能相伴多久。我们也想一想，多少次告别朋友去遥远的旅行，多少次我们尽管同在世上却长久分别：我们以这样的方式理解，即便是他们活着，我们大部分时间在没有他们的陪伴中度过。对那些朋友活着的时候，不当回事，死了却夸张地痛哭流涕的人，你说什么好呢？好像只对死人有友情！正是为此，才痛不欲生，害怕对他们的友谊受到怀疑，这才有那些已经晚了的情分。如果我们还有其他朋友，我们觉得不够弥补失去一个朋友，就相当于轻蔑和漠视友谊；如果没有，那么是我们自己比命运对我们更残忍，因为命运夺去了我们一个友人，我们却没有能力结交更多的朋友。何况，一个不能结交更多朋友，只有一个朋友的人，肯定是吝啬给予友情的人。一个人，被偷走了唯一的袍子，于是开始在那里顾影自怜，而不去找御寒的办法，去找到点什么可以包裹身体——你不觉得是疯癫到了极点？你以前只有一个朋友，你伴他到葬礼；那么你就去结交另一个，给他你的友谊。找到一个新朋友，比哀伤哭泣一个死去的朋友更重要。

我现在要说的话，更是真理而不是训斥，而且不因为是老生常谈，就不对你重复：当我们刻意地不结束我们的痛苦，时间会替我们结束。对一个人来说，告诉他，没有比把厌倦作医治痛苦的药更不适合的了。我更愿意是你离开痛苦，而不是让痛苦离开你。停止沉陷在悲哀里，越早越好，不管怎么样，总不能无止境地悲哀下去。古时候罗马人给女人规定一年的守孝时间①，不是为了

---

① 引自奥维德《岁时纪》第一章，35-6："在同样长的时间（十个月），在丈夫葬礼后，寡妇应该在家里保持丧事的气氛。"

叫她们哭一年，而是叫她们不哭更长的时间。对男人，法律没有多长时间的规定，因为多长时间都不适合他的尊严。所有的那些可怜的女人，人们费好大力气才把她们从火化的柴堆前拉走，离开她们亲爱的人的遗体，——只给我指出一个来，她流了整整一个月的眼泪！没有任何东西比痛苦更快地变成厌烦的；一个新近的痛苦，引发别人的同情和安慰，一个过于漫长的痛苦，就招致嘲笑，而且有道理，因为，要不就是装的，要不就是白痴！

我给你写这些话，可是我，毫无节制地大哭我亲密的朋友阿内乌·塞雷诺，我，非常地为自己感到羞耻，看到自己被迫列入那些被痛苦战胜的人的名单。今天，我谴责自己过去的态度，而我懂得之所以过度的痛哭，主要原因是我从来没有想到他会死在我的前面。我只是想起他还年轻，比我小许多——就好像命运会顾及年龄的次序。这是另一个理由，让我们不断地思考我们有死凡夫的处境，我们的，和那些我们所爱的人们的。我该做的是之前就对他说："塞雷诺，你比我年轻，可是这算什么？你应该死在我之后，可是也可能死在我之前。"我没有做，命运突然的打击，使我措手不及！这会儿，我所思索的是一切都是有死的，而死亡不遵从任何法律；一种可能的事，今天的可能就像任何一天同样的可能。尊贵的路西利奥，让我们想到，不久我们也会去，现在令我们伤心的，我们的朋友去的地方；或许圣人们说得有道理，会有那么一个地方，我们死后都去住在那里：如果真是这样，我们就认为死去的那个朋友，只是在我们之前，出发去了那里！

第六十四

昨天，你与我们相伴。"仅只是昨天？"别抱怨：仔细看我写的是"与我们相伴"，这就是说同我，你是永远相伴的！几个朋友来看我，我的烟囱冒出更多的炊烟，不是那种惊动消防队的从富豪的厨房冒出的浓烟，而是那种只是说明家里来了客人的青烟袅袅。话题很多，就像平常朋友们聚会吃饭的时候习惯的那样，从一个题目扯到另一个题目，不是深入地讨论任何一个问题。结束的时候，读了一本塞克斯蒂乌斯的书，他的父亲，你可以相信是个伟大的人物，斯多葛派，尽管他否认。伟大的神，这个人有何等的精力、勇气！不是对所有的哲学家能说同样的话：有的人，具体说，他们的写作没有丝毫的生气。提出论题，讨论，卷入诡辩，但是不能传递出能量，因为他们没有。可是读塞克斯蒂乌斯就不禁令人想说："多么生动，多么有力，多么自由！这个人超乎人类的条件，读完之后，我充满对自己强烈的自信！"告诉你我读他的时候的精神状态，我有挑战一切可能性的欲望，我有喊叫的欲望："命运，你为什么等待？来吧，我已经准备好战斗！"我有那些想考验自己，寻求展示勇气的人一样的心情：

> 渴望在没有危险的狩猎中，
> 突然出现一头凶猛的野猪，
> 或从山上冲下来一头锦毛狮子。①

　　我有一种想遇到障碍并战胜它的冲动，一种勇敢地克服困难的勇气。塞克斯蒂乌斯的确有一种卓越的素质：他有能力表现出幸福里所有的伟大之处，却不叫人失掉达到它的希望。读他的作品，你将知道，真正的幸福处于非常高的水准，但我们能够通过意志的磨炼来得到它。美德对你是最大的帮助，把它作为不论是沉思还是希望的对象揭示给你。我本人，习惯用很多时间思索智慧，用我痴迷的眼睛注视它，用我时常观察宇宙一样的眼光来审视它，这就是，永远仿佛是第一次。我同样地景仰哲学的发现和它们的发现者，我走近它们，幸福得像是接受了祖祖辈辈传下来的遗产。好像这些都是为我而发现的，为我而作出的。于是，我们像要当个好的一家之主，增加传给我们的遗产！而我传给后代的产业，有可能比我继承的还要多。还有许多工作要做，永远会有许多的工作，哪怕是一千个世纪之后出生的人，还不缺少机会增加这份遗产。而且，即便是承认古人，在运用知识和这些发现的整理上，已经发现了一切，依旧还是有一部分事物是新的。想象一下，例如，人们传授给我们治疗眼病的药方：不必寻找新的配方，可是成药也必须对症而下，针对具体的症状。这种药治疗眼睛红肿，那种药治疗眼皮发炎；这种药避免急性的针眼化脓，那种药可以增进视力。必须配置药的成分，寻找合适的时刻上药，对不同的情况下不同的剂量。那么好，古人发明了针对灵魂疾病的灵丹妙药，可是应该由我们研究施药的方式和适当的时机。我们的前辈已经做了许多，但是并没有做完一切。我们

---

① 引自维吉尔《埃涅阿斯》第四章。

应该像对神明一样地赞美他们，崇拜他们！为什么我不在家里竖起这些伟大人物的雕像，作为对灵魂的激励？为什么不庆祝他们的诞辰？为什么不时刻呼唤他们，证明我对他们的崇敬？我们对师长应当的尊敬，也应该尊敬这些人类伟大的导师，他们就像涌出至善的起始源头！如果我邂逅一个执政官或大法官，就向他们表示遇见高官的那种礼仪：跳下马来，脱帽致意，给他们让道。而对于两个加图、智者雷利奥、苏格拉底，还有柏拉图、芝诺、克里安西斯，难道说我有可能只想着他们，而不表示出更大的崇敬和赞叹？我对所有这些人都十分景仰，每当我想到这些伟大的名字，就十分的激动！

第六十五

我昨天在自我与身体的不适之间度过。上午是归它的，下午我能支配自己了。开始我用阅读来试验是不是有气力，看到能经受得住，便放胆地对精力要求更多，或者更确切地说，随意起来，听其自便！我比平常习惯做的更加小心地写了点东西，我正在和一个困难的问题较劲，不想认输，直到来了几个朋友，他们说我有病，于是强迫我别太和自己过不去。

写作让位给聊天，这正是我要告诉你的所争论的问题。我们推选你来给我们裁决；你将遇到比想象的多许多的工作，因为所讨论的问题以三种形式提出。

就像你所知道的，我们斯多葛派认为大自然有两个起源，万物都是由它们所派生：原因和物质。物质是躺在那里不动的，能够获得所有的形状，但是如果没有人加工它便在那里永远不动；然而原因，有人说就是理性，给物质材料以形状，将其改造成所欲的形状，通过它实现各类的产品。

因此，必须有一种起源，由它产生一切，有另一种，由它给每件事物以形状：后者是原因，前者是材料。一切艺术都是对自然的模仿，因此可以把我所说的，在普遍意义上，适用于人类特有的活动。一座雕像意味着有一种材料交付艺术家支配，可是也要求一个艺术家给那块材料以形状。因此，在一座雕像中，材料是青铜，原因是雕塑家。所有别的事物都受这个条件的约束，所有的，都要求有能够成形的某物，和有能力生产这个形状的某人。

斯多葛派的看法是，原因只有一个：介入者。亚里士多德则认为，原因可以由三方面考虑。他说："第一个原因是材料本身，没有材料什么也做不成；第二个是艺术家；第三个是加之于各个物品的形状，例如，一座雕像。"亚里士多德将最后的这个因素称为 eidos（表相）①，——"可是对这三者，"他继续说，"还必须再加上第四个，就是所完成的作品的目的。"

我就来给你解释这是什么意思。青铜是雕像的第一原因，因为假使不存在什么东西可以熔化浇铸，这座雕像根本就不可能造成。第二个原因是艺术家，因为假使没有灵巧的手来塑造，青铜永远不会成为雕像。第三个原因是形状，因为一座雕像如果没有明显的有代表性的特征，就不能被命名为"Doryphoros（拿着长矛的人）"或"Diadumenos（戴王冠的人）②"。第四个原因是塑造这个雕像的目的，要是没有目的，就没有这座雕像。那么这个目的又怎么来理解？就是引起艺术家兴趣的意图，他所追求的目标：可以是金钱，他建造雕像为了出售，是光荣，他工作是为了得到声誉，是宗教精神，为了捐献给一座神庙。所以，在一件作品中，应该表现出那种促使它产生的动机，除非认为那种没有它便从来也不会去做的因素不是原因。

柏拉图在这些原因之后，又加入第五种，模特，他把这个因素称为"idea（理念）"。模特是艺术家完成作品的时候寻求再现的形象。他有没有外在的一个他所看到的模特，或者仅仅在头脑里有一个构思出来的模型，这都并不重要。神在他的头脑里有所有事物的模型，未来的所有数量和形式的事物；神性充满那些不死的、无量的、不疲劳的事物——被柏拉图称为"理念"。例如，人就是这样，人死人生，人类本身，他所依照而成形的模式，人类在痛苦和死亡之中这种模式，保持不变。

所以，根据柏拉图，原因有五个：材料、介入者、形状、模型、目的；由这些元素产生成品。这样，在一座雕像中（既然我从一开始就用这个例子），材料是青铜，介入者是艺术家，形状是艺术家企图表现的样子，模特是艺术家所欲摹仿的普遍理念，目的是他所预期的意图，所有这些原因产生的结果的产品，便是雕像本身。

---

① 参阅书信第五十八。
② 著名希腊雕塑。

根据柏拉图，宇宙也同样是产生于这五种原因。有一个介入者——神；有一个原材料——就是物质；有一个形状，就是我们所观察到的世界的秩序和状态；一个模型，就是宇宙的宏伟壮丽，正如神所构想的和实现的；一种目的——创造的意图。如果你想知道神的意图是什么，那么我告诉你：仁爱。柏拉图有全部的道理这样说："神之所以创造世界的动机，是他的仁爱；因为他是仁慈的，一切是善美的，都值得被他赞赏；因此他创造了尽善尽美的世界。"①

那么现在就请你评断一下，哪个意见似乎看来更像是真的，而不是更有道理，因为这个问题，不但超乎我们，而且在真理本身之上。

亚里士多德和柏拉图所罗列的这一大堆原因，要么是太广泛，要么是太狭隘。的确是，如果他们把一旦别除便无法完成作品的东西都当作原因，那么他们所罗列的就太狭隘。在原因里还要加上时间，因为任何事物都要在时间里实现。还要加上空间，因为没有某物出现的空间，就什么也不会发生。还要加上运动，要是没有运动就什么也没有生，什么也没有死，没有任何艺术。没有运动就没有任何改造。

然而我们所要寻找的，是第一因，普遍因。这个原因应该是简单的，而物质就是简单的。我们所寻找的原因，只能是这个：创造的理性，也就相当于，是神。所有罗列的其他的复合的或单独的原因，都不是主因：都取决于一个唯一的原因，有效因。人们说形状是一个原因！可是它是由艺术家赋予作品：是原因的一部分，而不是那个原因。模型（理念）也是这样，不是原因，而是对于原因来说的一种必要的工具。对艺术家来说，模特的必要，就如同凿子和锉刀：艺术家需要用他们来工作，可是并不因此它们成为艺术的一部分，因此，更不是原因。

另外一些人会说："艺术家的目的，那种驱使他去完成一件艺术品的动机，那就是原因。"我承认是原因，但不是有效因，而仅仅是参与因。这种类型的原因是数不清的；然而我们寻找的是总原因。当这两位思想家断言，宇宙作为整体和完成的作品是一个原因，没有表现出他们惯有的敏锐的洞察力；实际上，作品和作品的原因，远远不是同一个东西。

要么，表达你的看法，要么，就用在这种问题上对你来说更容易的做法，

---

① 柏拉图《蒂迈欧篇》(*Timaeus*) 大约写于公元前 360 年。以苏格拉底、赫莫克拉提斯、克里提亚斯等哲学家的对话形式，试图去阐明宇宙万物的真理。

就说你无能为力，让我自己继续。你会说："可是你浪费时间为这些个无足轻重的小问题争来吵去，有什么乐趣让你摆脱不掉这种折磨和欲望？"事实上我致力于那些有用的问题，思考那些使我心神安静的问题，我观照自身，多于观察宇宙。可是即便是这些"鸡毛蒜皮"的小问题，我并不像你以为的那样是浪费时间。如果我们不把它们区分至无限，直至陷入无可奈何的精微之处，它们就会冒出来，占据你的精神，精神就像是被一个沉重的包袱压着，有挣脱的欲望，回到自己原先的状态的欲望。确实，我们这个躯体，是精神的一个包袱，一种折磨，在它的重压下，精神感到痛苦，被囚禁，除非让它接近哲学，来激励它，使它升华成对大自然的冥思，用地上的世界换取神的世界。这是精神的自由，它的这种翱翔：是偶然地逃避囚牢，到天穹去恢复力量！

正如那种专门从事一种精细的耗费眼神的工艺的匠人，或者是因为需要集中精力，或者是因为作坊缺少亮光，就不时地走到街上，在适当的地方消遣消遣，让眼睛在阳光下舒适一下，精神也是这样，关闭在这个黑暗忧伤的躯壳里，只要有可能，通过观察大自然便求得自由的空气和休憩。

不论是哲学家，还是想当哲学家的人，都黏合于自己的躯体，但是他们最精华的部分，被释放出来飞向高空。就像一个军团里的士兵，把自己的生命看成是一种要完成的使命，他既不顾生死，也没有爱恨，对自己有死凡夫的条件并不感觉痛苦，尽管他知道有一种更高级的存在。

你想禁止我观察自然，远离一切，专注一点？那么我就想知道宇宙是怎么开始的，谁给了每件事物以形状，是谁将万物从原先混沌不分的静止的材料中分别开来。难道我不会非想要知道谁是这个世界上的那个艺术家，那种把如此宏大的规模，直到调控了宇宙的规律，到底是什么过程？是谁把分散的集中了起来，将混合的区分了开来，是谁赋予无形静卧的材料形形色色的面孔？这所有的光，从何而来？还有火，和比火更明亮的东西？难道说我不该研究这些问题？我必须忽略从何而来？我到底只看见一次世界，还是会更多次出生？我的灵魂挣脱人类奴役的法律以后，什么地方会收留它？你禁止我进入苍穹，换句话说，你要我活着死盯着地面？

我是多那么一点儿，我生出来是要比做躯壳的奴隶多一点儿，这个躯壳对我来说不过是围绕在我自由周围的监狱。这个躯壳，我把它当作抵挡命运打击的屏障，我不同意让某种命运的打击透过它而到达我。如果说我身中的什么能够遭受打击，那就是躯体，但是在这个不舒适的宅子里，居住着一个自由的灵魂。这具肉体永远不会迫使我恐惧，或强迫我做出一个好人所耻的伪善，永远不会因为看重这个肉体的脆弱而使我说谎。当时候一到，我就断绝和它的联系。即便是此刻，当我们相互黏连在一起，我们也不是权力平等的伙伴，灵魂摄取和霸占所有的权利。蔑视自己的躯体，是自由的可靠保证。

然而让我们回到主题。研究上面所涉及的问题，对我们的自由至关重要，因为整个世界都包括在物质和神意。神掌管一切，一切都围着神，像追随一个向导或领袖。介入者，也就是神，比受神作用的物质更强大，更有效。神之于宇宙的地位，就如同精神对于肉体的位置一样；在宇宙，是物质，在我们是肉体。因此，低级的服务于高级的，让我们面对偶然坚强起来，不畏惧凌辱、伤痛、牢狱、贫穷。死亡是什么？或者是终结，或者是过渡。我不害怕到达终点，因为我将处在不曾出生的人一样的状态；我也不畏惧过渡，因为无论在哪儿我都不像在这儿这么受限制！

第六十六

多年不见，我又与老同窗科拉拉诺重逢，我觉得，你不是在等着我添上："可是上了年纪啦！"实际上，这个人保持着活泼和机警的精神，与他身体的衰弱成为反差。大自然显得有点不公平，将那种热情装在如此虚弱的身体里；除非它恰恰是想显示给我们，充满活力和幸福的精神如何很好地适应任何躯体。科拉拉诺战胜了他所有的残缺，始于不觉得自己有什么重要，最终觉得什么都不重要。所以，我似乎觉得诗人这样说，是不是错了：

> 当美德住在美妙的身体
> 越发是光彩照人 ①

实际上，美德天然去雕饰就很好，更显得它的美丽，除了给它所居住的身

---

① 引自维吉尔《埃涅阿斯》第五章。

体的美以外。肯定的是，我开始以另一种眼光来审视我的朋友科拉拉诺：我甚至觉得他是英俊的，不论身体还是灵魂都很好看。从一间茅草屋能够走出一个伟大的人，在一具畸形的、生满皱纹的可怜躯体里，能够居住一个如此伟大而美丽的灵魂。我相信大自然很乐于生出这样的人，来证明美德可以生于任何地方。而假使能够创造出剥夺掉躯体的纯洁灵魂，肯定会那么做；而此刻，比这做得要多得多：创造出肢体上残疾却并不因此缺少战胜一切障碍能力的人物。我十分相信，科拉拉诺生来就是作为一个范例，让我们所有人能够看到，灵魂不但不为身体的残缺而痛苦，反而是身体被灵魂的美丽所装饰！

我们在一起很少的几天，但是即便如此，我们还是聊了很多；我不时去回想那些谈话，把一些内容写给你。第一天我们辩论，各种美德的三重性怎么能是等同的？在我们这一派看来，有些美德是第一级的，例如快乐、和平、保卫祖国；出现于不快的情况，是第二级的，这其中就有抵抗折磨，或在重病中意志坚定。前面说到的第一种美德，是我们立即就愿望的；而另一些，则只有在被迫的时候。还有第三种美德，这些之中有谦虚、平和、真诚、待人接物恰如其分、通情达理。这些类型的品德怎么可能有平等的地位？一些是我们的心愿的对象，而另一些引起我们的排斥。

如果我们想给美德建立等级，我们就要开始来思考什么是至善，考察它在于什么？一个思索真理的灵魂，根据大自然而不是共同意见而给予事物以价值，它与整个宇宙融为一体，专注地观察一切运动，对思想与行动给予同等的注重。一个伟大的充满活力的灵魂，无论灾难和幸福都是不可战胜的，任何情况下不屈服于命运；超越一切意外和偶然的灵魂，美丽而均衡的灵魂，和蔼可亲，精力充沛；一种健康的灵魂，正直的灵魂，沉着冷静，勇敢无畏，威武不能屈的灵魂，任何环境不能令它狂妄或沮丧——一种这样的灵魂，是美德的人格化。这就是美德的形象，假使以一个唯一的形貌而表现，假使是一次性地全部显示出来。现实中，它的形象是各种各样的，根据生活表现给我们的不同的情况和事件：但是美德本身，没有大小。的确，至善既不会受到消减，美德也不会后退一步；但这种情况是有的，可能在对不同的景况作出适当的行为的时候，表现为不同的方式。然而在它凡所触及的事物上，都印下它不可磨灭的形象；给我们新方式的行为举止、友谊关系、家庭生活。在家庭生活里，它是以和谐的因素参与进来。一切经由它的手，就变成值得爱，值得崇敬，值得赞美的对象。它的力量和伟大不能够被抬得更高，只是因为，至高无上的事物是不接受添加的：没有比直更直的，没有比真更真的，没有比节制更节制的。

整个美德坐落于公平的尺度，而公平的尺度基于恰当的比例。坚定，都不能够试探地动摇一下，信任、真理、忠诚，也都是如此。能够对那些完美的事物有所增加吗？一点儿也不能，否则就不是完美，因为对它添加了点什么。正因为如此，美德是无可增加的；如果有可能，就说明它有所欠缺。诚实也是如此，不可能有所增添，因为诚实也属于前面的那种判断。至于别的，对于社会规范的尊重、公平、合法，你不认为属于同种类型的判断，以同样严格的标准制定吗？要让一件事物可以做添加，这个东西就必须是不完美的。一切善都遵从这同一个规律：个体的利益和公共的利益都是不可分开的，让我说什么呢？正如所有那种值得称赞的东西与值得我们努力去做的东西那样地不可分。因此，所有各种美德之间都是那么样地等同，正如所有的美德的实现和所有禀赋这种美德的人。

作为有死的植物和动物，它们的美德，同样是脆弱的、短瞬的、不恒定的；他们有生有灭，因此不能一致地评价。然而，人的美德却是以一种标准来衡量，这个标准就是理性，理性本身是完美的，不受制于或然性。没有比神更神性的，没有比上天更上天的。凡是有死的，都能减少或颓败，消耗或增加，清空或充盈，在它如此不察觉的运气中由不平等统治着。但是，神性只有一个。理性不是别的，就是注入人体的一小部分神性；如果理性就是神的，并且如果一切美德都是与理性不可分割的，那么一切美德就都是神的。但是还有：在神的事物中，是没有任何差别的，当然在美德中也就没有区别。因此，一方是快乐，而另一方是顽强地抵御折磨，都是同等的美德。在两种情况中，都体现出灵魂同样的伟大，尽管在前者中，是放松的、平静的，而后者的情况是不懈斗争的。不然的话，你能在攻占敌人的要塞勇敢的征服者和顽强地抵抗这种围困的士兵的美德之间看出有什么区别？西庇阿在包围努米比亚时是伟大的，他攻打得那么激烈，迫使直到那时从来不可战胜的人们自我毁灭；可是被包围的人们的勇气也是伟大的，他们懂得，一个自由而死的人，就不是真正被围困，正是因此，拥抱自由而死。与此相似，灵魂的别的状态也都是等同的——平静、简易、自由、坚定、沉着、宽容——因为在这些素质的背后，都有一个共同的因素，美德，它给灵魂正直而坚贞的意志。

"你是说，在快乐与坚贞不屈地抵抗疼痛之间，没有区别吗？"在关于两种美德本身上没有任何区别；在涉及这两种美德表现出的景况上有巨大的区别。明显地，在第一种情况，我们面对的是精神紧张的自然舒缓，而在第二种情况，是面对反自然的疼痛。两种情况在最极端化这一点上，是没有区别的，在两个极端都出现美德。美德不因环境而改变：既不因艰难困苦的条件而变低下，也不因舒适幸福的条件而变高尚；理所当然地得出结论，美德永远是一致的。不论美德在哪种情景下表现，她都将表现得同样正直，明辨是非，目的真纯，因此，这些美好的品质都是一样的，因为表示出不容超越的状态，不论是在快乐中生活的方式，还是面对酷刑的方式，两个事物不可能被超越——是因为它们是等同的。实际上，如果某种美好的品德的外界因素，有增加或减少的可能性，在善德中的唯一善性便不再恒常。如果承认这个命题，所有善德的概念便轰然倒塌。我告诉你为什么：因为在违背意志或强制下实践的行为中没有善德；一切善德必须是自愿的。在里面掺和进一点点懒惰、责难、犹豫、忧虑——善德便失去最优秀的东西；自我满足。没有自由的地方，就没有善德；畏惧是奴役的同义词！善德享受完全的安全和平静，如果有退缩或抱怨，以为要做的是件不好的事，这就意味着处在困惑中，在深刻的矛盾挣扎中，一方面被表面的益处所吸引，另一方面因可疑的坏处而退缩。由于这个缘故，一个要诚实地做事的人，永远不应该在面对困难的时候，将其看成是不好的事，顶多看成是一种障碍，自由而自愿地去实践他的行为。善德永远不是遵命和勉强，是一种纯粹的状态，不被任何恶事所染。

我知道这时候你可能对我反驳："你是不是想说服我们相信，快乐地生活，与躺在刑床上直到打手都没了力气，没有什么区别吗？！"我本想回答说，依照伊壁鸠鲁的说法，即便是被法拉里斯的铜牛炙烤，也会叫喊道："这儿很好，我一点儿感觉都没有！"那么，当我说一场盛宴与甚至让伊壁鸠鲁大喊"被炙烤时感觉很好"的对酷刑的无可奈何的抵抗比较起来是同样的美德，为什么有那种惊讶，还有没有比这更不可相信的？因此，我要说，在快乐与痛苦间，有着巨大的差别；要是能选择，我必定会挑选第一种而避免第二种，因为前者是自然的，后者是反自然的。根据这一准则，两者之间的区别相当之大：但是，当涉及美德，两者都处于一个层次，不论是快活的途径，还是悲伤的途径。挫折失败，悲痛的境况，任何一种障碍，总之，全都不重要，美德都能将它们推倒。正如太阳的光明让星星隐没，美德也以它的伟大，消除并夷平一切疼痛、苦难、辱骂。在美德光芒四射的地方，一切在没有它的时候看得见的，都会隐蚀；一切难忍的不适触及美德，就像大海上乌云化雨！为了让你确信就是这样，你看一个优秀品德的人如何毫不犹豫地勇敢做出任何光彩的行为：即使是刽子手来到面前，严刑拷打；面对火刑的柴堆，优秀品德的人都会挺身向前，只注重他的责任，而不是将要遭受的痛苦，他那样地相信自己的正直的目的，就像面对着另一个优秀品德的人，在这个人的眼里，他的行为是真正有益的，可靠的，成功的。一种正直的行为，哪怕是痛苦而艰难的，即使是在贫穷、流放、疾病中，对一个优秀品德的人非常重要。举个例子，比较一个优秀品德的富人和另一个除了内在财富一无所有的人，两个人都同样堪称"优秀品德"的人，尽管他们在财富的条件上不同。根据前面所说的，同样的判断应该适用于事物和人：在一个强壮发育的躯体里，和在多病残疾的身体里，都同样被赞美。因此，不应该以为，命运给你完好的躯体，比给你残疾的身体，你的美德更多些：假使不是这样，就如同我们以貌取人，判断谁是主人谁是奴隶。一切属于偶然的统治范围，钱财、身体、荣誉，只配奴隶的待遇，那是昙花一现的、过渡的、易腐的、掌握不定的；相反，美德的功业是自由的，不可摧毁的，命运待我们好，也不求得更多，遭受任何物质困境，也不寻求更少。我们选择友谊的时候就应该这样做，我们对自己希望的事物，就该这样行。我相信，你不会认为一个富豪就比一个穷人品德优秀，也不会觉得一个强壮的浑身肌肉的人，就比另一个瘦弱的人品德优秀。以同样的思路，你肯定不觉得舒适平静的环境比要求精力和奋斗的环境对你更有吸引力。假使是后一种情况，从逻辑上说，在两个品质优秀的人中间，你就更喜欢那个洗了澡、洒了香水的人，而不是那个满身尘埃、头发蓬乱的人！然后你就会更喜欢那个强壮健美的人而不是残疾独眼的人；渐渐地，就会变得性情古怪到在两个同样公平明智的人之间，选择那个秀发高髻，缀满珠玉的人！……你看，当两个人在美德上一致的时候，就无需比较在其他方面的可能的不平等，因为别的所有的品质，纯粹是装饰，而不是本质。或许，难道有人会在家庭中实行如此不公的歧视，甚至于对一个孩子比另一个更偏爱，只是因为一个是健康的，另一个是有病的，因为一个高大挺拔，另一个矮小敦实？动物对幼崽没有歧视，同等地给它们喂奶。飞禽也平均地分食物给雏鸟。奥德修斯回到他的伊萨卡岛的礁岩，就像阿伽门农回到迈锡尼高耸的城墙。谁也不会因为祖国庞大而热爱它，而是因为是自己的祖国！讲这么多到底为了什么目的？我想让你知道，美德以同样的眼光看待它的功业，就像它的幼子，一视同仁，尽管对那些要求更多努力的更加照看；归根结底，难道不是真的吗？父母不也是给那些更需人照看的孩子更多的爱护？这并不是说美德更推崇那些面对险阻与暴力的事业，而是就像好父母，更加细心地帮助和保护他们。

是什么理由，一种品质不优于另一种？因为同样的道理，没有比正确更正确的，没有比平更平的。两件对第三者是一样的东西，你不能说这个比那个"更一样"。因此，没有任何东西能有比道义本身更道德的。因此，如果说所有的美德的本质都是相同的，三种类型的美德就处在同等的地位。这就是：有节制地快乐与有节制地痛苦，是同等的。快乐状态并不优于那种在严刑拷打中强忍呻吟的坚定的勇气：第一种美德是人所希望的，第二种是引人敬佩的，但是两者之间是平等的，但是，那种可能存在的不舒适的东西，被美德更大的力量所控制。如果谁将这些美德分成级别，看成是不同的，是将注意力从美德转向了自己，考虑进了外界环境。真正的美德有同样的分量和体积；那些虚假的品质却相反，包含很多的空洞；正是因此，才表现得吸引眼光，貌似珍贵，可是经不起正确的评价，显露出多么错误。尊贵的路西利奥，这才是真理：正确的理性推荐给我们的那种东西，是坚固而持久的，给我们坚定的、永远高度地保持的勇气。相反，那种不觉悟的、平庸的世俗之见，认为好的东西，只满足那些喜欢表面肤浅的事物的人。更有甚者，那些胆小的人内心充满了恐惧，正像那些野兽，表面的危险就让它们惊慌失措。因此，毫无理由让两种情况使灵魂困惑或受折磨：头一种既不值得叫灵魂快乐，后一种也不值得引起恐惧。理性只是在判断中保持不变，坚定，不是为感觉所左右，而是让感觉服从于理智。理性等同于理性，正直等同于正直，所以一切美德等同于美德，因为美德不是别的，就是正直的理性，所有的美德都是理性的形式，是理性的方式，如果它们都是正直的，而如果都是正直的，就都是等同的。在理性上一致的，行动上也如此，因为一切行动也便是等同，因为它们同于理性，之间便也相同。我说所有的行动都是相同的，是在于符合道德与正直这一点上；至于其他方面有可能根据不同境况而十分不同，因为有些范围更大或更小，有些更辉煌，另一些不那么光芒闪烁，有些感动很多人，有些则感动很少的人。可是，它们所有的之中所包含的最佳之处——道德的完美——是一致的。就好似品质优秀的人在品质优秀这点上都是相同的，而他们可以有不同的年龄，有的年老，有的年轻；不同的形象，有的俊美，有的丑陋；不同的生活境况，有的富足，有的贫穷，有人享有恩宠和权势，声名传遍许多城市和国家，有人隐姓埋名，不为大众所知。然而，所有的在品德优秀的人这个条件上是等同的。

纯粹的感性，没有能力判断好与坏，没有能力区分开有用的和无用的。不能够形成一种看法，除非面对具体的情况；不懂得预见未来，正如没有能力想起过去；没有持续性的意识。那么恰恰是持续性，使得进步持之以恒，生活一致，在正直的道路前进。所以，理性才真正是好与坏的最高裁决；理性认为一切与它无关的外在的都没有价值，至于那些本身来讲既说不上好，也谈不上坏的，认定为毫不重要的附属品，因为对理性来说一切善都坐落于灵魂。尽管，有些品质，在理性看来，属于一等的品质，是申明要追求的，比如胜利，诚实的子女，祖国的福祉；另外一些属于第二位的，那种只在不利境况下才出现的，例如忍受病痛、酷刑、流放的勇气；还有一些中间性的美德，那些品德不能说是顺应或反对自然，比如行走稳重，或坐有坐相。实际上，坐着比起站立和行走，更违反自然。至于前面两种更高等的美德，之间也是有分别的：第一种顺应自然——感觉对子女的爱，或对祖国的福祉的满足；第二种是反自然的——勇敢地忍受酷刑，或忍耐吞噬我们内脏的发烧而引起的口渴的痛苦。"你在说什么？这么说来，还有些品质是违反自然的？"绝对不是！具体的某种品质发生的各种条件，则有可能是反自然的。受伤，受火刑，患重病——这些都是违反自然的；在这种境况下，保持勇敢坚定的心，这已经是顺从自然的反应。总之，为了把我的想法阐述得简明扼要：生成某种美好品质的条件，有时候可能是违反自然的，一种美好品质则永远不是，因为没有任何一种美好品质没有理性而存在，而理性是符合自然的。"那么理性又是什么？"是对大自然的模仿。"而对人来说，至善又是什么？"是行为上依照自然的意志。

有人可能会反驳道："谁也不怀疑，一种从未受蹂躏的和平，比起经过流血牺牲赢得的和平，有更多的幸福。谁也不会怀疑，一种从未间断的健康，比起在一场严重的，那种让人等待更严重后果的疾病之后靠许多忍耐和勇气恢复的健康，有更多的幸福。类似地，谁也不怀疑，快乐比起勇敢，那种面对伤口折磨或残酷的火烧灵魂的勇气，是更美好的品德。"没有比这更错误了！一切偶然都很容易是非常不同的，要根据对相关者产生的用处而评价。而美好品质的唯一目的，在于符合自然，而这个目的在所有优秀品行中都表现得一致。在元老院，当我们对某种意见给予赞同，不可能说这个元老比那个元老"更赞同"！实际上，所有人都是发表了同一个意见。我要说各种美德也是这样：他们全都赞同自然！我要说优秀品质同样也如此：所有的人都赞同自然。有的人死在青年时期，有的在老年，还有的甚至在童年就死去了，除了匆匆瞥了一眼生活，什么都没有给他们，但是所有的人同样都有一死，尽管死神曾经同意一些人有更长的寿命，对另一些人正当青春便割断了他们的生命，而另一些从一开始就剪断。一个人吃着饭噎死了，另一个睡着就永远的继续梦下去了；另一个做着爱就入灭。这些情景与那些被刀剑刺穿而死、被毒蛇咬死、在塌方中压死、神经萎缩渐渐瘫痪而死形成对照。你可能说，一些情况比另一些情况的死法要好，或更不好，可是在这些方式中的结果都一致，便是死亡。换句话说，殊途同归。没有一种大死，也没有一种小死，在所有的情况中，"尺度"是一样的，亦即生命的终点。我可以说，对美好品质所发生的是一样的：这种素质发生在持续的快感中，那种在悲伤而痛苦的境况下，这种仅限于指引命运的恩宠，那种必须战胜命运的残暴，可是种种这些都同样是优秀品质，尽管第一种走在平坦舒适的康庄大道，而第二种则是走崎岖不平、艰难险阻的道路。可是所有的人都向同一个目标，都是美好的，值得钦佩的，陪伴美德与理性的品质；美德把那些它所接受为自己的、所有的事物变成一致。

没有理由要你在我们学派的原理中，专门让你接受这一条。根据伊壁鸠鲁，有两种类型的美好品德，从中而生至善、幸福之巅：没有身体疼痛，没有灵魂烦忧。这些优秀品质，如果达到最高点，就不能再增加，因为，如何有可能对最高点有所增加？！身体不感觉痛楚：对这种不感觉痛苦的状态，还能增加什么？灵魂享受稳定安和：对这种平静状态还能增加什么？天空宁静，当它完美地透明，不能够变得更加明亮；人以同样的方式观照自己的身体和灵魂，让两者遵从于至善，达到完全的和谐，实现圆满的愿望，不受灵魂的震撼和身体的痛楚。对此假使还能加上别的有利的境况，对至善毫无增加，顶多可以说成是给人趣味和快意。这种至善的观念，对人的本性，是把身体与精神的平和当作满足。

现在我来给你讲一讲，伊壁鸠鲁如何对美好品质也分立等级，与我们斯多葛派所做的十分相似。根据伊壁鸠鲁，有些美好品质他愿意享有，例如身体的安宁，摆脱一切纷繁，和精神的平静，在对自己的美德的观赏中得到享受；还有另一类美好品质，对这一类，尽管宁愿摒除它，却不因此就不对它钦佩和赞同：这里所涉及的就是前面所说到的——对缺乏健康，最剧烈的疼痛的承受能力，伊壁鸠鲁在他的最后一日，也是最幸福的一日，很好地表现出他具有这种能力。的确，他说肚子和胃溃疡的疼痛引起的痛苦已经不可能更剧烈了，可是即便如此，那一天对他来说是幸福的。你看，如果不在至善的掌握之下，任何人也不能有幸福的一天。所以伊壁鸠鲁也把某些美好品质列为我们宁愿不经历的，可是既然环境引发了它们，就得接受、承认，并看成是与另一些更高级的是一致的。这种终结了一个幸福人生的美德，不能不说它是和那些高级美德一致的，伊壁鸠鲁对它说出的最后的话语，是表示感谢！

我卓越的路西利奥，你会允许我做一个相当大胆的声明：如果说某些优秀品德有可能比其他的更高尚，我甚至宁愿要那些显得痛苦的，并宣布它们才是比平静而愉快的品质更超越的。现实中，战胜困难要比节制幸福更重要。我清楚地知道，我们应该做的是保持理性的能力，不论是幸福的均衡还是磨难中的勇气。无论是在没有敌人袭击威胁的时候，在营垒外面安详入睡的哨兵，还是被砍断脚筋、不放弃武器依然跪地战斗的士兵，可以是一样的勇敢。可是只对那些从战场上血染战袍而归的士兵们，人们才喊道："壮哉，勇士们！"正是为此，我认为那些以努力，勇气，挑战命运而产生的优秀品质，更值得钦佩。我又怎么能犹豫，不是对穆修被火烧断的手那种惊叹，而是对别的什么人的另一只健康的、没有受到伤害的手赞叹？穆修神色坚定，蔑视敌人，蔑视火焰，眼睛一眨不眨地看着自己的手在敌人的火盆上烧烤，就这样直到波尔塞纳满足对穆修的折磨却嫉妒他的光荣，违背他的意志，命人将火盆移走。我又怎么能不将这种美好品质列入第一类中，将其视为同那些平静的受命运眷顾的品德一样的伟大。以牺牲一只手战胜敌人，比起挥动武器，恰是多么的稀有？"你说什么？"你会说，"你竟有获得这种品德的愿望？"为什么不，如果仅仅是这个行动能够使你成为你梦想成为的人物？难道我必须更愿意把我的身体交付给娘里娘气的按摩师？用柔软的手指去抚摸一个妓女、一个阉人，或是一个变性的人妖？为什么不能觉得穆修更幸福，他把手伸向火焰，就像把手伸给一个美甲的凤姐？是这样他改正了第一个失败：没了手，被截了肢，成功地结束了战争，用残废的手，从两个国王间胜利地凯旋！

第六十七

　　我们开始百无聊赖！头一个显示出来的，就是尽管我们已经接近夏天——已经该是天热的季节——可是天还是冷下来，因此，不可对它大意，气候时不时返回到冬天。你想叫我告诉你，天气忽冷忽热，不稳定到什么程度吗？我还不敢洗冷水澡，必须调和水的温度。"这就是了，"你会说，"就是所谓的冷热都受不了！"正是，尊贵的路西利奥，我适应自己年纪的僵冷就足够了，哪怕是盛夏都不能融化。我就是这样，大部分时间都要裹着厚衣服。我赖床，得感谢我的年龄。可是你对此有什么不高兴的？这样，我就因没能力做而被阻止做那些本应由意志阻止的事情。我几乎全是对着书籍谈话。每次接到你的信，就有与你相伴的感觉，这使我精神好到不像是在给你写信，而是在亲口回答你。至于你对我所提出的问题，我们就像是在聊天，一起来分析它们。

　　你问我，是否所有的美好品质都是愿望的。用你的话说："如果说英勇地忍受酷刑，勇敢地忍受火烧，以耐力面对疾病，是一种美好品质，接下来这三种境况就成了向往的了。你瞧，我在这三者当中，看不出哪点值得我们向往。我绝对肯定地知道，从来没有人完成了一个使命，是因为他被鞭打，因为痛风或是长期在拷打的刑架中变得畸形。"我的朋友，假使你仔细地分析这些事实，就会发现其中存在着某种可向往的东西。我更愿意避免受到严刑拷打，可是假使要面对它，我愿以勇敢、气节，坚贞不屈地面对。我更希望别卷入一场战争，再明显不过！可是如果临到了，就希望勇敢地承受伤痛、饥饿、和一切战争所带来的艰难困苦。我还没有疯狂到愿意得病，可是如果疾病袭来，我愿意自己的行为不要因此变得失控或者娘娘气。总而言之，不是说逆境是令人向往的，而是说使我们有克服那种境况中的美德。

　　我们中的某些人理解为，以勇气容忍所有这些逆境的能力，本身并不是可向往的，尽管也不是被摒弃的。这是因为我们心愿的对象应该是一种纯洁的、平静的，处于被保护不受一切苦楚的美好品质。我的看法不同。首先，因为不可能一种事物同时是好的又是不想要的；其次，因为如果美德是令人向往的，而如果没有任何美好的品质就没有美德，那么逻辑上说，所有美好的品质就都是令人向往的；最后，因为（尽管酷刑是人所不愿的），对酷刑的折磨勇敢的抗拒是令人向往的！让我们来看另一个问题：不是吗，勇气是不是令人向往的？那么，勇气不仅不轻蔑危难，而且去呼唤危难！它令人钦佩的最高贵、最有尊严之处，正在于面对烈火而毫不退缩，毫不躲避伤痛，有时候甚至不仅不躲避兵刃的攻击，而且挺胸相迎。如果勇敢是可向往的，同样以勇敢忍受酷刑也是可向往的，既然这样做属于勇敢的观念。你要注意辨别，根据上面我对你说的，你会看出不存在把你引入歧见的理由。所向往的，不是遭受刑法折磨，而是勇敢地忍受它：美德正是在于这个"勇敢地"，因此我愿望得到它！"可是，谁会？从来也没有人表达一种类似的愿望。"有些愿望公开地表达出来，虽然涉及具体的问题；但是还有的是暗含地表达，也就是一个愿望里包含着其他的愿望。例如，我愿望过一种遵循道德的生活，可是遵循道德的生活，由各种行动构成：里面可能有雷古洛的地牢、加图用自己的手撕裂的伤口、卢蒂略的流放、将苏格拉底从牢狱升到天上的那杯毒药！正是因此，当我发愿过遵循道德的生活，我便不言而喻地愿望所有构成道德人生的一切特性。

> 噢，那些人三倍四倍地幸福，
> 在你的目光下，在特洛伊
> 高耸的城墙上幸运地死去！ [1]

在希望有人有这种幸运，或者承认它是可向往的之间有何区别？德修将他的生命献给了共和国，拍马冲进敌阵，视死如归。接着来了另一个德修，他的勇敢与其父匹敌，在举行已经成为家族传统的仪式之后，向战斗最紧张的阵地冲去；他只是担心他的牺牲不为神所荣宠，可是并不怀疑一种高贵的死不是被向往的。承认没有任何更高尚的、超乎那种值得纪念的、通过美德的行为所达到的死，你还有什么犹疑吗？当一个人勇敢地忍受酷刑的折磨，是在将他所有的美德付诸行动！或许，它们之中的一个的行动更直接，或是说更明显：抗拒！但是在这种境况中，我们找到"勇敢"，在他不同的抵抗中，痛苦忍受的能力中、疼痛的耐受中，我们找到"谨慎"，一种作出任何决定都不可缺少的美德，这种美德说服我们以最大的勇气等待不可避免的；我们找到"坚定"，从来不因为压力而后退或转移目标；总之我们看到所有美德密不可分的部分。

---

[1] 引自维吉尔《埃涅阿斯》第一章。

我们遵从道德所做的一切，我们都是作出一个美德的行动，但是同其他的美德相一致；并且是所有的美德一致赞同的，即便是表面上归于一个，而这个美德，无疑是所向往的。

你肯定不会想只有那些产生于娱乐和悠闲自在的，那种我们在家里，装饰了大门迎接的，才是我们所愿望的吧?! 有些美好品德外表上是严酷的；有某些心愿的实现，并没有盛大的庆祝仪式，却是获得热爱和深切的崇敬。你想象一下雷古洛没有愿望到达伽太基? 你试着从自己心里寻找一个伟大人物的灵魂，摆脱片刻大众的庸俗之见；将你的一切努力运用于完全地理解一种美德之美与卓越，它的实践，不要求我们敬香献花，而是汗与血! 你驻足在那里，注视大加图的行为，他把自己无可指责的双手举到圣贤的胸前，把不够深的伤口撕裂! 对在这个时刻的加图你会说什么?"你有我全部的同情!"或者"我为你的不幸而悲叹!"还是"如此行为多么的幸运!"? 此刻，我想起我们的德莫特利奥来，他把在安全的，不受命运打击中度过的生活，叫作"死海"。没有激情，没有奋斗，没有一切激发和鼓动我们情绪的东西，来证明我们的勇气。相反地，在一潭死水似的懒散生活中消磨意志，这不是平静，是贫乏的无能! 斯多葛派的阿塔罗常说，他宁愿有一个敌意的命运，也不愿意要阿谀奉承的命运。"我受命运之苦，但是以我的勇气：越勇越好! 我面对死神，但是以我的勇气：越勇越好!"如果听伊壁鸠鲁的说法，会听到他加上："真正快活!"我不将如此高尚而严肃方式的态度，用这样软弱无力的形容词来定性……我被烧死了，但没有被战胜：这样一种境界难道不是一种高度可期盼的吗? 不是因为火焰烧灼我，而是因为没有把我战胜! 没有任何东西超越美德的价值和美；我们在服从它的感召下所做的一切都是美好的，因此，都是所愿望的!

第六十八

我同意你的决定：隐藏在你的赋闲 ① 中，但是你的闲适要避开别人的眼光。

---

① 这个词原意是"悠闲"，这里似乎是"隐居"。

可以肯定的是，你如果这样做哪怕不符合成见，也至少符合斯多葛派大师们的榜样。我再要对你说：要根据那些规定去做，不论对你还是任何人都是有效的！我们斯多葛派不信任我们的追随者，也不服务于任何国家，既不是永远，也不去分别①。还有，我们给智者唯一的，值得他承认的国家——换个词汇来说，就是宇宙！智者，尽管过隐居的生活，并不因此就处于国家的边缘，往往发生的是，智者脱离这个狭窄的处所，进入更加辽阔而宽广的空间，上升到天空，俯瞰那些官府和衙门，是有多么渺小低矮。你要确信，智者的行为从来没有比观想给他关于神与人间的那样可观的思考。

可是，让我们回到最开始我对你劝诫的那件事：体验必要保持你的赋闲不为周围人知道。你公开地宣布要关注哲学生活的安宁，这对你没有什么好处：你最好给你的意图找另一个理由，例如，健康欠佳，缺乏才干，生性懒散！把离群索居当作一种虚荣动机，是毫无意义的野心。有些动物，为了逃避可能的天敌，在它们洞穴的附近，作出伪装来隐蔽踪迹：你的态度就应该是这样，否则你永远也不缺少别人的追逐。盗贼从敞开的门前走过，而那些层层铁锁，重重栅栏的大门，反而被破门洗劫！吸引贼盗的是不寻常。大家眼前都看得见的东西，被认为是没有价值的，窃贼瞧不起不神秘的东西。这是人们共有的特别习惯，尤其是那些没文化的人：总是想打探秘密，钻营打听别人的隐私。所以我对你说，永远别让我们的隐退引人注目；而有一种使我们的隐居显眼的方式，就是过分的隐退，完全地远离与别人的聚会。这个人到塔伦托去生活，那个人把自己封闭在那不勒斯，另一个人好几年没出家门一步，这样的人的隐居，成了别人议论的八卦，这只能引来大家的目光。

如果你想退出公共生活，不应该让它成为大家的谈资，而是用来同自己对话。谈关于你自己，完全避免把自己变成人们在社会生活中普遍所做的那样平庸，这样你就能习惯于只说真话，听真话！最好是讨论你自己的薄弱之处。任何人都自知身体方面的弱点。故而，有的人为了让胃口轻松去呕吐，而有的人相反为了强壮胃口不时地吃东西，有的人时不时就素食②来消除多余的宿食，有不断痛风的病人戒酒戒温泉浴。就是这样，每个人，虽然不全都注意，至少

---

① 不是永远地不服务于国家，而是要区分情况。
② 或者是斋戒。

想办法对付自己的慢性病。我们的灵魂中也有病患的部分，我们应该给以应有的注意。我的休闲只是用来治疗我身上的伤痛，对我又有什么用？如果我给你看我浮肿的脚，长满淤斑的手，干枯的腿上布满僵硬的血管——你肯定会叫我休养，想办法治病！那么你要知道我还有另一种更严重的病，我不能露给你看的病：这个肿瘤，这个我胸中的块垒！不，我不企图让你给我满身蒙上溢美之词，或者称呼我是一个令人钦佩的人，什么我的退隐是因为轻蔑社会，谴责所有的折磨人的情欲云云。我只谴责一个事物：那就是我自己！你不要接近我是期望着我能够对你有所用处。如果你想在这里得到救助，那你就搞错了：住在这所房子里的人是个病人，不是医生。我宁愿你在离开我的家时，这样说："我还以为这个人达到了幸福和智慧，准备聆听他的教诲。真是幻想！在这里的所见所闻，没有一点让我有再想回来的愿望！"如果你这样想、这样说，那么你这一趟就没有白来：我更愿意你懂得我的闲居，而不是嫉妒它！……

"这算什么，塞涅卡？你劝我赋闲？你变成了伊壁鸠鲁的宣传员？"是的，我劝你休闲——一种在其中你的行动将是比你所生活的那个世界更有价值，更有尊严的闲居。进入达官贵人富丽堂皇的豪华府第，获得那些没有继承人的老人的宠爱，在论坛里有举足轻重的影响——这些都是权力一瞬即逝的形式，它们引起嫉妒，如果你称量一下它的价值，都是不配享有的。有人远远地超过我在论坛的影响，有人的影响是由于军功而获得的荣誉，有人的门客数量比我多。我没有可能在受恩宠上与他们平起平坐：可是我位在所有众人之下，对我又有什么重要，如果我成功地在命运之上站起！但愿你长久以来就发愿追从这个目的！但愿我们不想幸福，除非到了临死的时候！可是现在已经没有理由再迁延！理论告诉我们，许多事物的短暂性和逆向性；现在，经验确认了这一教诲。因此，我们要做的是，像那些出发时落后的骑手，想以速度争回失去的时间：紧夹马刺！我们所处的年龄是最适合研究哲学的：我们失去了热情，青年人最初对恶习的狂热，已经感觉厌倦，还差一点就完全熄灭。你问道："可是你在几乎结束此生的时候学习这个课程，何时、何处有所利用？"至少我在这里得到利用：我离开生命时，比我进来的时候要好得多。况且，你没有理由这样想，任何别的人生阶段并不比我们目前的阶段更能进入美德：已经尝试过许多，已经经受过长久的、连续不断的人生冲突的打击，以几乎被窒息的激情，我们进入了追求完美的道路。这正是我们的年龄的优越之所在：在晚年抵达智慧，带着许多许多年的经验！

第六十九

我不喜欢你总是搬来换去，从一个地方跳到另一个地方。首先这种不停的迁移，显示出一个不安的心灵：如果不结束这种四处漂泊的生活，你永远不能感觉自己活得心平气和！如果你想控制你的精神，首先就要停止身体的漂荡。再说，持续地用一种药才会更有效：心神平静，忘掉你以前那种类型的生活，而不能时断时续。让你的眼睛和耳朵忘掉它们，习惯于更健康的道理。每次你迁移，都会在路上遇到能重新激起你欲望的东西。一个努力摆脱爱情的人，应该避开使他想起情人的一切（什么也没有旧情复燃那么快）；同样，一个想摆脱使他激情燃烧的欲望的人，他的眼睛和耳朵要远离以前感兴趣的东西。情感很容易复燃。无论把目光投向哪里，都毫不困难地在你曾喜爱的职位的顶端发现益处。没有任何坏事存在，不给以报偿！贪婪许诺占有财富，放荡用各种各样的快感向人召唤，野心用紫袍、掌声，获得权力和权力所带来的一切来诱惑。恶习试图用回报来引诱你，离群隐居你就首先得放弃俸禄。哪怕是你能活一个世纪，都要十分费力才能成功地完全勒紧被持久地纵容放任其膨胀的恶习的缰绳，更可悲的是这样的任务仅仅在如此短暂的人生的间歇中去完成！只有彻底地、专注地警觉自己，才允许我们完美地达到那种想追求的境界。如果你愿意听取我的忠告，那么就不倦地观想，直到你习惯了死神，或者甚至必要的话，就提前去见它。是死亡来找我们，还是我们去见它，没有丝毫的重要。有人说："最美的事情，是自然而然地死！"你要确信，这句话是谬论，一个不可能更无能的精神才能说出这种话来。谁也没有别的死，都是自然死亡！你还应该思考另外一件事：谁都是死在他自己的那一天。他自己的时间，从来就没有丢失一秒钟，因为剩下的时间已经非他所属！

第八卷
（第七十至第七十四）

第七十

时隔很久以后，我再次去了你心爱的城市庞贝[①]。我重新回顾我的青年时代，年轻时在那里所做的一切，似乎还能再做，仿佛是刚刚做的。啊！路西利奥朋友，我们一生都在航行，生活就像海洋，正如维吉尔的诗句：

大地，城市，消失在地平线[②]

我们也是这样，在生命这个时间的快船上，我们先看到童年的消失，然后是少年，接着是青年和成年这两端之间的时代，然后是老年最初的那几年最美好的时光；最后开始众人都看得出来的，我们作为人的终点。我们愚昧地以为这个终点是选项：实际上是个港口，有时候，我们不得不在那里停泊，而且我们不论如何都不能拒绝登岸；即便是我们还年轻，我们抱怨死得太早，航行得太快，都是疯狂。正如你所知道，有时候没有风对航海者是一种折磨，让他前进不得，极端的风平浪静夺走他的耐心，另一些情况，强大的水流阻碍他全速行驶。想一想对我们发生的也是如此：有的人生命飞快地抵达终点，即便是不情愿，还是有抵达的那一天；可是另一些人，生命没完没了，一天天的消耗。好吧，你十分清楚，生命不是一种应该拼命保存的财产；重要的不是活着，而是活得有尊严！

正是因此，智者在应当的时候，而不是**能够**的时候，延续他的生命。他总是考虑生活应当在何地，同谁一起，应该如何反应，应该从事什么行动。头脑里应该在意的是生命的质量，而不是长短。如果面对严峻的情况，许多事物妨

---

① 塞涅卡写下这封信十几年以后，公元79年，维苏威火山爆发，庞贝城一夜之间在火山灰下毁灭。

② 引自维吉尔《埃涅阿斯》第三章。

碍他的安静，智者就毅然而退！而且，不仅仅是当做最后的手段，而是一旦命运开始表现得对他有敌意，就应该严肃地思考是否适于立刻结束生命！死得自然，还是死得自愿，发生得早一些，或者晚一些，智者并不在意，对他来说无所谓，没有区别，没必要担心有什么大损失：某种液体点点滴滴地流出，谁会在乎多一滴还是少一滴？死得早一点儿，还是死得晚一点儿——是个无关紧要的事情，要紧的是要知道死得有尊严还是没尊严，因为死得有尊严，就意味着逃脱了没有尊严活着的危险！因此我认为那个罗德斯岛上的人 [①] 的那句话，是娘气到极点，被暴君投入地牢，吃着猪狗的食物，有人建议他绝食自尽，他回答说："一个人，只要活着，就永远不应该失去希望！"也许这是个真理，可是我们不能以任何代价去买命！等待着我的，最终的目的地可能是伟大的，可以是有保证的，可是我并不准备想通过不光彩地承认软弱而得到它。那么，究竟哪个更可取：想让命运对一个活着的人无所不能，还是想叫命运对一个懂得去死的人无能为力？

然而有的情况，智者面临即将到来的死神，即便知道被判处了极刑，他们不用自己的手来执行死刑：这是选择一条更容易的道路！因为怕死而死是疯狂：刽子手就会出现，让我们来等着他们！为什么我们要提前动手？为什么别人的残忍，要我们来执行？难道是嫉妒刽子手的地位，还是愿意免得他费事儿？……苏格拉底完全可以通过绝食来结束生命，死于营养不良，而不是喝毒药。然而他在监狱里度过三十天，等着死刑的时刻，并非期待着会发生什么，或是这一长久的迁延，能给他许多的希望！而是服从法律，也是为了让朋友们能够利用苏格拉底的最后的时日。感觉死生置之度外，却表现出害怕毒药，不是很愚蠢吗？埃斯克利波尼雅是个有思想的女人、德鲁索·利班的姑姑，德鲁索·利班这个年轻人既有伟大的贵族精神，却又十分愚蠢，是那个时代最野心勃勃的人，或者说那个时代理所应当地是那样。德鲁索生着病，从元老院被抬回家，他身后跟随着很少几个人的送葬队伍（因为他所有的亲戚朋友，都冷酷无情地离开了一个何止是被判处死刑的人，简直就是一具尸体！），他开始思考，是否该自杀，或者等待被执刑。埃斯克利波尼雅于是对他说："你为什么要去替别人完成任务？"可是没有说服他：德鲁索杀了自己的生命，并不是一

———————————————

① 特雷斯弗罗，被暴君利西马科斯捉住并肢解。

点儿也没有道理，因为是一个被他的敌人判处了死刑的人，早晚是要死的，延长生命只是听任对手摆布。

所以，如果一种外界因素，使我们面临死亡，总的来说没有可能决定哪种态度是正确的，到底是提前还是等待那个死亡：往往是环境能够决定哪个办法。比如，如果是在被酷刑折磨而死，还是直接痛快地死掉之间作取舍，为什么不毫不迟疑地选择后者？活着的时候我可以选择乘船去航海，还是居住在我的家中，在我放弃生命的时候，也可以选择怎样死的方式。除此而外，如果说生活不会因为更长而变得更好，相反地，死亡拖延的时间越长就越不好。我们面对死亡的态度，比其他任何情况都更应该听从心灵的召唤。心灵根据所选择的死亡方式毅然地飞翔：不论是挑选匕首、绳索，还是弥漫血脉的毒药，对所作出的决定必须坚决，一下子斩断我们被奴役的锁链。我们所有的人都应该使我们的生活堪为他人称是；我们的死亡只取决于我们自己，死的方式是我们最喜欢的，那就是最好的。我们如果纠缠在这类的念头里，就是蠢货："有人会说我的死表现得不那么勇敢；还有人说过于草率，另一些人说有更激烈的自杀方式……"不要，你不该把决定交付在他人手上，别人的意见在这个决定上无足轻重。你的目的应该只有一个：越快越好，免除受对命运的打击。无论如何，总是有人觉得你的行为不对。

不仅如此，你还会遇到许多哲学迷，他们说自我了断是不合法的，认为自杀是亵渎的：按照他们的说法，我们应该等待大自然给我们安排的结局。这样说的人，他们没有看到，自由已变成多么的不可能！永恒的法律赋予我们的，没有比这件事更好的了，尽管只给了我们一个生命的入口，却给我们提供了多种的出口。为什么我要等待疾病或什么人的残忍来把我宰杀，如果我能够在酷刑的折磨之间脱身，能够以此逃脱逆境？此处有唯一的我们对生活不能抱怨的一点：它谁也不挽留！人类的条件坐落于一种卓越的基础上：谁也不是倒霉蛋，除非是因为他自己的错误。你觉得生活愉快？那你就活！令你不愉快？你有从哪里来返回哪里去的自由！……你为了减轻头痛，常常肯让人给你放血，为了让整个身体虚弱，只需割开一个血管就足够。不需要从一个巨大的伤口撕裂整个胸膛：一把手术刀，就足以开辟通向至高无上的自由的道路，我们身体的一个很小的点，就足够保障我们的安全。那么，什么是使得我们懒惰或胆怯的原由？是因为我们谁都不想一想，早晚有一天，我们必得离开这个住宅，就像那些老租户，区分的便利，和半已坍塌的房子里面保存的习惯。你想面对你自己的躯体是自由的吗？就住在里面，怀着一个正要搬家的人的心情。你这样想，或早或晚，要舍弃陪伴，这样当你被迫离开它的时候，就感觉更加坚强。可是，为什么深信终结本身是不可避免的，而喜爱的欲望却没有止境？任何观想也没有对死亡的思考这么必不可少；最终，我们也许是死抱着无足轻重的事情不放。我们的精神对贫穷做好了准备，因为我们的财产保持完好，我们感觉面对疼痛有备无患，因为一个强壮健康的身体的乐观条件，永远不会要求我们实践这一品质。我们感觉完全有能力承受对一个去世的朋友的怀念，因为有那些我们爱着的人幸运地继续活着。可是，终于有一天会到来，我们必须面对死亡的问题！没有道理以为只有那些大人物，才有冲破人类奴役制度的必要力量，没有理由这样想，那种行为只有加图才做得到，为了放出灵魂，用自己的手把匕首留下的狭窄伤口撕开。连地位低下的人在勇气的冲动下，都能抵达死亡安全的港口：他们受环境所限，不能安静地去死，没有可能自由选择自杀的工具，就手之所及，以勇气，把无害性质的什物变成了武器。不久以前，在斗兽场上准备上午的表演的时候，送去斗兽的日耳曼人中，有一个人去方便——唯一的单独一人、远避看守的目光的机会，于是抓起拖把，就是一根木棍，头上绑着海绵清扫垃圾用的工具，插进了喉咙，窒息而死。这就是所谓的对死亡蔑视的极端。这是一种恶心的、令人作呕的自杀方式：但是，对他的死亡表示奇怪，不是一种愚蠢吗？……这个人有多么的英勇的态度，很值得给他的目的提供选择！什么勇气他不会表现出来，如果用一把剑自杀；什么勇敢他不会有，如果从陡峭的山岩一跃而下，或者投入深深的大海！即便是完全地剥夺了他的资源，依然找到打开死神大门的武器。由此你可以看出，为了死亡，阻挡我们的唯一障碍，是意志！关于这个人毅然决然的行为，每个人自己怎么想都可以，只要是基于这一点：宁要最肮脏的自杀，也不要最洁净的奴役！……

　　既然是说到了底层人物的事迹，那么我就继续。我们所有人都会对自己要求更严格，如果我们看到那些最微不足道的人物，能够表现出对死亡完全蔑视。我们常常以为加图们、西庇阿们，和别的我们惯于以钦佩的目光引述的人物，站在无法模仿的高度：那么好，我来显示给你那些在斗兽场与野兽搏斗的人，里面能找到那么多勇敢的事例，就像在内战中的将军中一样多。最近发生了一件事，一个人关在囚车里，去参加早场的斗兽表演，车边上都是武装的看守，他装作困得不行，歪倒在座位上，最后把头插进车轮的辐条中间，坚强地保持着那个姿势，直到车轮转动，折颈而死：运载他去被处死的刑车，成了他自由的工具！当我们想放弃这条生命，没有能够阻止我们的障碍：大自然给我们敞开所有的门！当环境允许，可以选择更不那么残酷的自杀方式；当我们手头有许多可以达到这个目标的资源，我们可以选择，并想一下更愿意以哪种来挣得自由；但是，在一种绝望的情形下，必须把伸手可及的当作最好的方式，哪怕是最怪诞和最出人意料的。对一个有意愿自杀的人，只要是不缺乏勇气，就不会缺乏想象力。你没看见即使是最低贱的人，受痛苦的刺激，都能充满勇气，能够骗过最机警的看守？勇敢的人，是那种不仅要自尽，而且能够找到实现的方式。可是我许诺说给你讲更多的斗兽场上发生的事情。在海战表演的第二场，一个蛮夷用本要同对手交战的武器刺穿了自己的喉咙。"为什么？"他说，"为什么不现在就逃脱一切折磨和侮辱？如果我有武器在手，为什么还要等待死亡？"这演出不但令人钦佩，还符合道德，在于人们学会去死而不是去杀人！难道说这些堕落的甚至罪孽的灵魂所表现出来的勇气，而我们，这些长久的静思，运用理智，宇宙的大师，准备好面对一切的突发事件的人，却表现不出来？理性教导我们，途径可以是多样的，目的却是只有一个，对于不可避免的那件事情，出发点丝毫也没有意义。同样的理性告诫你，如果有可能，以你愿意的方式去死；如果没有可能，就以可行的方式而死，也就是说，利用偶然遇到的条件作为自杀的方式。如果说冲动而急躁地活着不符合道德，冲动猛烈地死，相反，则值得惊叹！

第七十一

你时常问我一些十分具体的一类问题，忘记我们之间相隔着辽阔的大海。一个忠告的关键之处，主要就在于时机，这样就不可避免，对某些问题，等你知道了我的意见，相反的看法大概已经更加适合了。实际上，忠告必须符合境况，因为我们的生活匆匆忙忙，熙熙攘攘，正是因此，一个建议要在准确的日子做出。即使是这样，还有可能到达晚了：必须像人们常说的那样，忠告要做得恰逢其时。然则我来给你指出一个让你把握方向的办法。只要是你想知道什么是该避免或采取的态度，就用至善来作为标准，以你一生的目标作为标准。我们的一切行动都应该符合至高之善：只有一个具有人生最高目的意识的人，才有能力决定他每个单独的行为。任何一个画家，如果没有确定下来要画什么的想法，即便是准备好了颜料，也不能随意画出什么来。因此，所有人都考虑生活的每个场景，却没有人通盘地思考人生，这是一种错误。弓箭手在射箭的时候，应该知道要射中的标的，对准它和调节力量的大小。我们的思索如果没有一个精确的要击中的目标，就是空洞的，一个不知道目的港口在哪里的人，就永远找不到顺风！这样在我们的生活中偶然性的分量就必然很重，因此我们生活得漫无方向。甚至会发生这种事，有的人以为不知道他们知道的事；我们常常会不察觉我们身边的人的存在，相似地，我们忽略至善的目的就在我们身边！不需要许多话语，更无需转弯抹角，让你理解什么是至善：我这样说，用手来指给你，以尽可能的最简明的方式。况且，把至善分解为成分，又有何意义，它可以定义为："符合道德者"，或者为了让你更加的惊讶，甚至可以说成："唯一之善乃符合道德者，其他一切之善均乃虚假不纯之善。"如果你相信这一点，如果你酷爱美德（仅仅是喜欢没有用处），那么，一切被美德所触及的，在你的眼中就有贵族气，有幸福，不在乎别人会怎么想。承受酷刑的折磨——只要你，被害人，你自己感觉比施刑人更有信念，疾病——只要你不抱怨命运，不听任自己被疾病战胜，总之，一切在流行观念里，认为是坏事的东西，就会失去力量，而转化成好事，如果你有能力控制局面！有一点必须明确：除非是道德的，就不是善 [1] 的；甚至，一旦美德赋予其道德价值一切逆境都堪得善名。很多人以为我们的理论超越人类条件的许可，而有其某种道理，当人们只考虑到身体。如果转而考虑灵魂，就将看到为什么应该是由神性来作衡量人的尺度！

路西利奥，我卓越的朋友，起来吧，抛开某些哲学家们的文字游戏，他们将哲学的伟大沦为音节的分析，用他们精不厌细的教学，贬低和辱没灵魂！就这样，变得等同于那些原理的发现者，而不是实践哲学的大师，把哲学变成谬物，而不是崇高的研究。苏格拉底，将全部哲学归结为伦理学，他说最高智慧在于区分善与恶。"假使我的权威对你有所价值，"他说，"实践道德，以便使

---

[1] 我们已经把 bem 这个词翻译成：善，好，美好品质，财富。

自己能够幸福，而不必理睬张三李四觉得你愚蠢。听任别人耻笑你，辱骂你；只要你具备美德，就什么也伤害不了你。如果你想是幸福的，如果你想做个好人、值得信任的人，就别在意别人看不起你！"假使预先没有否定其他一切的任何价值，假使没有把所有的美好品质都放在同等的地位，谁也达不到这个水准——因为没有道德的地方就不存在善行，而道德在所有的境况下永远是同一个。

"你说什么？难道说加图有没有被选上当大法官没有什么区别？如此说来，在法萨卢斯战役，加图是胜是败都无所谓？加图那一派即便是失败后，因他而产生的精神财富不能被战胜，就相当于加图如同凯旋者归来，如同和平的巨匠那样返回祖国一样的美好？"假使控制一个坏命运和享受一个好命运，所用的美德都是一致的，为什么不呢？美德不能是大的或小的，只有一个绝对的伟大。"可是，庞培将军丢掉了军队，失去了贵族派的支持，罗马共和国最美丽的项链——武装的元老院——庞培派的最前沿战线，在唯一的一场决战之后他要逃窜，一个如此伟大的帝国将化为废墟，散落在世界各个角落：一部分将在埃及，一部分在非洲，一部分在西班牙，颓然倒塌。极端可怜的是，都不让罗马共和国只灭亡一次！"所有这些都将发生，更有甚者，在他自己的国家，地形熟悉，保卫他们的国王的人们的顽强的勇气，在朱巴全然无用；乌蒂卡人，迫于逆境，断绝了效忠的纽带，命运禁止西庇阿在非洲使用他的绰号[①]。可是，从来天命都不让加图受任何伤害！"可是加图战败了！"你可以将这次场景列入他的各种失败的清单；可是对于打不赢战争的这种不可能性，加图以当初拒绝他当大法官一样的伟大灵魂来面对。在选举失败的那天夜里，他用赌博来娱乐自己，在他决定自杀的那天当夜，他以阅读来消遣，被拒绝当法官和离开生命，他处于同样的平面上，他那种状态是相信我们应该承受一切突发事件。

还有，是什么原因，他对共和国的转变没有勇气面对，不能泰然处之？有什么事物可以免除变化的危险吗？大地、天空，就连整座宇宙机器都不能，虽然它由神的作用而运转；世界不会永远保持现在的秩序，有一天到来，必将改变目前的路线。万物都遵从时间的法律：一切都必须出生、生长、消亡。你所看见的天体，在我们的头上转动，这片大地，表面上看起来如此牢固，我们的

---

① 西庇阿号称"非洲征服者"。

双脚踏踏实实实地踩在上面，一切都会凋零，消灭；一切万有之内都包含着未来的退化！自然万物，尽管各自持续时间不同，所有的都总归一个终结：这就是，不复存在并非因为被毁灭，而是因为变化。然而，对于我们，形态变化就相当于泯灭，因为我们迟钝的灵魂，死死抓住这个躯体，没有能力看透此生以外。如果不是这样，人会更有勇气面对自己的和亲友的终结，假使人们这样想，如同别的事物一样，生与死交替相继，每个物体都分解成它所组成的成分，而不同的散在的成分，组合起来就形成每个物体，而在这一活动中，永恒地表现出调控宇宙的神的作用。以这种方式，时代的动荡与精神一起前行，可以正如大加图说的："所有的人类，现在的或者未来的，都注定要死亡；所有曾经兴盛繁华的城市，所有帝国征服的富庶的都会——终有一天人们会忘记，甚至都不知道在哪里，因为都会消失，被不同形式的毁灭，化为乌有。有些被战争摧毁，有的消耗于无作为，和平变成了懒散，和那种财富繁荣之后所接续的不祥瘟疫：奢华！所有这些肥沃的平原将被大海突然的泛滥而淹没，或者陷没入大地的裂隙，被大地吞噬毁灭。那么我，又有什么可愤怒，有什么可悲哀，如果我提前一点点到达共和国共同的目的地？①"一个伟大的灵魂，应该服从于神，毫不犹豫地听从宇宙的普遍规律：在死后灵魂或者转变成生命之上的形式，发着光，平静地，上升到神界，或者便是，假使重新混合入大自然的整体，那么肯定不会因此而有什么痛苦。所以，根据大加图的伦理学，活并非高于死的一种性质，因为美德不可有任何增加。苏格拉底说真理与美德是同一个，而且就是一个东西。正如真理不能被增加，美德也不可以：美德只有一个度量，那就是绝对价值。

故而，当我对你说所有的美好品德都是一致的，无论是我们深思熟虑地愿意的，还是环境所提供给我们的，你都没有理由惊讶。如果你承认这两类的不平等，而且，比如说，你把面对严刑拷打的勇气，列为更低级的美好品德，你这样做的时候，就是在把它列入坏的等级。就会引申出苏格拉底在监牢里不幸福，引申出当加图用那种比刺破胸腔而表现出来的更大的勇气，把伤口撕裂的时候，他感觉不幸福，引申出说雷古洛是三个人中最不幸的，他为了履行自己对敌人的承诺，自投罗网去受折磨！除非最怯懦的胆小鬼，还没有人敢说这

---

① 如果把这段文字联想到庞贝的火山爆发和地震、海啸，就觉得大加图的话是一种预言。

个——有人否认雷古洛是幸福的，任何人不能说他是不幸运的①！古代的哲学家们承认在受刑中，有可能是幸福的，但不是完完全全的幸福。这个立场是不能接受的：如果不幸福，就不能享受至善。至善不允许有任何超过它的等级，只要是其中包含美德，而只要美德不被逆境所削弱，保持不受损害，尽管身体遭受到某种创伤，而确实保持着美德！以我理解，由于美德是英勇而高尚的，越是遇到更大的艰难险阻，就越加激情踊跃。那些有贵族气质的青年，为任何有道德情操的美所激发的行动，都有同样的一种精神态度，乃至于藐视所有一切的可能的条件制约因素，哲学在我们内心灌输和激发这种情操；她让我们确信不疑，唯一的善就是那种符合道德的——这种善，无增无减，就像用尺子画一道直线，不接受弯曲。这把尺子稍微的一点点变形，就意味着直线的缺陷。因此，我们说美德也是如此：就像一条直线，不允许微小的弯曲；可以是僵硬的，但永远不能变得紧张②。美德对一切形成判断，可是一切都不能判断她。而如果美德本身不能变得更笔直，通过美德而实现的行为便也不能是一些比另一些更正直，因为所有这些行为都必须符合美德，由此得出结论，它们相互之间都是一致的。

"你说什么呢？在一个欢宴里半躺半靠，或是被捆绑在刑床拷打，相互比较是一样的事情吗？"你觉得很奇怪？那么我告诉你一个叫你更惊讶的东西：在宴飨中斜倚着是件坏事，而躺在刑床上是件好事，如果前一种情况我们的行为违反道德，而后者遵从道德！不是行为的内容，而是其中的道德，区分行为的好和坏；凡是有美德在的地方，只能有一个标准，只能有一个价值。我已经知道，我暴露在那种以自己之心而度他人之勇的人的攻击之下，当我说按照伦理断案法官的美德，和保持道德原则的被审判的囚徒的美德，没有什么不同，或者声称得胜而还的将军的地位，和不让自己的灵魂屈服地走在凯旋车前面的俘虏的地位一样之好。有的人以为一切他们自己做不到的，就是不可能的，换句话说，他们从自己的软弱无能的观点出发，而对美德发表看法。对将自己暴露于烈火、伤痛、死亡、牢狱，能够是有益的，有时甚至是所愿望的，我们有什么可感到吃惊的？对一个挥霍浪费的人来说，节俭是一种惩罚，对懒汉来说，

---

① 这个词直译是"没有得到恩宠"。
② 原文此处注释：文句似乎有误，猜测是此意。

劳动就相当于是一种刑罚；对于弱不禁风的人，任何活动都引起疼痛，对于一个颓唐的人，任何努力都属于折磨：一切事情如果我们把它看成是艰苦的，难以忍受的，就会有这类同样的想法，觉得没有能力做到，我们忘了有许多人，没有酒度日，或者清晨起床，就觉得是真正的受刑！所有这些境况都自然不是什么困难，这些人才是懦弱的没有男人气！要想对伟大的事业做出勇敢的决定，就必须得有个伟大的灵魂，不然的话，我们把仅仅是自己的缺陷，说成是事物的，就像一个笔直的物体，当放在水里我们会以为是弯的或者中间折断的。关键不是我们看见了什么，而是我们以什么方式看，普遍说，人的精神对真理显得视而不见！请指出一个还没有堕落的、精神警觉的年轻人，他会毫不犹豫地认为一个能承受所有逆境的压力而挺直腰板的人、能够超越命运的人，是幸运的。在安宁的环境，保持平静，一点儿也不算英雄，相反，当所有人都垂头丧气而能保持勇气，当所有人都匍匐在地而能挺身而立，那才是令人钦佩的。在严刑拷打中，和别的我们给了"危难"之名的一切中，有什么坏事？以我的思考，只能是这个事实：使我们低头、屈服，侮辱我们的精神。然而所有这一切对智者都不会发生，他会保持垂直挺拔，不管肩上的压力有多大。对这样的人，这个世界上没有任何事物能羞辱他；一个这样的人，对任何不可避免的都不拒绝。如果对他发生了什么受人类条件所限制的事情，他并不抱怨。他知道自己的力量，知道自己不会屈服于压力。我这样说，并非把智者放在普通的大众之外，也并不是说他感觉不到疼痛，好像是一块没有感觉的岩石。我只是想到，智者由两部分组成：一部分是非理性的，因故，对伤痛、火焰、疼痛是敏感的；另一部分是理性的，有毫不动摇的信念，毫无畏惧，不屈不挠。对于人来说，至善就住于此部分。当自己的美德还不充实，人的精神还会滑倒、动摇，可是只要达到了完美，便永久获得完全的稳定。一个人开始向至善前进，培育美德，可是当他尽管接近目标，但是还没有达到圆融，有时候会退步，意志有所下降；这可以理解，因为还没有越过不确定性的边界，还会在怀疑中打滑。可是一个达到幸运的完美道德的人，越是经历激烈的考验，越是更加自重自强；那些令别人退缩的行动，如果被某种道德责任感所驱使，这个人就会满腔热忱地去完成，他更愿意听人称赞自己的勇气，而不是幸福！

可是最后还是让我们来谈你等着我讲的问题。为了让你不觉得斯多葛派的道德盘桓在人类能力所及之外，我要告诉你，智者也是能够颤抖、痛苦、面色苍白，因为这些都是生理上自然的反应。那么丢人现眼在什么地方，什么时候这些症候变成真正的恶行①？只是当造成精神的屈服，当使这个人甘愿受奴役，被迫对自己反悔。智者有能力以自己的德行制服命运，而许多哲学业余爱好者会因为鸡毛蒜皮的威胁被吓破胆。在这一点上，假使我们用对智者的要求来对一个初学者，就是我们的错误。至于我，还在吸收这些原则的阶段，还没达到彻底的坚信的阶段；而且，即使是已经达到，也还没有时间融会贯通和实践到在任何紧急情况下都能想起这些原则的那种地步。有些颜色，毛线染过一次便能吸收，有些颜色，纺织品要多次浸染才能着色；与此相似，有些知识范畴，只要学了，就能立即付诸实践；然而哲学只有经过长时间的、深刻的内化，只有在灵魂不仅是被涂染而且是浸透之后，才具备条件，提供最开始所许诺的结果。简明扼要地说，这个命题可以归纳为：唯一的善，是美德，无美德之处则无善，而至于美德，我们说它住于我们自身的最好部分，换句话说，住于理性部分。所谓美德，不是别的，就是以正确的、不二的方式判断的官能；由此官能而产生意志的决定，通过这个决定明确唤起意志的一切形式的品性。根据这个官能，将一切其中有美德存在的事物合法地看成是善的，看作是相互一致的美好品德。身体的好，的确是对身体的好处，但是不是绝对价值的好处，这些好处可以有些价值，但是缺乏尊严；在它们之间有相当大的差别，有的价值多些，有的少些②。在哲学的实践者中，我们必须承认有巨大的差别：比如，这个人已经进步许多，敢于向命运抬起目光，尽管不是一眨不眨（因为强烈光芒会使眼睛失明）；那个人已经前进了那么多，如果说还没到达目标，赢得充分的自信，至少可以面对命运。一个事物若未完成，就会发生摇摆，进进退退，甚至塌毁。如果没有前进的意志和努力，肯定会毁于一旦。如果我们不持续勤奋努力，哪怕是稍稍松懈一点儿，我们肯定要退步。任何人都不能从他中断的那一点再起步！

因此只有一个办法：坚定不移，自强不息。比起走过的路，前面的路更长，可是进步大部分取决于要向前的志愿。我对一件事有完全的意识：我愿意进

---

① 也可以译为"坏事"。

② 这句话意思似乎不甚明确。或许是身体美德，与精神美德相比较而言。例如第一句，"身体的 bens，确实是对身体是 bens"，不清楚是不是一种文字游戏。

步，我要以全部灵魂得到她！我知道，为了追求达到美德，你也充满激情，全力以赴。让我们前进，因为只有这样生命对我们才有意义。非此则生活不过是种羁绊，对那些沉沦在恶习中的人是种可耻的苟且。要让我们所有的时间为自己所属，而这只有我们开始变成自己的主人，才有可能。何时才能赐予我们对命运的宠辱不惊？何时才能赐予我们控制所有的情感的官能，令其服从我们的意志，能够终于说出这句话"我赢了"？你问我我想赢谁？不是波斯人，不是美狄亚最后的蛮族，也不是达西亚之外的或许存在的什么英勇好战的民族，而是甚至连世界上伟大的征服者都战胜了的——贪婪、野心、对死亡的恐惧！

第七十二

你提出的问题，对我来说本是一目了然，因为我对这个问题有深入的研究。可是，我好久没有训练记忆，所以一下子想不起来。我就像不常翻就卷在一起的书卷①，必须展读自己的精神，毫不耽延，将储存在里面的知识运转起来，让它们进入状态，随时听命。你这个问题，我们暂时先放一放，原因是，它要求我相当认真地投入和重视。等我有机会，在同一个地方停留得久一些的时候，我再着手这个问题。事情是，有些题材，甚至乘车的时候，都可以来写，而另一些则相反，要求静下来，有空闲，一个人独处。不管怎么说，即便是在那些忙碌的日子里，我们也应该思索点什么问题，而且从早到晚地思考它。我们忙来忙去，每天都有新事务：仿佛我们就是播种忙碌的，一件事儿总生出更多的麻烦事儿来。结果呢，就是我们推迟研习，日复一日："等我办成了这件事，就全心全意地读哲学"，我们这么说，要么就说："等我一旦从这些无聊的杂务脱开身，就专心学习！"我们不应该在有空闲的时候才实践哲学，而是该争取最大的空闲来让我们能够实践哲学！必须把所有的琐事放在一边，致力于这种学习，对它来说花费的时间永远不是太多，哪怕我们从童年延续到可能的最长的寿命。哲学研究，完全的忽视，或是断断续续，没有太大的区别；实际上，如果中断了学习，我们永远不能留在中断时的那一点上，就像松开拉紧的

---

① 西方古代的书，用的是莎草纸或羊皮纸，卷起来，读书时展开。

弹簧，又回到原点，恰是因为我们缺乏持续的努力。我们要抗拒事务缠身，消灭它们而不是繁殖它们。没有任何时间，是不太适合来作如此健康的研究；尽管如此，有许多人不实践它，而是由于深陷在恰恰是非研究它不可的处境中。"总是出现点状况，阻碍我学习！"不是的，专注于哲学研究，能给人以精神的快乐，对于一个研究还不够深入的人来说，快乐有可能会断断续续，然而，对于一个智者，惬意的状态就如同一根不断的线①，无论发生任何事、任何事故都不能打断他，在所有的时间、所有的地点，智者都享有安宁！为什么呢？因为智者不取决于外界因素，不等待命运和别人的恩赐。他的幸福在他的内心，说幸福由外面而来就是把它从灵魂中驱赶出去，实际上，快乐是生于灵魂！或许，智者有一两次想起他有死凡夫的处境，但是这种情形都是无足轻重的，仅仅触及皮肤的表面。我坚持说，智者有可能轻轻地被这种或那种不利情况所波及，但是他的至高之善是保持不变的。我还要再说，可以有来自外界的灾祸，就像一个健康的人也不能从来不生个疖子，或者皮肤上割破个口子；但是这些都是表面的触及，没有灾祸能打击到他的深处。我还要再一次坚持说，在达到智慧圆融的人和一个还没有到达那一点的人之间的差别，就像一个健康人和在得了一场旷日持久的重病后处于恢复期的人。对后者来说，病情减轻几乎就相当于健康，可是如果不加注意，病就会很快加重，回到起初的状态；相反，智者的贤明既不能减退，也无可增加。身体的健康，听任天气的摆布，而医生假使能够使人恢复健康，却并不能保证长久，一旦犯病，病人就得重新去请大夫；灵魂的健康，一得永得，是完全的健康！我现在告诉你什么是一个健康的灵魂：是每个人对自己的满足、对自己的信任，知道人们的许诺、中间所交换的利益，对获得幸福毫不重要。一个可增的东西，便不是完美的东西；一个要想得到永久快乐的人，必须享受实际属于他的。而普通凡夫大众所渴望得到的所有的财富②，从这种方式或那种角度来说，都是过渡性的，因为命运不允许我们永远占有任何东西。然而，即便是这些过眼烟云的财富，如果受理性控制和影响，也能使人更愉快；只有理性才能使这些财富变得更接受合理的建议，那些为自己野心而占有财富的人，对财富的享用显示出毒害性。阿塔罗常常这样

---

① 大概相当于佛教禅定中的"法喜"。

② 也可译为"财产"。

比喻："你不是见过狗张着嘴，一下子叼住主人投给它的一块面包或是肉吗？每接到一块，就一口吞掉，接着就又张开喉咙，等着再投给它什么。我们也一样，接到命运投给我们的、满足我们期待的一切，便立刻放在一旁，焦虑，渴望，傻瞪着眼，等着另一个恩赐！"智者从来不会有这类态度，智者享受充分的满足；以十足的信心接受或报答命运的馈赠；享受一种不逾矩的快乐，长久，自属，永恒。一个赋有良好心愿的人，已经在哲学实践方面比较深入，但距离圆通还差很远，能让自己受时运好坏的影响，一时感觉上天，一时感觉在地。至于那些完全排除在哲学研究之外的人，他们如跌落在无底的深渊，发生的一切就像是落入了伊壁鸠鲁的浑沌，无边无际，空空荡荡！还有第三种人：那种刚刚开始学习哲学，但是还没有掌握它的人，已经把它当作看得见的目标，已经，用句成语来说，唾手可得。他们还没有登上坚实的陆地，但是已经驶进了港湾！正如我们所看到的，由于上一类和下一类人之间有如此大差异，即便是中间一类，也有波动，也就是回到有害的习惯的严重危险，就必然得出这个结论：我们不应该对忙碌的事务让步！我们必须脱身杂务，若是让它们控制了我们，那么一些事刚停，另一些就会来占据它们的位置。让我们从一开始就拒绝它们，没有开始做比突然停下来要好得多！

第七十三

有些人以为忠实于实践哲学的人都是目空一切、固执己见，只感觉对君主、国王，总之对所有负公共管理的人的蔑视，照我看来，他们的这个想法是错误的。实际发生的正好相反：对他们的感恩超过对任何阶层的人，而且完全公正，因为他们对任何人的恩惠都没有比对哲学家更显著，给了他们清闲而安静的生活的俸禄。然而哲学家，在他们为了致力于道德生活的努力中，只能在社会安定中得到好处，像对父亲那样尊敬他们欠了这份俸禄的情分的君王，对他所欠的情分，大大地高于那些生活在政治的动荡中的人所欠的恩惠，因为这些人，虽然他们亏欠君主许多恩惠，可是对君主索要的还是很多，因为他们是这样一些人，越是满足他的野心，他就越发欲壑难填，任何慷慨的馈赠都别指望能达到让他们满意的地步。实际上，一个总想着他该收取的人，很容易忘记已经收到的好处：野心所连带的最大坏处，就是永远不知感恩。况且再加上没有一个政治家会想到他已经斗败的对手，而是总是记得那些把他斗败的人；对一个政治家，他见到许多人在他的地位之下的快感，远远比不上见到某人在他的上面的那种痛心。这是所有类型的野心共同的恶习：永远不会向后看。然而，不仅仅野心是变化不定的，一切类型的欲望也是如此，因为总是以终为始。而那个真诚而纯洁的人，放弃了元老院、论坛和别的一切国家官职，这个人对允许他自由的君主只感到敬重，只有他才能无私地对君主作出有利的见证，对君主怀有他并不知道的、巨大的感激之情。哲学家对那些使他摆脱错误道路的大师们无限尊崇和敬佩，他对君主的感激是一样的，在他的羽翼保护下，才能致力于高深的研究！

"但是，一个国王，不只是专门保护哲学家。"明显地不。可是我们来看。想象一下涅普顿赐予横渡大海的航船最完满的风平浪静，在相同的情况下，是不是载了更多、更贵重的货物的船的主人，表示出对海神更大的感恩？是不是商家比普通的乘客更急切地去向神还愿？是不是即便在商人里面，那些运输香料、骨罗紫和别的一寸货物一寸金的贵重商品的人，比起另一个他的货物一点钱也不值，几乎只是用作压仓货的人，对神表现得更加感激？那么哲学家的情况也是如此，和平的益处，虽然是泽被天下，那些懂得利用它的人，才更深切地感觉到她。在我们的同胞中，有许多人在和平时期比战争中耗费更大的精力：利用和平来终日酗酒，沉湎奢淫，和别的恶习——甚至战争强迫他们中断！你觉得他们所欠的恩情债，能多于哲学家吗？除非你说智者认为在公共的利益上，他们也欠着一份同样的感恩、不公平。我觉得非常地感激日月的恩情，虽然那些星体不是专门为利益我而升起；我尤其感激时间的周期和统治世间的神明，尽管四季分明不是为我所专用。人们愚蠢的贪婪，在共同占有与私人占有之间，建立一种区分，因此，谁也不把公共财产真正当作是自己的。智者则相反，认为没有任何东西比整个人类共同占有的财产，更是他自己的。而且，这类财富，如果它的一部分不是每个人的财产，就不可能是实际上的公共财产。共同地占有一种财富，哪怕是微小的一点点，就出现了社会。

还有：重要的并且真正的财富，是不可以分给每个人，让每个人仅仅分到一小份的：是要整体地到每个人的手中。在分配工资的时候，每个人拿走归他的那份儿；在一个宴会上，在一次普通的聚餐上，所有那些我们"身体地"占为己有的，是可以分被成部分的。可是，和平和自由，是不可分割的财富，对公共和个体都是完整的财富。因此，哲学家认为拥有和享受这种财富应该对谁表示感谢，感激他不因为公共的需要，被征去当兵，去站岗放哨，去卫戍城墙，去缴纳战争税，——对这样统治的君主感恩。哲学的一个根本原则就是：受惠和报恩都要十分小心慎重。偶尔地，要回馈恩泽，必须承认有十足的好处。因此智者承认君主的鸿恩，他的治理，给智者提供了多产的闲暇，利用自己时间的自由，和不受公共事务打搅的安宁。

> 噢，梅里贝亚，是一个神给了我们悠闲
> 因为，那个人对我来说
> 永远是一个神。[①]

如果说维吉尔很感激给了他闲暇的人，而这个悠闲的主要的益处在于：

> 你们看，那个人允许
> 我的牛群在那里游荡
> 而我，用乡村的芦笛
> 吹奏一段快乐的乐曲 [②]

难道不是吗？我们不应该给令我们生活在神仙中的、让我们成为神的那样的悠闲更大的价值吗？

这就是我所想的，路西利奥朋友，为了显示一个范例，我邀请你陪我一起到天上邀游。塞克斯蒂乌斯常常说，朱庇特的权力，并不高于一个好人。朱庇特掌握着最大量的赐给人的恩泽；可是，在两个好人之间，并非那个更富有的人就更好，正如两个一样技术精湛的舵手，我们不能因为一个舵手的船更大、更漂亮，就说他更出色。朱庇特在哪里比一个好人优越？只不过他的仁慈持续更长时间！一个智者不会仅仅因为他的美德被局限于更小的时间而被认为是低级的。两个智者，那个死时更老的，并不比另一个、其美德的人生被更早地截

---

① ② 引自维吉尔《牧歌集》第一章。

断的人更幸福；同样地，任何神在幸福上也不能超越智者，尽管在寿延上超过；你看，美德并不会只是因为延续更多时间而更伟大。朱庇特掌握一切，可是从这个"一切"中，把占有转输给其他人：朱庇特只能在作为其他人使用这些财富这个意义上使用他的财富。至于智者，以朱庇特一样的公正无私，看着所有财富被别人所利用，他有更大的自尊自重，因为朱庇特不使用这些财富是因为不能，智者不利用是因为不愿！因此，当塞克斯蒂乌斯给我们指出道路的时候，我们可以相信，他说：

> 这是一条通往星空的路，
> 这条路就是俭朴、节制和勇敢。①

神明不但不轻视我们、嫉妒我们，反而更愿意接受我们到他们面前，向我们伸出手，帮助我们飞升。一个人能够上升到神的面前，你吃惊吗？神才是来到人的近旁，而且甚至为了与他们更贴紧，透入人的身体，因为没有神性的存在，就不可能有美德！人体里撒播着神的种子：如果是懂得培育它们的人来耕耘，它们就像神源一样地生长、发展，长得完全与其所源自的神性一样，如果落在一个不好的农夫手里，那么，这些种子就如同撒在荒芜不孕育的土地上，或是一片沼泽地里，这些种子就会死掉，不是长成麦田，而是一片荒草和荆棘。

第七十四

你的信让我满心欢喜，恢复了一点我正渐渐失去的气力；重新激活了我已经变得疲倦和缓慢的记忆力。为什么你不认为，尊敬的路西利奥，获得幸福的主要的方式，就在于坚信除了道德之善，没有其他的财富？那个承认存在其他财富的人，就受制于命运的法力，被他人的意志所左右；而当一个人把财富界定在道德财富，就能不靠任何人而是幸福的。这个人感觉被丧失子女的悲痛战胜，那个人因为看到子女病了，忧心忡忡，还有另一个人看到他们受世人议论，享有恶名；你还将看到有的人为了爱情，为一个不属于自己的女人和他自

---

① 引自维吉尔《埃涅阿斯》第九章。

己的女人而受折磨；不乏有人为政治上的失意而痛苦；还有另一些人，哪怕是荣誉都是苦闷的因由。可是，所有的人，都没有那群痛苦地等待时时刻刻都会来临的死亡的人更痛苦，因为任何一种状况都有可能将它引发。就这样，仿佛是一个穿越敌人领土的人，战战兢兢，东张西望，稍有动静就猛地回头。一个不能把死亡恐惧驱赶出心头的人，总是活得焦虑重重。他的念头里总是那些情况，被流放的人，被剥夺财产的人；脑子里想起那些人，他们的财产变得一钱不值——这是最难以接受的贫穷方式！他们记忆起那些海难，字面本义的和转意的——那些被人民（可怕的武器，最好的武器中也是最好的！）的愤怒或者嫉妒而毁灭的人，突然爆发，无可预见，就像所有的预告都是好天气，却突然来了一场暴雨，或是晴天霹雳，在周围的空间震荡！最后这种情形，处在雷霆震怒之地的人被吓瘫，就像是被雷劈了；一开始，当出人意料的不幸落在某人头上，剩下的所有人就充满了恐惧，因为他们知道，别人遭受的痛苦，也可能落到他们的头上。就如同惊弓之鸟，我们也能只听到声响就受刑，不一定非要抽打在自己身上。以这种思维方式，任何人都不能够感觉到幸福。只有无恐惧处才有幸福；到处疑神疑鬼，就不能享受生活。一个信任偶然的人，除了没完没了的担惊受怕，别的什么也得不到；抵达安全的路只有一条：轻视外部财富，满足于道德财富。谁承认有某种财富高于美德，谁以为能够有不是道德财富的另一种财富，他就在命运的力量面前失去了抵抗，焦虑地期待会碰到什么运气。你要把这幅图像牢牢记在心里：命运捉弄人们，在他们中间随意地撒下荣誉、财富、恩惠——可是所有这些，有的在争抢的人们的手里撕碎，有的在不平等的社会中不公地分配，还有的，人们不受到严重的损害就休想得到。在这一切中，有些落在对此漠不经心的人手里，另一些被太多的人所争夺，由于追求得太激烈，结果等于乌有：总而言之，没有人顺心如意地抢到手后，能够享有到第二天！正是因此，一个真正有戒心的人，一看见开始分发礼物，就离开剧场了①，他知道为了得那一点点小恩小惠，要付出更多！当一个人拒绝争夺，并且退出，另一个人就不去攻击他，或去与他厮打；如果两个人都来争抢奖品，冲突就不可避免。命运在我们头顶散发的惠赠也是如此：我们的情绪不幸地被鼓动起来，怒火中烧，恨不得多生几只手，忽而向左，忽而向右，在我

---

① 大概是一种当时流行、剧间进行娱乐性质的竞标抽奖活动。

们的想象里激起我们贪婪的财富却迟迟不来，让我们期盼太长的时间——那种很少人得到众多人欲望的财富；我们有前去迎着它的渴望；我们为赌得顺手而高兴，赢了某些对手的虚望让自己产生幻想，结果我们受骗，为一个不值钱的猎物，付出高昂的价格！那么就让我们从那些赌博中退出来，把位置让给征服者们！这些人，窥视着那些没保证的财富，最终，他们自己的处境会更加没有保证！……

一个谋求幸福的人，必须承认没有别的财富，只有道德财富。如果不是这样，认为有可能存在另外的财富，就会开始觉得天意不仁，一方面是因为正直的人经常受到挫折，另一方面，赐予我们这一生的时间太短暂，如果与宇宙的生命相比，几乎是微不足道。由这种悲观的看法就会得出一种对神的意图的曲解；抱怨我们不能长生，轮上这种有限的、不确定的、短瞬的生命。后果是我们不愿要生，也不愿要死。对生的仇恨和对死的恐惧占据我们！我们自己的目的，无所适从，没有幸福能使我们快乐。原因很简单：我们不可能到达那种巨大而不可超越的善，在那里我们的意愿必然要终止，因为在最高点之外无何有。你想知道美德无所缺少是什么原因吗？因为它满足于在手者，没有得到它所及之外的野心：一切适足的在它看来就是足够的。现在，你想象一下，不认为是这样，那么你就会看到，你对亲戚朋友接济的情感立刻就变得犹疑不决，因为一个想将其付诸实践的人，必然会受俗众之见的限制，在大众的眼睛里认为是坏事，被我们认为是财产的东西，就会冒很大的风险。总之，当我们不追求最高之善，对迫使我们冒生命危险的事情就丧失勇气；会失去灵魂的伟大，因为只有在蔑视俗众的想象里以为是最重要的东西，把它们看成是无足轻重的，才能表现出这种伟大来；丧失感恩心和知恩图报的责任感，害怕要花费气力，或者我们以为还有某种高于忠诚责任的东西。

可是，让我们把这个问题先放在一边，必须承认的是，要么我们称为"好事①"的实际上并非好事，要么，假使是的话，那么人就活得比神要幸福，因为，人们通常给予价值的那些，对神一点点用处也没有；神实际上超越食色性也，没有性欲，没有餐桌上的享乐，总之，超越一切人类孜孜不倦地追求和为之所累的东西，只有人才有的那种下贱的快感方式。由此得出，要么我们必须

---

① 这里的财富、善、好事，都是由一个词翻译。

相信，有神所不接受的好东西，要么，神明对它们的舍弃的事实，向我们证明它们不是什么好东西。还要补充一下，许多我们假定地称为"好事"的，动物比人类更加激烈地享受。动物以更好的食欲消化食物，没有性事的疲惫，它们的肌肉力量更结实耐久，动物远远比人要幸福！实际上，它们生活不懂得什么叫邪恶和欺骗，享受那种更强烈、更容易获得的快感，一点不受羞耻和悔恨的约束。现在你想一想，是否确实可以将一种人超越神，而动物超越人的东西，称之为"好事"！

我们应该将至善的范围界定于灵魂：假使我们不是将它联系在我们最美好的部分，而是最恶劣的部分，如果我们将其置于不会说话的动物比人要更加敏锐的感官的支配之下，我们就降低了它。我们不应该把幸福的最高点，给予身体；真正的财富，是那些我们有赖于理性的——牢固而持久的，不会腐烂的，不能受任何降低和限制的财富！其他的只在俗众的眼里是财富；实际上，与真正的财富只有共同的名称罢了，但是缺乏以鉴别真品的特性。我们更想把它们称为"用途"，或者用一个技术词语"可欲资源"，但是不失去属于"用具"的看法，不是我们自己的一部分；我们将其拿在手中，不忘是我们的身外之物；而即便是我们将其拿在手上，也给它一种低级的、次要的地位，像那种任何人不应引以为荣的东西。有没有比我们自夸一件我们没有做的事更愚蠢的？让所有这些虚假的财富随我们的运气，但是并不纠缠在一起，如果没有它们，看到它们离远一点儿也不必痛心。我们使用它们，并没有什么值得夸耀的，我们有节制地使用，就像是暂时托付给我们的东西。一个想不依靠理性的掌控而拥有它们的人，就不能保持长久；甚至幸福本身，如果没有控制，最终都会变成负担！如果我们相信那些，不久将失去的、比过眼烟云还虚幻的财富，等失去的那天，就会无限悲哀。很少人有能力平静地承受失去幸福，大部分人，一旦失势，当初叫他们兴奋异常的同样的条件和因素，却使他们垂头丧气。因此，我们必须以谨慎，给生活强加上尺度和节制，因为缺乏节制就会快速引起现有财富① 的枯竭，如果不用节制的理性收紧缰绳，没有、哪怕是再大的资源，能够维持多久。很多城市的下场，都能拿来当作这个真理的证明，它们庞大的力量正在全盛时期的巅峰，却轰然倒地，挥霍无度彻底毁灭了当初以美德建造起来

---

① 此处的财富指物质财富。

的大厦。我们应该预防类似的事故。没有坚不可摧的城墙能抵挡命运的进攻：我们在内心建筑起城垒；如果我们的内心是安全的，我们可以被打翻在地，却永远不会屈服！你想知道这种捍卫的方式在于什么？在于不反抗[①]一切有可能对我们所发生的；因为我们确信，即便看起来对我们是伤害，而对于维护宇宙则是一种贡献，作为完成这个世界自然进程的因素之一；神接受的，人也应该接受；而正是因此，应该以赞叹的眼光来看待他自己，他的生命——因为永远不能被战胜，因为他控制住自己的厄运，因为他用理性（他的最强大的武器！）征服一切困难和挫折、痛苦和屈辱！要热爱理性，这种爱使你有能力面对最艰巨的局面！野兽的爱子之心，使它们扑向猎人的武器，凶猛，不顾一切，使它们变得不可驯服；对荣耀的野心，使许多年轻人的精神去迎战火与剑；有人单纯为了颜面，为了道德的幻影而决定自杀：在所有这些情形中，理性表现得越强大，越坚持不渝，它迎战一切形势危险的冲动便越加猛烈。

让我们来看一个有可能的反对论点。"你的关于除了道德财富就没有其他财富的论点，是没有根据的；这种信念，永远不能使我们变得安全，免于命运的打击。实际上，你是把家庭里有令人羡慕的孩子，一个道德健康的民族，有好教养的父母，都看作是财富。你看，你不能看着他们身在危难之中而感觉他们是在安全里；你的城被包围，你的子女在死去，你的父母被奴役——所有这一切都会搅乱你的精神。"

我开始先用我们学派答复这样的疑难所惯用的反驳，然后再加上我以为必要的一些论据。请观察区分这些情况，当我们被剥夺一些特性，就获得另一种对我们有害的特性，例如，如果我们失去健康，就会得病，如果我们没有视觉，就成了瞎子，如果我们的膝关节受打击，我们不仅就失去行走的能力，而且我们甚至站都站不起来。显然，这种危险不存在于前面对我们所指责的。换句话说，或许我失去一个好朋友，这并不迫使我忍受一个不忠的朋友，也不会，假使被剥夺了好子女，也不会换来个忤逆不孝的。不仅如此，这种情况下，朋友和子女并非真正地死掉了，而死的仅仅是他们的身体。一种善能够消失，只能当它变成了恶这种条件下才能发生；然而这种条件在本质上是不可能的，因为全部美德，和一切由美德所实现的，都保持一点也不会褪变。因而，

---

① 逆来顺受，这是一种反动而懦弱的哲学。

尽管朋友逝世了，顺从父母心意的子女去世了，会有某种东西存留下来。你知道那是什么？正是使他们成为好人的品性：美德！美德不但不会让灵魂变得空荡荡，而是将其盈满，使一切怀念消失，仅有它就已足够，因为所有的好人的本源和能量，都住于美德。一股水流，只要发源的水泉保住了，被截断了或转道了，又有什么重要？不是因为有子女活着，我们的生活就有可能被认为更公平，更井井有条，更明智，或更诚实；当然，我们也不能就认为它^①更好。朋友的陪伴，不会让生活变得更智慧，就像缺乏朋友的陪伴也不令生活变得疯狂；当然，朋友的在与不在，同样不会把生活变得更幸福或更悲惨。只要美德保持不动，就不可能感觉缺少任何什么东西。

"你瞎说什么呀？我们身边，围着一大群朋友和子女，难道不感觉更幸福？"怎么个"更加幸福"？要看清，至善不受加减；不管命运的态度如何，要保持你自己的伟大。不管是一个寿命极长的人，还是一个没有达到这个寿命的人，至善的伟大是同一个，尽管寿命的长短不同。你可以画出两个圆，或大或小，它们之间的区别只是面积大小，而不是形状；而且，即便是你把其中一个保留一段时间，而另一个立刻抹平，两者依旧是曾经有相同的形状。一条直线，不以其长、量和延长来评断它，因为它不能收缩也不可展延。^②你缩短一个遵循道德的生命，不让它活一百年，而哪怕是缩短成一天，也不会因此而使道德变少了。有些情况下，美德有机会扩散，统治着国家、城市、省份，颁布法律，培育友情，履行对家庭、子女的责任；另一些情况，受贫困、流放、失去家庭所迫，进入狭窄的界限之内，然而，并不因为由高的社会地位换成低贱的社会地位，由政府的官职而换成私人生活，由广泛的公共活动空间换成自己家里的狭小范围、一个悲惨的角落，而美德就变得渺小了。美德同样地伟大，即便是缩小到私人的范围，被剥夺了与外界的联系。不论如何不因此失去你高度的勇气和宽阔的胸怀、你无可比拟的谨慎和你无瑕的公正。因此，在任何情况下，你幸福的度都是一致的；这种幸福住于唯一之处：就是精神；这样而获得安稳、伟大、

---

① 就是指"子女活着"。
② 一条线是直线，所考虑的是"直"这个概念，长度、量、延长，都不是使其为直的因素。"收缩，展延"，线的长短。

平静，而这些，没有对神的境界和人的境界的认知，是无法得到的①。

现在来让我们谈上面提到的我个人的论据。智者对子女或朋友的逝世，不感到悲伤，以他自己等待死亡时刻同样的勇气，面对他们的死亡，他对自己的死不感到恐惧，如同对那些人的死不感到悲哀。美德，实际上，以万法皆同为根基：它所有的实现都处于同一水平，处于完美的和谐。灵魂永远并且必须保持超越，如果灵魂听任自己被痛苦和思念而消沉，这种同等性便会消失。焦虑、担心，不管是哪种类型的，与行动上的惰性是一样的，是违背道德的；然而，道德的勇气，信心十足，跃跃欲试，无所畏惧，时刻警惕。"你说什么？难道就不能有点类似于心烦意乱？脸不变色，眼睛不眨，身不颤抖？那么那些由不得灵魂意志、发于自然本能的下意识的反应呢？"我承认这些都能发生，即使是这样，没有任何挫折会变成动摇这种信念的真正的坏状况，足以削弱一个健康的精神。所有必须作的，要以决心爽快地实现。至于那些人，他们的行动远离智慧，有理由说他们在行动时不作努力，或固执己见——身体和灵魂各自指出一条路，因此会感觉到有撕裂的矛盾迹象的相反的倾向。这类人只会轻蔑，那些在理论上本应使他充满对自己赞叹的行为，而做一些毫不可信的、自以为是的事情。事实上，当我们担心有灾祸发生，当我们在等待的时候，这种担心本身在折磨我们：害怕将会遭受什么伤害，为感觉到的恐惧而痛苦！正如身体的疾病，有一些症状预示有什么病——不能运动，不做任何费力的事也浑身松软，昏昏欲睡，寒战发冷，一个虚弱的精神也会感觉受到振动，即便是在遭受什么不幸事件打击之前：如同猜测出未来的灾祸，在祸事发生的那个时间之前，就被战胜。还有没有比这更愚蠢的事情？我们不是等到苦难时刻再痛苦，而是为未来而痛苦，把折磨的阴云招引到我们头顶。当我们不可能完全摆脱苦闷，至少我们应该把它推延得越晚越好。你想看一看，任何人不该为未来苦闷有多么正确吗？想象有个人，人们对他说五十岁以后，要遭受严厉的刑罚：他在这段时间的前一半儿，就无忧无虑地生活，直到他生命的后一半儿，接近许诺的痛苦的时候才开始担心。真实情况是，无论是过去还是未来都不在当下，因此我们不能感觉到他们。而痛苦，只能是产生于某种感觉到的东西！

---

① 这一段，可以比较《易经》乾卦，君子不同处境的美德。所不同的是，《易经》中有亢龙有悔。

第九卷
（第七十五至第八十）

第七十五

你接到我的信，抱怨我的文笔，写得不那么刺激。可是，除了那些目的仅限于哗众取宠的人，谁又写得慷慨激昂？如果我们两个坐下来交谈，话题天南海北，我的风格就是口语化的，不加修饰的；我正想让我的信是这样子，一点也不做作，装腔作势！如果有可能，我更愿意显示给你我的感受，而不是我的词句。即使我在与你讨论，我也不会踮着脚尖，手势夸张，提高嗓音。所有这些都是演说家的虚张声势，至于我，向你传达我的思想就足够，用既不华丽，也不平庸的文风。我只想说服你一件事：一切所说的都是感觉到的，而且不仅仅是感觉到，而是以爱来感觉！没有任何人以亲吻情人一样的方式亲吻他的子女；但是，即使是在纯洁而矜持的父母对子女的爱抚中，感情明显可见。苍天①助我！我不愿如此庞大的题材启发出的语言过度冰冷，枯燥乏味。因为哲学不应该完全放弃文学天赋。可是也不非得把词句看得那么重要。我们最终的目的应该是这个：说我们所感觉的，感觉我们所说的，这就是说，让我们的生活，说到做到。想象某一个大师：如果你观察到他的行动和你听他讲演所说的一致，这个大师就达到了他的目标。我们观察他的行为素质，他演说的流畅：两者之间，完美的统一！我们的话语不追求文学快感，而是追求恰当。如果雄辩，我们且这么说吧，自然地、不勉强地发生了，或是几乎是我们让它陪伴着最高贵的行动，不是显露才华，而是烘托这些行动！别的艺术都是专门针对智力的，而哲学则是一种灵魂的卓越活动。一个患者不要求医生谈吐风雅；不过，假使这个人懂得看病，又能和蔼可亲地讲解接下来要做的处理，那就应该这么做。这并不意味着病人认为遇到了一个有口才的医生而特别幸运，正如一个有经验的舵手，同时又是个帅哥，却没有丝毫帮助。为何要抚爱我的听觉，为什么要让它们愉悦？给我针砭，给我放血，让我严格地戒食。这才是他的本

---

① 原文：赫拉克勒斯。

171

业。你所关心的应该是治好深至脏腑的、严重的、扩散的病症，你的工作是那么巨大，如同一个救治瘟疫的医生。为什么你要为词句操心？你以若能履行职责为满足。什么时候去学习哲学的伟大课程？什么时候将所学的课程内化到永远不忘记的程度？什么时候你去验证理论？哲学不像别的科学那样，只凭信记忆还不足够，我们应该通过行动来证实它。要想是幸福的，光知道理论还不够，还要实践它。

"你在说什么？在最高级之下，不存在任何别的等级？要么达到智慧，要么就跌落深渊？"依我所想正是如此。一个在哲学研究中渐进的人，还属于非智者之列，然而距离普通的有死凡夫很远。即便是在哲学的学者之间，也存在相当大的差别，有的作者把这些学者分成三个等级。

第一个等级，包括那些尽管还没有获得智慧圆通，距离成功已经很近的，然而，距离近这个事实本身，就意味着智慧还在他们之外。如果你问我，这是哪一类人，我的回答是：是那些已经摆脱了情欲和恶习的人，并且获得了这种目的所必需的知识，尚且不能以毫不动摇的信心继续这条道路的人。还没有在实践上达到最高之善，可是他们已经不可能返回到所抛弃的恶习；他们所到达的那一点，已经不接受退返，可是对自己还没有一个明确的意识，或者说，就像我在另一封信中曾经说过的，"已经知道却不察觉"！他们已经能够享受自己的美德，但是还不能没有保留地相信它。别的作者给这个级别的学者的定义，还包括那些已经摆脱了灵魂的疾病，但是还没有摆脱情欲，因此，地位还不是很稳定，因为只有完全地将恶习从自己身内驱逐，才能不受其害；另一方面来说，只有达到充分的智慧，才能将邪恶驱除出自身。我已经多次对你讲到，灵魂的疾病和情欲的区别。我再提醒你一遍：灵魂的疾病是深深扎根的暴力的恶习，就比如贪婪，或野心；这些恶习强烈地占据着灵魂，发展成慢性病。一言以蔽之，灵魂的疾病是一种对价值的坚持错误的判断：例如，把仅仅是相对可愿望的东西，认为是非常渴望的东西。如果你愿意知道，这里还有另一个定义：热切地愿望那些仅仅相对可愿望的，或绝对不可愿望的东西；或给本来有很少价值或毫无价值的东西很大的价值。情欲，是灵魂可谴责的、突然而强烈的冲动，这种冲动，如果变得经常和毫无节制，就能恶化成灵魂的疾病：就有点像伤风感冒，如果是暂时的，偶尔得了，不过引起咳嗽，可是若是老不好，成了慢性病，就会恶化成肺炎！结论就是，学问高深的哲学家，已经摆脱了疾病，可是，虽然接近了完美，依然受情欲所累。

第二个等级，包含那些成功摆脱灵魂的主要的顽疾和情欲，但是还没有到达享受最终的完美安详状态的境界。用另外的话说，他们还会退转到先前的状态。

第三个等级，已经摆脱了大量的相当可观的恶习，但是并没有全部摆脱，他们不再贪婪，但是没有摆脱愤怒；已经不受快感的诱惑，但是还受野心的试探；已经摆脱了欲望，但是没有摆脱恐惧，而在涉及恐怖对象的时候，能够在一些面前表现坚定，而面对另一些的时候退却：例如，不惧怕死亡，却害怕身体的疼痛。

让我们来思索一下这一点：如果能够身列这第三个等级，对于我们来说已经是很不错的了。达到第二等级的人，有得天独厚的禀赋，并通过紧张不懈的努力学习；可是我们并不应该因此而看不起第三等级的人。想一想你看见的周围大量的恶行，看看吧，如何是没有不犯的罪，如何是奸诈狠毒日渐一日地增长，如何是邪恶在公共生活和私人生活中蔓延，这样你就懂得，我们不属于那些坏人之列，无论如何已经是很好的事情！你会对我说："我对将来达到第一个等级的可能性，充满希望！"这个希望，对我们来说，更是一种愿望而不是许诺：你看我们是如何受制于压力，是如何在所有类型的恶习之中，寻找被撕碎的美德！我甚至说起来都感到羞愧：我们仅仅在空闲的时间才是诚实的！……可是，有多么大的回报等待我们，如果能够冲破我们的社会义务，我们的痼疾！……让我们不再为欲望，为恐惧所驱使。不让恐惧使我们心神不安，不让快感使我们堕落，无论死神还是神灵都不能让我们害怕；我们已知道连死亡都不是灾祸，神的存在也不是为了制造灾祸。死神的攻击毫不重要，微不足道，因为攻击的只是身躯，万物最高尚的领域，没有成为祸害的可能性。如果有一天我们出离这个污泥遍地的世界，去到一个最崇高的区域，等待我们的是灵魂的平静和绝对的自由。你想不想知道，自由在于什么？就在于我们既不惧怕人，也不惧怕神；在于我们没有任何非道德的或过度的愿望；在于我们对自己的完全掌控；做我们自己的主人是一种不可估量的财富①！

---

① 这里也可翻译成"不可估量的善德"。

第七十六

你威胁说，要是我不给你讲一些我的日常作为，就和我断交。那你就来看我是以何等的坦率，向你敞开我的生活，如果我连这都对你坦白：近来我去听一个哲学家的讲课，我去他的学校已经有五天了，每天下午两点上他的课！"真是上学的美好年龄！？"为什么不呢？仅仅因为离开学校很久，就放弃学习，不是愚蠢到顶吗？"瞧你说的！难道我要把自己放在儿童的水准，青少年的水准？"如果我的年老不是另一个令我羞愧的理由，就会叫我非常高兴了：哲学学校，接受所有年龄的人。"那么我们老来是为的这个，为的模仿年轻人？"如果我，尽管老了，能去剧院，能去角斗场，如果我没去看武士决斗，为什么我非得为去听哲学课而羞愧？……只要我们是无知的，就必须学习；而假使谚语有道理，那我们就该活到老学到老！然而，谚语最重要的应用是在这里：只要我们活着，就必须学会怎么活。而正是在这一点上，我能够有所传授。你知道是什么？就是即便是一个老人总是有所要学的。除此之外，我每次进入学校，就对人类感到羞耻。你知道，我去梅克洛那科特的家，要从那不勒斯剧场边上经过，剧场总是爆满，观众对音乐家的才华报以热烈的掌声和欢呼，某希腊号手，某主持①人，总是有人捧场。但是，在一个研究什么是好人、学习做一个好人的学校，只有五六个学员！即使是这几个人，在普通的有死凡夫的眼中，还是不务正业，呆瓜懒汉，这样称呼他们！对我，尽管嘲笑；必须平心静气地来听没有文化的人的辱骂，因为一个追求道德之路的人，只能感觉到对他的轻蔑的轻蔑……

路西利奥，你要继续努力，千万不要发生像我一样的事：到晚年才开始学习。越是去追求那种即便是到老也难于掌握的学问，就越是须加努力。"我能进步到什么程度？"你问我道。到你力所能及的程度。你还在等待什么？知识不会偶然相遇而碰到。钱财可以凭运气中彩，荣誉可以得到赠送，恩宠和高官厚禄或许可以接二连三落在你的头上；美德，这东西不会自己来找你！不是没有代价，不需要巨大的努力我们就能够到达，可是这种努力是值得的，因为一次性得到所有可能的美好品质。实际上，唯一的财富是那种符合道德的财富，

---

① 指宣布得胜者名字的官员。

在公共舆论所接受的价值里面，你找不到一点点真理，或是一点点信念。既然你觉得，我在最后一封信中，没有给你讲清楚，我为什么要对你说，唯一的财富是道德财富——以你的看法，我提出的命题没有根据！——那么让我来把当时已经说过的，都再简明而逻辑地概括一遍。

每种事物，都以一种特殊的性质来评价。葡萄树的价值在产量，葡萄酒在味道，鹿在跑得快；驮货的牲畜我们感兴趣的是力量，因为他们就只有这个用处：驮载货物。一条狗，如果我们让它搜寻猎物的踪迹，首要的品质是嗅觉，而如果我们叫他追踪野兽，那就是速度，当要它扑咬，就是凶猛。因此，在每种生灵里，都有主要的特性，就是为发挥这种特长而生，以此来为它作评定。那么好，人的最高素质是什么？理性：人类依靠这种特性，超越其他的动物，而接近神 [1]。因此，人的特殊美好品质是完美理性，所有其他的品质，都与动物和植物是共同的。人有力量，狮子也有。人漂亮，孔雀也是。人能跑，马也能。我且不说，在这些素质上，它们都超越人，我不感兴趣知道人在哪方面发展得更好，而是关心他唯一的，特有的性质是什么。人有躯干，树木也有。有本能和自愿的运动的能力：动物和虫子也有。能发声，狗的叫声更响亮，鹰的叫声更尖厉，野牛的叫声更低沉，夜莺的叫声更温柔悦耳！什么是人专门的素质？理性：当充分得到理性，人生便是完满。所以说，一旦某种事物，当其实现它的特殊品质的完美，便成为可赞美的，并且达到了它的自然目的，而既然人的特殊品质是理性，当将理性提高至最高的完美，人便是可赞美的，并实现了他的自然目的。我们把完美理性，称为美德，我们还把它称为道德财富 [2]。因此，对人来说，唯一的财富，是那种唯有人才具有的特性；我们此刻所研究的，并不是这个财富是什么，而是人的独特的财富在于什么。如果，除了理性，任何别的品性都不是人专门具有的，那么理性就是唯一的好品性，尽管与别的品性混合在一起。如果一个人是坏人，我理解就该受谴责，如果一个人是好人，我认为就该受赞扬。因此，人的首要的和唯一的品质就是那种使人招致赞扬或谴责的品质。

你不怀疑这种财富的真实性，只是怀疑是人的唯一的财富。想象一个人，

---

[1] 见书信第四十一，7 至 8 节。
[2] 即善德。

他掌握着所有别的（健康，钱财，许多祖先的雕像 ①，大厅里宾朋满座），却是公认的坏种：你定会谴责他。现在想象有另一个人，缺乏上面我所说的一切（既没有钱，也没有门客，既不是贵族，也没有家系），却是个公认的好人：你就会对他赞许！这便是，所以说，人的唯一的财富：一个人有它，即便是被剥夺了所有其他的，也堪得最高的尊重，假使没有它，即便是丰足地享有其他一切的财富，也难逃谴责和别人的唾弃。人的处境，与其他的事物的条件在同一水平上。人们说一艘船好，谁也不会是因为涂了绚丽的色彩，有银的或金的船头锋，包厢的天花板镶嵌着象牙，或者是因为装载着金币或珠宝，而必须是平稳坚固的，接缝结实密封得好，耐抗海浪的冲击，受船舵灵活操纵，行驶速度快，抗风力性能好。说一把宝剑好，不是当它拎在金腰带或装在饰满宝石的剑鞘，而是剑刃锋利，削铁如泥，剑锋可以穿透犀甲。人们不要求一把尺子漂亮，而是要求它直得一丝不苟。或者说，每件物体，要由它的目的，根据它特殊的性质来评定。由此而来，评价一个人，他有多少良田，有多少放贷获利的钱，有多少门客，他睡的那张床多么价值连城，他的珠宝有多么灿烂夺目，都不是紧要的：重要的是要知道他仁到什么程度！如果他的理性是发展的、公正的，是适合人的本性的充分实现的，这个人就是好人。对这称为"美德"，道德财富即在于此，是人特有的，唯一的财富。鉴于只有理性赋予人完美，也只有理性能够使人变得完满地幸福；因此人的唯一财富是那种只有通过它才能变得幸福的东西。我们把由美德派生出的，由它而定形的，换句话说，对所有一切通过美德所实现的事业，所有其他的一切也统统叫作"财富 ②"；正是因为这个原由，美德本身是唯一的财富，因为没有它就没有任何善事 ③。如果所有的善，都住于灵魂，那么这种善便全部是为了给灵魂坚定、升华、宽广；于是美德使灵魂变得更加坚强、高尚、宽宏。所有别的，一切激起我们的欲望的，都同样打击并软化灵魂，好像是在提升它，其实仅仅使它膨胀，通过极端的虚弱欺骗它。因此，唯一的善，是那种提高我们的灵魂的。一生所实践的所有的行动，都由其是符合还是违反道德的考量来管理，做或者不做一件事的原由就在

---

① 即贵族的先祖。

② 指美好事物。

③ 即任何事物都不是一种财富。

这种思考中。用别的话说：一个仁者会做那种他认为符合道德的事，尽管是苦难的，哪怕是造成物质的损失也要去做；即便是危险的也要去做；相反，不去做非道德的，即便是这给他带来钱财、快感、权力；没有任何事物可以使他离开道德，没有任何事物可以诱惑他做出卑鄙的事情！结论就是，一个不管发生什么都准备追随道德避免非道德的人，他的一生，凡有所为，永远要时刻想着这两条——除了道德财富没有别的财富，除了道德的祸患没有别的祸患——他保持不变的美德，永远自相一致，他在美德里保藏着唯一的财富，理所当然，美德不能不是一种财富。这种人，就摆脱了变化——因为假使说愚昧可以获取智慧，而智慧永远不能退化为愚昧！

如果你还记得，我已经对你讲过，有的人因为不假思索的冲动，能够战胜被普通的有死凡夫一般看成欲望或恐惧的对象的境况。有这样的事例，有的人放弃了财富，有的人把自己的手放在火上烧，有的人在严刑拷打中从容微笑，有的人在自己儿子的葬礼上忍住眼泪，有的人毫无畏惧地面对死亡，实际上，一种激情，一种激愤，一种野心，能够到令我们藐视危难的地步。然而那种受某种鼓舞激发起的灵魂的一时勃发，难道能比得上美德？它有持续的力量，不取决于一种冲动，永久的精力是它的属性。由此而得出结论，偶然被非智者克服的，而永远被智者所战胜境况，本身并非善或是恶。因此，唯一的善是美德，它在各种等级的命运间昂首前行，显示出对命运两极的完全蔑视！

如果你接受那种看法，认为存在不是道德财富的另一种财富，结果就使整个美德变得摇摇欲坠，或者这么说更确切，如果我们除了美德还盯着别的目标，就不可能得到它。类似这种看法是违反理性的：所有形式的美德都来自理性；是违背真理的，没有理性就不存在真理；而一切违背真理的意见都是虚假错误的。你承认一个好人，必须应该表示出对神最大的崇敬。自然，坦然地接受一切对他所发生的，他明白对他所发生的一切如何地符合万物运行其间的神的法律。既然是如此，对于这个人来说，唯一的财富是道德财富；他行为的方式就在于顺从神意，在于无故加之而不怒，在于从来不抱怨运气而是接受命中注定①，在于完成他的决心。如果你承认除了道德财富还有别的，于是我们就被

---

① 葡萄牙语里分别有三个词汇，都可以翻译成"命运"，一种是人格化的命运，一种是人的偶然境遇，还有一种是结局性的命运。本书中，"命运"专指命运之神（fortuna）；"运气"指一时的幸运与否（sorte）；"命中注定"指一种命运的结局（destino）。

对生命的执着纠缠不清，执着于对"装饰"生活的东西的追求——这是无法忍受的，没完没了的，无穷无尽的！所以，唯一的财富是道德财富，唯一认同的合理公正的财富。

前面我已经说过，如果我们把神不享受的东西（财产、高官厚禄）引以为乐事，我们就得承认人的生活比神的生活包含更多的幸福。现在再加上，如果灵魂与躯体分开后，继续存在，那么它就保持比与身体合成一体的时候更幸福。可是这样一来，如果我们把那些通过身体使用的东西视作财富，释放出的灵魂则将处于下等的境况：可是，认为受限制在身体范围的灵魂比释放了的、与宇宙融为一体的灵魂更幸福，与我们的信念是相反的。我还已经说过，把那种对人与没有理性的动物所共同的东西看作好事，我们必然会以为非理性的动物享受幸福，这是不可接受的。我们应该承受一切，以确保得到善，而假使道德财富之外有别的善，我们就不必做这种事 ②。

虽然我已经在最后一封信中，广泛地解释了这个问题，我依旧想再谈一下，简明地回顾一下主要的观点。如果你不升华你的精神，如果你不拷问自己对死的态度（假使环境要求你去死），为祖国的利益而死，为拯救你的同胞牺牲你的生命，是否能迎着死神，视死如归，欣然就戮，这个理论在你的眼中就永远不是真理。如果你能够做出这样的行为，就是因为对你来说只有道德之善才是真善，因为你蔑视一切其他的来获取这个财富。你将看到道德财富的力量：你能为社团而死，你会毫不犹豫，只要那个时刻说服你那是正义的行动。你会发现，一个这样美好的行动，尽管在短瞬的时间内，却能给我们巨大的快乐；即使是不反思这种行为的结果：由于他的行动避免了人类生活的突发事件，但至少对他来说，看到他将要做的是快乐的原因：一个勇敢而正义的人，当他预见到他死亡而带来的结果——祖国的自由，他为了人民的利益而冒生命危险，使他们得救——被最大快乐的感受占据，就好像是在品尝着所冒的危险！即使是那个没有机会凝视他最高尚和最后的行为的快乐的人，也不因此对献出生命犹豫不决，他深信自己的行为符合正义和尊重他人，为此高兴。你可以给他提出疑难，看他是否会退却，你可以对他说"你的行为不久将会被忘记，你的同胞的感激会少得可怜"。你知道他会怎么回答？"所有这些考虑都在我的行动之

---

② 指不必承受一切。

外，而我只考虑行动本身；我知道这是符合道德的行为，因此，善德向哪里指引，在哪里召唤，我就将在哪里！"

因此，这就是唯一的仁——一种不仅达到完美的灵魂所感觉到的仁，而且是任何一个有贵族素质的人，向善之人，所能感觉到的。持有平庸的财富是烦恼的源泉；命运的恩宠可以聚积平庸的财富，对它们的财主来说，是一种重压，一种苦闷，甚至有时候是一大堆幻觉。你看到的那些紫袍朱袚的大人物，没有一个是幸福的，就如那些悲剧中的演员，剧情给他们权杖和王袍，在台上踩着高底靴，趾高气扬，可是，剧演完了，就要脱下来，回到正常的高度！任何被财富和荣耀推到巅峰的人，都不是真正伟大的。他似乎高大，只是因为我们把他连同所站立的基座一起来测量。你看，一个侏儒，并不因为栖居在山顶而变得高大，一个巨人也不因站在谷底而变得矮小。我们的错误就在这里，这里就是我们虚假评价的根源：我们评价人不以他是怎么样，而更愿意把他同装饰物一起评价。当你评价某人真正的价值，就评估他的品质，应该看一个剥去了装饰的他。抛开家族的财产，抛开荣誉和其他一切命运的戏耍，甚至不看他的自己的体貌：而是观察他的灵魂、他的品质、他的伟大，看那种伟大是内在的还是外在的。如果一个人以坚定的目光看剑锋的闪耀，如果他有灵魂从口里还是喉咙里飞出都无所谓的信念，你可以说这个人幸福！当让他领教偶然或有权势的人的蛮横所能加之于他的一切身体的酷刑，听到说及牢狱、流放，和别的让人心生恐惧想象中的暴孽，如果能够喊出：

> 没有任何苦难，
> 噢处女，我没见过，觉得意外，
> 以前在我的灵魂深处预感到，思索过。
> 为什么要把这一切展示在我的眼前？我自己
> 一直这样做，而且，由于我是个人，
> 对人的条件早有准备！①

一种事先思考过的灾祸，伤害的程度就不那么激烈。只有那些愚昧的人，

---

① 引自维吉尔《埃涅阿斯》第六章。

那些追逐命运的人，灾祸的面孔才是没见过的、出人意外的；何况，对没有经验的人来说，灾祸大部分在于新鲜！一种习惯的灾祸会变得更容易承受的事实恰恰说明这一点。所以，智者去习惯未来的灾祸，把别人由习惯而变得减轻的灾难，用思考来减轻。有时候我们从非哲学家的口中，听到这样的话："我早就知道，我早就等着这件事呢！……"然而智者，不是早就知道，而是现在就知道，就正在等着……发生一切，不管发生什么，他总是说："我早就已经知道了……"

第七十七

今天，突然抵达的亚力山大船队，着实让人吃惊，这些船通常是最早出发，这就预告了别的船只会陆续地到来。这些船被称作邮船。坎帕尼亚热烈地欢迎船队的驶来，人们拥向布丢利，聚在码头，从众多的船只里，通过船的帆，识别出哪些是亚力山大船。事实上，只有这些船，才能继续张满桅顶帆，那种所有的船都有的桅杆顶处的小帆。原因是，小帆扬得越高，越招风，风力在高处才更有劲。要是风太强了，超过理想的力度，就把顶帆侧过来，低处的风要小一些。当船队驶入卡普里，越过海角，那里：

> 高高的山岩顶上，耸立着帕拉斯神庙。①

其他的船都愿意使用宽大的帆，那些小帆就成了辨别亚力山大船的标志。

当别人都匆忙地赶往码头，我在品味自己的慵懒：我虽然等着我的人送来消息，但是我并不急于知道，那边的生意怎么样，获了多少利：好长时间以来，赔了赚了，对我都无甚影响。我尚且不老的时候，向来就是这种看法，而如今的情况下，我更强烈地主张：虽然我拥有的少之又少，但是远远超过旅途需要的开销费用，尤其是我们所加入的旅途，我们并不需要走到头。一个旅行，如果我们停在半途，或没有到达我们要去的地方，便是没有完成

---

① 出处不详。

的，而生命只有是长生不老的，才会是没完成的。无论停在哪里，只要是符合道德的，你的生命便完成了。我们常常要有勇气停下来，而且并不非得是伟大而重要的因由，何况，让我们死死抓住生命不放的，都并非什么重大的因由。

你十分熟悉图略·马塞利诺——一个平和的年轻人，却早早就衰老，他得了一种病，虽然能治，却时间特别地漫长，很痛苦，需要十二分地多加小心，于是他开始认真地想到死。他把一些朋友叫到家里来，一些胆小怕事的，就劝他作他们自己在这种情况下作的那样；另一些人，也许是为奉承他或者是出于亲切友善，给他建议说，认为应该尊重马塞利诺自己的意见。我们的一个朋友，遵从斯多葛派，是一个杰出的人，充满勇气（我必须给他的才华当之无愧的词语），在我看来，他作出的忠告最有尊严。他这样说："我尊贵的马塞利诺，你不要折磨自己，好像是考虑一个大事！活着并不是什么大事。你所有的奴隶都活着，所有的动物都活着！重要的是要死得高贵，有充分的觉悟，有勇气！你想一想，多少年来你总是重复着同一些行为：吃了睡，睡了吃，做爱——生活就归结为这么个循环。要想死，不非得是有觉悟，有勇气，或不幸福：因为也能为了无聊而想死！"马塞利诺并不缺少有人来给他建议，劝说他去死，而是他缺少有人协助他：他的奴隶们拒绝服从他！我们的那个斯多葛派，开始叫他们不要害怕，给他们解释，只有对主人是自愿死的有怀疑，奴隶们才会有危险；而且，从奴隶方面来说，是不可判罪的，因为是为阻止主人自杀而杀死他！接下来他又劝说马塞利诺，出于人道——像宴会结束时把剩菜分给服侍的奴隶——在生命结束的时刻，把财产分给那些一生为他服役的人。马塞利诺是个待人和气、自由的人……他就把财产分给奴隶，奴隶们流着眼泪，每人都得到一些钱，他还对他们说了宽慰的话。他死的时候，既没有用刀剑，也没有放血。他三天没有进食，命人在房间里搭了一个帐子，里面摆放上一个洗澡盆，他躺在里面，让人向里面不停地倒热水，直到他去世。他感觉到某种快感。我本人常常会晕厥，我很懂得这种瘫软无力给人的那种快感。

我漫无边际地讲了一个故事，肯定不会让你不快：你知道，你的朋友的死亡，一点也不困难或让人悲叹。尽管他决定自杀，而死得却很轻松：马塞利诺从此生蒸发了！我还希望我的故事不是没有用处，因为有时候很多境况需要想起这样的榜样。实际上，常常会发生我们该死却不愿意去死，或是我们不情愿地就死了！没有人愚蠢到这种地步，不知道早早晚晚我们终有一死；可是，当死亡来临，人们却犹豫、颤抖、哭泣。一个人为他没有活在一千年以前而哭，你难道不觉得是极端的弱智？那么难道不是同样的弱智，他为没有活在一千年以后而哭。两种情形是一样的：我们不存在于未来，正如我们不存在于过去；这两段时间非我们所属。你就被投放于这一时间点：哪怕你再延长它，又能够延长得怎样？你哭什么？你渴望什么？一切都白搭：

> 别希望用祷告改变
> 神给你注定的命运！①

命运是一次性注定了的，遵从着宇宙永恒法律而前行：你将去那个所有人都要去的地方！你从中看出什么奇怪来？你生来就受这条法律的束缚：爸爸，妈妈，爷爷，奶奶，所有你的先人，也全都是一样，这法律束缚一切生于你之前的人，一切生在你以后的人！真正是一种不可抗拒的、毫不通融的必然，谁也逃不脱，它牵拽着所有的生灵。你死时会跟随着多么一大群人，有那么一大群人陪伴着你！……你若是看到成千上万的人与你在同一刻死亡，勇气会大一些，我觉得很好；因为你知道就在你面对死神犹豫彷徨的那一刻，成千上万的人和动物在以这种或那种方式，释放出了灵魂。或许，你以为会没有抵达你一直向那里前行那个终点的那天？没有路没有尽头！……

你觉得我现在会给你引用一些名人的事例？我来给你举孩子的事例。一个拉科尼亚的青年的表情，永留青史，被捉住时，他脸上还没生胡须，用多里安方言大声喊道："我永远不做奴隶！"并且用行动证明了他的话：头一次命他去服役，做一件没有尊严的事，（就是让他去取尿盆），就一头在墙上撞得脑浆迸裂。一个人有这样的自由在手，怎么能被束缚为奴？！难道你不宁愿看到你的子女这样而死，好过懦弱地苟且偷生到老？你又怎么能被死的念头而焦灼不安，假使一个孩子都懂得勇敢地面对它？如果你不好好地顺从命运，你就会顺

---

① 引自维吉尔《埃涅阿斯》第六章。

从得很难堪。你要自愿地做一件你没有能力改变的事情。你难道没有能力采取这个孩子的态度，喊出"我永远不做奴隶"？你太可怜，你将是人的、事物的和生活的奴仆——因为，如果我们缺乏死的勇气，生活不过是一种奴役！……你还有什么希望可增添？你耗尽了阻滞你、让你留恋的最后那点点荒淫：什么对你都没有任何一点点新鲜，对一切的餍足使你对没有哪一件不是让你感觉到憎恨！你尝过葡萄酒和蜂蜜水的醇甜：那么从你的肚肠穿过一百还是一千陶罐，又有何区别？顶多不过是个过滤器！你细细地品尝过牡蛎和杜父鱼的鲜美：你的奢侈不给未来留下一点点新鲜感。而这里哪儿还有让你恋恋不舍离去的东西？还有什么能让你可遗憾失去的？朋友？你肯定你是谁的朋友？祖国？或许你那么爱它是因为迟到的最后晚餐？太阳？要是你能做，早就灭了它，既然你活着的时候没做过一点无愧于它的光明的事情？……你坦承并非因为怀念元老院、论坛，甚至都不是大自然，你才表示不情愿去死！你是尝遍了所有商品之后离开一个农贸市场。你怕死，可是刚刚给你面前摆上一盘蘑菇，就把它忘了。你说你懂得生活：是真的吗？！……你害怕死亡：却又因为什么？你那个生，难道与死有什么两样？有一天，恺撒大帝路经拉丁大道，一个囚犯从被押解的那队人中冲到他近前，胡子都长到垂胸，请他把自己杀死。"就是，你怎么还活着？！"恺撒回答说。这便是我们应该对那些濒死的人说的话："你畏惧死亡；你怎么还活着？！"有人说他要活着，因为还有许多好事要做，很难辞却和逃避生活的责任，为的是以最大的努力和善意履行这种义务。这是什么话！难道你不知道生的一个义务就是死？你不差完成任何义务，因为不可能限定一必须履行的义务的确切数目。人生总是短暂的。与大自然的起始相比，涅斯托尔 ① 和萨提亚 ② 的生命都是短暂的，萨提亚命人在他的墓上铭刻："我活到了九十九岁。"你有可能看到有人自豪活到了耄耋之年：可是活到一百年，谁来承受那么大的年纪？人生，如同戏剧，不在于剧长剧短，而在于演出的精彩。你究竟在哪一点剧终，是一点也不重要的问题。止于你所愿止，但是给你的生命一个圆满的谢幕。

---

① 希腊神话中国王涅琉斯的儿子，长寿的智者。

② 不详。

第七十八

得知你经常患感冒，我感到很心疼。那种让人恼怒的低烧，长时间的，几乎不断的，无可奈何的拖累。因为我也曾经体验过这种类型的疾病，所以越发同情你的处境。最开始，我满不在乎，那时的我血气方刚，什么病都还都能承受得住，英勇地抗击疾病的来袭！可我终于病倒了，几乎到快要发展成肺结核的地步，身体极度消瘦。好几次，我都觉得有终了此生的念头。让我心存不舍的是我亲爱的老父，年事已高。我不是去想自己面对死亡的勇气，而决定先去想老父是多么热切地盼望我不要死。就这样，强加给自己一种活着的义务。说真的，有时候继续活着，是勇敢的表现！

在告诉你我是如何缓解我的病痛前，先只和你说这句话：既来之则安之本身，已经就是一剂良药！实际上，有尊严的安慰方式，到头来就变成药物；所有使我们灵魂强壮的一切，都会转化成对身体有益。我的学习回报在健康上。我的病好了起来，身体恢复了健康，都是归功于哲学；我活着就归功于它——虽然，是我对哲学感恩中最小的一种。我的朋友也为我的身体康复作出了贡献：他们的劝告，陪伴，从他们的话语中我获得巨大的安慰。路西利奥，我出色的朋友，什么也没有比朋友的关爱更能帮助一个病人好起来，更能有效地使我们远离对等死的焦虑和恐惧。我跟你说：我当时就想，我不是在他们的陪伴中而是通过他们的回忆继续活着；我有一种感觉，之所以没有最后吐出灵魂，是因为将它托付在了他们的手里。这种思想给我意志的力量，帮助我忍受所有的痛苦。最大的不幸是失去了死的意愿，却同时又没有活着的勇气！

你还要采用这种办法来治病。医生一定会告诉你，能够步行多远，做什么运动，到何种程度，他会告诉你不要偷懒，身体缺乏力气就会使人有懒惰的倾向；他将给你开处方，叫你大声朗读，来锻炼你被阻滞的呼吸道；让你去乘船，波浪起伏可以活动你的肺部；告诉你进食的量，该喝多少葡萄酒，以增长体力，或者应该不喝酒，免得引起或加重咳嗽。而我本人给你开出的处方，不仅仅适用于你的病，而且使你一生受益：蔑视死亡。当我们摆脱了对死亡的恐惧，就没有任何悲伤的缘由。

所有的疾病，都要注意三个重要的因素：死亡恐惧，身体疼痛，享乐的临时受禁。关于死亡，我已经对你讲得足够多；我只加上，对死亡的恐惧，不是来自疾病，而是人的自然本性。对很多人，疾病推迟了迫在眉睫的死亡：他们的得救是因为别人推测他们已经迈入了死亡的大门①！你终有一天必然要死，不是因为你病着，而是因为你活着。即便你是健康的这个自然规律也有效。当你病好了，你只是逃过了病劫，而逃不过死劫。

现在我们来说让人最难过的方面：的确疾病意味着身体剧烈的疼痛，但是它的间歇性本身，便使疼痛成了可以忍受的②。一种痛感的强烈度，终有其尽头。一个人不可能很长时间感觉到剧烈的疼痛。看大自然对我们是多么仁慈，甚至叫痛感要么是可以忍耐的，要么就持续不久。最强烈的疼痛都在身体细瘦的部分：神经，关节，所有身体尖细的部分都感受更厉害的痛觉，而这也恰恰使病痛局限在一个很小的范围。然而，身体的这些部分，会因为剧烈的疼痛而变得麻木，反而不再感觉到痛楚——或者，是由于生命的气血，看到正常的经络被阻隔，就走另一条不太顺畅的脉络，失去了那种我们赖以活动的精力；或者是因为受感染的体液没有去处，强行从另一边通过，降低了身体特别肿胀的那些部位的敏感。就这样，不论是脚上、手上、脊椎的痛风，还是神经疼，都会因为病患部位疼得麻木而止歇。所有这些情况，一开始症状的出现都是难以忍受的，可是随着持续，强烈的程度便下降，直到疼得麻木了，就不疼了。牙疼，眼睛疼，耳朵疼，疼起来都非常剧烈，因为都是在身体很小的位置，而且总是和头痛并发；但是如果疼得太激烈，结果产生昏睡和麻痹。还有一种抚慰剧烈疼痛的方法：如果你感觉到非常非常强烈的剧痛，你结果必然会不再感到它。没有经验的人③克服身体的疼痛有很大困难，恰恰是因为他们不习惯满足于灵魂生活，因此对身体特别重视。正是因此，全心全意致力于智慧的人，把灵魂与肉体区分开，主要关心第一部分，他最优秀的部分，神性的部分；而仅仅给身体这脆弱的、总是不停地抱怨的部分极有限的最基本的照看。"可是，"

---

① 恺撒要派人去杀塞涅卡，一个王妃劝他道，一个病得快死的人，你何必再去杀死他。塞涅卡因此而活了下来。

② 根据塞涅卡的信中的叙述，他患有严重的哮喘和痛风病。他根据自己的经验谈人们应该如何对待对疾病。显然有许多片面和武断的地方。考虑到这是一个两千年前的人，谈论一种人生的伦理，应该说他的议论不是愚昧可笑的，而是天真可爱的。

③ 葡萄牙文版注释：指非智者。

你会说，"那会多么难受，剥夺我们习惯的享乐：不吃饭，忍受饥渴。"开始禁食的时候，自然是难过的，可是渐渐地，食欲就会减弱，甚至唤起我们食欲的脏腑会疲惫，失去力量；胃变得懒惰，即便是渴望食物的人，结果会对食物感觉恶心。再加上，所有的身体疼痛都是间歇性的，至少会降低剧烈的程度。再加上，我们可以在发作之前，吃药预防；实际上，疼痛发作都有前兆，因为会在我们已经熟悉的境况下习惯地发作。如果我们把它所意味的最严重的威胁①看得不重要，一切疾病就都容易忍受。

你不要觉得自己的病比实际上更重，唉声叹气，悲伤不已。如果我们不以平常人的看法来判断，所有的疼痛都是轻松的。如果你与大众相反，开始激励自己，这样说："这不算什么，或者，至少不那么重要。需要的是耐心，很快就过去了！"你认为疼痛是轻的，实际上已经就会减轻疼痛。我们所有的判断，都要与公众意见断绝。不仅仅是受它左右的野心、奢侈、贪婪：我们也根据公众意见感觉疼痛。每个人只是在被认为是合理的程度上的不幸。以我理解，应该结束对过去痛楚的悲叹，并且避免说类似的话："没有人病得像我那么重！那真叫一个痛，那叫难受！谁都没有想到我能好起来！好几次家人都给我哭丧，连医生都把我当成死人而放弃！在刑床上受折磨的人，也没有比我更痛苦！"哪怕这些都是事实，已经属于过去。再次重温过去的苦难，能得到什么？由于有那么一次曾经，继续感觉不幸，又有什么好处？人人都对自己的病痛无限夸张，结果是对自己说谎，难道不是吗？归根结底，一种难以忍受的苦难，当我们看到已成过去，就变成了令人愉快的东西：对自己的不幸的结束感到快乐，是一种自然的情绪。然而，有两种感情，我们应该坚决地清除：对未来的恐惧，和对已经过去的不幸的回忆；这已经不关乎我，第一种你还没有消除。面对一个艰难的处境，只能这样说："有朝一日——谁知道——我们想起这些事甚至会愉快！"一个人，必须以灵魂、以心，对疼痛作斗争；对疼痛让步就是失败，可是如果动员所有的力量来对抗它，就是胜利。今天所有人做的，是为自己招来本应该制止的毁灭。想象有一堵墙，已经倾斜了，就要倒塌：人们却去挖掘它的根基，结果就会轰然倒塌；可是如果用肩抵住它，加固它，支撑它，它就能维持不倒。拳击手的脸上挨了多少拳，还有全身上下！可是，他

---

① 就是死亡。

为荣耀的野心甘愿受这种酷刑。而且，不仅在拳击场上挨打，也为了能够去挨打而挨打：训练本身已经就是受刑。我们也应该战胜所有的对抗，虽然，我们的回报，并不是花冠、奖章或吹响号角，让体育场里的人们安静下来，宣布胜者的姓名。我们的奖在美德里，在于灵魂的坚定，在于内心的平和，一得永得，在任何冲突中我们都能够掌控命运。"我疼得好难受。"那又怎样？你怯懦地对它就能疼得轻些吗？在战争中，敌人对开小差的士兵更危险；相似地，面对任何意外的灾难，若不抵抗而是转身逃避，就会变得更加严重。"可是真的特别难受！"然后呢？那么说，我们的强壮只为的拈轻怕重？你更愿意要哪种：旷日持久的病，还是烈而短的病？一种慢性病有高低起伏，好了又犯，不论诊断还是治愈，都需要很长时间。相反，非常严重而短促的病，结果会是两者之一：要么了结病人，要么结束自己。有什么区别没有，病不存在和我不存在，如果两种情况都是不再感觉到痛？

另外一种健康的作法是不去想着疼痛，把注意力转移到别的事情上。去想你作出的所有正直勇敢的行为；同自己讨论正义的事业：调动你的记忆力，回想起所有那些曾经在某一天激发你钦佩之心的榜样。你将看到有一千零一位楷模，以他们的毅力，战胜了疼痛：这个人，当他命人扎结上自己的脉管，却若无其事地看一本书；那个人，对行刑的人面带微笑，这激怒了他们，在他身上使用了所有残酷的刑具。如果微笑可以战胜疼痛，理智怎么会不能战胜它？你可以对我说，你宁愿要哪样：你的感冒，把你的肺一点点地咳出来的、严重的没完没了的咳嗽，口渴，还是因多种关节变形而畸形的四肢！比这更坏的还有火烧，刑床，烧红的烙铁烫在脓肿的伤口，将它重新翻开，挖得更深。然而有人受这种残酷的刑讯折磨都不呻吟一声。还有：没有哀求。还有：刑讯中没有回答一个字。还有：他笑，用全部的灵魂。面对这个榜样，你是否已经觉得有了轻蔑疼痛的勇气？

你可能会反驳说："疾病让人活动不得，妨碍人履行义务。"让我们来看：缺乏健康妨碍你的身体，但不妨碍你的精神。或者说，能够妨碍一个长跑运动员迈开腿，阻碍一个鞋匠或别的什么工匠劳力，可是你习惯于劳心，你可以继续建言或是施教，能听能学，研究回忆。让我们来看一看：你以为，假使是个危重病人，就不能有任何行为吗？你能让别人看到疾病是可以战胜的，或者至少是可以容忍的！相信我对你说的：即便是卧病在床也有显示道德的机会。不仅仅是战斗，手执武器，能够显示出面对危难勇敢无畏的灵魂：一个勇敢的人，甚至躺在病床上也一样。这里有你该做的行为：勇敢地同你的疾病作斗争。如果它不能制服你，让你低头，你就给别人作出漂亮的典范。噢，如果别人观察我们在病中的表现，将是我们的荣誉之源！思考你自己，真正有理由让你对自己感到欣慰！

我们还应该想到，有两种类型的快感。疾病降低身体的快感，但是并不消除它；相反，仔细看，甚至还增加快感。人渴的时候，水的味道更甜，饿的时候，食物更香。总之，当我们平常被禁止什么，就越会贪心地抓住它。可是精神上的更高级更可靠的快感，是任何医生不能禁止病人的。一个人沉浸于这种快感，适当地体验它，不会对感官有什么太大的诱惑。"多不幸福的病人！"怎么不幸？因为不能取雪来冰镇葡萄酒？因为不用刨冰配制一大杯冷饮？因为不在餐桌旁现打开刚从卢克里诺湖里捞上来的牡蛎？因为在晚餐时，他身边不围着一大群厨师，把炉灶搬到餐厅，就在那里烹饪菜肴？是的，那是最精到的时尚：为了不让菜品凉了，为了不是滚烫的食物就不上桌，满足那张生了老皮的嘴，把厨房就安在餐厅！……"多么不幸福的病人！"因为只吃他能够消化的；不在他眼前摆上整头的野猪，仿佛那是次等的配不上他餐桌的肉，不向他展示那一大托盘的珍禽的肉脯（因为他看见整只的山禽就反胃！）。他到底是哪点不幸福？他吃得像一个得了病的人，或者，说得更确切一点，吃得终于像个身体健康的人！

至于我们没有任何困难，承受这些——一碗药，一杯热水，还有别的，让那些精致的、被奢华阉割了的、得了病的，而精神上比身体病得更严重的人觉得更难忍受的东西。我们只要放下对死亡的恐惧，就足以至此。自从我们知道了善与恶的界限的那天，我们就不再惧怕死亡；从那时起，生不会给我们带来忧烦，死也不会给我们造成恐惧。一个习惯于观想众多的、崇高的、神性的事物的人，永远不会感觉活得厌倦；而无聊懒散，死气沉沉，才往往使生活变得令人厌恶。对一个阅遍大自然的人，真理永远不会变得厌烦；相反，他厌烦的是那些虚假的表象。一个这样的人，如果死神来敲门，哪怕是在他青春盛年就将他的生命收割——即便是这样也不会因此而达不到一个长久的生存可能给他的益处。这个人已经阅历了大部分的大自然，懂得道德价值不因为时间的加长而增加。而对其他人，那些根据他们空虚的、因此是用无穷尽的快感测量生命的人，这种生命必然显得极其短暂！

然而，你以这样的思索来愉悦自己的时候，别忘了给我写信。会有那一天到来，我们见面，相聚重逢，不管是多么短暂，我们利用它的能力会使时光似乎驻留。正如波希多尼所说："智者一天的生活，比愚者漫长的一生都丰富。"现在你要紧紧抓住这条原理，深深地领会它：不屈服于厄运，不轻信于福祉，眼前总是看到命运的裁决——仿佛她真的要作出可能对你作出的一切。当我们长久地等待的那件事 ① 轮到我们头上，它就变得更容易承受！

第七十九

我等着你的信，给我描述你去西西里这一路上航海的新奇见闻，包括关于卡律布底斯的消息，至于西拉，我知道那仅仅不过是一块礁石，甚至对航海都不是什么危险，可是关于卡律布底斯，我很想知道是不是和传说中的一样。如果你去看了那个地方（而且不能否认那里不值得一去！）告诉我，是从一面吹来的风，还是四面八方来的风，形成旋涡。我还想知道，是不是真的，一个物体被吸进旋涡，就会从海面底下被带到很远的地方，在陶罗美尼亚海岸才浮出水面。请你把这些资料传给我，我还要以个人的荣誉，冒昧要求你去登上埃特纳火山。许多作者说，埃特纳火山的高度在消融变矮，他们这样推测，是因为古时候，航海者从更远的地方就能看到它。这种现象，可以解释为：不是由于火山变矮了，而是内部的火焰平缓下来，喷发得不那么猛烈了，烟云变得更小了，就像我们看白天烟囱冒出的烟柱会小些。两种解释都未必是正确的：有可能发生的是一座山每天被火焰吞噬、变小；但也有可能发生的是火山保持同样的大小，火焰并不侵蚀山体，聚积在某个地下的山谷，冒出火焰，从另一个地方进食 ②；在这种情形下，埃特纳火山不是被吞食，而仅仅是火焰的出口 ③。在

---

① 即死亡。

② 这句话表述不清楚。推测拉丁文原意可能是：地下有一条通道，从另一处添加燃料。这很可能是塞涅卡根据炉灶的原理，想象出的对火山形成和结构的描述。

③ 原文：火焰通过的地方。

利西亚，有一个非常著名的地方，当地人叫作赫费斯提翁，那里的大地有许多洞穴，冒出火来，可是火焰喷发，却对植被一点影响也没有。事实上这个地方土地十分肥沃，绿草遍野；火苗并不烧毁一切，仿佛失去了力量，只是冒出闪闪的火光。

现在让我们放下这个问题。等你给我描写距山顶多远开始成冰雪覆盖，连夏天都不融化，尽管积雪与烈火为邻，却是安然无恙。而且，你别说单单我有这种好奇，即便是没有人托付你去做，你也会相当疯狂地愿意去满足下自己的好奇心！……你给我什么礼物，叫我劝说你别为埃特纳火山写诗，放弃启发了所有诗人的那种灵感？维吉尔发挥过这个题材，并不能阻止奥维德也写，正如这两位诗人没有劝止科尔内利奥·塞维罗也为它写出了诗句。况且，这个题材给他们所有人都提供了丰富的创作源泉：我以为，古代骚人，远远没有将这个题材发挥得淋漓尽致，他们仅仅是指出了一些要发掘的题目。在发掘尽的题材和纯粹刚涉及的题材之间，有很大的区别，在后一种情况，这个题目每天都变得更广泛，而已经做出的描述，不妨碍别的新颖的形容。还可以说，在诗人名单中占最后位置的得天独厚，因为他可以拿来已有的意象，嵌入新的语境，获得不同的色彩。无论如何不能说使用这些形象是剽窃，因为它们已经是人所共知的典故。不然就是我不了解你，不然埃特纳火山的题材就已经让你满口生津！你在那里踌躇满志，要写一首堪比古人的伟大诗篇！我说"堪比"，是因为从你的谦逊我不能期望更多：因为它是那样，我以为很好，会遏制你的才华，如果你越是对古人感到崇敬，就越有写得比他们更出色的危险！

智慧的各种优越性中，其中的一件好处就是：只有在上升阶段，才有可能被另一个人超过。当抵达了顶峰，就不再有差别：智慧是一种恒常的状态，不受任何添加。难道太阳能增加体积，还是月亮能出离轨道？海洋也不增长，世界永远保持它的形状和大小。万事万物达到它们的理想尺寸，就都不能增长，因此，所有的人，当他们抵达智慧圆融，都完全一致的价值。在他们之间，每个人有各自独特的素质，一个人可能更和蔼可亲，另一个人可能更开朗坦率，这个人快言快语，那个人娴于辞令。但是我们所感兴趣的那一点——引发圣乐的智慧——在所有人那里都是一样的。你的埃特纳火山是否能够从内部消耗崩陷，火焰不断的作用是否有摧毁那座巍峨的、从大海上都能望见的高山力量——这是我所不得而知！然而美德，没有烈火或灾难能摧垮它，它的宏伟是唯一的，不接受加减。不增不减；与天体类似，它的宏大是常恒的。那么就让我们努力，站到齐它的高度！很多必要的工作已经做出了；或者说得更确切，说真的，没有很多！……当我们从更低的等级出发，变得更好，并非意味着达到了善德：有人会仅仅因为朦朦胧胧看见白天的光，就为自己的眼睛骄傲吗？一个人看到太阳透过浓雾闪光，假使有道理为逃离了黑暗而高兴，并不是说充分地享受了光明！我们的灵魂只有摆脱了在黑暗里的挣扎，不仅是看到一线微弱的光明，而是迎来白天晴朗的天空，当给它恢复了天空的位置，重新占据了出生前的地位，才有庆祝的理由！那里才叫作你的初始状态，在我们的灵魂被监禁在身体的囚牢之前，可能就是在那里居住，只要我们彻底地驱逐恶习，就能升华到敏锐而真纯的天神的精思！

这就是我们的目的，尊贵的路西利奥，这就是我们应该以最大的努力向之前进的目标，哪怕是很少人，或者根本就没有人，懂得我们的奋斗。名声，对于美德来说，是个影子：声誉跟随美德，尽管美德并不寻求。你看，影子有时候赶到我们的前面，有时候投射在我们后面：声誉也是这样，有的时候，盛名难副，有的时候，名成身后——可是越是晚来，名声越大，当所有的嫉妒已经云消雾散。多长时间人们认为德谟克利特不过是疯子！苏格拉底的声名曾经是多么微不足道！多长时间罗马忽视加图的价值，否定他，只有失去他以后才以公正的尺度评价他！卢提略的纯洁和美德，如果他不是不公平的受害者，还会继续被人们视而不见，可是当暴力打击在他头上，闪现出耀眼的光芒。或许是因为他没有对命运表示感恩，热情地接受了强加给他的流放？我在对你讲那些人，命运在击倒他们的同时，也成就了他们的声名。可是，有多少人只是死后才成名！有多少人，甚至并非身披光环的声名，更是将他们，这么说吧，暴尸于众！……你看那群人众，并非只有文化精英，甚至就连没什么文化教养的人，今天都对伊壁鸠鲁痴迷若惊，当初这个伊壁鸠鲁就住在雅典的郊区，那座城谁也不知道存在他这么个人物！在迈特罗多鲁斯逝世许多年以后，伊壁鸠鲁在一封信中，深切地谈到他们之间的友谊，结束时写道，在他的幸福中，无论是他还是迈特罗多鲁斯，一点也没有因为高贵的雅典不仅对他们视作无物，甚至根本就不知道他们是何许人也，这个事实并不使他们感觉受到伤害。难道不是这样吗？伊壁鸠鲁在他的人生结束之后，才被人们所发现。难道不是确之又确，只是在那时他的名声才光芒四射？迈特罗多鲁斯也在他的一封信里说，他自己和伊壁鸠鲁都没有什么声名；但是他接着说，在他们两人死后，那些愿意追随他们的学说的人，将得盛名。美德永远不会发生而不被人所觉，若是不为人所觉，于它一点无损：终有一天被忽视的美德会被人们所了解，就像是被它时代的灾难所掩埋的！一个人只想着他的当代人，来到这个世界就只是为了利益稀少数量的人。千秋万代，绵绵永继：要想着后世子孙。即使是同行人的嫉妒湮没了你的名字，使你默默无闻，别的人将能够心无恶意，不偏不倚地给你评价。如果光荣能够给美德某种价值，这种价值永存不朽。后人说到我们什么，不会传到我们的耳朵里，但是肯定的是，在他们的话语中，尽管我们感觉不到，我们将继续如同身在其境。或生或死，所有的人都从美德获益，只要是以赤诚之心实践它，只要不是利用它来作纯粹装饰的假肢，只要面对各种来客同礼相待，不管他们的到来是预先知会，还是突然出现的意外造访。虚情假意一点用也没有；有些人会用贴在脸皮上的薄薄一层伪善来欺骗人，而真心诚意，是在所有的细节上都永远恒常的。表面的虚情假意欺骗一时，难以欺骗长久。一切谎言都是脆弱的，如果仔细分析，就会立刻露出真面目。

第八十

今天所有的时间都由我做主，倒不是取决于我自己，而是因为在举行一场"球戏"，这场演出吸引走所有可能的搅扰。谁也不会来打断我，谁也不会来阻止我的思路，这样能够更坚定地冥思。我不会时不时听到开门的声音，不会看到拉开我书房的窗帘，我可以安安静静，这是孤自一人，走自己道路的人特别需要的。我不想否认，我追随我的前辈；我当然追随，可是保留发现、改变和放弃某些思想的权利；我不是我老师的奴隶，只对他们点头称是。

但是我觉得说得有点多了，炫耀能够享受一个下午的安宁，自由地从打扰中撤退：这会儿，恰好有从体育场巨大的欢呼声传到我的耳朵，这种声音，如果说不打断我的思路，至少使我分心而想到体育现象。我开始想到锻炼体力的人那么多，而训练智力的人那么少：免费入场的体育表演的影响，文化演示的时候寥寥无几的观众；总之，我们叹服的有肌肉浑圆的臂膀的运动员头脑却衰残。我特别想到这件事：如果体魄通过训练，能够达到让运动员在一段时间内，承受好几个对手的拳打脚踢，使他有能力在滚烫的、遍布鲜血的角斗场里，忍受一整天的烈日暴晒——让灵魂这样的健壮，让它能毫不退缩地抵抗命运的打击，即使被打倒在地，践踏在脚下，也有能力重新站立起来，是不是会更加容易一些？！实际上，为了让体魄强健，取决于很多的物质因素，而灵魂从自身找到一切用以自强、营养和锻炼所需要的。运动员需要巨量的饮食，油膏，尤其是强化训练：而你，为抵达美德，无需花费一块钱去买什么设备！那种使你成为一个好人的东西，就在你自身里。要成为一个好人，只需要一个东西：意志。有什么能比从压迫人类的奴役中获得自由的奋斗更能锻炼你的意志？甚至最底层的，这么说吧，从垃圾堆里出生的奴隶，都想尽办法摆脱那种奴役。他花费所有的、不吃不喝积攒起来的钱，去买一张奴隶解放书；而你，自以为生来就是自由人，不准备花一文钱来保障真正的自由？你不必去看你的保险箱，那个自由是买不来的。所以我告诉你，那种公共登记所写的"自由"不过是一句空话，因为不论是买还是卖那张自由书的，他们谁都没有自由。善德才是你要给你自己的自由，是你对自己所诉求的！为起步，你要从对死亡的恐惧（既然死亡压迫着我们就像一副枷锁），然后是对贫穷的恐惧中解放出来。为了说服自己，贫穷本身并不是什么灾祸，你只需比较一下富人的和穷人的面孔。一个穷人笑得更经常，自信爽朗；无忧无虑，没有让他深切痛苦的忧愁；即便是有什么事情叫他担心，也会很快地云消雾散。相反，那种被俗民百姓称为"有福的"人，秀出他们装出来的、心事重重的、惨淡伤感的好心情，更可悲的是，有时候，他们甚至都不能公开表露心情，伤心欲绝的痛苦啃噬他们的心，却要强作笑容，演一出幸福的喜剧！我常常用这个例子，因为没有更恰当的例子更有效地表现人生这场闹剧，在这场剧中，为了逃过劫数，我们扮演各种角色。华丽登场的演员，语气傲慢地宣称：

> 我乃亚耳古国王；珀罗普斯给我留下这个王国，
> 伊斯特莫海峡，爱奥尼亚海
> 赫勒斯蓬特的海水冲击着大地！①

---

① 引自罗马悲剧。

他只不过是个赚五十升小麦薪水和一些零用钱的奴隶！另一个粗俗傲慢，狂妄自大地叫喊：

你要是不住手，麦尼劳斯，我就叫你碎尸万段！[①]

那就是个小时工，裹着打满补丁的毯子睡觉。我们敢说所有那些乘着轿子、高悬在普通的凡人之上、居高临下地俯视着平民百姓的女性化的人们，都和他们一样：不过是表演他们的幸福！摘下他们的饰件，剥光他们的衣服，只能令人恶心！如果你去买一匹马，首先让人取下它的鞍鞯，你去买一个奴隶，你命人把他脱光，看看他别有什么病：可为何要以衣帽取人？那些奴隶贩子，发现奴隶身上有什么缺陷，才想办法用饰物来遮掩，而结果则是当买家看到过多的装饰便起疑心：一个奴隶的腿或胳膊上有太多的饰物，我们叫他脱去衣服，裸露身体。你知道西徐亚或撒尔马提亚国王修饰前额用的缠头吗？你要是想评价他们那个头到底有什么价值，必须把那些缠头统统解下来：多少邪恶不能在里面隐藏！可是为什么要说别人？想想你自己：要想知道你价值几何，别去注意你的收入、你的房子、你的社会地位，而是去看你的内心，不是像现在这样，相信你在别人眼中的价值！

---

① 引自罗马悲剧。

第十卷
（第八十一至第八十三）

第八十一

你抱怨说遇到了一个忘恩负义的人！如果是头一次遇到，你真该感谢运气……或者多亏了你的谨慎。可这是一种只能使你成为一个刻薄人的谨慎，因为，要想避免以怨报德的危险，你就永远别给任何人好处。就是说，为了不叫你的恩惠空施，你干脆把它戒掉。说真的，宁可施恩无报，也好过拒绝对他人施惠：一次收成不好，还要再次播种！在一块贫瘠的、长期不育的土地上播种，唯一一次丰收就能补偿。许多人对我们忘恩负义，遇到一个感恩的人就十分值得。当人们去做施舍，谁也没有把握，会不会常常做错：那么就任凭那些恩惠付之东流，只要是一次两次做对了！不是因为一场海难，就再也不航海，不是有一个破产的，就阻止银行放贷。如果我们想避免微小的挫折，不久我们的生活就会变得无所事事，麻木不仁。别人辜负了你一片好意，应该使你更加热心慷慨地帮助他人：当一个行动的结果是不可预见的，就该一再坚持地去做，来增加成功的可能性！

关于这个问题，尽管我在《论恩惠》一书中，做了十分详尽的分析。首先我们该弄明一个问题，据我所判断，在那本书中没有全面的探讨，这个问题就是，面对一个当初给过我们恩惠，后来又损害了我们的人，能否就认为还清了，不再欠他的人情？如果你愿意还可以加上，给我们造成的损失，远远大于曾经的恩惠。如果你问一个极其严谨的法官的意见，他将认为，损失与恩惠相抵，并且会说："尽管伤害更大，但是超过的损失部分应算在恩惠的账里。"一个人损害了我们，但从前曾经给过我们益处；因为所过去的时间而应该给以折扣。而且，太明显了——我都不必请你注意这一点！——我们应该研判别人以何等程度的善意给我们恩惠，或者，给我们造成的损失在何种地步是非自愿的，因此，不论恩惠还是伤害，取决于出自什么心意。"我没有想给你恩惠；我只是因为不好意思，或因为你的恳求打动了我，或因为期望得到报答。"我们的感激之情，跟对我们的善意成正比：一个恩惠重要的不在于它的量，而在于以什么精神。但是，让我们放开这种揣测：一个人先是给了我们恩惠，现在给我们造成损害，超过了恩惠的价值。一个好人在对不利于他的逆差做账，增加恩惠的数目，减少损失的数目。一个更温和的法官，正如我本人愿意做的那样，会命人忘记损失，只记住恩惠。你可能会反驳我："司法公正就是每个人恩是恩怨是怨：对恩惠要感恩，对遭受的损失一报还一报，或者至少不再欠恩情。"当施害人和施恩人不是同一个人，这是对的；如果是同一个人，那么恩惠就应该抵消伤害的严重性。假使是我们，即便是对我们没有任何好处的人，我们都应该是宽容的，对曾经给过我们某些恩惠，后来又伤害了我们的人，就更应该宽宏大量。我判断这两种行为不使用一个标准，相反，比起伤害来我更看重恩惠。不是所有人都懂得感恩：一个人——即便是没什么教养，没文化，总之，普通的人——能够感激别人的好处，至少从收取的恩惠的角度看问题，可是不懂得他所欠的准确的量。只有哲人才懂得对每个恩惠的应该报答的价值。前面我所说的那种愚蒙的人，即便出于好意，欠厚偿薄，或报答的时机地点不适当——总而言之，他以为报答了恩惠，纯粹是徒有其名！

在某些范畴，我们以一种罕见的词义使用词语。传统上我们使用一些词汇，充分有效地指明我们想讲授的社会责任。例如，我们习惯说一个人以他全部的财产"对另一个人见礼①"。实际上，"见礼"，是说表示出比欠的恩情更多的感激。我们不说"支付了所得恩惠"，因为"支付"人人都做，当向他索取所欠必须支付，或违背他们的意志，没有确定的日期，或由他人介入。我们也不说"报偿了所得恩惠"或是"退还"：也既是说，对这种情况，我们不愿使用涉及借钱所用的词汇。"见礼"实际上是将恩惠转变成对那个向我们施恩的人所送的礼物。这个词意味着自愿输诚：一个人见礼，是出于自己主动。智者会在他心中的论坛从各个角度寻思这个问题：所受惠的价值，是何人所施，为何目的，何时何地，以何种方式。因为这个道理，我们说只有智者才懂得表达应有的感激，同样也只有智者懂得提供恰当的恩惠，或者说，智者以一种感觉施出比受者得到恩惠更高兴的方式去做！在这一点上，不乏有人会从我们的话中看出有些语句不合常理，或者像希腊人说的，是悖论，并指责我们："如此说

---

① 原意是：介绍，到场，递交，表达，出示，阐述；词根又有"礼物"的意思。这里大概相当于中文的"当面答谢"。

来，除了智者，谁都不懂得表示感恩？！按照这种思路，也只有智者才懂得如何支付债权人，或者懂得付给店家所购之物的合理价钱！"很好，为了不让他们对我们反感，大家都听明白了，伊壁鸠鲁与我们所见略同。迈特罗多鲁斯至少是毫不犹豫地说，唯智者知何谓感恩也。此外，我们说"唯智者懂得爱，唯智者懂得友谊"，也会语惊四座。夫表达感激，乃爱与友谊之组成部分，我甚至认为这种组成部分所及范围更广，包含比真正友谊所泛函的更多的人。这种惊讶不亚于听我们说唯于智者见忠诚，仿佛我们的对立派[①]归根结底不说同样的话！还是你想能在不懂得表达感激的人那里找到忠诚？那么就请他们别再说我们的坏话，似乎我们只会宣扬悖论，让他们从此一劳永逸地明白，智者行动根据道德价值，而平民大众仅限于保持道德外表。没有任何人，除了智者，懂得表达感恩。非智者应该根据所知和所能来尽量表达它：对他来讲，缺乏知识要好过缺乏意愿——因为意愿并不是一种学来的东西。智者必须对所有的因素做出比较评估，因此恩惠——尽管物质价值是相同的——依照不同的时机、地点和动机，其重要性或大或小。人们往往看到的是，一个家庭财源滚滚，显得没有在关键时刻的一千块钱更有效。在赠予和搭救之间有相当大的区别，以我们的慷慨拯救了某人或仅仅是为他融资，这不意味同一件事情；一个微小的捐助往往可以带来深远的效果。例如，你没看出在一个握有自己的资金给别人恩惠和他必须先去借钱来再能有所施惠的人，这两者之间的区别？！

我们不必再为这些广泛讨论过的问题花费时间，反复思考。当对受惠与受害之间做比较，一个好人，尽管他最公正地说出他的判断，他的考虑会有利于恩惠，宁愿倾向于偏袒这一方。然而，十分凸显的是问题所涉之人处在这种情况："你对我有恩是关系我的奴隶，而你伤害我是关乎我的父亲"；要么是："你救了我儿子，却害了我父亲"；我们这个虚构的人物于是便接着做比较，如果发现受恩惠和受损害的价值差别不大，就不去理会；即使假设这个差别是相当之大，应该回报恩惠，假使不妨碍对家庭忠诚的义务的情况下能这么做，并愿意归还它们。也既是说，如果所受伤害仅仅是针对他本人的。结论是，他所采取的做法是：毫无困难地接受赔偿法；对超出恩惠的承担义务；退回一种恩惠，尽管气不过，作为支付了所受的侮辱；宁愿倾向，宁愿偏重于，不论如

---

① 斯多葛派与伊壁鸠鲁派是对立的哲学派别。

何，愿意亏欠别人的好处。接受一种恩惠时比归还时表现出更好的情绪，就做错了：一个借贷的人，去还债比去借贷时脸上有更多笑容。同样方式，一个人回报一种转换为一大笔款子的恩惠，比去借贷这笔款子应该感到更高兴。在这一点上，忘恩负义的人，也陷入错误：对债权人，应该偿付资本和利息，而对接受的恩惠则理解为可以免费地享用，而实际上，延迟报答，便使其价值增加，拖的时间越长，我们所亏欠的感恩债就越大！报答恩惠没有利息，也属于一种负义之行；还有一件要考虑的，是计算所"该"多少和所"有"多少①！……

我们应该做出一切尽可能地知恩图报。感恩是属于我们的一种美好品质，正如在公正上面（与普遍认为的相反），责己严责人宽。当我们每个人对他人有益的时候，就是对自己有益。我的意思，不是说每个人都别人帮助我多少，我就帮助别人多少，别人保护我多少，我就保护别人多少，也不是说，善有善报（就像是恶有恶报——因此谁也不像对真正受害人那样，对这些遭受不公的人表示出可能的同情，因为他们自己也害了人）；我要说的意思是，对所有美德的回报，就在于对它的实践！我们做这件事的目的，不是为了图得回报：一个正确的行动的奖励就在行动本身！我不想为了让别人被我的榜样所引领，更情愿地给我恩惠而表示感激，而是因为感恩激发出一种最纯洁的情感和美好的快乐。我不是因为这可能对我有用而表示感激，而是因为它给我快感。为了说服你相信是这样，我还要再对你说：如果不以在人家眼里是个忘恩负义的人为代价，就不能表示出感激，如果不做出坏脸色，就不能回报人家的好处，我就有义务，心安理得地作出更正确的决定，免得显得像是个无耻小人。以我看来，谁也没有那些只为不黑了良心，怕失去好人的声誉的人，表现得更热爱美德，更加信奉美德。总而言之，正如我已经对你所说，你感觉到感激之心，不是对别人，而更是对你自己的好；把给的东西还回去，是平平庸庸的、寻常见惯的事情，但是感觉到感恩是伟大的情感，发自灵魂最幸福的状态。的确，如果邪恶使人们不幸福，而美德使人们幸福，那么感恩就是一种美德；你还回去的是一种普通用途的财富，但是得到另一种无价之宝：你感恩的良知，这种东西只有出常的灵魂才可能有的。

---

① 原文这句话可以产生两种含义，一种是"亏欠"和"拥有"；另一种是"应该"和"必须"。这里采取第一种解释。

与感恩对立的情感的后果，是极端的不幸福，因为任何人如果不能对别人感激，就不能对自己感激。我并不是在断下定义，谁是忘恩负义的，就将是不幸福的；两种状态是同时的：寡恩负义立即就不幸福。因此，我们避免忘恩负义，不是因为别人的缘故，而是为了我们自己。作恶，落在别人头上的部分是最小的，最不重要的：恶事最坏的部分，我们暂且叫它最"阴沉"的部分，积留在我们内心，压迫着我们。按照阿塔罗的说法，"坏心肠自己饮掉大部分毒剂"！毒蛇分泌毒液，伤害别的生灵，但是对它们自己是无害的；恶意的毒液却与此相反，谁酿造它，更自作自受！

不知感恩的人自我折磨，自我作践；仇恨所得到的好处，因为要返还它们，想方设法减少它们的重要性，相反地，无限扩大给他们造成的伤害。有没有比一个忘记恩惠、只记得伤害的人更可悲的？智慧与此相反，珍视所有的恩德，时刻挂在心上，一想到它们就感到快乐。坏人只有一个欣喜的时刻，而即便有也非常短暂：就是接受好处的那一小会儿；而智者从收到的恩惠中获取巨大而长期的满足。给他快感的，不是接受的那一刻，而是接受到恩惠的这件事；这对他来说是某种不朽的、永在的东西。智者只是轻蔑他被伤害的事情；他把这一切都忘掉，不是因为忽略，而是出于自愿。他不把一切从最坏的角度解释，不去查找在他身上发生的事是谁的罪责，他宁愿把人们的错误归咎于命运。不把别人的话、别人的眼神，都理解成恶意，而是从别人对他的做法中去寻找仁慈的注解。更愿意回忆人们对他的好而不是对他的坏；尽可能地，在记忆中储存从前的恩德，不改变对那些曾经对自己有某种好处的人的情绪，除非他的恶行太严重，太过分，即便是对一个连见都不想见的人，态度有明显的不同；甚至在这种情况下，在相当的伤害以后，智者对他们的感觉有如受到他们的恩惠之前一样。现实中，即便是伤害与恩惠相当，在我们的灵魂中依然存在某种仁爱的感觉。当票数相等，犯人就宣布无罪；当出现两可的情形，我们的人性意识倾向于作有利的方面解释。智者的灵魂也是这样，当恩德与危害持平，尽管不再亏欠，然而继续愿意感觉到情分，就像那些即使法令宣布取消债务，依然去偿还的人所做的。

如果不轻视一切激发起俗民大众注意的东西，任何人也不能是感恩的：实际上，假使你要报答一种恩德，必须准备好面对你流放，你流血，你甘受贫穷，甚至认可你的清白受到质疑，流言蜚语，声名狼藉。做个知恩图报的人，不是件小事情。习惯上，我们请求一个恩惠不给它更多的价值，可是当我们得到恩惠以后，对任何东西给的价值看得都比它多。你知道是什么让我们忘记所受到的恩惠吗？就是对我们想得到的东西的那种愿望。我们不想着已经得到的，却只想着我们还想得到的。我们被引入歧途，直取财富、荣誉、权力和别的被公共舆论看成是珍贵的而其实一文不值的东西。当所涉之物的价值不是流行观点，而是事物的自然本性，我们没有能力作出价值判断。所有前面我所说的，除了它们是习惯上的惊叹对象这一点，其他都不值得引起我们的惊叹。这是一些不正当愿望的东西，因此才被认为是贵重的，我们相反，当觉得什么东西是宝贵的，所以我们才愿望它；当一些人的错误观点成了普遍看法，这种看法又进而制约每个人的观点。因此，如果我们听凭公共舆论先例的指引，那我们就做同样的事情，当它对我们说，道德的最高点就在感恩。所有的城市，所有的民族，甚至从蛮夷之地来的人，都宣称这是个真理，在这一点上好人坏人的意见都相同。有的人更看重享乐，有的人更愿意勤奋努力，一些人把疼痛看成是最大的灾难，而另一些人，疼痛甚至连灾难都不算；有的人把财富列入最高的美德，另一些人说发明它是为了人类的祸患，而最富有的那个，是命运找不到任何东西可以给他的人；在这种多样化的立场中，有一种东西是大家都在说的，正如俗语说的，异口同声：对有恩于我们的那个人，我们欠着恩情。在这一点上，所有这些纷纷纭纭的意见都一致同意，尽管我们有时候恩将仇报；而忘恩负义的第一个原因，便是我们缺乏足够的感恩心。乃至荒唐到这种地步，给人一个巨大的恩惠，就变得非常危险；由于认为不报答恩情是一种羞耻，便觉得那个给我们恩惠的人还是不存在为好！你安心地享用从我这里收到的；我不向你索要，也不对你要求。只要我知道对你有用就足矣。没有比来自一个求惠未得的人那里的仇恨更激烈的了！

第八十二

对你，我已经不再有什么不确定的。如果你问，是什么神给我担保，我会告诉你：就是那个从来也没有欺骗过谁、只热爱正义和美德的灵魂。你自己身中最优秀的部分，已经得到拯救。命运做某些对你有害的事，还可能会发生；

可是——这一点更重要！——我已经不相信你自己会做对你有害的事。要继续在你尝试的道路上前进，适应那种风格的生活，平静而不散漫。我宁可活得不好，不愿活得散漫，——此处"不好"以流行的意义理解，亦即，艰苦，困难，作出牺牲。并不希奇，我们常听人们羡慕地赞叹某某的生活，用这类词句："瞧人家活的那叫自在！""那人活的多么清闲！……"，可以肯定的是，灵魂渐渐地女性化，没有恒心，无所事事，生如草木。为什么这样？难道生气勃勃的精神，不是更有男子汉的尊严？（……）① 而我们眼前，就有这些"孱弱的贵族青年"，贪生怕死，却把自己的生活变成了活的僵尸！你看，在生活的清闲，和生活在坟墓里，有巨大的区别。"你说什么嘛，难道过一种无所事事的生活，即便是慵慵懒懒，不是要好过在公共责任的旋涡里晕头转向吗？"抽筋和麻木，这两种事都不好。我认为，躺在熏花香料之间的尸体，和被吊钩运走的尸体，都死得一样死。在文化边缘外的悠闲，等于是死了，像是一座活人的坟墓！在这种条件下的退隐生活有什么情趣？值得穿洋越海，带着我们关心的事业。我们在哪儿能找到一个死亡的恐惧不能钻入的洞穴？什么类型的生活，能享受那么保险的、那么轻松的、不能被疼痛所搅扰的安宁？不论你逃到哪里，都能感觉四周乌七八糟的人类邪恶。我们生活在外部条件制约下，让我们眼花缭乱，或倍受折磨，可是还有更多发自内部的，让我们完全孤自一人，却心如汤煮。哲学应该围绕着我们筑起一座坚不可摧的城墙，不论命运用什么计谋，永远不能将它攻破。灵魂与一切外界相隔离，捍卫着自己的领域，因此它升到一个无法企及的高度，所有射向它的箭都触及不到它，纷纷落地。命运没有人们想象那样长的臂膀：只触及到它附近的人。由于这个原因，我们应该尽可能地跳出它的势力所及范围之外，越远越好，而我们只有通过了解自己和大自然才能做到。每个人要询问自己，你去哪儿，你从哪儿来，对你来说什么是好什么是坏，什么是你想要得到的，什么是你该避免的，应该知道，那种因为有了它才能辨别应当追求或避开的目标的理性是什么东西，这种理性平息疯狂的欲望和凶残的恐惧。有些思想家以为，不靠哲学也能压制这些焦虑不安。然而，一个人毫无危险地从一切生活的偶然中穿过之后，再说这些话，已经晚了点！当刽子手已经准备就绪，当死神已经就在近前，我想在那个时刻听他说这

---

① 此处章句有断缺。

些话。我们可以对那个人说："你刚刚对没有危险的、不存在的灾祸叫板：现在就有（你说忍受起来毫不困难的）疼痛，现在就有（你向它宣称那么勇敢话语的）死亡；皮鞭啪啪响、宝剑闪寒光：

> 现在，埃涅阿斯，显露你的勇气，你的毅力！①

通过持续的冥想，可以获得一颗坚强的心，只要我们不是去想那些语句，而是内容，只要我们做好准备接受死亡；一个人不能通过诡辩说服你、引导你相信，死亡不是一种祸患。我都忍不住想笑，路西利奥朋友，希腊人的那些蠢话：哪怕是你再佩服他们，我还是不懂！我们的芝诺就采用这种推理："没有任何祸害是光荣的因；死亡不是光荣的因，所以，死亡不是一种祸害。"拍案叫绝！我已经摆脱了恐惧！从此以后，我就毫不犹豫地向刽子手引颈待戮……让我们说得更严肃点儿，不要对一个就要死的人嬉皮笑脸！神明可鉴！我不知道这两个人哪个更痴呆：是那个想象用这个三段论消除死亡恐惧的人，还是那个专心致力于解决这个问题，好像他真是适合做这件事的人！同一位思想家，用另一个相反的三段论来反对它，因为我们斯多葛派把死亡列入无关紧要的，或者，用希腊语来说 αδιάφορα② 的事情中。这句话是："没有任何无关紧要的事情是光荣的因；死亡是光荣的因，所以死亡不是无关紧要的。"你来看这个演绎的错误出在哪里：光荣不在于死亡本身，光荣在于死得英勇。当说到"没有任何无关紧要的事情是光荣的因"我同意，但是在这种意义上，一切光荣的事物围绕在对其自身无关紧要的事物周围。我对"无关紧要"③ 理解为也不好也不坏，像疾病，疼痛，贫困，流放，死亡。所有这些，就其本身，都不能产生光荣，可是没有这些也什么都做不成。赞美的对象，不是贫苦，而是那个不为贫苦所战胜而一蹶不振的人；赞美的对象不是流放，而是那个出发到流放地时比平常人脸色更镇静的人；赞美的对象不是疼痛，而是那个对疼痛毫不退缩的人；谁也不赞美死亡本身，而是面临死神夺走他的生命，却丝毫也

---

① 引自维吉尔《埃涅阿斯》第六章。

② 希腊语：无关紧要，无分别，冷漠。

③ 无分别心，无好无坏，不重视。

不惊恐。这些事情本身，没有任何道德或光荣；给它们道德价值和光荣的是以某种方式，在里面植入了美德这个因素。这些东西，我们可以说是处在中间，当一个人是以怯懦还是美德来面对的时候，就出现差别。同样是死，在加图那里就是光荣的，而在布鲁托那里就成了可耻下贱的[①]。我说的这个布鲁托，被判了死刑，他千方百计地拖延执行的时间：他说要去上厕所，叫他来受刑，命令他把脖子伸给刽子手。"我伸，我伸，"他叫道，"饶我一命吧！……"这是何等的疯狂，已经无法挽回了，还想逃脱！"我伸，我伸，可是饶我活命吧！"就差喊出这句话："哪怕是安东尼的命令！"噢，这种人，就配要了他的……命！

让我们接着说。你看到，正如我所说的，死亡本身，既非恶，亦非善：加图以更高贵的道德方式面对，而布鲁托则以无耻的方式面对。一个本身缺乏价值的东西，美德的出现，给了他价值。我们说一个房间很明亮，可是，夜晚却完全黑暗，白天给它光明，夜里则没有光。那些被我们列为无关紧要的，或中间性的东西，财富，力量，美丽，荣誉，事业，权力，或者反面的：死亡，流放，疾病，疼痛，还有别的那些我们或多或少地担心的东西：是无耻之行或者高风亮节使它们变为一种恶或善。一块金属，本身并不冷或热：如果我们把它投入炉火它便热，把它投在水里它便凉。死亡只是由于死得勇敢，才有了道德价值，亦既有美德、有灵魂对外部条件的轻蔑。

可是，路西利奥，即使是在那些我们称为"中间性"的事物中，也有很大差别，例如，我们说死亡无足轻重，并不是指在这种意义上，比如说一个人的头发是单数的，还是双数的。死亡属于那些，它们本身并非一件坏事，可是，却具有一个坏的外表的事物；这是因为我们固有的对自己的执爱，永久的自我保护的本能，面对毁灭的情有不甘……[②]（还有）因为我们想象死亡会夺走我们大量的财产，剥夺我们习惯的享受，将我们投入无底的深渊。我们拒绝死的念头，因为假使说对这个世界是熟悉的，而对将要去的世界完全陌生……人对未知者会有一种恐怖！还有：我们还对黑暗有天生的恐惧，而且人们普遍相信死亡把我们投入无边的黑暗。所有这些看法都显示出，如果说死亡是"无关紧

---

① 人固有一死，或重于泰山，或轻于鸿毛。

② 权威学者认为有断缺。

要"的，却并非因此我们可以掉以轻心地处理的：要让灵魂准备好面对死亡的临近，通过不可缺少的紧张的训练使它坚强起来。不惧怕死亡，是我们的一个责任，可是并不是我们通常的习惯：我们围绕着它构思出各种幻想；才华横溢的诗人们争先恐后地给死亡的恶名添加色彩，描写地狱的深渊，永恒的暗夜，阴阴森森的世界，那里：

> 巨大的三头狗
> 把守阴间的大门
> 向啃剩的骨头
> 张开血盆大口，不停狂叫
> 吓得灵魂失去血色！①

即便是相信这都不过是传说，人死了没有什么可惧怕的，我们还是有另一种害怕：人之所同，不但去地狱害怕，而且去哪儿都害怕。看到一幕幕都那么阴暗的景象，以长久的习惯强加于我们精神，我们又怎能不觉得面对死亡的勇气是一种光荣的源泉，是一种人类灵魂最伟大的功业！只要还相信死亡是件坏事，人类的精神就永远不能上升到美德的高度，但是将死亡看成是无关紧要的，就能够提升到。当认为有什么情况是一种祸患，行动就总是犹豫迟缓，疑虑重重，我们以决心应对这种情况，是反自然的。不情愿地，或犹疑不定地做事，也是不光荣的。美德不仅仅是出于形势所迫。还要加上，除非我们对它投入全部的灵魂、身心没有一点点抗拒情绪，否则任何行动都没有道德价值。当一个人面对某种危难，既害怕有更坏的事情发生，又期盼将得到某种好处，而仅仅是以忍耐"咽下"唯一的祸患，——这个人要遭受行动的两种反向冲突：一方面，感觉受到激励不达目的决不罢休，另一方面，又有畏缩后退的意愿，避免可疑而危险的境况；总之，同时受两个相反的方向的拉扯。当出现这种情形，光荣便消散了！然而美德则是对灵魂整体作出的决断，一旦决心已定，就坚持到底，对所要做的事毫不畏惧。

---

① 葡萄牙文版注释：这些内容是塞涅卡凭记忆，把维吉尔《埃涅阿斯》第六章和第八章里面的两段混淆起来了。葡萄牙文版引用了维吉尔原句，此处省略。

> 别对厄运让步，要大无畏地前进，
> 比命运之神准许你的还要勇猛！①

　　如果想到你将迎战的是一种灾祸，你永远不会以全部的勇气向前。必须将这种念头从你的精神中连根拔除，因为你心中的疑虑只能阻碍你的脚步。如果我们想登堂入室，就得用力去推门！

　　斯多葛派的大师们正是想要人们相信，芝诺的一个演绎是正确的，而另一个，对它的反论则是错误的，荒谬的。我本人，并不准备以逻辑规律来讨论死亡问题，编造这类以麻木不仁的深奥哲理为特色的诡辩。按我理解，我们应该抛弃所有的三段论的作者的虚张声势，之乎者也，终其目的，他们无非是想迫使对手得出一个同其实际所想的本意相反的结论。为了捍卫真理，我们应该采取简单的行为，克服恐惧我们应该花费最大的精力。至于那些思想家反复斟酌的推理，我很愿意解决并发展它们，不是为了欺骗，而是为了说服。一个战场上的将军，该以什么方式激励士兵，迎战死亡，保卫妻子儿女？学习法比奥斯人的榜样，以自己一家之力承受了国家倍受折磨的战争压力。想一想斯巴达人的榜样，驻扎在特尔莫菲拉关隘：没有任何得胜或突围的希望；他们知道那个阵地，就是他们的坟场。他用什么话语，激励他的士兵，抵抗向他们杀来的波斯人大军？怎么说服他们，宁可战死不后退一步？莫非他会说："没有任何祸害是光荣的因；死亡不是光荣的因，所以，死亡不是一种祸害？！"……多么有说服力的讲话！听完之后，谁会犹豫，挺胸而迎敌人的剑锋，宁可站立而死？……现在再来看看，莱昂尼达斯是以何等的英烈向他们讲话："战友们，大家吃了今晚这顿饭，肯定是会去与死人一块儿吃夜宵了！"饭食没有在他们口中翻卷搅拌，没有贴在喉咙难以下咽，没有失魂落魄，脱手落地：而不论是在晚餐还是在夜宵，都坚定有力！你要看另一个例子吗？你看那个罗马将军，派他的军队去攻打一个地点（要穿过敌人大军宽阔的阵线），对他们这样说："战友们，你们必须穿越一个不必回返的地方！"你看美德是多么直白和蛮横！反之，那个大言不惭的人在哪儿？难道他的诡辩能让人激发起勇气？这些话只能使灵魂迟钝，而灵魂，没有比将去面对艰难的处境的时刻，更不该意

---

① 引自维吉尔《埃涅阿斯》第六章。

志消沉，思虑微不足道的末枝细节。我们应该令其摆脱对死亡的恐惧的不仅仅是三百人，而是整个人类。你用什么方法让所有人都懂得，死亡不足为患？你用什么办法摧毁他们一生筑就的，从儿时就被灌输的错误理念？你用什么资源搭救那些脆弱的人？你又能怎么说服他们，赴汤蹈火，临危不惧？你用什么话语，战胜那种引发对死亡的恐惧的普遍共识，你要用何等的才智，来消除人类精神中根深蒂固的信念？莫非你要苦苦思索正话反说的论据，还是去推演出什么三段论？妖魔鬼怪，要用强大的法宝才能战胜。可怕的非洲巨蛇（对罗马军团来说比战争更加不祥），我们的战士徒劳地想用弓箭和石块打伤它，就连阿波罗都不能战胜它。那么庞大、坚硬的蛇皮包裹着巨大的身躯，刀枪不入，最后只有用许多磨盘那么大的石块才把它砸死。而你，却用这么可怜的论据去对抗死神！……你的形象就是一个人用水果刀迎战狮子！你的推理很尖锐；可是你看，没有什么比麦芒更尖锐，可是很多器具的尖细，使它们成了没用而无效的武器！

第八十三

　　你想让我给你完整地描述我每天从早到晚的一切所作所为。这说明你对我有好的判断，因为在你想象中，我不能对你隐瞒什么。我们正是应该这样生活：好像我们生活在众人的眼前。我们正是应该这样想：就像有人能突然闯进来看我们最隐秘的念头。而且有人能够做到。如果在神的眼里历历分明，我们把某些事对别人隐藏又有何用？神明住在我们的灵魂里，积极参与我们的反省。我说"参与"，仿佛仅仅是时续时断的。然而我会做你要求的事：很高兴把我所做的每一件事，按照顺序，都写给你。让我来仔细地观察自己，做件最有意义的事：小心地评价我每天所做的每一件事。习惯上，谁也不对自己的生活做自我分析，而这只会有助于恶习的增长。我们大家总是去想要做的事，而不去想已做过的事，即便是想也十分少见，然而最终，对未来的决定，取决于过去。

　　今天一天都属于我来支配，任何人都不占去我哪怕一点点时光，全部的时间，一半儿靠在躺椅上，一半儿是阅读。锻炼身体只占很少的一段时间。因为年纪，我有意识地放弃，我不能为了锻炼身体浪费太多时间！稍一活动，我便很疲惫；你看，最好的运动员疲倦了也会结束训练。如果你想知道，谁是我的教练，告诉你我只喜欢法利奥，那个非常讨人喜欢的小家奴，你认识的。可是我必须换一个比他还小的。法利奥说我们两个患同一种病，因为我们都在掉牙。[①] 可是，他一跑起来，我已经快追不上了，再过几天，就真的要跟不上他。由此，你可以对我每天的体育锻炼做出比较。很快我们就拉开很大距离，因为我们向两个相反的方向跑，他跑上坡，我跑下坡，你很清楚这两个方向跑起来哪个更快！我说了谎：我的年龄已经不能"跑下"，而是自由落体的翻滚！好吧，你想不想知道今天比赛的结果！体育健将们都难得的成绩，我们两个并列第一！与其说是锻炼不如说是劳累的跑步以后，我去泡冷水，我们家把温水叫作冷水。我来了：伟大的冷水浴健将，新年第一天，不到游泳池跳水，我就过不了这个年。我用阅读、看一部著作、做一次讲演来庆祝新年，以前还习惯去处女泉跳水，后来改成去台伯河游泳，最后，当我身体健康一切顺利以后，就成了这只阳光晒热的澡池；我就差一点沦落到洗热水澡了[②]。泡完澡，我吃一小块干面包，是站着吃的便餐，不是非得去洗手的那种。我睡觉很少。你了解我的习惯，稍稍打个盹儿就足矣，几分钟的时间，不醒着就足够，有时候我意识到是睡着了，有时候，我只疑惑是不是睡着了。斗兽场突然爆发的欢呼雷动，观众齐声喊叫，刺透我的耳朵，却并不干扰我，甚至都不打断我的思想。我很能承受巨大的噪声；远处一大群人分辨不清的喊声，对于我就像大海的浪潮，就像风吹树叶，或别的我们分辨不清的声音。

现在我告诉你我的精神关心什么问题。从昨天起，我在思考，是什么东西，叫深邃的思想家对极其重要的问题做出可笑而混乱的演绎，这些演绎尽管符合真理，却有谬误的外表。伟大的芝诺，我们崇高辉煌的斯多葛派的创始人，想劝我们不要醉酒。这是他冥思苦想出来的、证明一个好人永远不能喝得烂醉的三段论："任何人都不把秘密托付给酒醉的人，但是可以托付给一个好人，所以，一个好人永远不醉酒。"现在让我们来看，如何通过一个类似的三段论，可以显示出这个演绎的可笑之处，（我只需举出众多可能的例子之中的

---

① 说明这是个七八岁的小男孩。

② 这句话是说，他渐渐身体衰老，已经不能像年轻的时候，冬天到台伯河游泳。

一个就足够了）："任何人不会把秘密托付给一个正在睡熟的人，但是可以托付给一个好人，所以，一个好人永远不睡觉。"波希多尼企图以唯一可能的方式为我们的芝诺辩护，可我觉得并不成功。他说"醉"这个词，可以有两种含义：一种情况，是一个人喝太高了，找不到北；另一种是习惯性酒醉，酗酒成瘾。芝诺用这个词的时候，想的是那个习惯性酗酒的人，而不是谁一时酒醉；谁也不对那个醉鬼托付秘密，在酒精作用下，他转身就会吐露出真言。但这是不对的，因为上述那个三段论的第一个前提涉及的是当时就正在酒醉的，而不是将要酒醉的。我们必须承认在一个一时喝醉了的和一个终日酗酒的人之间有很大的区别：一个人可以是第一次喝醉，没有酒瘾，而一个嗜酒成瘾的人，总是醉醺醺的。我对这个词汇的理解就是如此，尤其考虑到芝诺是一个用词严谨的人，关心他所使用的词汇的准确词义和特性。现在让我们设想芝诺对词义有很清晰的概念，却有意识地叫我们模糊：在这种情况下，一语双关，允许引入诡辩，这不是达到真理的正确程式。在这种情况下，所得出的结论，——亦即，对一个习惯酗酒的人，任何人也不托付秘密——是错误的。只需想一想，多少次一个将军、一个执政官、一个百夫长，要对不总是醉醺醺的士兵下达秘密命令！刺杀盖乌斯·恺撒（我说的是战胜庞培后，成为罗马共和国的独裁者的那个恺撒）的任务，交给提略·辛普罗和盖乌斯·卡西乌斯，可是，卡西乌斯一生只喝水，从不饮酒，而辛普罗饮酒无度，性情暴躁。连他自己都承认这个恶习，讥讽地说："我连酒都忍不了，怎么能忍受一个最高统帅？"

每个人都可能想起他认识那样的人，不能给他一罐酒叫他保存着，却可以托付给他们一个秘密。说到这，我就想起一件事来讲一讲，因为我们有义务使用著名事件作为楷模，不必非要是在古代发生的。卢修·皮桑，罗马的治安司令，自从他被授命这个职务，从来没有戒酒。大部分夜晚在宴饮中度过，然后一直睡到第二天中午，对他来说，那是早晨。可是他非常尽职地完成维持城市秩序的责任。天神似的奥古斯都任命他做色雷斯总督的时候，对这个人下达了许多密令，他最终平定了那里；台伯留从战役归来，也任命他为罗马治安司令，当时罗马的形势很乱，市民对台伯留充满敌意。任用这个嗜酒的皮桑很成功的经验，是台伯留，以我想象，任命克苏做罗马总督的原因，这个克苏为人严厉，品格端正，可就是"嗜酒如命"，乃至有一次从酒宴出来，去参加元老院的大会，烂醉如泥，把他从那里抬走，都没醒来。可是台伯留把许多亲手写的文件，甚至对他的最亲信的合作者都不敢透露的秘密，交给他保管，而克苏在公共和私人中间没有透露一点口风！

因此，我们把这类话置于一旁："被酒精控制的精神，不是自己之主。就像葡萄汁酿造的时候，从酒桶里溢出来，沉渣从底下浮上表面，醉酒的人也是这样，借着酒力，当着众人的面，把心底的秘密吐露出来。喝重的人，胃里翻江倒海，连吃的饭都留不住。心中的秘密也是这样，不分是自己的还是别人的，全都一股脑儿吐出来。"的确有时候是这样。可是事务紧迫，明知道他是个嗜酒的人，我们也同他讨论。因此，这里用来证明"任何人也不把秘密托付给嗜酒成性的人"的论据是错的。

比这些讨论更重要的，是对醉酒的明确谴责，是里面暴露出来的嗜酒成瘾的恶习。任何一个人，即便是平民百姓，都应该避免饮酒过度，一个达到高层次智慧的人，更是应该如此。对他来说，解渴就足矣，或许聚会中为了气氛欢乐多喝一点儿，永远不到醉态。我们一会儿将研究智者的精神是否会因饮酒过度而紊乱，行为像个酒徒；然而，如果想证明一个好人永远不该醉酒，为什么非要采用三段论？何不说我们喝得过量是一种羞耻，我们忽略了自己胃的功能；酒醉的人清醒时对自己的丑态尤其感到羞愧；何不说酒醉乃一种自愿的疯狂。想象一下，一个人连续好几天撒酒疯：难道不把他看成是个失心疯？我们刚刚说过的例子，丧失理智的程度并不轻，只不过是时间短瞬。你还记得马其顿的亚历山大吗？他在酒宴中，一剑刺死了自己最亲密忠诚的朋友克立顿，当他清醒过来，知道自己做了什么，悔恨得要去死，而毫无疑问，他的确该这么做！酒醉刺激并暴露出一切恶习，丧失对一切可谴责行为的羞耻之心；实际上，许多人避免这些行为，更是因为对做坏事的羞耻，而不是真正由于内心的信念。当一个精神被过度饮酒所控制，性恶的一方就全部表露出来。酒醉不造成恶习，而是将恶习显露：淫荡的人等不得回房间，就立刻放纵情欲；堕落的人毫不知耻地当众承认他的变态；闹事者管不住他的舌头和拳头；增加嚣张气焰，狂妄无礼，增加残酷的邪恶，嫉妒恼恨；总之，所有的恶习都会膨胀，变得明显。变得更加缺乏自我控制力，舌头磕磕绊绊，语言含混不清，眼睛翻白，步履蹒跚，头晕目眩，天旋地转，天花板像龙卷风，搅动整座房屋，酒燃烧着脏腑，胃痛如割。可是，尽管所有这些，一个酒醉的人要是还能摇摇晃晃地站住，还是可以忍受的。现在，要是一醉不醒，成了消化不良呢？想一想集体的酒醉引起的那些灾难：一个曾经英勇善战的民族，听任敌人的摆布；守卫了多年的被围困的城市，一朝被攻陷；一个顽强捍卫独立的民族甘受奴役；甚至战无不胜的军队却因酗酒溃败。我前面说的那个亚历山大，无数次征伐，无数次激战，毫发无损，战胜了无数次恶劣的气候、艰苦的地理条件，无数次，不知从何处而来的洪水，无数次，穿越汪洋大海，他堪比赫拉克勒斯的身躯，却终于在饮酒过度中颓败。能喝酒算什么光荣？就算你斗酒赢了，别的人都酩酊大醉，睡倒一片，不能陪你再干，就算是在整个宴席上只剩你一个人没有醉倒，就算是你惊人的酒量胜过所有人，就算是没有人能喝这么多酒……再有一桶酒也能放倒你！那个名叫马可·安东尼的人，英雄盖世，高贵勇敢，也在酒中毁灭：他爱上克娄巴特拉（激烈得如同他爱酒），酒色使他接受了非罗马的、外国人的恶俗和陋习，难道是个偶然？这种疯狂的爱情使他变成了共和国的敌人，使他变得不能与对手相较量；让他变得非常残暴，竟然在夜宴时，命人把当地人的头领带来，在美味佳肴间，欣赏那些流放者的脸和手，甚至到了喝足了酒以后，还要喝血的地步。他喝醉后犯下这些罪行已经是不可容忍的，他还在入醉中犯这种行为就更加不可饶恕！饮酒过度必然会导致残酷，因为脑健康被完全破坏，什么过分的事情都有可能干出来。长期患病，会使任何人变得易怒，暴躁，稍不如意就发脾气；同样，持久的醉态使人变得凶狠残暴。一个人长期失去理智，疯狂成了习惯状态，由酒醉而产生的恶习，即便是不喝酒，也成了常态。

结论是，说出智者永远不应该醉酒是什么道理，通过事实而不是语言，显示出酒醉的所有可怕和有害之处。证明（这是非常容易做到的）所谓的享乐，一旦过度，就变成折磨。相反，如果说智者尽管喝许多酒，虽然醉了，也不会失去理智，而保持完全清醒……那么还可以说，他饮了毒药不会死，喝了安眠药不睡觉，吃了黎芦草①不会把五脏六腑吐出来！可是，如果他连路都走不直，一句整齐的话都说不成，如何能一半儿清醒，一半儿烂醉？！……

---

① 一种草药，有毒，催吐。

第十一至第十三卷[①]
（第八十四至第八十八）

第八十四

这些旅行，强迫我活动活动懒散的筋骨，我觉得，不但对我的身体，而且对我的研究都是再好不过了。对健康再好不过，很容易看出为什么：因为我对写作的热情，使我整天坐着，忽视了身体，出行总能靠别人让我锻炼一下[②]。那么为什么对研究有好处？我这就告诉你：因为不打断我的阅读。阅读，实际上，以我之见，是不可缺少的：首先，为了让我不仅仅满足于自己的著述，其次，是为了当了解别人所研究的问题以后，能够判断出已经完成了的发现并推测那些还需要解决的问题。阅读营养智力，使它从研究的疲倦中恢复精力，同时却不把研究搁置一旁。我们既不应该仅限于写作，也不应该只去阅读，前者消耗我们的精力，让我们精疲力竭（我说的是书写的工作），而后者使我们变得软弱无力，麻木不仁。我们应该交替地做这两种活动，取得平衡，以便用笔给阅读中所摘取的思想以形式。正如人们常说的，我们应该学习蜜蜂在花丛间飞来飞去，选择适合生产蜂蜜的花朵，然后对采集的原料做加工，分配给蜂巢，用我们的维吉尔的话来说：

> 香甜的花蜜
> 积少成多，蜜汁涨满了蜂巢。[③]

---

① 在书信第八十三篇末尾，手稿注明第十卷完。而同一手稿在第八十八篇末尾，注明第十三卷完。而何处是第十一、十二两卷的分界并未注明。

② 塞涅卡乘轿子出行，实际上，这里锻炼身体的是那些抬轿子的奴隶，但是他坐在轿子里，被晃来晃去，他是以这样的方式"活动身体"。

③ 引自维吉尔《埃涅阿斯》第一章；《农事诗》里也有这句："别的（蜜蜂）采集纯洁的花蜜，用蜜汁灌满蜂巢。"

不能确定，是蜜蜂从花朵里采集一种浆液，然后变成了蜂蜜，还是蜜蜂通过它们的某种器官的功能，把采集的物质做了特殊加工。有些作者认为，蜜蜂不会造蜜，只是采集必要的原料。据说在印度可以从甘蔗叶上找到蜜，那里气候的特色，潮湿多露，或者甘蔗①的汁液本身又甜又浓；他们还说我们的植物也有类似的汁液，只是不太丰富明显，蜜蜂就是寻找和采集这种汁液，蜜蜂是一种预先规定来做这种工作的昆虫。另外一些人的意见说，蜜蜂有某种天生的才能，可以在鲜花盛开季节里，把从花蕊里采集的物质，转变为蜂蜜，在里面掺入，这么说吧，某种酶，能够将那些不同的材料混合成唯一的物质。

可是我有点走题。让我们回到本质的问题上来：我们应该模仿蜜蜂，从各种阅读中摘取的元素，分门别类（经过这样辨别后记忆能更好地储存），然后，再仔细分析它们，运用我们全部的智力功能，把采集到的不同的汁液加工成一种有个人独特味道的产品，通过这种方式，虽然可以看出每个因素的来源，可是即便如此，结果产生一种与从中获得启发的不一样的思想产品。这正和我们看到的大自然在我们身体里所做的，那种我们一点也不用介入的操作过程一模一样（我们吃的食物，当保持着整体，成块地在胃里流动，对胃来说是一种负担；当经过加工，立即就能被吸收，变成肌肉和血液），我说这是同一个过程，我们应该对精神食粮做加工，不让所接受的思想保持原样，如同异物。我们要吸收它们，假使不是这样，它们会留在记忆里，可是不能渗透入聪明才智。我们彻底地赞同它们，将它们变成自己的，将大量的思想变成一个唯一的有机体，就像我们做加法，把不同的数目加在一起，得到唯一的总数。让我们的精神也如此，所利用的各种加数都隐含地保持，只展示出得到的整体结果。即使是从你身上看得出与某个对他崇敬有加、留下深刻印迹的作者，有相似之处，这种相似，要类似一个儿子，而不是雕像：雕像是个死物。"你说什么？那么说，要模仿哪个作者的风格、论据和思想，不该表明它吗？"以我的理解，有些情况下，这根本是不可能的：一个上智之人，能够把他的特征，印在以他喜好的模式选择的各种元素上，通过这种方式，使这些元素达成统一的效果。你不见如何由很多声部组成一个合唱团吗？可是合起来，形成一个声音。有高音、低音、中音、男声、女声，这里那里出现笛声伴奏：然而分辨不出来个人

---

① 甘蔗原产印度，引入欧洲，后在美洲种植。

的声音，听起来是合起的声音。我说的是古代哲学家们熟悉的那种，因为今天的演出，参加合唱的歌手有时候比剧场里的观众都多。整个剧场的走道上，坐满各种类型的歌手，观众席四周围着一圈号手，舞台上同时听到所有的各类各样的笛子和别的乐器，和所有这些不谐调的因素，却产生出一种协调的歌唱。我正是想要我们的精神是这个样子：它掌握许多技术，知道很多时代的许多规则和典故，可是所有这一切都具有自己的、独特的灵魂。"可是这怎么可能？"你会问我。以毫不懈怠的勤奋，如果我们只听从理性的召唤，别的什么都不做，而且只要理性的召唤什么都不躲避。如果你想听理性说什么，这就是它对你讲的：一劳永逸地放弃一切诱惑大众的东西！放弃财富，放弃当个富人的危险和负担；放弃享乐，身体的和精神的，它们没有别的用途，只消耗你的精力；放弃野心，不过是人为夸张的、无用的、不觉悟的、不知止境的东西，不但不愿意有人在他之上，甚至连与他平级都受不了，永远受嫉妒心的折磨，不止如此，还是一种双倍的嫉妒。看看这种人实际上有多么不幸福，他嫉妒别人之处，正是别人嫉妒他的地方。你没见那些权贵的家，门庭若市，拥挤入门的访客？要想进入那里，你要忍受无数的凌辱，可是进去以后，还有更多的凌辱要忍受。你要从富贵之人的阶级前走过，从他们悬空的晒台一样的前厅走过：如果你踩在那上面，就像在悬崖边，而且是眼看就要崩塌的悬崖。你不如把脚步迈向智慧的道路，寻找它充满宁静的领域，而且也有无限的风光。人与人之间一切被崇尚的东西，虽然说价值可怜，它们显得出众只是因为在同低贱的事物相比较，可即便是如此，也只有通过艰难困苦的崎岖小路才能达到。抵达尊严的顶峰的道路非常的艰难险峻；可是如果你准备攀登到命运对它没有法力的那种高度，那时，你将看到庸俗之见中的一切荣华富贵都在你的脚下，从那儿起，前面就是抵达尚善的坦途。

第八十五

我本来决定就给你免讲这个问题尚存的疑难，跳过那些错综复杂的观点，仅给你讲斯多葛派思想家所用的论据的"证明"就足够了，以表明美德是为了在生活中达到幸福唯一必需的手段。但是你要求我将所有的三段论都检验一遍，不论我们的人用过的，还是那些要对我们的理论将一军的。如果我有意做你所要求的事，这里写出的就不是一封信，而是一部著作！从我这方面，从来不厌其烦地说厌烦这类论据：为了捍卫神与人用一把小水果刀去战斗我感到羞愧！……

> 所有谨慎的人都是有节制的；所有有节制的人都是持之以恒的；所有持之以恒的人都是镇静若定的；所有镇静若定的人都不为悲伤所动的；一个不为悲伤所动的人是幸福的；所以，谨慎是成为一个人幸福生活的充分条件。

有些逍遥派哲学家 ① 指摘这个复合三段论，当说到"一个镇静若定，持之以恒，不为悲伤所动的人"，"镇静若定"应该理解为一个稀少、有限地不安的人，而不是在从来不发生惊慌的意义上来解释。相似地，"不为悲伤所动"理解为那种不喜欢伤心的人，那种不经常也不过分地为这种感情所苦的人；想象一个人的灵魂免受悲伤，他们说那是否定人性；还说，智者本人，尽管不被不快所控制，并非不被它所触及；并且寻着这个思路，根据他们学派的立场，讲他们的论据。采用这种推理，逍遥派哲学家们不根除情感，而仅仅是节制它们。可是我们对智者的看法多么可怜，我们认为他们只是相比弱者才是坚强的，相比最悲伤的人才是快乐的，相比放纵无缰的人才是有节制的，相比卑微的才是伟大的。这不等于让拉达斯 ② 同瘸子和低能儿比赛，来赞美他的速度?!

> 她能在绿茵茵的麦田
> 麦芒上奔跑如飞
> 都不踩到青嫩的麦穗
> 她踏着波涛汹涌的浪尖飞奔
> 都不溅出一星儿水花 ③

---

① 指亚里士多德学派，以在学园中漫步讲学而得名。
② 可能是一个神、人物或马匹。
③ 引自维吉尔《埃涅阿斯》第七章。

这些诗句，可以看出对速度的赞美，对速度的理解，而不是同那些跑得缓慢的人相比较。有人稍微有点发烧，难道你叫他是"健康人"？病得轻不相当于完全健康。逍遥派说："人们说智者是镇静若定的，就如同说'无核的'那种意义上的，不是说水果的核是软的，而是那些有不太硬的核的。"这是错的！以我的理解，仁者所表现出的，不是缺点的减轻，而是完全没有；他的缺点不是轻少，而是全无，因为假使有缺点，不久就将扩大，甚至控制他。就像白内障：发展到完全的地步就造成失明，可是即便是初起，就足以妨碍视力。如果我们说智者有某种缺点，那么他的理性就不能面对它，就会随波逐流，尤其是我们给他的不是一个，而是同时所有的情感，对付一个尚可，可是抵御众多很难。众人的暴力更危险，哪怕是一群侏儒，也比唯一的巨人危险。逍遥派说智者有对财富的欲望，尽管是有节制的；有野心，但并不过度夸张的；他会愤怒，只要还能控制得住；有点反复无常，尽管不是很严重，有点胡言乱语；感觉有欲望，尽管不是为之发狂！宁愿要一个人有公开申明的唯一恶习的情况，也不愿要尽管都是轻缓的恶习。何况，一种情欲的大小并不重要：即便再小，也是拒绝服从理性的支配。这正如任何动物都不能服从理性——不管是野兽还是驯养的、温顺的动物（动物出于天性听不进劝告），情欲，哪怕是再小，也是如此，说不得劝不得。老虎和狮子永远不会失去凶猛的野性，只是偶尔缓和一点，然后再次爆发残暴，更别指望它们能被驯服。温文尔雅克服不了恶习。而且，通过理性的帮助，情欲连被唤醒都不可能，而如果违背理性被唤醒，就处于同等的条件下。在初萌的时候遏制它，比燃烧起来再控制要容易得多！

因此，这种恶习的减轻（逍遥派所承认的）不但是虚假的，而且是徒劳的；我们应该把它看成，就好像对我们说要节制疯狂或疾病一样。美德应该占据全部灵魂，因为灵魂的缺陷不受调节；根除它们比控制它们更容易。难道我们能够怀疑，那些人类头脑中根深蒂固的、我们称之为"精神的疾病"的恶习——比如贪婪、残忍、缺乏自制——是节制不了的吗？当然，情欲也是不可节制的，因为总是得陇望蜀的。而且，如果我们给忧伤、恐惧、欲望和其他不好的冲动某些空间，我们就失去一切控制它们的可能性。理由既简单又纯粹，引发这些情感的原因在我们之外；它们根据外因刺激的大小而增长。如果思虑它的时间越长或观察距离越近，恐惧就越大；被未来占有大量财富唤醒的期望越大，欲望便越强烈。如果我们手中没有欲望存在或不存在的可能性，也就没有强烈程度的问题；假使允许它们出现，就根据外因的比例增长，能变多强烈就多么强烈。再加之，一切缺点，不论多么小，都有增长的倾向，一切有害的东西都不懂得恰到好处；虽然疾病初起时是轻的，它的力量向我们渗透，直到再添加一点点病状，我们被侵蚀的身体就垮掉。想象一些发自外部的事物，能够由我们的意志决定其结束，这是疯狂！我怎么能够有足够的力量，结束某种我不能让其避免发生的事？对，因为保持远离恶习，比沾染上之后再压制它要容易得多。

还有的思想家用下面的特殊区别来反驳："一个有节制的、谨慎的人，在某种环境、某种精神状态，能够心情平静，但是在具体条件下就不能，实际上，这个人的精神修养，不知何谓焦虑、忧伤、恐惧；然而许多外界原因能够作用于他，刺激他产生焦虑状态。"他们想以此说明，一个人可以不是易怒的，可是会一次两次的发怒；可以不是胆小的，可是有时候会感到害怕，或者说，不是具有恐惧的恶习，而是作为偶尔的"情绪"。如果承认这个论点，那么，随着经常的反复，恐惧就能变成恶习；愤怒被接受入精神，最终将摧毁精神避免愤怒的专门修养。除此之外，一个人不轻视外部原因，感到怕这怕那，当必须以勇气迎战火于剑，为祖国、法律、自由而战的时候，就会犹豫不决，心存疑虑。这种思想的动摇不定，不能是智者的属性。不但如此，我以为还应该考察另一件事，为了不使我们陷入将两个应该分别表达的命题混为一谈的错误：亦即，我们应该得出结论，一方面，唯一的财富，是道德财富，而另一方面，表示出美德是为获得幸福的足够条件。如果承认，唯一的财富是道德财富，那么所有的美德是幸福生活的充足条件；可是反过来，则不可能是这种一致的同意，这就是说，只需美德本身就给人幸福，不是所有的人都同意道德财富是唯一的财富。色诺克拉底和斯珀西波斯承认靠美德就能是幸福的，但是不接受道德财富是唯一的财富。伊壁鸠鲁也认为一个有美德的人是幸福的，可是不认为美德是幸福的充分原因，因为在他看来，幸福来自一个人对美德的占有的快感，而非美德本身。区别并不太大：他否认美德没有快感而能存在。可是，如果美德总是不可分离地与快感结合在一起，那么只需要它就是足够的条件，因为意味着总是有快感在，即便是独自而来，而没有快感，就不得而存。这样说是有些荒谬：一个人可以由于美德是幸福的，可是不能是完全地幸福的。这怎

么可能，我无法理解！幸福生活的本身实际就有完成的、不可超越的财富：如
果这种财富是存在的，那么生活就是完美幸福的。如果神的生活不识增减，那
么神的生活是幸福的，没有任何能将其变得更幸福的事。况且，如果说生活是
幸福的，就是说那种什么也不缺少的生活，整个幸福生活是一种完美；这种生
活不但幸福，而且是极其幸福！我们不怀疑幸福生活是最高财富；当然，如果
生活占有最高财富，于是便是顶级幸福的。正如至善不能够接受任何增加（至
高之上能有何物？！），幸福生活也不能增加，因为没有至善就不存在幸福。你
看，如果你说某人"更"幸福，那就也有可能说"更多许多"；而这样一来，
就给至善无数的层级的递增，而依我来看"至高之善"，一切在其之上者，皆
无意义。如果一个人比另一个人幸福得少，接下来比起自己的生活就更想要这
个人的生活（因为是更幸福的）；然而一个幸福的人不认为有什么比他的生活
更可向往的。如下两种情况都是不可接受的：存在某种一个幸福的人更愿意要
的来取代现有的，或者，不更愿意要某种比他现有的更好的。实际上，一个人
知道得越多，越是要追求达到那个最好的，希望不择手段地达到它。那么，一
个能够并的确希望比他现有的更多的人，如何能够是幸福的？

我告诉你这个错误源头在哪里：不懂得幸福生活的特性是它的统一性。是
生活最高状态的质量，而不是它的规模。正是因此，幸福生活同时是长久的又
是短暂的，是扩散的又是有限的，散在于许多地方、许多领域，却又集中在唯
一的一点。谁若是以数目、尺度、部分来评价幸福，就正是剥夺了它最优秀的
内容。幸福中有什么东西比圆满更好？我设想所有的人当他们吃饱了就不再吃
喝。这个人吃得多些，那个人吃得少些，可是如果两个人都感到饱足了，多少
又有什么关系？这个人喝得多些，那个人喝得少些，如果两个人都解了渴，多
少又有什么关系？这个人活得长些，那个人活得短些，但是这并不重要，只要
长寿和短命的人生都过得同样幸福。你把他称为"幸福少"的人不是实际上的
幸福，因为这个谓语不受认知递增。

勇者不知惧；不知惧者无悲；无悲者幸福。

这个论据是我们学派发明的。我们的对立派想推翻它，他们说我们把一个虚
假的、有争议的命题，亦即勇者不知惧，当作一致认可的："为什么？"他们反驳

说，"那么说，一个勇敢的人，当危险迫在眼前，不感到害怕？除非是个疯子，是个完全丧失理智的呆瓜才不感到害怕。一个勇敢的人，有节度地感到恐惧，而不是全然不知惧怕。"一个这样争论的人，就处在前面讨论过的同样的地位，把不严重的恶习，看作是美德，因为一个感觉害怕的人，哪怕是十分轻微、稀少，可他并没有免除缺点。"危险迫在眼前不感觉害怕，除非是个疯子"，如果承认危险是一种祸事，这就是对的；可是当我们知道不是祸事，当我们认为只有非道德才是祸事，我们就应该平静地面对危险，藐视那种引起别人恐惧的事情。承认只有一个呆子或疯子才不害怕危险，我们势必得出当一个人越被告知危险，就应该越害怕的结论！"可是，照你们看来，勇敢的人应该去自寻危险。"不是的：不应惧怕危险，可是应该想办法避免。谨慎从事并不可耻，而感觉恐惧却是。"怎么会是这样？对死亡，对监牢，对烈火，对一切命运手里的别的武器，不害怕吗？"当然不，因为知道，这一切都表面上看起来是祸害，而实际上并非祸害；因为懂得所有这一切都不过是用来吓人的稻草人。你可以讲述漫长的囚禁，严刑拷打，牢狱，贫困，受疾病折磨的身体，虐待狂，所有的，总之，一切你能想象出来的：勇敢的人将这一切都当成是一场噩梦，而噩梦只能吓坏胆小鬼！难道你会认为，我们有时候有意识地选择某种事情是祸害？我告诉你什么是祸害："是向平庸之见所称的'祸事'让步，是向其交出我们应该为之忍受一切的东西：我们的自由。当我们不蔑视一切企图奴役我们的，自由就消失了。我们的反对者如果知道什么是真正的勇敢，就不会奢谈什么勇敢的人的适当态度。勇敢不意味着轻率鲁莽，也不是酷爱危险，更不是喜欢冒险：而是意味着懂得区别什么是、什么不是祸害。勇敢总是注意自我保护，可是同时非常有能力承受一切展现在我们面前的虚假的祸害。""这是什么意思呢？如果用一把剑刺伤了勇敢人的脖子，又把他的身体一处处砍伤，如果他看见自己的肝肠涂地，如果用慢刀子凌迟，叫他更加痛苦，如果捅开他已经半愈合的伤口流出鲜血——他会不感到恐怖？你说他不感觉到疼痛？"当然感觉疼痛（因为美德没有剥夺人感觉器官的功能），可恐惧，那是没有的；那个人不可战胜地从高处俯视自己的苦难。如果你问我，此时，那个人的精神状态是什么，我的回答是：那种我们想办法给患重病的朋友提振精神的同样的东西。

　　一切灾祸都是有害的；一切有害的都使人变得更坏；疼痛和贫穷不使人变得更坏，因此不是灾祸。

有人反驳这个论据："你们的命题是错误的，因为一切有害的都使人变得更坏不是真理。坏天气和风暴，对舵手是有害的，但是并不因此把舵手变坏。"

有些斯多葛派反驳说，坏天气和风暴使舵手变坏，是因为他不能完成任务，保持航向，但涉及他的技术并没有变坏，而是关乎他的实际执行。逍遥派回答说："逻辑上说，贫穷、疼痛，和其他诸如此类的，都使智者变更坏，因为，即使没剥夺他的美德，至少阻碍他表现美德。"如果舵手的条件和智者是一样的，或许所有这些没准就是对的。引导智者以同样的生活方式的目的，不在于以一切手段把所从事的事业做到底，而在于使一切都做得正直；相反，舵手的目的是无论如何要把船引向港口。技艺是纯粹的辅助，应该叫他做什么就干什么，而聪明才智的功能是统治和领导。在生活中，技艺服务，智慧下命！①

以我之见，应该作不同的论证：任何风暴都不会使舵手的技术，还有这种技术的发挥变坏。舵手不承诺给任何人舒适；他所承诺的，是他最大的努力和驾驶船只的技术的知识，这种技术越是遇到更大的障碍，便越是能够表现出来。一个人能够说出"涅普顿，除非你从船头来，否则永远别想沉没这条船！"② 很好地展现了技艺。风暴不阻止舵手的奋力，只是禁止他的成功。"你说什么？那么说风暴，使舵手所有奋斗都变作徒劳，使他倒退，或者摧毁他的设备，让他无法前进，对他不是有害的？"他作为一个舵手时，不是有害的，而只是在他作为航海者才是有害的；况且，他正是为此而成舵手。因为，不仅不妨碍显示操舵的身手，而且还是他露脸的时刻，俗话说得好，好天气是个人都能掌舵。坏天气对船是有不利的，而不妨碍作为掌舵人的舵手。舵手有两重身份，一种是如同所有上了同一条船的乘客的一样的身份，既然他也是个旅客；另一种是特殊的：他是舵手。坏天气对作为旅客的他有害，而不是作为舵手。由此而来，舵手的技艺是向外的美好品质，因为关切到旅客的运输，正如医生的医术是关乎他所医治的患者；然而智者的艺术，是广泛普及的美好品质，不但涉及与他一起生活的人，还是智者本人私有的。我们甚至可以承认，坏天气在阻止他完成对他人所许诺的服务这一点上，对舵手是有害的。可是，对智者，不论是贫穷、疼痛，和别的人生的风暴都对他是无害的。就连他的事业都

---

① 可参考孔子的劳心劳力、上智下愚。

② 这句话意思可能是：除非迎头与海神相撞。

不是全部被阻止，只是阻止那些针对他人的事业：智者本人永远在行动，越是受到命运的阻挡，便越发显得伟大。事实上，恰是那时候，智者专注于学识本身，我们说这种学识，不论对别人还是对智者自己都是财富。

除此以外，即便是受到某些困扰，也不能阻止智者对他人有所利益。贫困能阻止他教授如何处理国家的事务，但是不能阻止他教授如何对待贫穷。他的事业贯穿一生，因此，任何处境，任何情况，都不能阻止智者的行动表现出来。他恰恰能够来应付禁止他有别的作为的那种障碍。智者身处两种境界：引导善，战胜恶。这样，我要说，智者，不论是顺境还是逆境，以其行为彰显美德——让人们看到的不是他的事业，而是在他自身之中的这种美德。因此，无论贫困、疼痛，还是别的一切让"愚昧无知的人"慌忙逃避的事情，对智者都不是障碍。你以为灾祸把智者碾碎？正相反，为智者所用！菲狄亚斯[1]不只是会在象牙上雕刻，也会在青铜上雕刻。如果给他一块大理石，或别的更普通的材料，他用这块材料雕刻出尽可能好的雕塑。相似地，智者展示美德，有机会，则在富裕中，没机会，就在贫穷中；如果能，就在祖国，如果不能，就在流放地，如果能，就作为将军，如果不能，就作为士兵，如果能，就身体健康地，如果不能，就虚弱多病地。不论命运给他的那份是大是小，他都懂得将其变得堪留青史。有些训兽师，更让最凶猛、最可怕的野兽习惯在人的面前；仅消除它们的攻击性还不够，而是使它们变得温驯，甚至像朋友那样居住在一起。驯狮人把手伸进狮子的嘴里，守虎人竟然能和那个野兽亲吻，一个埃塞俄比亚小男孩儿，能叫大象下跪、走钢丝。智者是恶习的驯兽师：疼痛，贫困，社会地位下降，监禁，流放——普遍恐怖的对象！——当靠近他的时候，就变得驯服。

第八十六

我在非洲征服者西庇阿的别墅里住了一段时间，祭奠了他的亡灵，瞻仰了一个祭坛，我怀疑那就是他的陵墓。然后给你写这封信。我让自己相信，他的灵魂回到了天上，他所来自的地方，说服我的并不是因为他统帅过千军万马

---

[1] 古希腊雕刻家、画家和建筑师。

（说到底，疯子冈比西斯也有千军万马，很懂得发挥他的疯狂！），而是因为他表现出的卓越的自制和悲天悯人，而对我，他离开祖国比他捍卫它的时候，更值得敬佩。要么西庇阿留在罗马，要么罗马保留自由。他说："我不想对我们的法律、我们的机构作任何变革，要让法律力量在所有公民之间起主导作用。噢，祖国，请享受我对你的贡献，而没有我在这里。我保障了你的自由，我自己将对此作出证明：我走了，既然我权力的增长超过了你的需要。"我又怎能不赞叹一个伟大的、使西庇阿自愿地流放、以减轻他对城市的影响的灵魂？形势发展到那样地步，要么公共自由对西庇阿是有害的，要么西庇阿对自由是有害的。两种可能性中的任何一个都非人所愿，于是西庇阿让位给法律，隐退到利泰尔诺小镇，以他的流放成全了共和国，正如当初对待汉尼拔那样。

别墅用石块修建，高墙环绕着一个庭院，墙的侧翼高耸着几座卫戍的碉楼，一池清泉，是这所庭院的水源，浇灌植物。巨大的水池几乎够一个军团饮水！我还去看了小浴室，十分幽暗，按照古代的习俗：我们的祖先，不喜欢热水浴，却喜欢摸着黑洗澡！比较西庇阿和我们今天的习惯，感慨油然而生，一个伟大的人物——"加太基人的恐怖"——全仰仗他罗马才没有第二次沦陷，居然就在这个斗室里沐浴他干农活而疲惫的身体！是的，他不拒绝劳作，而是依照古老的习俗，耕种自己的土地。西庇阿住在如此没有情趣的屋檐底下，踩在如此粗糙的地面！今天，谁会甘心在类似的条件下洗澡！如果他的墙壁不是用大块的珠宝镶嵌得灿烂辉煌，如果大理石上不装饰着努米底亚的瓷砖壁画，精雕细刻，涂着油彩，仿佛是绘画，如果没有一个玻璃穹顶，如果不是塔索大理石铺设的浴池，在那儿泡着蒸气浴中清瘦下来的身体，总之，若不是银质的水龙头流水潺潺，任何人都觉得寒酸！而我所说的，甚至是平民百姓的浴室的管道：千万别以为我说的是释奴的洗澡室！那么多座雕像，无数的石柱什么也不支撑，只起装饰作用，只为炫耀财富！多么丰沛的流水，形成瀑布，喧声而下！我们都到了只能脚踩宝石的奢华程度！……

西庇阿的浴室，说不上有窗户，只有一些窄窄的缝隙，能透过光线，不影响建筑的坚固。今天人们把在那种不能透过巨大而宽敞的窗户接受日光的建筑里洗澡，称作"蠹鱼澡"。如果不能一边洗澡，一边沐浴日光，把身体晒成古铜色，如果不能从浴室欣赏室外的风景，就已经是垃圾！就是这样的、揭幕式时引发参观者的赞美的讲究，而一旦有了人们刻意追逐的新颖时髦的奢侈，立刻就列入过时的陈旧格调。古时候，公共浴室数量不多[1]，没有丝毫的装饰。实际上，装饰一个没有很大价值的、纯粹功能性用途的、不是为了享受的东西又有何用？古代浴室没有从温泉不断涌出的、滚热的活水，古人也不关心一个涤除污垢的地方的采光照明。但是，我的神！走进那个涂刷了一层普通灰泥的幽暗的浴室是多么温馨，尤其当知道亲手涂抹这些墙壁的人是像加图、费边·马克西姆斯一样的市政官，或是贵族哥尼流！对，过去，贵族市政官员就在这种大众进出的地方办案，保持他们的清洁卫生，池水维持一种对身体健康适宜的温度，不像今天时髦的那种热度，热得更像是着了火，几乎到能够惩罚犯罪奴隶的程度……直接把他扔进澡池里！加温的浴池和失火的浴池——我看不出什么区别来！今天有许多人笑话西庇阿是个纯粹的乡巴佬，没有热水浴，没有宽敞的玻璃窗，在阳光下蒸出汗水，在洗澡中促进消化。"噢！可怜的人，都不懂得生活！"西庇阿不用过滤的水洗澡，水常常是浑浊的，雨大的时候，几乎就成了泥汤。然而对他来说，这样洗没什么区别，因为他要洗去的是汗水，而不是香水。你想象不出来今天的风雅之士会说他什么吗？"我不羡慕那个西庇阿！在那种条件下洗澡，确确实实是在流放中生活！……"那么我再告诉你，他不每天洗澡。根据研究罗马古老习俗的学者，古人每天洗手臂和小腿，或者说，靠近被劳作弄脏的部分肢体。洗全身澡，只是每九天一次。此刻，肯定有人会说："他们脏得真像猪啊！"你觉得他们是什么味儿？军旅生涯的味儿，劳动的味儿，男人味儿，总而言之。发明了这些完美无瑕的浴室之后，人们才变得比猪更猪！贺拉斯怎么描写一个出了名的有过分讲究的怪癖的人？他说：

布西罗有股水果糖味儿！[2]

如果布西罗活在今天，几乎就是羊膻味儿，扮演那个讽刺剧中贺拉斯用来反衬布西罗的伽尔高纽[3]的味儿。今天只洒香水还不够，还要每天补上两三次，使香气不散发掉。人人都芬芳扑鼻，好像那是他们的自然气味！

---

[1] 公元前1世纪，罗马的公共浴池猛增，在公元前33年有170家之多。

[2] 贺拉斯讽刺剧，剧中的主人公不叫布西罗，而叫卢菲罗。

[3] 贺拉斯在同一出剧里，说伽尔高纽有山羊气味。

如果你觉得我想得太悲观，你要怪罪这座庄园。它现在的主人名字叫埃吉亚路，一个兴致勃勃的家长，他教给我，任何一株植物，不管多老，总是可以移植。这里有一个我们老年人应该注意学习的道理，因为无论我们中的谁种下一棵橄榄树，都要转到别人的手里……[1] 你享受地靠在那棵树上，按照维吉尔所写：

> 它生长得缓慢，只让你未来的子孙乘凉。[2]

可是我们的诗人，比起关心真理，更注意文学的美感，他感兴趣的是如何愉悦读者，而不是给种田人讲课！简短地说，我被迫引用一个正是今天发现是错误的格言：

> 春天播种蚕豆；
> 还有美迪亚的庄稼，[3]
> 在犁开的沟垄里撒种；
> 还有年年播种的谷子。[4]

这些庄稼在何种程度上是在同一个季节、所有的都在春天撒种，你能用这个事实来判断：我在六月给你写信，眼看就要迈入七月。那么好，就在今天，我看见人们收获蚕豆，播种谷子。

还是让我们回到橄榄园。我看见用两种方法种植橄榄树。埃吉亚路扶住一棵大橄榄树，把树冠截掉，留下半尺高，带着一团树根移植，只留下根球，把挂在上面的须根去掉。然后把这根树桩种在一个施满肥料的土坑里，不光是埋上土，而且要用力踩实。他说没有比把土踩结实更有效的方法了。其目的，看起来是为了保护植株不受寒冷，不被风吹；除此以外，种好的树还不容易摇晃，这样才有可能生根，固定在土中；实际上，刚生出的根细嫩脆弱，很难扎

---

[1] 此处字迹模糊，无法猜测文意，故留下空白。
[2] 引自维吉尔《农事诗》第二章。
[3] 葡萄牙文版注释：可能是指苜蓿。
[4] 引自维吉尔《农事诗》第一章。

根，树干稍微一动，就被拔断。然而我们的埃吉亚路在埋下树的根球时，先把它修剪一番，他说，这样修剪过会生出新根来。而且，地面上的树干不能高过一两尺。这样就会立刻从地面的根部发出茂盛的树芽，没有一大截干枯的树桩，也不像我们在橄榄园中的看到的苍干龙钟的老树。

另一种移植的方法是：把强壮的、树皮还不坚硬的嫩枝条以同样的方法种在地里，就像平常种小树那样①。这些枝条生长得要慢些，可是因为是从自身发芽，样子一点也不扭曲粗糙。我还看见移植了一株特别老的葡萄树，要尽可能地把它所有的枝条都收拢在一起，然后，将它平放在地里，让它从枝条上生根。我不仅在二月，而是直到三月底都看到在种植葡萄树；生机盎然的，攀援着老槐树。所有这些树，用埃吉亚路的话说，"粗枝大叶的"，都用蓄水池浇灌；只要水好，我们一年都不缺雨！

今天我不想再教你别的，为的是因为我总是和埃吉亚路唱反调，免得你也这样对我！

第八十七

还没起航，我就遇到了海难。我不讲怎么发生的，可是你别以为这又是一个斯多葛派的悖论。什么时候你愿意，当然——不管你愿不愿意！——我必得给你证明，这些悖论之中，没有一个是错的，甚至都不像乍看上去的那么荒诞。

然而，这次旅行教我知道，我们是如何死死抓住那么多的无关紧要的、能合情合理地舍弃的琐碎之事，假使迫于环境，被剥夺掉许多东西，我们都感觉不出缺少它们。由很少的几名奴隶跟着（一辆乡下马车仅能容下的人数），除了身上带的，没有别的装备，我已经和我的朋友马克西姆过了两天安静的生活。地上铺一张床垫，带来的两件大氅，一件作床单，一件当毯子。吃的再简单不过，不讲究的烹饪；不论到哪儿，我都带一些无花果饼②，每时每刻，还带着笔记本。如果有面包，就夹着当馅儿，如果没有，就当面包。无花果干让我

---

① 扦插繁殖。
② 用无花果晒制的干果，像柿饼，比较小。

的日子天天都过年，我想用美好的思想和伟大的灵魂，让我的每一天都幸福吉祥①。当我们舍弃芸芸琐事，通过抑制恐惧得到平和，通过抑制欲望得到富足，灵魂从来没有比这样的时刻更伟岸。我乘的是一辆乡下马车，拉车的那两头牡骡只是因为向前走着，才知道它们活着；赶车人光着腿，并非因为天气炎热。公开承认这辆车是属于我的，都让我有些难为情。我还没有完全摆脱这种丢脸的令人惭愧的反应：只要迎面来了更排场的一队人，就脸红，尽管我不情愿。这只能证明那种我认为是有尊严的、可赞叹的反应方式，尚且没有决定性地，不可动摇地，在我的精神扎根。你看，一个对简陋的马车感到羞愧难堪的人，乘一辆豪华的车子就感到趾高气扬。所以，直到现在，我进步得还太少：不敢在公共场合实践俭朴，我还在乎别人怎么看！

我应该做的，是向这种普遍的想法大声批判："你们多疯狂，多不明智，迷失在对无用事物的赞美中，没有能力判断一个人自身的价值。当涉及钱，你们所有人都成了优秀的会计师，精准地估价出你们去向他放贷或给他恩惠的人的境况（如今施恩，已成了纯粹的投资）：'他有丰富的产业；可是背了一身的债；他有一所漂亮的房子，却是借钱买的；他的奴隶比谁都多又漂亮，可是没有能力满足他的承诺；他要是还了债，就不名一文。'同样严谨的估价，你也该应用在所有别的事物上，准确地评价每个人真正拥有的价值。"你觉得这个人是个富豪，因为即便是旅行中都用一套金餐具，因为他在外省有万顷良田，因为他翻看厚厚的账簿，因为他在罗马郊区有那么大片的土地，尽管是在普利亚，是荒地，那都会刺激起嫉妒！可是，尽管这一切，他是个穷人。那为什么？因为他有债。"很多吗？"——你问道——全都是欠的。除非你觉得向别人借债和向命运借债没有区别。那一对对肥壮的骡马都要同一种颜色又有何用？那些车辆，为什么要用青铜的浮雕？

> 骏马身披紫色的，
> 色彩斑斓的锦缎，
> 金子作的缰绳垂在胸前，

———————————————

① 看起来，无花果干应该是过年吃的一种祈福的果品。

连马嚼子都是金的。①

所有这些装饰，丝毫也不把主人和骏马变得更出色！大御史马可·加图，他的出生像西庇阿一样的惠及大众（一个以武功抵御外敌，一个向道德腐败展开斗争），出行的时候，骑一匹牝骡，驮着布袋，里面装着必备的杂物。我很想让这些显赫的、前有奴隶开道、后有大队奴仆跟随扬起一片烟尘的富人，这些公子王孙中，有人与加图相遇而过！我们的青年人，毫无疑问，肯定会比加图更气宇轩昂——这位青年才俊，风流倜傥，滔滔不绝，说不知是该去参加角斗，还是该去狩猎，搏击猛兽。在那个辉煌的世纪，一位将军，凯旋的将领；一位巡按史，更杰出的加图，有一匹马就满足，说得更恰当些，是半匹马，因为挂在一边的行李口袋占了半匹，他只能侧身而坐。今天，比起加图那匹孤单的、他亲自打理的骡子，谁不更愿要膘肥体壮的矮种马，阿斯图里亚斯骏马，健步稳跑的小马？！

我看得出来，如果我不就此打上句号，这个话题会没完没了。因此，我不再说这个问题，可是，第一个把行李称为"赘物"的人，准确地猜出了今天的风俗！接下来，我提出几个我们斯多葛派的三段论，建议你去想一想，这些演绎表明，按照我们的主张，美德如何是幸福生活的必要和充足的条件。

一切好的事物，都使人变好（例如，音乐的好使人成为音乐家）；
偶然的利益不使一个人变好，因此并非好的事物。

逍遥派回答这个论据，断言我们的第一个前提是错的。"一件好东西，"他们说，"不是必定将人变好。在音乐中有好东西——一支笛子，一张琴，或者别的什么适合奏乐的器物，但是任何这些乐器都不能将一个人变成音乐家。"我们的回答是，他们并没有理解当我们说的"音乐的好"的意思。我们没有在说音乐家的乐器，而是在说使他成为音乐家的品质；我们的反对派所说的，是艺术的附属物，而不是在说艺术本身。正因为如此，音乐艺术的美好性质，那才是使一个人成为音乐家的东西。让我用一种更明白的方式来表达。当我们说

_____

① 引自维吉尔《埃涅阿斯》第七章。

"音乐艺术的美好性质"，我们可以把"美好"理解成两个意义：一方面，是那种使他成为音乐"表演者"的东西，另一方面，是使他成为"艺术家"的东西。为表演的效果，必须有管有弦，以及别的乐器；可是从艺术角度来说，这都是不相干的。即使是没有乐器，音乐家依然还是艺术家；最多有可能阻碍了他们的艺术表现。这种两重性，并不体现在人的身上：人的美好和生活的美好，就是同一个东西。

> 人最卑鄙无耻的作为触手可及的所有一切，都不该被认为是一种好东西；既然财富对老鸨皮条客或者角斗士掮客①如探囊取物，当然地，财富不是一种好东西。

"你们的前提是错的，"我们的反对派说，"在语法专家、医生、舵手这些职业人士那里，我们看到所说的财富可以由非常谦逊的人赚到。"只是这些职业，没有以伟大的灵魂为目的，不意味着道德升华，并不反感偶然的利益。相反，美德使人伟大，将其升华到俗众的喜好之上，对流行观点认为是好的，不过分奢望，认为是坏的，也不特别惧怕。柯利多是克娄巴特拉身边的一个阉宦，后来富可敌国。就在近来，纳塔儿，他长着又毒蛇又淫邪的舌头——据说用嘴去舔女人的排泄！——他是许多富豪的继承人，而自己又留下了许多继承人。这事你怎么说！是钱使他变得荒淫，还是他把钱变得污秽？在某些人的手里，钱甚至好像是从下水道里掉出来的银币。美德超越这些意外事件；以其内在的价值作评价；对于不管任何人谁都可以接受的运气的眷顾，在他的眼里，都不是好事。医术或导航术，不禁止他们的实践者渴慕这类酬劳；即便不是个好人，也可以是医生、舵手、语法专家或者厨师，为什么不②？一个人，赋予了他不平庸的好才干，就不应当作平庸人看待。每个人就与他所掌握的美好素质一模一样。一个保险箱的价值如同它的内含，说得更确切些，保险箱纯粹是内含物的附属品。让我们想象一个装满钱币的口袋，除了它所装的钱币，我们还给它什么别的价值？巨万财产的主人，也如是：不过是一个单纯的附属品，一个附

---

① 原文是 Lanista，古罗马专门买卖和训练角斗士的人。相当于现在的体育俱乐部老板。
② 是说为什么厨师不能算职业人士。

件。智者之所以伟大，是因为他具有的伟大灵魂。因此，确实是，人最卑鄙无耻的、作为触手可及的所有一切，都不应该被看成是好东西。我从来不会说，比如，冷漠无情是好品质：不论是蝉还是蚜虫都天生赋有它！我也不把静处或无反感称作美好品质：有没有比蠕虫更静处的虫子？你想知道什么是智者的特性？就是神的同一种特性。在智者身上，必能识别出某种神性的、天庭的、高尚的东西。善不是每个人都能伸手可及的，也不允许随便什么人都能掌握。仔细观察：

> 每个地区生一些物产，在另一些地区则不能：
> 这个地方更适合麦田，那个地方葡萄园，
> 这里生长果树，那边是自生自灭的野草，
> 你没见德摩罗如何给遍野番红花的芬芳，
> 印度盛产象牙，撒巴的安息香，
> 卡利伯人是半裸的铁匠？[①]

所有的物产，都分布在各个地区，使人之间的贸易成为不可缺少的活动，让一个人群总需要别人的产品。至善也同样有它的住地，不似象牙或铁的产地那样奇特。你想知道至善住于何处？我们的灵魂。可是假使灵魂不是道德上纯洁正直的，你就永远不能在自身中感觉到神性。

> 由恶不能生善；且财生于贪；故财非善。

他们反驳我们，说从坏事不能产生好结果，并不准确："财富有可能是渎神或偷盗行为的结果。渎神和偷盗当然是坏事，产生的坏结果比好的要多得多，可是会伴随着恐惧，惶恐不安，身心痛苦。"

这样说的人，必然承认渎神，尽管是造成许多坏后果的坏事，而在某种程度上却是好事，因为引发出一些好的东西！还能有比这种论断更怪诞的吗？！差一点儿就说服我们，把渎神、偷盗、通奸都列入美德了！不是有那么多的人

___
① 引自维吉尔《农事诗》第一章。

偷盗而毫不惭愧吗？有那么多人为他们的奸情骄傲吗？不仅如此，小渎神，受惩罚，大渎神，在凯旋的游行中展示给人们看。再加上，如果从某种方式上，我们认为渎神是一件好事，我们就必须将其看成是一件诚实的、道德公正的行动（因为一个诚实的行为是道德公正的行为）[①]，这是任何人所不敢严肃地接受的。所以，不可能由坏生出什么好来。如果按照你所说的，渎神之坏仅仅在于它引发许多灾难，假使我们不以酷刑惩罚它，保证它不受惩罚，那么就成了完全的好事。可是，罪行最大的惩罚，在罪行本身。想象惩罚在刽子手的掌中，在监狱看守的手中，那是一种错误：罪行在并且不但是犯下时，而且是正在犯罪时就受到惩罚。所以，从一件恶，不能生出一个好，正如一棵橄榄树，永远结不出无花果！果实对应种子，是善不堕恶。正如道德不去做没有尊严的事，一件坏事也不会生出好事来，因为一件好事与道德公正的行动，就是同一件事。

有些斯多葛派以下面的方式，驳斥我上面提到的那个疑义："让我们把钱，不管是怎么来的，看成是一种好东西。这样，钱便不是生于渎神，即便是通过渎神而获得的钱。解释更清楚一些：一只罐子里有一块金币、一条毒蛇；如果你把金币取出来，不是因为那里有条毒蛇才去取，亦即，罐子不是因为那里面有毒蛇而给我金币，而是把金币给我，尽管那儿也有条毒蛇。相似地，可以从渎神取得利益，并不是因为渎神是一种没有尊严的、有罪的行为，而是因为也是一种有利的行为。正像罐子的案例，坏的是毒蛇，而不是它旁边的金币，渎神的案例也如是，坏在于罪行，而不是盈利。"我不接受这种推理，两个事例的情况完全不同。在第一种情况，我可以取出金币，不触动毒蛇，然而在第二种情况，不犯渎神我就不能得到盈利。换句话说，利益不是并列放置，而是与犯罪不可分割地相连。

> 一件事物，如果我们想获得它就受制于无数的恶，即非好事；而且，如果我们想获得财富，就受制于许多恶；故，财富非好事。

"你们的前提，"他们说，"可以理解成两种含义。一方面意思是，当我们想

---

① 根据原注释：此处文字有残缺，按照语境翻译。

获得财富，我们就受制于许多邪恶。哪怕我们想达到美德，也要受制于许多邪恶；我们可以为了求学去旅行，路上遇到海难或落在海盗手中。另一方面意思可以是，使我们受制于恶的不是一种善。然而这个前提，并不必然意味着财富和快感将我们束缚于恶；要么，如果财富必然将我们束缚于恶，它就不仅不是善，而直接就是恶了，而你们仅限于把它说成不是善。除此之外——他们接着说——你们承认财富有一定的用处，甚至将其算在对生活有利的事物之列。但是，依照你们前面的思路，都不能算作是什么有利的东西，因为它的缘故，会给我们招致许多的害处。"

以我理解，波希多尼的论点最高明。根据他的论点，财富是邪恶的原因，不是因为它本身引起邪恶，而是因为给别的作恶的理由。实际上，一种是有效因——它必须立即产生某种祸害——另一种是先前因。财富起先前因的作用：头脑发晕，盛气凌人，刺激嫉妒，乃至扰乱理性，即使是知道有富人声名的弊端，也不愿意放弃得富人之名。真正的美好事物，应该不受谴责；是纯洁的，不腐蚀灵魂，不令心灵充满不安。推崇灵魂，升华灵魂，却不令其狂妄。美好事物给我们信心，而财富只给我们胆量；美好事物给我们灵魂的伟大，财富给我们傲慢。而傲慢不过是伟大的虚假表象。"这样，"他说，"财富不仅不是好事，而直接就是一种坏事。"财富如果造成祸害，那么它就是一种恶，如果像上面所说的，就是一种有效因。然而它是一种先前因；不仅是唤醒注意力，而且还有一种诱惑的功效，因为表现的那种表面的好，似乎是真的好，对大多数人来说值得信任的好。美德对嫉妒也起先前因作用；不论是智慧还是正义都常常引起嫉妒。不过，这种原因并非由美德本身引起，也不完全符合事实。美德表现于精神中，要先于引发尊敬和赞美，在这个意义上，事实是相当明显的。

波希多尼重新整理这个三段论，表述如下："一切不提供给我们灵魂的伟大、信心、保障的东西，不应该被看成是好事；财富、健康和类似之物不给我们提供任何这种东西；所以不是好事。"他还用下面的三段论补充道："一切不给灵魂伟大、信心、保障，而是相反，在灵魂中唤醒蛮横傲慢，狂妄自大，应该被认为是一种坏事；运气的眷顾在我们身中造成这些缺点；因此，并非好事。"

"按照这种推理，"你会反驳道，"财富连一种有利的东西都不算。"有利的东西，和好的东西，条件是不同的。一件事物是有利的，当它的用处比麻烦多；而一个好东西，则是绝对价值，完全不能造成坏事。一件东西，不能因为非常有用就变成好东西，而是因为它不得不好。此外，一件有利的东西，可以对动物有益处，对不完美的人有益处，甚至对蠢人有益处。它还可以内含某种不利，虽然大部分情况下被认为是有利的事物。而善则只有智者才能达到，而且必须是纯洁无瑕的。

勇敢起来，我的朋友，你只剩下一个问题，尽管是一个需要赫拉克勒斯的神力的问题！

善非来自诸多恶的集合；财富来自许多贫穷的集合；因此，财富非善。

这个三段论不是来自我们的学派，是逍遥派发明并解决的。然而波希多尼说，这是个诡辩，在所有的辩证法学派中进行了辩论，被安提帕特以如下方式驳斥："当我们说贫穷，我们并不是着眼于所拥有，而是着眼于剥夺"（或者像古代说的 orbatio①，希腊语的 κατάστάρηση）；"这个词不是意味着拥有的意思，而是不拥有的意思。用诸多的空，什么也填不实：丰富的物品才构成财富，而不是丰富的匮乏。你们在错误地解释贫穷这个概念。贫穷不在于占有的东西少，而在于有许多东西不拥有。或者说，这个词所指的不是拥有，而是缺乏。"

如果拉丁语中有一个 ανυπαρξία② 涵义的词汇，我表达起来就更容易些。根据安提帕特，这才是贫穷的显著特点。这样，我看不出贫穷除了在于占有少量的东西，还能是什么别的。哪天我们有时间，要仔细考察一下财富和贫穷的实质问题。到时候，我们也要看一看，面对贫穷少一些严厉，打消财富盛气凌人的神气，是否更好，而不是在这里讨论词汇，踌躇满志地以为在判断问题的实质！

让我们想象，召集起议院的大会，讨论废除财富的法律。我们用这类三段论，以这种或那种意义，去说服在场的人？我们将用这些三段论成功地说服罗马人民，更热情地宁愿要贫穷——他们的威力的基础和原因！——并且对他们自己的财富怀疑，反思这些从被征服的民族那里赢得的财富，是这些财富，使

---

① 截肢。

② 意为"不存在，缺失"。

得在这座城市引进如此纯洁的原则，没有选举腐败，没有贿赂公行，没有社会动乱？我们让人民认识到对被征服者的战利品的炫耀是一种过分？一个唯一的民族抢夺所有别的民族的一切，而所有这些民族更容易起来从这个唯一的民族抢回？此处有我们应该重视和宣传的理论；并且还要根除我们的情有所钟[1]，而不是企图给它们准确的定义。如果我们有可能，就以更充沛的精力去说去讲，假使不能，我们就把它说得更明确！[2]

第八十八

你知道我对"自由艺术"怎么想：我不欣赏，也不把以获利为目的的一种研习列入真正的美好素质。都属于辅助学问，只是在培养智力的时候有些用，可是不能当唯一的职业。只有我们的精神不能从事更高级的工作时才应该停留在这些学术的实践；仅仅是作练习，而不是真正的事业。你知道为什么要将其称为"自由研究"：因为是一个自由人所不愧研习的。然而，唯一真正自由的学习，是把人变成自由人的那种；那就是高尚的、刚健的、宏伟的智慧的研习；其他的全是儿戏！不然就是你觉得那些最愧对大师之名的、误人子弟的大师，所宣讲的课程里有些须好的内容？那些课程我们是该学一下，而不是总去学它。

有些人问，自由研究有没有可能培养仁人：可那并不是它的目的，甚至也不打算妄自声称有那个能力。语法致力于语言研究；如果想拓展开来，就从事文章的讲解，发挥到极致，涉及诗词歌赋。这些学问何助于修筑通往美德的坦途？音节划分，分辨词义，神话知识，诗词格律——这些何助于我们摆脱恐惧，消除欲望，遏制激情？我们再来看几何、音乐：你从中找不到任何阻止你恐惧或欲望的东西。一个没有学到这些关键知识的人，比学到其他知识的人一点也不高明多少！[3]

---

[1] 指对财富的热爱。
[2] 好犀利的塞涅卡，非常有时代的前瞻性。
[3] 原文的意思可能是：没有学到消除恐惧、抑制欲望这些关键学问的人，就是学了别的知识一点也无济于事。

让我们来看一看，自由艺术的大师们，是否教人道德修养；如果不教，就不能传授道德；如果教，那么就成了哲学家。你想不想检验一下，他们不教道德修养在何种程度上是事实吗？你看他们每个人的专业与其他人有多么不同；假使他们都信奉同一个理论，之间就会有相似性。除非他们能说服你，荷马是个哲学家，而他们所用的论据却证明恰得其反。有时候把他说成是个斯多葛派，仅接受美德，避开享乐，不背离道德行为，哪怕是用长生不老来交换；另外一些时候，是个伊壁鸠鲁派，宴饮享乐，歌舞升平；一时间是个逍遥派，认为有三种善德①；还有时是个学院派，说一切存在的都不确定。在荷马身中这些理论明显不是简单地存在，因为都有而相互间又各自不同。就让我们承认荷马是个哲学家：因为那个时代，在还不知何谓诗歌之前，他是个智者；那么就让我们来研究使荷马成为一个智者的学问。我为什么要去询问这两个人谁时代更早，是荷马还是赫西奥德；赫库芭比海伦年轻却那么经不起岁月的沧桑，又与我何干。为什么我们要把帕特洛克罗斯和阿喀琉斯有多少岁当作一个重要的课题？为什么不研究我们如何不去四海漂泊，却去研究尤利西斯到底飘零到了哪些地方？我们没有空闲来讨论尤利西斯是在西西里还是意大利经历的风暴，他的漫游是否到了已知的世界边际之外（因为，如此狭小的空间容不下那么漫长时间的游历）：我们的灵魂每天每日遭受风暴的突袭，邪恶将我们带入尤利西斯经历过的一切苦难。到处是吸引我们目光的危险的美妙事物，到处是我们的敌人。一边是凶残可怕的、嗜血的吃人恶魔，一边是耳旁用心险恶的献媚奉承；前面是船毁人亡的海难，后面是无数天灾人祸。教会我吧，如何爱祖国，爱妻子，爱父亲；教会我吧，如何即便在海难之后，能在诚信的航道上扬帆。为什么去考察佩涅罗珀是否贞洁，她的话是否能欺骗的了现代人？或者，她尽管还不十分把握，已经怀疑站在面前的就是尤利西斯？还不如告诉我什么是贞

---

① 原版解释，大概指《伊利亚特》中的"三美质"：形体美，智慧美，物质美。本译者认为，可能指的，将善德分成三个级别的理论，见书信集第六十六篇："第一天我们辩论，各种美德的三重性怎么能是等同的。在我们这一派看来，有些美德是第一级的，例如快乐、和平、保卫祖国；出现于不快的情况，是第二等级的，这其中就有抵抗折磨，或在重病中意志坚定。前面说到的第一种美德，是我们立即就愿望的；而另一些，则只有在被迫的时候。还有第三种美德，这些之中有谦虚、平和、真诚、待人接物恰如其分，通情达理。"

洁，在何种程度上贞洁是一种美德，是从属于身体还是精神。

再来说音乐家。你教我用什么方式让高低音和谐，教我弹不同音符的和弦；你还是先教我如何在精神上与你和谐，在想法上产生共鸣；你告诉我什么是哀伤的旋律；你还是先告诉我即便是在厄运前也不发出哀怨的话语。

几何学家教会我如何丈量庄园，而不是教我懂得丈量一个人有多少土地就足够；教会我算术，训练我操纵数目为贪婪服务，而不是教导我这些计算对我的修养无济于事，告诉我一个人有让会计师筋疲力尽的财产，并非因此而更幸福；最好教导我，财富不过是身外之物，他们的主人如何比那些被迫亲自计算自己所拥有的财产的人更不幸福。如果我都不懂把土地分给我的兄弟，知道怎样划分地块对我又有何用？精细地测量田畦的大小，一目了然有没有忽略掉的地界，不讲理的邻家侵占了一分一厘的地块让我忧心忡忡，这一切又与我何干？教会我不损失任何的一小部分产业；可是我要学的是失去全部而保持笑容。有人说：“他们把我从父亲祖父的土地赶了出来。”是吗？你祖父以前，那土地是谁的？你会说，别追究他的名字，可至少是哪个民族的？你占有了那片土地，不是作为产业主，而是作为殖民者。而那殖民地是属于谁？如果事情发展的顺利，是留给你的子孙！法学家们认定，公共财产不可时效占有；当然，你所拥有的，你说是你的，那是公共的，更是属于人类的。多么出色的技术；你懂得测量圆形，给你任何一个多角形，你能将其化为方形，你懂的计算星星之间的距离，没有任何事物不能应用你的仪器测定；那么假使你有那么好的技术，就来测测人心，说出它究竟能有多大多小。你懂得什么是一条直线；如果你都不懂去走人生正道，知道了直线又有什么用？

现在让我们来看天文学家，那些懂得

> 寒冷的土星去哪里躲藏，
> 酷勒涅的朱砂神 [1] 在天上的轨迹。[2]

懂了这种知识我又怎样？我会越来越担心土星与火星相冲，土星未没，水星即现？知道不论在哪个方位，星都是那颗不变的星，难道不更好？在注定的

---

[1] 水星墨丘利，生于酷勒涅山，墨丘利是水银。
[2] 引自维吉尔《农事诗》第一章。

恒常秩序，不可避免的轨道上运行，星星沿循着为他们规定的路线，是一切事件的原因或预兆。如果是一切所发生事件的原因，知道某种不可改变的事，对我们有什么益处？如果是预兆，预见到那种无可逃脱的事情，我们又能怎样？不管你事先知道还是不知道，事情总要发生。

> 你看见太阳东升西没，
>
> 你看见星星的轨道，不会有错，
>
> 总会有明天，总会有静夜。①

我采取所有的措施，防备着出现什么差错。"难道明天永远不会错判？错误来自出现某种意外。"对我来说，我不知道必将发生的，然而，我知道一切可能发生的。对此，我不求任何折扣：我等着要来临的一切。如果劫数放我过，我接受恩典。我错判了第二天是不是我致命的一天；不，即便是这也非错判。正如我知道一切可能发生，也知道一切不会同时都发生。因此，我期待发生最好的，尽管准备好最坏的。

在这一点上，你必须允许我不遵从传统：我不能把画家、雕塑家、大理石匠或别的奢侈品艺人，算在"自由"艺术之列。我也不把角斗，这种基于油膏和灰尘技术，算在其列，除非你觉得香水工艺、厨艺和存在的一切为我们的快感服务的都算艺术！②……

我要问，这些干呕③的、身躯越肥胖、精神越苍白无力的人，有什么自由？难道我们能够把这些艺术看成是教育我们的青年人的自由艺术，而我们的先人，培养他们挥动长矛，投掷标枪，驾驭烈马，操练武器？古时候，从来也不教给子孙们可以躺卧着学习的东西！不论这种还是那种教育都不培育美德。实际上，如果我们任凭激情如脱缰的野马，懂得驯马，勒紧缰绳又有何用？如果我们听凭被愤怒战胜，能在角斗或技击中打败许多对手又有何用？

"如此说来，自由修习，对我们没有丝毫用处吗？"在其他方面有许多用

---

① 引自维吉尔《农事诗》，内容略有异。

② 塞涅卡认为自由艺术，或自由修习，包括语言学、音乐、数学、几何学、天文学。

③ 大概是"打着饱嗝"的意思。

途，至于修德方面没有任何益处。现实中，被认为是低级的"手工"艺术，对生活附属品很重要，但是与美德毫无关系。"既然如此，我们为什么要通过自由研究培养我们的子孙？"不是因为这些学习能够传授美德，而是为接受它，对精神做培养准备。就像对孩童启蒙，叫他们认字母表的方式，古人称为"小学"，不教他们自由艺术，但是有了这些基础以后才有能力学习这些艺术，自由艺术也不引导精神走向美德，但是能提供道路的方便。

波希多尼认为有四种类型的技艺：平庸低级的、娱乐的、教育的和自由的。工匠的，简单手工的，专门针对日常辅助物品的，是属于平庸技艺；这些技艺一点也不接近智力和道德培养。娱乐艺术以视觉和听觉的快感为目的，其中包括戏剧舞台效果的机械师的艺术，他们创造变幻莫测的布景，静静升起的平台，和别的意想不到的发明：原来的整体分离开，分开的合并在一起，有的升到空中，有的慢慢下降。所有这些都吸引愚昧的人的注意力，对不知原因的出其不意的效果目瞪口呆。教育艺术，已经和自由艺术有某种共同之处，希腊人称之为"大百科"，罗马人统称之为"自由业"①。可是，真正"自由的"，是那种更具真正自由特性的，是以美德为目的的修习。

可能的反驳："正如哲学有一部分是自然的，一部分是道德的，第三部分是理性的②，自由艺术总体也要求在哲学中有它的地位。当论及自然问题，几何的贡献是不可缺少的；当然地，是它的科学部分在做出贡献。"

有很多事物为我们提供贡献，并不因此便是我们的一部分；我还要说，如果是一部分，就不提供贡献。食物是一种贡献，但不是我们身体的一部分。几何为我们提供一定的服务，因此哲学需要它，正像它需要一个技师，但技师既不是几何的一部分，几何也不是哲学的一部分。此外，每种学问有其自己的领域：智者研究和发现自然现象的原因，几何学家求得和计算数量、度量。智者发现天体遵循的规律，它所及的范围和性质是什么：至于研究它的轨道，显示的倾角，并因此而有升有降，有时好像是静止的（尽管天体永远不能是静止的），那是数学家的工作。哲学家研究一面镜子反射影像的原因：几何学家懂得告诉你物体和影像的距离、哪种镜子产生这种或那种类型的影像。哲学家证明太阳是巨大的，

---

① 指语法、音乐、几何、天文等。
② 斯多葛派认为哲学分成物理、伦理、逻辑三部分。

数学家根据实践和经验，告诉你它狭阔几何。但是数学家需要一些基本定理为基础，任何艺术，如果它的基础是有缺陷的，就没有完整权利的存在。哲学不取决于任何东西，建筑它自己的大厦。数学，可以这么说，是用益权的，在别人的土地上作建树；接受基本元素，使用它们，并使它们走得更远。如果通过数学能够达到美德，如果它能包含宇宙的本质，我就会说它对人类的精神有巨大的用处，人类精神通过天界的研究而得到升华，就像从天上获得些什么。

唯一把人类灵魂引向圆融的道路：就是固定不变的善与恶的科学；任何别的艺术，都不是致力于善与恶的研究的。

让我们来概括一下各种美德。勇敢在于藐视恐惧的原因；它轻蔑、挑战、摧毁一切引起我们害怕、压抑我们自由的东西。莫非自由艺术能够帮助我们做到这些？忠诚是人类的心中最神圣的美好品质，任何压力不能迫使它背叛，任何利益的期待不能使它腐败；"烧吧，折磨吧，杀死吧！"她说，"我决不叛变；越是想用折磨从我嘴里得到秘密，越是把它藏得更深！"抑或自由艺术能够激发这种勇气？节欲抑制快感，痛恨一些，远离一些，节制一些，将其消减到恰当的程度，永远不为快感而追求快感；懂得我们欲望的适当尺度，不是随心所欲而仅仅是合法享受的量。人类的同情心阻止对他人的傲慢和攻击性；对所有人说话，做事，显得和蔼可亲；对别人的灾祸不是漠不关心，最看重自己的财产利益他人。或许自由艺术能在我们身中培养这种性格？不能，正如不能教会我们简单、谦虚、节制，甚至不能教会我们朴素、节俭，更不能教会我们宽厚仁慈——叫我们像爱护自己的生命那样拯救他人的生命，懂得一个人不应该糟蹋他人的生命。

有人可能会反驳说："你们先说没有自由艺术就不可能达到美德；为什么现在又说它们对美德一点贡献也没有？"同样道理，没有食物也不能达到美德，即便如此，食物也不与美德有一点关系；一堆木板也不成为一条船，尽管没有木板就造不成船。没有道理认为，一种事物对另一种东西的存在是不可缺少的，就看成是贡献。我还要告诉你：有可能达到智慧而不须自由艺术，因为尽管学到美德，但并不是通过它们而学到的。智慧不住于字母表，有什么理由阻止我去想一个目不识丁的人能够成为智者？智慧不在于言，而在于行，与行动紧密相连；我的确不知道不靠某种外界帮助的记忆是否更加牢固。智慧是某种宏大的广袤的东西；它自身要求一切空间；我们要探究神和人的奥秘，关于过去和未来，关于暂时和永恒，关于时间。你看单是这最后的问题，就引发出多少疑难：首先，时间本身是不是某种东西；其次，在有时间之前，是否有某物存在而无需时间；是宇宙伊始便出现了时间，还是由于尚且在宇宙前就存在了某物，于是也已存在了时间。仅仅关于灵魂，就有多少的疑问：从哪里来，是什么性质，从何时开始存在，存在多长时间，到底是从一处度到另一处、交替地住于不同的动物形式，还是只一次性地囚禁在身体的奴役，然后解放出来，去一切中游荡；是不是个形体；当不再通过我们作介体而行为时，它会做什么，一旦出了躯壳这个监牢，以什么方式享受它的自由；是否会忘记它的经历，只有当从身体中超脱，升到空中，才开始自我认知。你所涉及的，神性和人性的任何一个领域，都会遇到大量的课题需要研究、学习，直至筋疲力竭。为了有空闲时间思索所有这些无以数计的、如此广泛的问题，你应该让精神从所有无关紧要的琐碎事情中解脱出来。美德不生于如此狭窄的空间，伟大的事物要求无边无际的空间。把一切其他的都打发掉吧，将一切都奉献于你的心灵。

"这么说来，对各种艺术有个概念，是很有意思的事情。"是的，可是我们对它们只掌握必不可少的那些。那么说，对购买多余之物的人，在家里摆设奢华之物的人，你就认为是可谴责的；而不谴责一个在知识上纠缠和炫耀琐碎枝节的人吗？想知道的超出了必须，就是一种形式的放纵。对这种人，对自由艺术的热情使他们变得固执己见，喋喋不休，不合时宜，喜欢别人听他说教，学不进必要的知识，因为一直在钻研没用的东西，对这种人，你有何话可说？语法学家狄迪莫写了四千卷书：我都有点可怜他，如果他仅仅是限于去阅读这些个鸡毛蒜皮！在一本书中他研究哪里是荷马的祖国；另一本书专门研究谁是埃涅阿斯的生母；一本著作写阿那克里翁是沉沦荒淫的生活还是饮酒无度；另一本中研究萨福究竟是不是妓女，总之，一些如果我们若是知道了就该忘记的东西。且住，现在，别来对我说什么，人生苦短！……

即使是涉及我们斯多葛派，我也能给你指出许多应该革除的东西。似这样的称呼："噢，何等博学的人物！"意味着巨大的时间消耗，和对他人听觉的冗长的打扰。我们更高兴听到这种抬头："噢，多好的人！"莫非必须去翻阅一切民族所有的史集，来研究谁是第一个写诗的人？因为没有档案，我要花费多少时间推测，从俄尔甫斯到荷马经过了多少年？难道我非得学阿里斯塔克删改别人诗句的符号，把我的生命耗费在音节中？还是我必须固定在几何的沙盘中？

那个有益的格言已经谈出了我的记忆："利用好你的时间！"我必须知道所有这些？那么我能忽略什么？语法专家阿皮翁，是盖乌斯·恺撒时代的人物，他走遍了全希腊，为荷马的荣誉被所有的城市所接纳，说诗人在创作完他的史诗《奥德赛》和《伊利亚特》之后，曾经写了一篇跋，叙述全部的特洛伊战争。作为事实的证据，说荷马在史诗的第一句，用了两个字母，微妙地指出诗歌一共有多少章节。你看，此处有那些想知道很多的人，应该知道的东西的类型！

你想过没有，已经被生病，为官方责任，为个人的职责，为每日的义务，为睡眠，夺去了多少时间？量一量你还有多长的生命：已经容不下许多事情。我所指的是自由学术；可是，哪怕是哲学家，我们看到多少人沉湎冗余的琐事，无用的事物！他们也深入到音节分析、连接词和前置词的性质，向语法专家叫阵，和几何学家较劲；把多少无足轻重的学术，搬运到哲学中来。由此，他们说的比活的更勤奋。

有个例子，说明过度的精微奥妙的坏处，如何对真理有害。普罗泰戈拉说，一切问题都能有效地以赞成和反对来立论，那么就从了解是否一切问题都能有效地以赞成和反对立论的问题开始。瑙西芬尼说，一切似乎存在的，都有存在和不存在的可能性。巴门尼德说，一切好像存在于宇宙中的都不存在。埃利亚的芝诺把问题一次性地了断：对他来说，什么都不存在。皮浪派、麦加拉学派、埃雷特里亚派、学院派关于这个问题有几乎一样的观点，他们引申出了一门新科学：什么都不知道的科学！你可以把所有这些都扔进自由艺术的储藏间杂物堆里：这些是一点帮助也没有给我提供的科学，那些是夺走我所有的希望和任何科学的科学；尽管这一切，知道点琐碎多余的，总比什么都不知道要强许多！前面那种，不给我带来任何光明，照亮真理的道路，可是另一种甚至要挖掉我的眼睛！我若是听从普罗泰戈拉，大自然中就没有什么不是不确定的；如果我听从瑙西芬尼，只有一件是确定的：那就是什么都不确定；如果我听信巴门尼德，只存在一：如果信芝诺，连一都不存在。那么我们是什么？围在我们四周的这些、创造我们的、维持我们的都是什么？整座大自然都是一个虚像，或是空，或是幻。我都说不出究竟是哪个更刺激得我发狂，是那种什么都不允许我们知道，还是那种连我们什么都不知道都不许我们知道！

第十四卷
（第八十九至第九十二）

第八十九

你想知道一个对有意初涉哲学的人很有用，甚至是必须的问题：哲学有哪些部分，那么大量的知识如何划分，因为我们如果从部分入手，更容易涵盖全体。就像宇宙能以整个面貌展现在我们的眼前，哲学——宇宙那么宏大的科学！——也是这样，能够给我们全部展现，那当然好！如果情况是如此，它一定能惊起所有人的赞叹，抛弃今天我们看起来是伟大的所有的职业，因为我们不知何谓真正的伟大！可是由于这种假设是不可能实现的，我们不得不以探寻大自然的奥秘那样的方式，来探索哲学。

然而哲学的精神，包容它所有的宏大，能像我们一眼扫视天空一样的快，一思了然；可是对那些我们还需要打破黑暗的，对那些它的目光停留在附近，还不能完全涵盖的事物，把问题一件件展示更容易些 ①。所以，我来满足你的要求，告诉你哲学分成哪些领域，而不是哲学零散的碎片。将哲学划分领域，是有用的，可是将它碎成残片则不可，因为对过于细碎的理解难度，不亚于对过于庞大的。

人民分成各个部族；军队分成连营。庞大的整体，如果以部分来思考，就更容易理解，只要像前面说的，部分的数量不是超级的多，也不是过分的细微。现实中，分得过细与囫囵不分的缺陷是一样的；那种分得细碎如沙尘，和浑沌一片同样地混乱。

如果你觉得可以，可以这样开始，我告诉你什么是智慧和哲学的区别。智慧是人类精神的至尚之善，而哲学是对智慧的热爱和追求；智慧为哲学指示要达到的目标。哲学——菲洛索菲雅——这个词的起源，是透明的：这个名词指明此处什么是热爱的对象。智慧曾经被某些人定义为关于神与人的事物的科学；对于另一些人，智慧在于了解神性与人性，以及它们的原因。这后面的补

---

① 老子：为难于易，为巨于细。

充句，在我看来是多余的，因为神性和人性的原因，本身就是神性的一部分。哲学也曾经被以各种方式定义：一些人认为是美德研究，另一些人说是关于获得正确思想方式的研究；还有的人定义为寻找一种正确的道理。

实际上，有一点是一致的，就是认为哲学和智慧是两件不同的事情。事实上，寻求一种目标不可能与另一种目标混而一谈。如同贪婪和钱财之间有巨大的区别，因为一个是主观意识，另一个是欲望对象，哲学与智慧的区别就是如此。智慧是对象，是哲学所获得的奖励；哲学向前行进，智慧是道路的终点。

智慧相当于希腊人称为 σοφία[①] 的东西，古时候，罗马人使用 sophia[②] 这个词，正如今天使用的 filosofia[③]。我们古代的喜剧"长袍"剧，就能证明，还有刻在多塞诺墓上的铭文：

> 外乡人，留步，请读一读多塞诺的 sofia（哲学）。[④]

在我们学派的内部，如果说哲学是美德的修习，美德是追求的目标，而哲学是达到它的方式，有的人以为，两者是不可分割的，理由是哲学不可能没有美德，而美德也不可能没有哲学。哲学是关于美德的研究，可是通过美德本身；没有对美德的修习就不可能存在美德，而缺失美德，就不可能有美德的修习。因此，与那种从远处出发想抵达一个目标的情形是不同的：投枪手在一个地方，目标是另一个地方。不是正如通向城市的道路在城市之外、通往美德的道路在美德之外那样，这比方并不确切。美德通过美德达到美德，哲学与美德是两个不可分割的东西。

大部分哲学家，他们之中的佼佼者，认为哲学有三个部分：伦理、物理、逻辑。第一个培养人格，第二个研究自然，第三个研究词汇的价值，语言的结构，论证的方式，不要让谬误掩盖真理。可是也有的学者将哲学分成或多或少的领域。

---

① 希腊语：智慧。

② 拉丁语：智慧。

③ 葡萄牙语：哲学。

④ 出自古罗马滑稽剧。

有些逍遥派，把政治引入哲学，作为它的第四部分，然而这需要特殊的训练并致力于专门的题目。另外一些人增添了一个新的部分，称之为οικονομική①，换句话说，经济，是管理家庭财产的科学。还有些人为研究各种各类的存在保留专门的一部分。实际上，在伦理中，这些问题都有各自的位置。

伊壁鸠鲁派只承认哲学有两个部分，物理和伦理，而摒弃逻辑学。可是紧接着，迫于需要，为了避免概念模糊，揭示隐藏在表面的真理下的谬误，结果引进了一个被他们称作"关于判断准则"的领域——或者说，把逻辑学换了个名字——当作自然哲学的导论部分。

昔兰尼学派把物理和逻辑都排除掉，只要有伦理就足够了。然而他们也用另一种名义，将排斥掉的又收容进来。事实上，他们将伦理分成五个部分：第一部分处理要避免和追求的目的；第二部分研究情感；第三部分涉及行动；第四部分寻找原因；第五部分是论证。然而原因的研究属于物理，论证则是逻辑的组成部分。

阿里斯顿认为，物理和逻辑不仅是多余的，而且是南辕北辙的。他把唯一保存下来的道德本身，把致力于对实践作忠告的部分截取掉，说那是教育家的事，而不是哲学家的事，就好像哲学家/智者不恰好是人类的教育家。

就让我们承认哲学由三部分组成，开始观察伦理是什么结构。人们认为，伦理也应该三足鼎立。它的第一部分在于分析每件事物并给它合法的价值，在于评价每件事物应该如何评定价值；这个部分是非常有用的，因为，还有什么比懂得给每件事物公正的价值更为必要的事情？第二部分，研究趋势。第三部分，最终是行动。首先，说实话，你应该判断每件事物所值几何，接着，对每件事情表现出一种可控的、合理限度的趋势②；最后，重要的是你的趋势和行动要一致，以便使你所有的行动，与你自己所追求的效果一致。③

如果三者缺少某个部分，整个系统便改变了。归根到底，你建立起一整套合理完整的价值体系，而你的倾向过分急躁又有什么用处？你懂得调控趋势，抑制欲望，而如果你在做出某种行动的时候，不懂得抉择时机、性质、适当的

---

① 希腊语：经济。
② 应该是客观趋势，而不是实践者相应的倾向。
③ 这句话的原意，应该是使你的行动符合客观趋势。

地点和方式，以完成这个行动，又有什么用处？知道一件事物的合理价值是一回事，机会的凑集是另一回事，更重要的，是控制冲动并且不操之过急。只有当行动不与冲动相矛盾，生活才是自相符合的，而冲动要符合每件事物的价值，根据它是否值得我们追求的程度而表现得或强或弱。

自然哲学分成两个部分：研究有形体质和无形体质。两种都接受，暂且这样说，不同的等级。在有形体质的研究中，必须区分出：一些是发生质，一些是生成质；对后者称之为元素。描述元素的部分，根据有些人是简单的；而根据另一些人，其中包括研究物质，负责运动原因的部分，和对元素本身的研究。

余下的就是要指出理性哲学的划分。所有的论述，都或者是持续的，或者是分成两个对话者的系统，一问一答。对第二种类型的研究习惯称为 διαλεκτική（辩证法），对第一种称为 ρητορική（修辞法）。修辞法关注论述的词汇、思想、结构；辩证法分成两部分，概念和含义，亦即我们想表达的观念和我们表达时使用的词语。这两个主题都可以再作细分，可是我就此画个句号，仅仅限于：

越过巅峰。①

不然的话，如果你想列出每个部分的细节，就得写出一本详细的手册来。

路西利奥，我尊贵的朋友，我不劝止你去阅读这方面的书籍，只要你立即从中摄取相应的道德启示。改正你的习惯，让你身中的柔弱重新振奋，变得坚强，控制你的顽固，尽量压制你公共的和个人的野心。有人指责你："可是你能如此到何时？"你回答：

"倒是应该是由我来问：你们究竟要错到几时？你们想病没好就停药？我会固执地问这个问题，不停地重复，只要你们坚持错误。当简单地触及一个麻木不仁的肢体，它就感觉到痛，那就是有了药效。所以，即便是违背你们的意愿，我还是不断地重复。总有一天你们会听到这些刺耳的话；既然真话你们不愿意单独来听，那么就当众来听。

"你们究竟要把产业的边界扩展到什么地方？足够整整一个民族的空间，唯

---

① 引自维吉尔《埃涅阿斯》第一章。

一的一个地主都不满足？究竟要把你们的耕地扩张到哪里，难道行省的边界都不能容下你们的领地？丰沛的水源，流在唯一的私人田产上；一条条在过去曾经是民族边界的著名大河，如今从源头到入海口，都属于你们。可是这仍旧不够：必须把你们的庄园一直开拓到海边，必须把你们的管家派到亚德里亚海、爱奥尼亚海、爱琴海的对岸。必须让古代威严帝王的行宫的海岛，算作你们无足轻重的财产！你们想霸占什么就霸占什么，把从前曾经的整个帝国化为私人产业，一切都随心所欲地玩弄于股掌，……直到这笔债把你们粉碎！

"现在，我要说到你们这些人，你们膨胀的奢侈不亚于那些人对财富的贪欲。我要问你们：哪座湖畔没有你们的别墅？哪条河边不建满了你们的豪宅？不论哪里涌出温泉，周围立即建起供消遣的楼亭馆所。只要哪处形成海湾，你们就在那里修建拦海大坝，你们不但拦海造地，还不满足，非要深入大海！你们到处有金碧辉煌的宫殿，在山顶将山川大海的景色尽收眼底，在平原高高耸立，如同山岗；你们的宫殿再多再壮观，你们也不过是渺小得可怜！如果你们只睡一间屋，要那么多房间有什么用？你们不在之处，即非真正的拥有！

"我现在转向你们，你们这些吃货，没有止境地馋！永远不知满足，你们翻越深山，闯入大海，用陷阱，用钓钩，用渔网，用所有的手段，历尽千难万险，捕鱼捉兽。哪怕餍足了，都不让野兽们安宁！那么多双手烹饪的，那么丰盛美味的佳肴，你们已经对快感麻木不仁的嘴，到底能尝多大的一块儿？冒了那么大风险猎获的那头野兽，已然恶心欲吐不能再下咽的主人，究竟能品上多大的一片儿？从那么遥远的地方采来的海鲜，最终能进入这副贪婪无厌的胃里多大的一星儿？你们这些可怜的东西，难道说看不见你们的食欲比你们的胃要大到什么程度？"

你向别人说这些话，为的是当说的时候你自己也在听，你写这些话，为的是当写的时候你自己也在读，为你的道德修养有所受益，为了抑制有害的激情。学习吧，总而言之，不是为了懂得的更多，而是为了懂得的更好！

第九十

谁会怀疑呢，我的朋友路西利奥，如果说我们的生活全仰仗永恒的神，而活得有道德，则是依仗哲学？出于这个理由，因为我们正是认为有道德地生活比生活本身要更高级，倘若不是神赐给了我们哲学，那么似乎我们欠哲学的比欠神的要多得多。哲学的知识，神没有赐给任何人，只给了所有人研究哲学的可能性。如果神让哲学成了所有人的共同财富，让我们是与生俱来的智者，那么智慧就失去了它最重要的特点，那恰恰是并非随便就能够获得的。正如别的东西，那些没有给我们的，要靠每个人自己的努力去争取的，谁也不能去借得的东西，才使其变得至珍至贵。如果哲学是能够赠予的，那还能引起我们什么赞叹？哲学唯一的任务是发现关于神和人的真理；宗教、仁慈、正义和别的相互联系的、相互一致的，与美德相随的东西，从来就不在它的边缘。哲学教会我们敬神而爱人；告诉我们是由神统治世界，人类的条件对所有的人相同。这种条件曾经在一段时间维持不变，那时获利的欲望，还没有将社会分裂，还没有变成贫困的原由，尽管人们聚集财富：因为他们想要私有财产，不再参与对整个大自然的支配。最初的人类，和接下来的还没有堕落的一代人，他们顺从大自然，只有一个领袖，一个法律：他们信任最优秀的人的抉择，因为自然的规律是低级的顺从优秀的。兽群中，最强壮和最勇敢的那头担当头领：牛群的头领不是那头瘦弱的，而是在体魄和力量上胜过所有雄性的那头；大象中，首领是身躯最大的；在人类中，竞争的不是谁最强壮，而是在道德上谁最优秀。他因为品德被选出作领袖，所以古代的人民生活在完美的幸福之中，因为如果不同时是最优秀的，就不可能是最强大的。一个人懂得义务是权力的严格界限，就可以行使他的权力而对其他人没有威胁。

在那个人们习惯称作"黄金时代"的时期，统治权掌握在智者的手中：这是波希多尼的看法。智者阻止暴力，保护弱小，抑制豪强，告诉人们应为和不应为，指出什么是有用和无用。靠他的智慧，安排好一切，使人们什么都不匮乏，靠他的勇敢，保持远离危险；通过他的恩泽，臣仆间分配福利与祥和。对他来说，统治是实施一种责任，而不是纯粹的掌握权力。任何人也不企图尝试以力量反对他，因为他们的力量仰仗于他，任何人也没有胆量辱骂他，甚至都没有这样做的理由，因为人们很容易服从一个公允地统治的人，一个国王对他的臣属最大的威胁是他要退出权力。

当恶习渐渐侵袭，将王权变成暴政，就必须开始借助于法律①，最开始，是

---

① 老子：故失道而后德，失德面后仁，失仁而后义，失义而后礼。夫礼者，忠信之薄，而乱之首。

求助于智者来制定法律。梭伦，雅典法律的奠基人，是"七贤"之一；如果李库尔戈生于那个时代，倍受人们敬重的，肯定就是八贤了。扎来乌库斯、卡隆达斯，都是著名的立法者，他们不是在法学家的论坛和大厅，而是在毕达哥拉斯主义几乎神圣的隐居的秘密中，研究和制定法律，运用在当时泛出荧光的西西里，并通过意大利，实施到整个希腊。

至此，我赞同波希多尼。可是当他说是依仗哲学，发明了日常生活所需的那些技术，我则不敢苟同：我不给他这种光荣。"是技术，"波希多尼说，"使直到那时分散地栖居在茅屋、山洞或挖空的树穴里的人们，有了建造房屋的艺术。"在我看来，哲学对建筑房屋的技术的重要性，层层叠叠，屋上加屋，或扩大城市的规模，与现在的池塘养鱼，保证风暴不剥夺我们的口腹之欲，为了不管深海里多么大的风狂险浪，都让我们的奢侈有些保障，在那里把不同种类的鱼喂肥的重要性，并没有什么差别。照此而论，那么是哲学教会人使用钥匙和锁？这种发明除了给贪婪开路，有没有别的意义？难道是哲学让人们建筑一层层的高楼，使居住在里面的人的安全处于严重的危险之中？甚至于好像，不巧用心思就找到适宜的住所，或不克服困难就得到自然方式的住宅，就不够刺激！你可以相信，幸福的时代，是在建筑师和泥瓦匠出现之前！中规中矩地下木料，严丝合缝地凿刻出梁榫，按事先画好的线锯木头的习惯，伴随着最初的奢侈的泛滥，因为：

> 原始人用楔子凿断
> 松软的木材。①

还没有为举行庄严的宴会建筑宽敞的大厅的习惯，还不用一长列的车子运输松木、杉木，吱呀一声让整个居民区颤抖，为了在那些殿堂的天花板安装镀金的格板。简朴的木板，固定在两边，支撑起房屋，树枝和树叶搭成的斜屋顶，能遮挡最大的暴雨。在这样的房屋中，人生活得安全，在茅草屋檐下，生活着自由的人，在大理石和别的墙壁里面，今天，生活着奴役！

波希多尼把一些工具的发明归功于智者，这我也不能同意；同样的想法，

---

① 引自维吉尔《农事诗》第一章。

说智者：

> 想象出打猎的技巧，用陷阱和诱饵，
> 或者用成群的猎狗包围深谷。①

这些发明，归功于人类的精巧，而不是智慧！

我还不同意说是智者发现了铁矿和铜矿，他们通过观察一场把大地烧熔的森林大火后，矿脉上熔化的金属：不是的，发现这些金属的人，是对他们来说金属有价值的人。

与波希多尼相反，我还觉得，那个讨论究竟是先有锤子还是先有钳子的问题，是闲得无聊。两种工具都是精明灵巧的心智所发明，但是没有让灵魂升华和伟大，可以说一切那些需要弯着腰、眼睛盯着地面、到土地里去寻觅的东西也都同样。智者不需要精密复杂的工具！即便是在我们的时代，他也满足于最简单的生活方式！

我要问，对第欧根尼和代达罗斯怎么可能有同样的景仰！他们之中的哪一个你觉得更是个智者？发明锯子的人？还是那个哲学家，看到一个孩子用手捧了水在喝，便掏出他的口袋里的一只碗，摔碎，责怪自己道："噢！我是多么愚蠢，带着这些个没用的家伙！"那个蜷缩在一只木桶里过夜的哲学家？

而在当今，你把谁看成是智者？一个会安装通过看不见的管道涌出有香味儿的喷泉的技工、一个能瞬间灌满和排空人工渠道的巧匠，还是那个懂得安装活动天花板、叫装饰方格随着上每道菜而自动换成不同图案的能人？还是那个给你和别人揭示出不论多么艰难困苦大自然什么也不能阻止我们，揭示出为了有个家，我们不必非要有大理石匠、木雕工，为了有衣穿，我们不必非要靠丝绸贸易，总之，我们为了掌握日常生活所必需，大地给我们的就已经足够？如果人类愿意遵从这样的人的劝告，立即就懂得，厨师和战士都是一样的毫无用处！

古人，那些满足于且毫不超过身体的需要的人，实际上是智者，或者说，是非常接近于智者的人。为了获得必不可少的，不需要许多的辛劳；精疲力竭的目的是满足奢侈。你可以打发掉所有的技工：只要你遵从自然！自然没要我

---

① 引自维吉尔《农事诗》第一章。

们当"专家"：对每个人传授的是如何补充基本的需求。

"一个衣不遮体的人，经不起严冬。"这的确。可是，被捕获的动物的皮毛，难道不是超过御寒的所需？难道没有许多人民，用编织的树皮包裹身体？难道不能用鸟的羽毛生产衣服？直到今天，难道不是有斯基泰人，穿着狐皮貂皮，不但身体接触起来不舒服，而且还密不透风？还有：难道不是真的，他们编起藤席，敷上一层泥巴，做成墙壁，上面搭上茅草和别的树枝？雨水从屋顶的斜坡流下，让他们毫无惧怕地面对严冬？

"必须建造严密的房屋，保护我们不受酷暑。"这的确。难道不是真的，时间留下无数的，或由于天气变化，或由于别的什么原因而形成的洞穴给我们支配？塞尔特人不是居住在挖掘出的地窖？所有那些村庄，不是同样地那样做，他们找不到有效的方法防护太阳过度的炎热，只能躲到尽管也是滚烫的地底下？大自然不是这样不公正，给其他动物一切生活的手段，而只强加给人类对这些技术的需要！对那些我们的生存必不可缺的，大自然一点也不对我们刁难，让我们难以获得或要我们付出巨大的辛劳。人一出生，手头就有不可缺少的东西；接下来便是对容易的感到厌倦，只对难以获得的才产生兴趣。房子、衣服、食物——一切现在需要我们巨大付出的东西，当初都是所有人都能支配的，免费的，毫无困难就能获得的；每个人各取实际所需；是我们才给所有东西标上一种价格，把一切都变成了稀有品，只能花费繁琐而精湛的技术才能获得。大自然给了我们丰富的、我们自然所需的一切。奢侈的文明对大自然是一种偏离：每天每日，创造出新的需要，从一个时代到另一个时代地增长；精美奇巧，为恶习服务！开始是贪图多余无用的，接着是违反自然的，最终是让灵魂听命于躯壳，迫使它服从身体的快感。所有这些令我们的城市充斥繁忙和噪声的技术，都是为身体服务；过去给它一个奴隶的称号，现在给它尊贵的君主头衔！因此才遍地冒出那些作坊和车间，纺织布缎，制作金属商品，提炼香水；涌现出那些学校，教授性感舞蹈，淫荡的、女腔女调的歌声。我们之间，失掉了把欲望限制于需要的、古代的、自然的节制；在今天，仅想要必需的，那是乡下佬的吝啬的证据！

多么惊人，尊贵的路西利奥，有魅力的言辞能如许地偏离真理，甚至伟大的精神都难免。在波希多尼身上就可以看出这一点，在我看来，这是哲学多亏有了他们的那些人物之中的一个。而此处，我们看见他的描述，首先，如何缠绕一些线，拉直另一些线，直到编成一个松散的、不太紧实的网，接着，这张网如何被重物绷直，竖直起来编织，如何穿入经线，这些经线——在纬线进入的作用下变得松弛——必须用一把梳子将它们和别的经线紧密地结合在一起；最后，也把发明纺织归功于智者，忘记了在此之后又发明了更精湛的技术。根据奥维德：

> 纺织机固定在木架上
> 横杠分开纱线，从经线中
> 穿过尖头的梭子，
> 长长的梳齿固定纬纱。①

波希多尼要是看见今天的纺织机，会怎么想，上面生产出完全透明的薄纱，对身体毫无用处，甚至不能遮羞！

现在说到田里的农活，以同样的雄辩，描写田地是如何用犁头一遍又一遍地耕耘，让土地更适合根的发育，接着他描写播种和必须用手拔掉对麦田有害的杂草。波希多尼说这种技术也是智者的杰作；好像我们没见过农夫不断地努力发现让庄稼长得更好、让土壤更肥沃的办法。

似乎这还不够，波希多尼还派智者去磨坊。在那儿，我们听到他讲解智者如何模仿自然，最后发明了面包。我来引用他的一段话："粮食吃到嘴里，被牙齿细细地咀嚼，舌头的任务是把一些逃脱的粮食颗粒在送到牙齿间，然后用唾液湿润，以便更容易咽进食管，到达胃里，用自然的恒温煮熟，最后被器官所吸收。从对这个模式的观察，启发了人，模仿牙齿，将两块粗糙的磨盘叠起来，一个固定的，另一个在上面运转，在两块磨盘的碾磨下，麦粒开始破碎，继续磨下去，直到碾成粉末；然后把面粉兑上水，揉成团，做成面包形状，最初人们把这些面包放在炭火里烤，或放在泥盆里加热，后来发明了烤炉和别的能调节热量的生产方式。"

波希多尼差点就说鞋匠的手艺也是归功于智者！

这些发明，显然都可以归之于理性，但无论如何不高于理性。都是被人所

---

① 引自奥维德《变形记》第六章。

发现，而不是被智者。和发明在江河湖海里航行的船属于一个层次，用帆收集风力，在船尾安上舵，掌握航向。船舵是从对鱼的观察而发明的，鱼用尾巴决定游动的方向。

"所有的这些发明，"波希多尼说，"都属于智者，他们将这些技术教给更低贱的工匠们去操作，因为觉得不配由他来做。"这是不对的，这些技术的发明者，和今天依然在做这些事情的人在同样的水平上。有些技术，人们都知道，出现在我们的时代：例如，使用透明的石板做窗户，洗澡盆安装在温室里，或者利用安装在墙壁里的管道，使整个空间的供暖均衡。且不必说神庙里和私人住宅里的大理石装饰；不必说巨大光滑的石柱支撑着门廊和容纳无数人的殿堂；更不必说让手以说话同样的速度记录讲演的速记文字；所有这些工作都是最低贱的奴隶担任。哲学，在另一种高级的水准上：它教导的是灵魂，而不是动手[①]！你想知道哲学的发现和成就吗？肯定不是优雅的舞步，不是从圆号和长笛吹奏出的音符，穿过空气，形成和谐的共鸣。哲学也不致力于生产武器，挑起战争，总之不是为了军事艺术所用：它所关心的是和平，它致力于让所有人和睦相处。哲学家，我再重复一遍，不生产唯眼前需要而必要的工具。为什么要给他这样下贱的活动，而他，实际是个"生命的艺术家"？其他艺术都在它的掌握之下。如果说哲学管理我们的生活，那么它也应该管理我们生活的辅助品，可是它的最高目的是确定什么是幸福，在于指导我们通向这个目标的道路。它的任务是辨别真正的和表面的灾祸，把精神从虚妄的幻想中释放出来，把有效的伟大灌输给它们，抑制从徒劳的判断产生的夸张的表相，是避免混淆一切和任何实际的伟大和臆断的伟大；总之，是提供给我们对自然本性的认知，包括哲学自身的本性。它向我们阐释自然本性和神的属性，关于地狱，关于家庭与天才[②]；告诉我们当灵魂获得二级伟大的神位，会发生什么，告诉我们灵魂去哪儿，住在何处，告诉我们那时它会做什么，它的能力，它的意志。这是哲学最开始给我们的：开启大门，不是一座乡村的小庙，而是一座诸神的圣殿，是宇宙本身，它的壮观，它的真容，让我们的精神震撼，伟大得令我们目不暇接！

---

① 这个地方有点像孔夫子了。

② Lares e génios，根据语境，应该是"灶神和精灵"的意思。

接下来，哲学研究宇宙的原理：如何一切都渗透着永恒的理性，如何每个胚胎负责每个物种的独特构造。然后研究灵魂：从何处来，住于何处，持续多久，由哪些部分组成。分析完有形万有之后，再来分析无形的事物和表现其真相的论据。最后，辨别无论在生活还是在语言中概念模糊的歧义，因为在生活和语言里，都有真理和谬误。

至于我的看法，和波希多尼所想的相反，智者不摒弃手工艺术，更好的理由是因为他从来没有实践过。实际上，智者从来就觉得不值得去发明某种东西，在他看来，那都是不能永恒所用的；换句话说，他不发明今天用、明天弃的东西！

波希多尼说："阿纳卡西斯发明了陶匠的轮盘，用来旋转着制作泥陶。"可是因为荷马提到了制陶作坊的轮盘，波希多尼更愿意说诗句是假的，而不说他的故事是假的！在我看来，阿纳卡西斯不是轮盘的发明者，如果真的是他，我们面对的是一个智者作了一项发明，却不是以智者的身份。许多事情智者以普通人的身份来做，而不是以智者的名义。让我们想象，例如，一个智者跑得很快，他在赛跑中，赢了所有的对手，是因为他快，而不是因为他是智者。我真想让波希多尼来看，一个玻璃匠能吹出各式各样的、天才的艺术家都难以雕刻出来的精美的玻璃器皿。而这种工艺，是不再出现智者以后发明的！

"人们说德谟克利特发明了石拱，将一块块石头搭成半圆形，在中间塞上拱顶石。"这种说法肯定是错误的，明显地在德谟克利特之前，就建造了拱桥和全弧度的石拱门。可是，又来告诉我们，是德谟克利特发明了软化象牙的方法，还有如何烹煮就能把卵石变成翡翠：这种方法今天依然用来给适合有这种效果的石头上成色。说一个智者去发明这种技术，是不可能的；可是倘若发明了，不是以智者的称号在做它。智者做许多无知者也可以做得一样、甚至更好的事情，肯定地说，是他们做得更熟练！

你想知道智者研究什么，将什么揭示于天下吗？首先是关于自然的真理，他与别的生灵相反，不用身上的眼睛观察，用肉眼看没有能力达到神的层次；然后，研究我们生命的规律，让它同宇宙的规律相一致；因此，教导我们不仅仅认识神明，而且服从它们，接受一切对我们所发生的，如同是它们的旨意。智者阻止我们轻信虚假的见解，对一切存在的事物给出公正的评价，谴责那些我们后来会悔恨的快感，推崇那些状态维持不变的价值；显示出一个幸福的人

是对幸福漠视 ①，一个强大的人是个能绝对自制的人。我并不是在给你讲那种把公民驱逐出社团，将神明置于世界的边缘，让美德从属于快感的哲学 ②；我是在讲那个将道德财富当作唯一的财富，如君王般傲视人和命运的恩赐，他的最大的价值，就在于高于一切的价值 ③！

我不认为在那种艰苦的岁月，在还没有工业，人们通过劳动实践学习使用工具的时代，能存在什么哲学。哲学的出现只能在那个幸运的时代，大自然的恩典可以由任何人支配，就是说，在贪婪和奢侈在人间引起争纷，教会人们抢夺而不是均分财富之前。那个时代的人，不是智者，尽管他们的行为可以是智者特有的。对人类，不可能想象出更好的条件了。如果神明允许我们中的随便谁重建世界，规范他的人民的风俗，没有比如这里所描写的那种情况更值得赞许的了。

> ……耕耘土地，尚没有任何聚居点；
> 将田野划界、圈出庄园是犯罪，
> 人人生产，为了人人，
> 大地献出果实，没有人占为己有。④

对人类还有没有更幸福的情景？所有人共享大自然的馈赠；大自然像真正的母亲，满足所有人的需要。由于所有的财产都是公共的，占有财产没有危险。所有的民族中最富有的那个，难道不是从中不可能找到一个穷人？

可是，在这种事物的平衡状态中，添加进了贪婪，当企图将某种东西占为专有，便自动地将其余的变成了属于他人；将全部换得了微小的一份。贪婪本身拖带着贫穷，由于欲望一切，因而全部失去。现在可以去努力挽回所失去的了；可以增加新的产业，将邻居驱逐，用钱交换，或使用暴力；可以扩张你的庄园，直到包揽整个省，认为那都是你的财产，无边无际的土地，走不到头。

---

① 可以译成"无差别""无所谓""淡漠"。
② 暗指伊壁鸠鲁哲学。
③ 斯多葛派哲学。
④ 引自维吉尔《农事诗》第一章。

不管我们将自己的边界如何扩展，永远都收不回曾经所失去！我们辛勤努力，可以有一个庞大的产业，可是从前，我们都是一切的主人！没有种植，大地本身更肥沃，满足不掠夺它的人们的需要。当人们发现了某种自然物产，去告诉别人的快乐，比发现的快乐一点也不小。没有过分，也没有匮乏：一切都如兄弟般分享。还没有以强凌弱；贪婪的人藏起对自己有用的，还不至于剥夺别人不可缺少的。每个人关心自己一样地关爱周围的人。武器闲置在那里；手上没有人类的鲜血，将所有的勇力留着与猛兽搏斗。那时候，人们只在浓密的树荫躲避太阳，住在简陋的茅草屋顶下，抵御冬天的严寒，可是他们的夜晚却过得没有忧愁。而我们，紫被金床，却难以安眠，因焦虑而惊恐；他们睡在坚硬的泥土地，享受安详的睡梦！他们的头顶，没有雕梁画栋的屋顶，露天而卧，看繁星从他们的头顶移动，看广袤的天宇，静静运转的最壮丽的夜景！不论白天还是夜晚，他们眼前都是那座辽阔无垠而美丽的住宅，大地！看天幕上星起星落，星升星没，是一种快乐。他们怎么能不喜欢在这些神奇的境界里徜徉？而你们，却相反，在你们的家里发出微小的声响，都会使你们恐惧，在你们的画像间，微小爆漆的声响，就把你们吓得心惊胆战。他们没有一座城那么大的豪宅；空气自由流动，没有墙壁阻止；一块山石，一片树荫，山泉清澈，溪水潺潺，自然地流淌，不被强迫顺着一条人工的灵巧的管道流过，美丽的草地，没有一点修饰，在这一切之中，是农夫自己粗糙的手所建造的茅舍——这就是他们的住宅，顺从自然的，令人向往的，既非恐惧的原因，也非恐惧的目的。而今天的家，是我们担惊受怕的来源之一。

这些人的生活才是令人羡慕的，充满了天真；然而他们不是智者，因为这个概念今天运用于最高贵的事业。但是我并不否认，他们具有伟大的精神高度，可以这么说，他们是刚刚从神的手中走出来；不可否认，那时的世界还没有被开发殆尽，产生的东西更高级①。可是，尽管所有人都具备更公正、更勤劳的品格，也可以肯定的是，那时他们的精神还没有完全的成熟。实际上，美德并不是自然的天赋：做个好人，需要学习。他们不去大地的脏腹里去掏黄金、白银和宝石；对动物富有同情心；离那个人类不是因为愤怒或恐惧的冲动，而

---

① 这个词可能指的是"更优秀的人"。

仅仅是为了享受娱乐的演出而杀戮同类的时代 ① 尚且遥远。不穿绣袍，不产金丝的织品，因为连黄金都不去提炼。也就是说他们天真是因为纯粹的愚昧无知；你看，不知邪恶与避免邪恶，之间有着很大的区别。这些人不懂正义，不懂谨慎，不懂节制，也不知道勇敢。他们粗野的生活与这些美德却有相似之处。然而，真正的美德只有受过教育，有修养的灵魂，一个通过不断磨炼达到最高境界的灵魂才有可能。我们追求这种境界，但不是生而有之，即便是优秀的人，在涉及哲学之前，他们只是素材，还没有美德。

第九十一

我们的利贝拉尔 ② 朋友，听到里昂的居民点 ③ 被焚于大火的消息，伤心欲绝。的确是，这样的一场灾难，会叫任何人感觉到痛心，何况是一个对故乡魂牵梦绕的人。这场事故，使他找不到原来自以为有的那种精神的坚定，其实，实际上，他仅仅准备好面对的是他的意识中当作可能有的那种灾难。然而这次，由于没有先例，自然而然地，他没有准备好去迎战！许多城市遭受过火灾，但是没有过整座城市被化为灰烬。即便是敌人的军队放火烧房，许多地方会被漏掉，虽然有时候再去点燃，极少情况下吞没一切，不给武器留下完成任务的机会！地震也很难严重到将整座城市全部夷平。总之，从来也没有一座城市是如此烈焰的牧场，一点也不留给下一次火灾。在里昂，一夜之间，毁灭了无数壮观的高楼大厦，那些建筑，很多城市哪怕仅有一座就足以骄傲的了！太平盛世，里昂遭受的毁灭比战争中还要惨烈。谁能相信竟会是这样？到处刀枪入库，全世界都享受太平，而里昂，刚才还是高卢的骄傲，现在都找不到在哪儿！命运之神精彩绝伦地一下子残害了所有的人，不给他们一段时间，惊惧地接近灾难，没有任何一场灾难不是需要一段时间才完成。而里昂这次，一个夜晚，就成了辉煌城市和不存在的城市之隔！一句话，比我给你讲述的时间还

---

① 参阅书信第九，斗兽场的观众以观看奴隶相杀戮取乐。

② 这个词有"自由派"的意思。

③ 原文是殖民点。

少，城市就毁灭了！

所有这些因素都使我们的利贝拉尔精神困惑，而他关于自己的处境，一直表现出最大的精神坚定。我们承认，他的困惑是有原因的：意外的灾难更难承受！而且，史无前例会使灾难变得更痛苦，因为，如果面对灾难已经更惊恐，结果的痛苦便会更大。正是因此，我们斯多葛派，永远不应该让自己遇到意外。我们的精神要预见到一切情形，我们不应该只想到平常会发生的，而是一切可能会发生的。如果命运想那么做，不论多么旺运的人，她又何其不能毁灭！难道不是吗？越是美好壮丽的事物，命运就越是想毁灭它。难道不是吗？对命运来说，没有坚不可摧。它走的永远不是同一个套路，甚至都飘忽不定：有时候它让我们自己给自己作孽；有时候利用她自己的才能，创造出没有直接责任的灾难。无时无刻不存在危险：快感中产生痛苦的原因；和平中生出战乱，安全的器械成了担忧的缘由：朋友成了对手，盟友变成敌人。平静的夏日一场狂风暴雨突然降临，比冬天的还要猛烈。我们没有敌人却遭受暴力，假使没有别的原因，过分的福利都让人厌倦！最有节制的人，免不了生病，最健壮的人难保不传染上肺结核，最有尊严最诚实的公民没准被判罪，一场动乱可以伤害到最与世无争的人，偶然事件总是选择出人意料的途径，向那些忘掉它的存在的人展示力量。所有的、年复一年的辛勤、神明的持续恩惠和保佑所积累的财富，可以毁灭于一旦。而当我说"一旦"的时候，已经让厄运接近了很大的空间：一时，一刻，一瞬之间，就足以倾覆一个帝国！对我们的脆弱来说，一切人间的建树，如果毁灭起来用的时间和建造它用的一样长，那就足以使我们得到安慰：问题是成就的过程总是慢长，而一朝毁灭却总是暂瞬。不论在私人生活还是公共生活中，没有一成不变的事物：不管是人，还是城市，命运的安排总是在变化。最和平的境况中，会发生危险；即便是没有任何外部原因的干扰，祸事也可能在我们最想不到的地方爆发。多少帝国在内战外患中安然无恙，可是没有人来摧毁它，却轰然倒塌！多少城市只见到它的辉煌，不见衰败？我们应该总是思考这些，使我们的精神坚强起来，面对各种不测。思索流放，思索酷刑，思索战争，思索海难。一次偶然的打击，可以使你远离祖国，或者把你的祖国剥夺，可以把你投入沙漠，或者发生什么事情让那个摩肩擦踵、拥挤难行的城市化成沙漠。我们的眼前要有一切决定人的条件的因素，在我们的头脑中，思索的不是每种因素的出现频率，而是它可能达到的最强烈的程度，除非我们想认命屈从，在少见的灾难面前目瞪口呆，好像是闻所未闻的。我们要想到命运——它最大的力量！多少次，小亚细亚和亚该亚的城市被地震一次性毁灭！多少叙利亚和马其顿的坚固城池被大地吞没！多少次这种灾难毁灭了塞浦路斯！帕福斯岛多少次沉沦！我们时常听到整座城市毁灭的消息，而我们，这些经常不断的消息的接受者，又是人类中多么微不足道的一部分！那么就让我们勇敢地来面对可能发生的事件，让我们有这样的觉悟，无论发生什么，肯定不会像公众舆论想让人们相信的那样严重。里昂烧毁了，一座辉煌的城市，它所在的省份的骄傲，在众城之中最杰出的一座！然而，她矗立在唯一的一座山上，因此并不是很庞大。所有的，你今天所听人们述说的，壮丽而高贵的城市，时间都会把它们的痕迹消磨。你没看见亚该亚，就连这最著名的城市，甚至基石都已泯灭，甚至那个地方没有丝毫的遗迹显示什么时候曾经有过它的存在。可是，不仅仅人的功业会消失，不仅仅由人类的技术和才智打造的建筑会随着时间流逝而夷为平地，山峰也会消磨，整片地区会沉沦在大海一望无际的波涛里，烈火的力量熔烧了高高的山峰，当初曾经是海上水手获得安慰的地标 ①。就连大自然的杰作都注定要毁灭，这是我们平静地接受城市毁灭的又一个原因。它们今天建立起来，随便是哪一天就会崩塌！莫非这是所有城市的结局：或因为大地里面强烈压缩的空气的力量，哪一天爆炸，掀翻压制它的大地；或因为地下的激流迸发出来，冲垮遇到的阻挡它的一切；或因为烈火将大地烧裂开；或因为谁也逃不过的衰老，将其慢慢地腐蚀；或因为气候的恶劣使城市人烟稀少，化成荒漠，终于被风化所战胜、被遗弃。命运可能采取的方式，数不胜数。有一点我可以肯定：有死凡夫的功业都受死亡规律的制约，我们生活在终有一天会消失的事物之中。

我把这些和类似的安慰话，说给我们的朋友利贝拉尔，当我看见他沉陷在对故乡城市的热爱而不能自拔。或许，它终于会更辉煌地浴火重生。常常发生的是，一次灾难是更大的繁荣的机遇：许多被毁灭的建筑，比从前更傲岸地高耸起来。蒂马格内仇视罗马的繁华，他说罗马经常的火灾只令他感到痛苦，是因为这座城会在灰烬中更加壮丽地矗立。至于里昂，它所有的居民自然会聚合起最大的干劲，将现在倒塌的城市重新建设得更加壮观，更加高贵。但愿它能

———————————————

① 参阅书信第七十九，关于埃特纳火山的描写。

够长久屹立，坐落在更吉祥的基础上挑战时间！何况，里昂仅仅建城大约百年，这即便是以人类的尺度计算，也是微不足道的时间。由普拉图斯所建，里昂现在的人口是由于它优越的地理位置；然而，在短短的一个人从幼年走到衰老的这一段时间内，它遭受了多少严重的灾难！所以，让我们的灵魂习惯来理解和承受命运，知道什么都不禁止命运去做，不分是对帝国，还是对皇帝，不分是对城市还是对人，它都能降临。我们不应该对不幸感到愤慨：我们进入的恰恰是由这种规律所支配的世界。如果这规律使你快慰，就顺从它；如果不，就离开这个世界，随你采用什么办法！是的，如果你对命运单单给你厄运，可以愤愤不平，可是支配世界的规律，同样地约束高贵的大人物，也限制卑贱的小人物，因此，你就该与命运和解：它了断一切！你不该以坐落路旁的，有的大有的小的陵墓和墓碑来评价一个人，化为尘土，所有人都是一样。我们生而不平等，死却都一样。而我对公民所说的，同样也说给城市，不论是被征服的阿尔代亚还是罗马！人类条件的造物主，只是按照我们的出身使我们不同，或在我们活着的时候，使我们的名字有不同的光荣；而当我们到达存在的终点，它会说："让野心滚开吧！对所有脚踩大地的万物生灵一律平等！"面对共同的结局，我们所有人都一样：谁也不比任何人更弱小，谁也不能对明天带给他什么有更可靠的保障。

马其顿国王亚历山大，开始研究地理，可怜的人！仅仅是为了了解在这个星球上他才占据了那么微小的一块。我说他"可怜的"，是因为他应该领悟到，那个"大帝"是多么的名不副实！是被局限在那样狭小的界限里的"伟大"。人们教他学习的材料是复杂的，需要花费巨大的注意力来吸收，换句话说，超过了一个只想着征服大洋以外的神经质的人的能力！亚历山大对他的老师说："你教我点容易的。"老师回答他："这个课程对所有人都一样，而且对所有人都一样难。"想象一下，大自然以这样的方式对我们说："你所抱怨的这些规律，对所有人都是相同的；不论是谁，我都不能让它变得更容易接受，可是不论是谁，如果他愿意，可以让这些规律变得让他自己更容易接受。"你知道怎样做吗？平静和耐心。作为人，你就受制于疼痛、饥渴、衰老（假使你碰巧有运气，在这个世界上可以有些缓慢地延长）、疾病；会失去财产，丢掉性命。但是没有理由相信你在周围听到的那些哀嚎：任何的这些事对你都不是坏事，任何一件都不是难以忍受的，或可怕的。是公众舆论使我们面对它们产生恐惧。你惧怕死亡，正如你惧怕谣言：还有没有比一个人害怕……话语，更可笑的事情！哲学家德莫特利奥常幽默地说，对愚氓的呼喊，如听见放屁！"有什么区别，"他说，"那究竟是从上面还是下面发出来的？！"那是何等的疯狂，害怕那些没有尊严的人诋毁我们尊严的鼓噪！如果我们没有理由惧怕流言，也没有理由对只有我们相信谣言时才会害怕它们出现的事情感觉恐惧。不公正的流言蜚语对一个仁人有什么伤害？因此，我们别让关于死亡的坏看法，使我们判定它是件坏事。说死亡是坏事的人，还没有经历它，而对一件未知的事定罪，至少是狂妄。你要知道，归根到底，有许多人，对他们来说，死亡可以是有用的，有多少人，对他们来说，死亡解脱他们的痛苦、贫困、悲愁、折磨、厌倦。当我们掌握自己死亡的权力，就没有谁能有权力凌驾于我们！

第九十二

我认为，我们两人都同意，获取外部财富，是为身体所用；关注身体，仅仅是为了利益灵魂；而灵魂中有一个纯粹辅助的部分——保证移动和进食的部分——我们支配它仅仅是为了服务于根本元素。灵魂的根本元素里，有一部分是非理性的，另一部分是理性的；前者服务于后者；理性除了它自身，没有任何参照点，相反地，理性是一切事物的参照点。神的理性不受任何制约地统治一切存在的事物；我们的理性也是这样，何况我们的理性，正是来自神性。

如果同意这种观点，就必然同意我们的幸福只能取决于在我们身中有完美的理性，因为只有它制止我们颓废，抗拒命运；无论什么境况，它都能保持一心不乱。唯一的和真正的财富①，是那种永不退变的。我坚持说，一个幸福的人，是那个任何处境中都不自卑的人；是除了自己没有任何依托而保持在顶峰的人，因为依靠别人的支撑，就难免摔倒。如果不是这样，外部事物便开始添加在我们之上。难道有谁会愿意受制于命运？哪个理智的人，会对不属于他自己的东西而骄傲？幸福不是别的，就是永久的安全和平静。给我们提供幸福

---

① 这个词有财富、善、好事等多种意思。

的，是灵魂的伟大和持之以恒地修正我们的想法。达到这种状态的手段在于充分地思索真理；在于永远关注我们的行动的次序，节制，道德，真纯，仁慈，和一种永远注重理性的意志，永远不脱离值得我们热爱同时又崇敬的理性。我们将这些总结成一个综合公式：智者的灵魂，应该是那种与神相符合的灵魂！一个达到道德完善的人还有何企望？你看：如果一个人的圆融可以由某种方式受益于道德边缘的因素，那么幸福便取决于这些因素，缺了它们，便过不去。还有没有更卑劣愚蠢的事情，让理性的灵魂本身，受限于无理性的因素？

有些思想家，承认至善是可添加的，因为他们说，如果外界环境恶劣，就不能达到圆融。安提帕特，我们学派的一位大师，他说给外界因素一些价值，虽然很小。你看这是什么情况：就仿佛你不满意日光，我们就需要点一支蜡烛！在太阳的光明之下，一个小火苗算什么？一个人不满足只有道德财富，就必然会在一旁添加上宁静——像希腊人说的 $áo\chi\lambda\eta\sigma ía$ ——或者快感。第一种，说真的，可以接受：灵魂，摆脱掉麻烦，可以致力于观察宇宙，没有任何事情分散对大自然的冥思。而第二种，快感，只配动物有的好处！意味着在理性边放上非理性，在道德边放置非道德，在伟大旁边放上渺小！那么说是身体的满足给人幸福？既然如此，你们为什么不再加上满足了口腹之欲，就足以令人得到满足？一个这样的人，对他来说最大好处是味道、声色，我们且不说把他列入真正的人，难道还能把他算人？我们把这种玩意儿从最完美的仅次于神的人们当中开除掉，将其放逐到畜群里，对它们来说吃就是一切！非理性灵魂，由两部分组成，灵魂中的非理性，又有两个方面：一面是冲动，野心勃勃，激烈，完全被情绪掌控；另一面是卑鄙萎缩，萎靡不振，沉湎淫乐。伊壁鸠鲁主义者，将第一部分抛弃，尽管是更高级的，更不愧属于人的，至少赋有激情的冲动；而认为另一部分，软弱和卑鄙的部分，是幸福的根本关键。他们让理性为这部分服务，降低了万灵之中最高贵的人的最高美德的水准，使其沦落为不协调的、相互矛盾的元素的拼凑的怪物。让我们想起维吉尔描写的西拉：

> 从腰以上她有人的身体，
> 少女的美胸，接下来变成妖怪，
> 像狼一样短丑的小腹

长出海豚的尾巴。①

然而，西拉属于凶猛而可怕的野兽，冲动，亢奋。可是，伊壁鸠鲁派的智慧，又组成了什么样妖形怪状！人的根本部分，是道德本身；为了陪伴，才给了他这个无用而短暂的身躯，正如波希多尼所说，仅仅是用来摄取食物而已。本身是神性的美德，却落入了泥潭，给她那种令人景仰的、堪与天齐的部分接上慵懒腐败的动物性！安宁，不管怎么说，其本身虽然对灵魂无所用益，但至少清除了障碍；快感走得更远：使精神软弱，夺去她的活力。还能发明什么更不匹配的元素的组合？朝气蓬勃配上软弱无力，节俭配上轻浮，贞洁配上放纵与荒淫，甚至乱伦！

"你想要说什么呢？"你会反驳我，"你不愿意享受健康、安宁，没有痛苦，如果这不妨碍你抵达美德？"我当然愿意，但不是因为它们本身是美好的，而是因为它们符合自然，因为我以鉴别力运用它们。它们的好处仅在于此：要严格地挑选。我是否穿着得体，是否走路气宇轩昂，我是否饮食有节，我的晚餐，散步，衣服，本身并不是美德，美德只是在我对它们的关注，在于任何场合我保持充分符合理性的能力。我还告诉你，选择干净衣服，是人的某种特性，因为人出自本性，是讲究清洁的动物。因此，不是干净衣服，而是选择干净衣服才是美德本身，美好不在东西上，而在于我们选择的品位；道德在于我们采取行动的方式，而不在于我们所做的具体行动。身体就像是大自然给灵魂的一件衣服，就像蒙在灵魂上的一块面纱。谁会用外罩评价箱子的价值？不是剑鞘使一把宝剑变好变坏。所以我说身体也是一样：如果让我选，我更愿意身体健康强壮，但是其好处在当我作选择时的鉴别力，而不是选择的对象。

另一个反驳："肯定地说，智者是幸福的，但是如果他得不到自然条件的恩宠就达不到至善。一个具备美德的人，肯定不是不幸的人；可是一个被剥夺了某些自然美质的人，例如健康和身体完整，便不能够是最幸福的。"你们伊壁鸠鲁派接受了似乎更难以接受的：一个人即使是遭受长久的疼痛也不是不幸的，甚至是幸福的；却拒绝了最容易的：这个人可以是最幸福的。你看，如果美德能够让一个人不是不幸的，就更容易做到让他最幸福；从幸福到最幸福的

---

① 引自维吉尔《埃涅阿斯》第三章。

距离，要比从不幸到幸福的距离短得多。一种东西可以让被千万重灾难碾压的人列入幸福人中，难道就不能再做剩下的那一点儿：使他成为最幸福？难道就欠登峰那一点气力？生活中，有的事情有利，有的不利，利与不利，都不取决于我们。不过一个仁人，即便被一切逆境压迫，也不是不幸的，怎么会由于缺少一两件有利的就不能最幸福呢？正如所有的挫折都压不垮他，让他沉陷于不幸，那么缺少点优越性也不会使他远离幸福；没有优越性而最幸福，就如同即便是受到逆境的压迫而不感觉不幸。不然的话，如果至善可以受消减，那么也可以被剥夺！我刚刚说到，一支蜡烛，一点也不增加太阳的光辉，太阳的光芒使没有它时看得见的亮光都消失。人们会说"有些东西能遮挡住太阳"。只是在障碍物的那一面，太阳依旧是原样，即便是有什么置于我们与太阳之间，阻碍我们看见她，并不因此不再放光，不继续运行。它在云后并不是比在晴朗的天空光线更弱，运行得更慢。放置在中间，和阻挡通过，这里面有很大的区别。相似地，把什么东西放置在美德之前，美德并不因此而变得更小，因此而光芒暗淡。或许她在我们的眼中不那么明显、清晰，但是它自身还是一样的光芒四射，就像太阳被什么障碍遮挡，自身并不减光明。换句话说，不幸，苦难，屈辱，对美德来说，就像乌云蔽日。

有人说，如果智者身体不健壮，那么他就是既非不幸的，亦非幸福的。这个立场也是错误的，因为将偶然性放在美德的同等水平，把给道德的重要性，同样给了缺乏道德。还有没有更令人诧异的，更没有尊严的事情，将值得尊敬的和就配鄙视的相提并论？值得崇敬的事情是公正、慈悲、勇敢、智慧；相反，应该卑视的东西是，比如粗壮的腿，坚硬的肌肉，健康、结实的牙齿——这些东西常常在最低贱的人中看到。此外，如果一个智者体弱多病，既不被认为是不幸，也不被认为是幸福，我们给他一种中间的状态，接下来，说他的生活既不引起人们去效法，也不排斥。有没有比这更荒谬的：智者的生活，不激励人们去效仿？抑或，还有没有更难以想象的，那种不引起人们去效法也不排斥的生活方式？况且，如果身体的缺陷不令一个人变成不幸，不妨碍他是幸福的，因为他没有力量使某人陷入悲惨的境地，也没有能力对最佳处境造成问题。

反对的论据："我们都懂得什么是冷，什么是热；也清楚中间状态，我们称之为'温'；同样，人也有不幸的、幸福的和既非不幸亦非幸福的。"让我们来讨论这个例子。如果对一个温的东西加大冷度，这个东西就变冷；如果对之加热，结果就变成热的。而一个不苦不乐的人，即便再给他增加不幸，永远不会将其变成不幸的人，正如你们所承认的；因此这个类比是不相关的。让我们来思考一个非苦非乐的人。给他的灾祸再加上双目失明：不因此而变得不幸。给他加上乏力无能：不因此而变得不幸。加上持续而强烈的疼痛：不因之而变得不幸。如果如此多的祸事不能使他沦落为不幸，那么也不能剥夺他的幸福。如果按照你所说的，既然智者不能从原来的幸福变成不幸，那便也不能是"不幸福"的！是什么道理，一个从悬崖跌落的人，必然要止在某一点？如果有某种境况，必然不让他跌落到谷底，那么就把他保留在顶峰。幸福不能被打断，甚至都不能降低强烈度，因此，仅美德本身，就足以让我们获得。

另一个反驳来了。"怎么会呢？那么说一个长寿的智者，从来没有被疼痛打搅，不比另一个一直与厄运做斗争的人更幸福吗？"让我们来看：他因此而更好，道德更高尚吗？如果情况不是这样，那么就不是更幸福。我们若想获得幸福的生活，就必须活得更加正直，如果不可能添加正义，就不可能增加幸福。美德不能是有层级的；当然，幸福也不能有，因为它来自美德。美德是那样的一种素质，对那些微不足道的小事件，如生命的短瞬、疼痛、身体的各种疾病，都不介意；快感是都不配美德看一眼的东西。美德最重要的是它相对于未来的独立，是它不在乎对时日的斤斤计较。不论掌握的时间多么暂瞬，它都将永恒的美质达到极致的完美。这似乎对我们来说有些不可思议，超出人类的属性；实际上，我们以自身的脆弱来衡量美德的宏伟，而我们虚假地给自己的恶习以美德的名义。你说什么？一个经历最痛苦的疾病的人能够喊出："我很幸福！"我们不觉得同样的不可思议吗？何况，这句话恰恰是从幸福实验室里听见！"这是我最幸福的一天，也是我最后的一天！"伊壁鸠鲁在使他不能排尿的酷刑中，在满是溃疡的腹痛中喊道。[①] 既然如此，为什么又说斯多葛派的态度——崇尚美德——是不可思议的呢？如果美德也在伊壁鸠鲁派中找到——对他们来说至善就是快感？！就连他们如此堕落，有如此卑贱的想法，也赞成智者即便是在最大的苦难中、最大的灾祸中，永远不会是非苦非乐。此处正是在我看来不可思议之处，的确特别地不可思议；我理解不了，美德是如何一旦从

---

① 参阅书信第六十六。

它的高处移开，能够不跌落到最低处。两者必居其一：要么美德使人幸福，要么，如果拒绝了它这个可能性，就不能阻止它成为不幸的。这场决斗没有平局：要么战胜，要么失败！

"只有不死神仙才能有美德和幸福，"他们反驳道，"而给我们的无非是个影子，那些美好事物的幻象。我们只能接近，而不可获得。"实际上，理性对于神和对于人是共同的；前者达到完美，后者也有可能达到完美。是我们的恶习将我们引向绝望。另一种人好像在第二个层次上，不是恒久地注重最高原则，他们的辨别力还会发生错误和动摇。任意选择视觉和听觉的敏锐，对健康，对仪表的注意，追求长寿，结束时达到完美的状态，这样可以度过没有悔恨的一生；但是一个这样不完美的人，还保留着一丝恶的残余，就在于有一个不稳定的灵魂，易受邪恶的感染，尽管不是结了晶的，不可移除的邪恶。他还不是一个仁人，正在修养成仁；尽管如此，所有那些对他成为仁者所欠缺的，都是恶。但是：

> 谁心中有美德和勇气 ①

谁就与神相同，而且，回忆起自己的本源，追求与神同在。我们想返回到当初从那里降下的位置，并不是什么狂妄。况且，为什么不承认，在一个是神的组成部分的生灵中，有某些神性？整个这座围绕着我们的宇宙，都是浑一 ②，就是神。我们是他的参与部分，我们就仿佛是他的肢体。我们的灵魂有相当的能力升华到神性，只要不因恶习而堕落。正如我们身体的结构，是向着天空站起的，我们的灵魂也是如此，有能力作它想做的一切。它是由大自然形成，目标是让她最终符合神的目的。假使或许充分地发挥它的力量，开拓它自己的空间，循着一条它并不陌生的道路，就将达到圆融。要想升到天空，需要付出巨大的努力，但是对于灵魂来说，则是一种回归。从踏上这条道路的那一刻起，它便勇敢地前行，其他的一切都不再重要，不理睬什么买的卖的，不以闪亮在

---

① 引自维吉尔《埃涅阿斯》第五章，葡萄牙文版注释说，引用的词句不准确。

② Uno 意思是"一"，Universo，宇宙，也是"一统""一意"，相当于老子的"一"。天主教意里的神，以"圣言"（versus）成就世界。Versus 就相当于老子的"道"，universus，就是道生一。

愚氓眼中的光芒来估价金银的价值，而是以它们从中所出的污泥和挖掘出它们的人类的野心和贪婪来看待他们的价值，——这些金属就配曾经将它们幽禁的黑暗！灵魂懂得，我坚持说，真正的财富，不在我们堆积金银的地方：我们应该充实灵魂，而不是填满保险箱！我们应该把一切交付灵魂统治，听凭大自然完全的掌控，以便使它的界线与真理和偶然性相符合，以便让灵魂，与神等同地掌握一切，从高处傲视富豪和他们的财富——这些富人，自己所拥有的给他们的快乐，比起别人拥有的给他们的悲伤，要少得多。当灵魂上升到这种高度，它转而关注身体（那种勉强必须的！），并不像一个忠诚的朋友那样，而仅仅作为一个监护者，不让被监护者随心所欲。任何人不能是自由的，却同时又是身体的奴隶；且不说过分的在意，它就会像个暴君，身体就像任性的帝王，有真正怪诞的癖好。灵魂要么平心静气，要么以坚定的意志，来摆脱躯壳——寻求自己的出路，不顾及留在那里的可怜的皮囊是什么下场！我们不关心刮掉了的胡须，剪掉了的头发；我们神性的灵魂也一样，当它准备离开躯壳，这个皮囊是什么结局一点也不重要，是被火化，是埋在泥土，还是被野兽撕碎。对它来说，它的重要性就如同胎盘对一个新生儿。就让遗弃的躯体成为秃鹫的食物，或者投入大海：

> 像喂海狗的猎物 ①

对一个死去的人，这有什么重要？即便还是在活人当中的时候，智者也不害怕那些死去之后的威胁，觉得没有什么可怕，直到死的那一刻。"什么也吓不到我，"他会说，"屈辱的拖尸钩，或者我那裸露而残破的尸体让看到它的人想呕吐的形象。我不去求任何人为我尽最后的义务，我也不托付任何人照看我的遗体。大自然安排好，它不令任何人没有葬处：时间埋葬所有被人类的残忍抛弃荒野的尸体。"麦塞纳斯明白地表达：

> 我不想知道陵墓；
> 被遗弃的人自有大自然埋葬！

---

① 引自维吉尔《埃涅阿斯》第九章。

从这些话语来判断，我们把他看成是一个准备好勇敢地去战斗的人^①；而且的确，那个时刻让他表现出具有坚强的男子汉勇气。遗憾的是繁荣昌盛废了他的武功^②！

---

① 葡萄牙文版原注：直译是"扎紧了腰带的人"，比喻准备好战斗。
② 原句直译："松解了腰带"。

第十五卷
（第九十三至第九十五）

第九十三

你在信里悲悼哲学家梅特罗纳特的死——就仿佛他能，或者应该生活更长时间！——我察觉到你缺乏你具有的那种对所有人和一切活动的丰富而公正的精神，可是你缺乏的恰恰是在所有的人都犯错的那个同一点上：我遇到过许多人，懂得对人是公平的，可谁都不能对神也如此。每天我们都在批判命运①："为什么这个人事业正兴却戛然而止？那个人为什么不死，却苟延对他自己和别人都痛苦的衰老。"请你来告诉我：你觉得哪样更公平，是你顺从大自然，还是大自然听命于你？如果我们必然要离开一个地方，离开早一点或晚一点，有什么区别？我们不应该关心活得很长，而是应该关心活得完善，活得长，取决于命运，活得完美，取决于我们自己的灵魂。对于一个完满的人生，是足够便是久长；如果灵魂占有了属于自己的美质，如果它了解了只有它自己才有对自身的力量。一个碌碌无为的人生活八十年有什么意义？他并没有活此生，而是耗费这一生；他不是死得晚，而是花费了太多的时间来死！"他活了八十岁！"看他从哪一天开始就死，有什么重要。"可是，另一个人却死在正当壮年。"确实，可是履行了一个好公民、一个好朋友、一个好儿子的义务，没有忽略丝毫的细节；尽管他的生命的时间不完整，他的人生却达到完美。"他活了八十岁"。这八十年他并没有存在，除非你所说的他活就是像说一棵树是活的那样的意思。我坚持不懈地要求你，路西利奥：我们应该这样对待生命，让它像贵重材料那样，价值不在于它占据的空间，而在于它的重量。我们要以自己的行动来评价它，而不是以它延续的时间。你知道一个激情满怀、轻蔑命运、履行一切人生固有的义务的人，以此而达到完美人生的人，与另一个庸庸碌碌地活许多年的人，两者之间有什么区别？前者死了，却继续活着，后者虽然活着，却已经死了。因此，我们赞美他，将那个生命虽然短暂但懂得利用

---

① Destino，命中注定的命运。

时间的人，列入幸运者之列。他注视真正的光明，不似芸芸众生，他不但生活了，而且活得充满活力。一些时候，他享受完全静谧的天空；另一些时候，任其风云变幻，看明亮的星光穿透云层。为什么要问他活了多久？他活过了！穿越了时间的障碍，在后世留下纪念。这并不意味着我会拒绝，不是要更多，而是该属于我的那些生命；然而，假使我存在的进程被打断，我不会说要获得幸福还差点时间。真实的情况是，我没有准备好某一天是我贪婪的希望许诺的那个最后的一天，相反，我总是把每一天看成是最后的一天。为什么你要问我哪一年出生，或者我是否还会被应召入伍？我自有我的算法！正如一个身材短小的人，可以是人品的模范，一个短暂的生命也可以是人生的楷模。年龄是纯粹的外界因素。活多长，不是由我来决定，然而，只要存在就要活得充分，在我自己的手中。要求我不要浑浑噩噩，存在得毫无意义，要实现生命，而不是从旁边经过。你想知道理想的生命有多长？足够获得智慧的长度。① 达到这个目的，意味着不是抵达最远的目标，而是最重要的目标。一个达到这个目标的人，应该感到当之无愧的骄傲；应该感激神明；感激在众神之间的他自己；应该让大自然由于有他的存在而心存感激。而且有充分的权利这样做，因为还给大自然一个比当初接受的时候更优秀的生命。确定了一个仁人的理想模式，显示出什么是这种人的素质和伟大；如果他的生命延长，将继续与曾经所是的一样。而说到底，我们想活到什么时候？我们已经掌握一切事物的知识：我们知道大自然建立在什么原理上，宇宙以什么方式维持秩序，什么是一年四季，懂得如何一切必然发生的现象在它自身的界线之内；我们知道恒星以其自己的能量运行，除了大地，任何星星都不是固定的，都以一样的速度运行；我们知道，月亮以什么方式将太阳留在身后，是什么原因它运行得更慢，却超过比它更快的星，我们知道它怎样接到和失掉光明，是什么原因产生黑夜和白天。我们只差去到一处，在那里更近的观察这些现象。于是，智者会说："依我的想法，不是打开与神族家庭团聚的希望的道路，使我更加勇敢地放弃生命。我确实不愧与神相聚，我已经在他们之间；我已经与他们神思相通。可是，即使想象死亡是彻底的毁灭，死后的人什么也不存在，我的勇气也依然一致，即便是由此而出之后哪儿也去不成！"没有活到应该享有的年龄。一卷书，哪怕是短

---

① 朝闻道，夕死可矣。

短几行，却是令人赞叹而有益的；有多少人在塔努修的编年史，你知道他们的名字有多大的分量，有多么著名。你以为在斗兽场最后一分钟死掉的角斗士，比在演出过程中死去的更幸福？你认为这些人愚蠢地抓住生命不放，宁肯到剥衣房被砍断头颅，而不愿在角斗场？把我们与别人分开的间隙并不是太大。死亡轮到所有的人，罪犯紧跟着受害人。人们为之如此悲愁的是刹那的一段时间。而最终，用来避免无可避免的事的时间又有什么重要？！

第九十四

向每个人提出恰当建议的那部分哲学，不是针对人的普遍修养，而是关于例如一个丈夫应该如何对待妻子，父亲如何教育子女，主人如何领导奴隶，有的哲学家把它当作唯一和专门所接受的，而将其他部分摒弃一旁，借口说，那些哲学不提供实践用处。仿佛一个人不考虑整个人生的复杂性，就有可能对某个特殊问题提出规诫。

阿里斯顿，斯多葛派，却相反，认为这部分没有意义，不能深入到我们的灵魂深处，纯粹是老人的忠告。真正重要的是哲学的基本原理，是对至善的完整定义。他说，谁若有能力吸收了这些原则，就有能力在任何情况下自我作出决定。一个学习投掷铁饼的人，他参透要投向的目标，练习手臂投掷的准确性，当他在理论和实践上获得这种技巧，可以用来投中任何一点（因为并不是训练他投中这个或那个目标，而是任何一个目标）；同样，一个学习在所有生活方面的行为的人，不缺乏具体的观念，因为适应任何情况，不光是对待，比如说老婆或子女，而是根据美德而生活；而"根据美德而生活"，已经包含了与妻子儿女的生活。

克里安西斯却认为这部分哲学是有益的，但是如果不是源自普遍理论，则是不完整的，这便是说，忽略了哲学的基本原则和根本问题。

训诫 ① 说教，因此分为两个派别：到底是有用还是无用？仅仅凭它，能不能培养仁人。总之，这种说教到底是多余的，还是相反使其余部分的哲学变成

---

① 似乎相当于《颜氏家训》《治家格言》等。

多余？

那些将其看作肤浅多余的人，论据是：任何眼中妨碍完美视觉的脏东西 [①]，都应该除掉，只要还存在，一切"这样走，那样走，干这个，干那个"的规诫都是徒劳。同样，如果有什么遮住我精神的明亮，妨碍我分辨责任的层次，告诫我"应该这样对我的父亲，那样对我的妻子"，都是纯粹的瞎掰。因此，当错误保持在我们的思想里，规诫就一文不值；一旦消除了错误，我们就清晰地懂得了自己的责任。别的做法，相当于对一个病人，不给他恢复健康，却劝告他按照健康人一样行动。教一个穷人的举止好像富人：如果他继续在贫穷中，这又怎么可能？让一个饥饿的人，像饱足的人那样行事：我们最好是把他从折磨他的饥饿中解救出来。对所有别的恶习也是如此：重要的是消除恶习，而不是纠正只要恶习持续就不可能消除的行为。除非我们消除引导我们陷入错误的错误观念，我们不能教一个吝啬鬼学会如何正确花钱，或让一个胆小鬼藐视危险。要让前一个懂得，钱财非好非恶；显示给他到头来，富豪都不过是可怜虫；对后者，让他懂得我们习惯地恐惧的东西，并不像我们想象的那样恐怖，疼痛不总是持续的，人不过只死一次；而死亡，这个束缚我们的自然规律，有个巨大的好处，便是每个人只轮上一次；让他懂得，在疼痛中，坚强的意志是一剂良药，让我们更容易以勇气来承受；疼痛有这种绝妙的特性：剧痛不长，长痛不剧；总之，懂得我们应该坚定地接受宇宙所加之于我们的法规。当我们用这些原则教育他，成功地让他对人类的条件有了明确的意识，当让他懂得幸福的人生不是服从快感而是顺应自然；当他转而拥抱美德作为人的唯一的好事，避免恶习，把它当作为唯一坏事；当懂得了其他的一切——财富、荣誉、健康、力量、权势——占有中性的地位，其本身既非好亦非坏，那时，他便不需要每个情况的告诫，对他说，你应该这样走路，那样吃饭，怎样是一个男人的、女人的、结了婚的、独身的、正确的行为。那些花费气力宣扬这些规诫的人，连自己身体力行的能力都没有。这些规矩是阿姨给幼儿启蒙的，是爷爷教训孙子的；是学校老师暴跳如雷地对学生说我们不应该激怒！我们要是进到一个小学的课堂，会看见学生们在抄写这些哲学大师眉头紧锁地宣讲的格言！

另一点：我们究竟是对显而易见的问题，还是存疑的问题提出忠告？如果

[①] 这是按照葡萄牙文译本的直译，根据后面内容，可能是指白内障。

是显而易见的，就一点也不需要一个劝诫者，如果是存疑的，忠告者的可信度就成问题，自然，给人规诫是多余的。我想要说的是，你若想对模糊和有争议的事，表达观念，你就得根据一些证据，如果你求助于证据，那么这些证据比那些观念更有价值，因此，单单这些证据就足够了。

"你应该这样对待一个朋友、一个同胞、一个伙伴。"——"为什么?"——"因为这是正义的"。那么，所有这些具体情况，都因学习什么是"正义"而提出：由此可见，公正，是某种我们要追求的东西，我们并非受恐惧所胁迫或利益所驱使，当一个人实践这一道德，有超出它本身的目的是不正确的。如果我懂得并浸透了这个真理，我就已经懂得了这一课，那这些训诫对我还有什么用? 对已经懂道理的人，讲这些是多余，给无知的人讲这些远远不足，因为仅仅知道规矩还不够，还要知道这样做的道理是为什么。我要问：是否需要对善恶是非有正确观念的人训诫 ①? 没有正确观念的人，一点也不能从你的规诫中受益，因为他只注意听俗众的意见，这种俗论与你的见解是相反的。一个已经对我们应该追求或避免的事情有正确意识的人，即便是你什么也不对他说，他也十分清楚应该如何做。因此，哲学的这部分可以弃置一旁。

有两个原因可以使我们陷入错误：或者，我们的精神患了某种恶习的病，接触虚假的意见，受到传染；不然，即便是不被错误的见解所左右，却倾向于错误，很容易受到表面上诱人的但实际上是谬误的所侵蚀。所以，我们要么救治我们患病的头脑，将其从恶习中解救出来，要么，当它缺乏正确的而倾向于错误的观念时，就要采取预防。这两种目的，都可以通过哲学的原理来达到，自然，用定规矩的方法，一点也没用。况且，如果我们要给每个人规诫，这项工作就没完没了：必须找到适合放债人的，必须找到适合农夫的，适合商人的，另一些给朝臣的，还有对那些只适合于对同僚的，适合于对下属的! 规诫一个结了婚的男人对妻子的行为，必须分清楚他是与一个处女结婚，还是一个以前结过婚的；是与一个富女人，还是一个没有嫁妆的；除非承认，一个不孕的和能生育的女人没有区别，一个年轻女人与一个有些年纪的女人没有区别，一个母亲和后母没有区别! 包罗万象是不可能的，然而，当这样的每种情况需要特殊对待，而哲学的原则却是简单明了，涵盖所有的情况。且不说，智慧的

———————————

① 规诫，谚语，格言。

规诫，应该是定义明确而严谨，如果定义不清，那就谈不上智慧，因为智慧能够准确地定义一切。自然，哲学规诫这部分应该删除，因为不能给所有人提供所要的帮助；而智慧是涉及所有人的。俗众的疯癫和我们请医生治疗的疯癫，只有一点区别：后者是由于疾病，前者是由错误见解而造成；后者是由于身体的紊乱造成，而前者是精神的缺陷。如果有个人规诫一个疯子，他应该怎么说话、走路、在大庭广众前或私下里的行为，我们说这个人病得比疯子还重；应该做的是救治他的黑色胆汁①，消除疯狂的病源。我们医治精神疯狂的方法也是应该这样，应该消除邪恶本身，否则规诫就像是落在漏口袋里。

这些就是阿里斯顿的论点。我们现在逐条地来回答他。

我们就从这里说起，他说如果眼睛里有什么脏东西，妨碍视觉，必须清除它，我承认在这种情况下，一个人缺乏的不是关于如何看的规诫，而是清洗眼睛的眼药，清除完美视觉的障碍。视觉是一种自然现象，当我们消除了疾病，就恢复了视觉。因此，不是大自然告诉我们每个人相应的责任。此外，当一个人治好了白内障，并不由于他恢复了视觉便能去恢复别人的视觉。然而一个摆脱了恶习的人，也能够使他人摆脱恶习。眼睛分辨颜色并不需要鼓励或忠告；一个人不需要导师，就能分辨黑白。精神则相反，要想懂得生活中如何应对，就需要许多规诫。何况医生不仅仅治好病人的眼睛，还会说，"你不要让还衰弱的眼睛看强光，应该从黑暗到半阴暗处，然后一点点习惯白天的光线。你不应该晚餐后立即看书，不应该让还充满液体的肿胀的眼睛过度疲劳，避免被冷风吹了脸"，和诸如此类的医嘱的作用，不亚于药效。医学上，告诫紧随着处方。

"我们缺陷的原因，"阿里斯顿说，"是错误。规诫不使我们摆脱错误。也不摧毁关于善恶是非的虚伪的见解。"

我承认，单就其本身，规诫对改正我们精神的虚假信念不是有效的；可是只要与别的方法结合起来应用，却是有益的。一方面，激活记忆力，另一方面，总体上看起来显得混乱的问题，当分别单独对待时，就显得更加清晰易懂。如果是这样，我们也应该把安慰和鼓励看成是多余的，而事实是，安慰和鼓励都不是肤浅多余的，自然，劝告也不是多余的。

---

① 这是文字的意思，胆，像中国古人认为是胆量的发源处，西方人认为是脾气暴躁的根源。

"是愚蠢的事情，"阿里斯顿说，"让一个病人像健康人那样行事，而重要的是恢复他的健康，没有健康的身体，规诫是无效的。"

可是，病人和健康人有共同之处，对这些共同点不应该提出忠告，难道不是吗？比如不应该狼吞虎咽，应该避免疲劳？有的规诫不但适用于富人也适用于穷人。他说"只要控制了贪心，不论富人还是穷人，就治好了贪婪，不再需要规诫"。可是，不再有对财富的野心是一回事，懂得利用它是另一回事，难道不是吗？且看，一个贪财的人对钱财没有恰当的尺度，与一个不爱财的人不懂得使用它没有什么不同。"在使我们摆脱错误上，"阿里斯顿断言，"规诫是肤浅多余的。"不对。设想一下，克制了贪婪，放纵了奢华，节制了冲动，刺激了懒怠，即便是消除了这些恶习，也要学习该做什么和如何去做。"对那些被恶习严重控制的人，"他说，"规诫毫无用处。"对治不好的疾病，医学也不起作用，可是，我们可以医治好一部分，让病痛减轻一些。全部哲学的综合的努力，哪怕是为了这个目的唤起所有的力量，也不能将恶习从根深蒂固的、病入膏肓的灵魂中拔除，但是不能彻底治愈，并不意味着没有能力治好一些。

阿里斯顿问道："指出显而易见的真理又有何用？"有很多用处。有时候我们知道一些事情，却并不注意到它们。一个警告不教会我们什么，却唤起我们的注意，让我们保持警觉，让注意力集中，保持注意力不分散。多少次我们对眼前的事视而不见，提出警戒，如同一种鞭策。我们的精神常常对显而易见的事情视若无睹，因此就必须强迫它看见哪怕是最平常的事情。为此我们应该记住卢尔乌斯与瓦提尼乌斯辩论时说的话："你知道有选举腐败，所有人都知道你知道！"你知道，友谊应该是像信仰一样的维护，可是你不那样做。你知道，要求自己的女人忠贞，却同时自己去对别人的女人调情是不诚实的；你知道，如果她不该有情人，你也不该有"红颜知己"；可是你并不如此行事。正是因此，你的记忆应该被唤醒；那些原则收藏在哪里没有用，须是保持着活跃。所有健康的观念应该是活跃的，不断地起作用，使我们不仅仅是知识的对象，而且是实践的对象。这样令显而易见的真理，变得更加显而易见。

阿里斯顿还说："如果你要提出告诫的问题是有争议的，你就必须提出证据：自然，有用的是证据，而不是规诫。"

可是难道不是事实，即使没有证据，单就告诫者的权威本身便有价值？对法学家们的看法给予重视，就是这种情况，即便是有时不伴有相应的理由。除此而外，规诫本身可以是非常有力的，例如，以韵律的形式，或者以一种非常简捷的语句道出的格言。

加图的格言便是如此："别买你需要的，买你必不可少的；不需要的，哪怕是一文也是贵的"；或者那些不亚于神谕的句子，或类似这些："利用好时间""要有自知之明"。或许你还要求什么理由？如果有人对你引用这些诗句：

> 遗忘是疗伤的良药。①
> 命运袒护胆大，胆小自己绊脚。②

这些格言，不缺少辩护人；直接对激情起作用，它们的作用，产生于这一事实，天生有力地施加行动。

我们的精神本身含有一切诚实正直的种子，它们会被告诫所唤醒，就像星星之火轻轻一吹，就重新燃烧起来一样。美德一旦受到鼓励与刺激，就会生长。此外，精神中有些惰性，一旦受到召唤，便能从麻木中苏醒；还有些情绪，可以这么说吧，是分散的，并不笨拙的头脑就可以结合起各自的力量。必须将其凝聚起来，集合起来，增加我们的力量，提高我们的勇气。

说明：假使规诫毫无用处，那么就干脆取消教育好了，让我们满足于大自然赋予我们的。这样说话的人，没有看到有的人精神敏捷，专心致志，另一些人精神缓慢，愚钝迟重，总之，一些人比另一些要聪明。而才智因吸收古训而强大，给先天的聪慧增添自信，改正头脑里面那些被告诫的错误。

"假使有人，"阿里斯顿说，"不具备公正的原则，对他来说告诫有什么用？就像因为不正确的观念被戴上手铐！"

正是为此，为了使他摆脱不正确的想法。他的天良未泯，只是被遮掩和压抑。这样，就能挣扎着复生，与自己的错误斗争；利用规诫，获得帮助，能够恢复力量，只要是长久的疾病没有使他的自然本性完全地被侵蚀摧毁，如果是这样，哪怕是所有的哲学道理，尽其一切资源，都不能使其复活！归根结底，哲学原则是普遍的规诫，而规诫是特殊的原则，此外两者之间还有什么区别？

---

① 引自普布里乌斯·西鲁斯。

② 引自维吉尔《埃涅阿斯》第十章。

两种情况都是规诫，一个达到普世，一个限于各人。

阿里斯顿："当一个人具备了正确的原则，立足于道德，给他讲规诫就是多余。"

绝对不是。这个人可以在理论上懂得有义务去做的，在实践上却分辨不清。换句话说，不仅情感阻碍我们做理性指示我们做的，而且无能力发现每种情形下理智所指示的行动。很有可能出现这种情况，我们的精神具备出色的意愿，可是无所适从，没有能力找到履行责任的道路：规诫能指明的恰在此处。

"摒弃了关于善恶是非的错误观念，便取而代之形成正确的观念，与规诫学一点关系也没有。"

毫无疑问，这个方法对在精神中引进秩序是有用的，但是单单靠它自己，则不足。实际上，即使是通过论点表示什么是善恶，哪怕是如此，规诫也不是没有作用。谨慎和公正，意味着履行义务：那么，是规诫来分辨这些义务。况且，我们对善恶的判断，是通过对义务的实践而确认，而且是规诫指导我们这些实践。规诫与义务之间完美地相符：前者没有后者跟随就不可能发生，再者，后者以适当的次序跟随，由此而得出结论，前者在先。

"规诫数目多得无限。"

这是假的；涉及最重要和紧迫的问题，数量并不是无限的多。的确，根据不同的时代、地点和人物，有轻微的不同。无论如何，总是有可能提出具有普遍性的规诫。

"谁也不用规诫治好疯病；坏人品也是这样。"

这是两码事。如果消除了疯狂，就恢复健康，如果排除了错误观念，并不自然而然地就能分辨出应尽的义务；为了能够达到这个目的，就必须有训诫学的参与，来验证关于善恶的正确判断。还有，说规诫对疯傻的人没有用，也是不确切的。假使说单单靠规诫什么也做不成是对的，并不因此而对治愈没有帮助，在某种程度上，训斥和谴责能制止他们的疯狂（当然，我在说那些精神有改变但是没有完全丧失心智的人）。

"法律都不能强迫我们做我们应该做的事情。法律都办不成的事情，掺杂了威胁的规诫就能做到？"

首先，法律不能说服我们恰恰是这个事实，它威胁我们，而规诫不求对我们要挟，而是召唤我们的服从。其次，法律是让我们远离犯罪，规诫则勉励我们尽义务。我们甚至可以说法律有利于良好的风俗，只要不光是强制，而且也教导。在这一点上，我不同意波希多尼，他说："我不赞成柏拉图，当他给法律增加理论原则。一条法律最好简短，让普通人更容易理解。应该像是神发出的声音，应该服从，不容讨论。在我看来没有比加序言的法律更荒谬和愚蠢的了。指给我，告诉我你想要我做的；我不想学习，而是服从。"在任何情况下，法律都是有用的，因此人们看到有恶法的城市，不良的风俗习惯泛滥成灾。

"可是法律不对所有人有益。"

哲学也不。而这并不意味着对精神的培养没用，或没有效力。说到底，哲学不是管理全部生活的法律又是什么呢？可是就让我们承认法律没用：这并不意味着规诫也没用。不然的话，我们就该否定安慰、规劝、鼓励、告诫、激励的作用。这些处理方式，教会我们各种不同的规诫，正是由于这些戒律格言，达到完美和谐的精神状态。什么也没有比与仁人生活在一起，更能感化犹豫不决的人、使有恶的倾向的人的精神接受正确的原则，重新把他们引导上正路；日复一日的耳濡目染，是一点点地刻录在我们的内心，为遵从规诫的活性来行动而做好准备。我要说，单纯的与智者相遇，就受益匪浅，一个伟大人物的在场，总有某种感召，即便他是寂静无言。给你解释，这可能有益到何种程度，不是十分的容易，但是你很容易明白地理解对我实际上有益到什么程度！"有一些小昆虫，"斐多说，"我们感觉不出它的叮咬，它的危险微妙而伪装；仅仅一个肿包揭示出它的叮咬，尽管在红肿处找不到任何伤口。"如果你和智者生活在一处，发生的事情也是这样：你不会察觉在什么时候，这种共同的生活对你如何就有了作用，可是将来你会懂得对你是多么有益。

"你究竟想说到哪儿？"到这儿：要让好的规诫，时时刻刻陪伴着你，对你的益处就像好的榜样。毕达哥拉斯说，进入神殿的信徒，从近处凝视神像，等待某种神谕，就赢得了新的灵魂。谁能否认，有的规诫能给人强烈的震撼，即便是不那么颖悟的人。就比如这些话，寥寥数语，却有丰富的内涵：

是事莫过分。[1]

---

[1] 神谕语句。

贪心无餍足。①

你对人如何，人对你如何。②

这些格言，就像是对我们当头棒喝，不容我们怀疑、问为什么！即便是不用理性来分析，真理透明地展现给我们。

如果敬重使人收敛傲慢、抑制恶习，为什么规诫不能同样做到？如果训斥给人一种羞耻感，为什么规诫不能同样做到运用格言而不粗暴？以理服人的规诫，不省略人们应该这样或那样行事的原因，指出一个人接受或服从规诫伸手可及的结果，自然更加有益，更能深入人心。如果使用权威有效，那么规诫也有效；因为既然权威有效，那么规诫也有权威。

美德有两个表象：一个是思索真理，另一个就是行动。理论学习让我们思索，规诫引导我们行动。一个正确的行动，操作并展示美德。当某人想采取行动，鼓励对他能起作用，劝告也能。因此，如果一个正义的行动需要美德，而规诫指出什么是正义的行动，那么规诫也是需要的。有两种东西，尤其有助于给我们勇气的力量：对真理的信仰和对自己的信心。然则，规诫能让我们既有信仰，又生自信。我们由相信真理开始，而当我们一旦相信真理，我们的精神便获得勇气和升华，充满了自信；因此，规诫并不是肤浅多余的。

阿格里帕有坚强的个性，是内战给他们声名和权势的人当中，唯一将自己的财产贡献于公益事业的人，他常说受益于这个格言："和睦则小国可兴，纷争则大国可败。"他说，多亏了这个格言，使他变成一个兄弟，一个出色的朋友。

我们看，如果说这类的格言，当完美地内化，就能培育出人格，内容恰恰是这些格言的那部分哲学，为什么不能得到同样的效果？美德一部分建立在理论上，一部分建立在实践上。必须不但学习，而且也要以行动证实所学。既然如此，不仅智慧的原理对我们是有用的，规诫也是同样有益的，可以这么说，这些规诫，对我们的激情施加强制和流放的法律。

"哲学，"阿里斯顿继续说，"分成两点：理论知识，人格培养。学习理论的人，学会分辨应该做和应该避免，只有当通过所学，在他的灵魂发生变化，才成为一个智者。哲学的第三部分，就是规诫学，同时参与到那两点，亦即理论

①② 引自普布里乌斯·西鲁斯。

和修养；因此，作为实现美德的形式，是多余的，既然另外两者就足够了。"

如果我们承认这是真理，那么安慰也是多余的（因为它也参与到哲学的另外两个方面），鼓励，劝说，也都是如此，还有立论本身，因为要想做出论证，立刻就必须设想有一个完整的、修养完善的人格。然而，如果这些人的演说发自完美的精神意识，肯定的是另一方也发自完美的精神意识；也就是说，他们同时由完美精神意识所产生，而同时又在生产完美的意识。此外，你的辩驳是对一个达到完美的、人类最高级别的幸福的人有效。然而却只是之后才达到这种境界 ①；因此，对一个还不是完美的但是正在进步的人，必须给他指出正确行动的道路。或许，智慧就其本身，即便是没有告诫，可以给自己指出道路，因为已经引导灵魂到达那样一点，乃至它除非按照正义无可行动。然而，那些更软弱的精神者，需要有人给他们指引，对他们说："你应该避免这些，应该去做那些。"何况，如果我们想等待，由我们自己就懂得什么是最好的行为方式的那个时候，我们就将犯错误，而那些错误妨碍我们达到我们能够对自己满意的那一点；当我们还在学习自己引导自己的时候，就应该让自己受人的引导。孩童们学写字也用字帖，老师握住他们的手，一笔一画教他们写字，然后让他们临帖，用字帖改正自己的书法。我们应该给我们的精神一种字帖，用榜样来引导我们。

这些论据证明这部分哲学为何不是多余肤浅的。现在还差看一看，单凭其本身，是否就足够培养出智者。这个问题，我们留待以后的机会来讨论。而此刻，且不谈那些论据，我们所有人都需要告诫，防范俗众的庸人之见，难道不是明白又简单？我们的耳朵里听到不受惩罚的话：有些是为我们好而损害我们，有些是诅咒我们而损害我们。这些咒骂让我们充满虚假的忧惧，那些关爱，以最大的善意，给我们坏的劝告，鞭策我们去寻求遥远的、不确定的、昙花一现的财富，而其实我们在门前就能找到幸福。我再说一遍，我们并非自由地遵从正道。亲生父母，将我们引入邪路歧途，奴隶也是。每个人的错误，不仅作用在自身，而是将精神的错乱传染给身边的人，再反过来相互浸染。每个个体的恶习，也是社会的恶习，因为是社会生成了这些恶习。如果一个人唆使别人作恶，他自己就倾向于恶；学会了坏行为，接着就去教别人，当一个社会

---

① 这里的意思是说论证的目的是使对象变得完美，因此是之后才发生的事情。

聚积了每个个体中最坏的东西，就达到普遍的邪恶。因此，我们搞来个保护者①，时不时耳提面命，消除俗众的见解，与大众所好相抗争。如果你以为恶习与生俱来，那就错了：是后天所加，是灌输给我们的！经常不断的警告，帮助我们抵御散布在我们周围的见解！大自然把我们生出来，是纯洁而自由的，并没有预先注定给我们任何恶习。没有把任何有可能唤醒我们贪婪的东西，展示在地表面：把金银置于我们的脚下，让我们踩着，践踏着那种只配被踩踏的东西。大自然把我们的脸向天空扬起，让一切美妙壮丽的创造都要抬起头来仰望，星升辰落，宇宙令人目眩的运动，白天展现出大地的风光，夜晚天空繁星灿烂；星辰的运行，以宇宙观之何其缓慢，而想到其以恒速，穿越的那么巨大空间，速度又是何其之快；当日月处于对立状态的日蚀月蚀；像夜里的火光一样的闪电，没有雷声，就像天空碎裂，天柱天梁和别的类型的天火！大自然将这一切放在我们的头顶，同时将金子、银子埋藏起来。还有铁，为了贵重金属的原因，从来也不消停②——我们获取它是为了灾祸的迹象！是我们自己将把我们引入战乱的金属暴露于光天化日之下，是我们自己才撕裂大地的胸膛，为了从中取出我们灾祸的原因和工具，是我们才把自己的邪恶归罪于命运，不知羞耻地将原本静处在大地深处的东西举到我们的头顶。你想知道令你眼花缭乱的闪光是何等程度的虚幻？没有比这些金属更肮脏的、更暗淡的，当它们被深埋，浑身沾满泥土。如果它们没有从黑暗中、从无穷无尽的巷道中被开采出来，怎么不是这样呢？当把它们加工，剔除杂质，没有比它们更丑陋的了。看看把它们从矿里带上来、清除掉肮脏泥土的那些工人的手吧，就知道它们上面聚集着多少污物。

　　然而，这些金属比起污染身体来，更加污染灵魂，在它们的主人那里比工人那里要更加肮脏。因此，接受某个人的告诫，有个人唤醒我们正义的精神，是必不可少的，总之，在谎言的喧嚣中，去聆听一个声音！那是什么声音！那正是在你被野心声嘶力竭的喊叫而被震聋的耳边说出的有益的轻轻细语，告诉你没有理由去嫉妒那些大众认为是伟大而幸运的人；没有理由让大众的赞同摧垮你正义精神的健康情绪；没有理由让紫袍仪杖使你对精神的平静感到厌烦；

---

① 指格言。

② 指为争夺财富而使用的铁制武器。

没有理由觉得那个有武士开道、人们在他的面前分列两旁的人比你更幸福。如果你想施展威风，既对自己有益又不让谁难堪，那么就去压制你的恶习。

有许多人，放火烧城，毁坏千百年保存下来的、世世代代安然无恙的古迹，固垒高城，被冲车和别的城墙一样高大的、庞大的战争机器摧垮夷平。有许多人，挥军前进，乘胜残杀，尸山血海。所有这些人，当他们战胜了对手，却让自己被贪心战胜。任何人也挡不住他们前进，正如他们抵挡不了野心和残酷！

一种踏平他人国土的暴戾，激发着不幸的亚历山大，将他带到遥远的地方。还是你认为，由接连不断地攻打他受教育的地方——希腊开始的他的生涯，把每个城市的贵重财物洗劫一空，强迫斯巴达受奴役，让雅典沉默无声，这算是人的精神？他不满足于毁灭了如此多的、已经被腓力二世征服或收买的城市，他还要去征服和摧毁别的地区，让他的大军去横扫全世界。就像凶猛的野兽，扑杀比饥饿所要求的更多的猎物，任何地方都不能让他疲惫的残忍平静。把许多王国堆积在一处，构成他的帝国，希腊人和波斯人在他的面前发抖，许多连大流士都保全了他们自由的民族，都被他戴上了枷锁。穿越大海，开辟东方的道路，赫拉克勒斯和巴克科斯止步之处，都阻挡不住他的进军，他要胁迫大自然本身。向前，不是因为愿意，而是因为没有能力停止，正如落下的物体，只有落地才止！

说服格奈乌斯·庞培到外国去征战或开展内战的也不是美德或理智，而是一种为了虚妄的伟大的疯狂激情。在这里，他统军征伐西班牙塞多留的势力，在那里，他去剿灭海盗平定地中海：这一切仅仅都是延长他的权力的借口。是什么力量把他带到非洲、北欧、米特里达特王国、亚美尼亚和亚洲的深处？唯有无止境的权力欲，因为他是唯一认为还不够庞大的那个人！

是什么原因让盖乌斯·尤利乌斯·恺撒大帝造成自己和共和国的垮台？光荣、野心、极端想超越别人的欲望。他不能容忍任何人在他之上，而同时共和国却被迫忍受两个 [1]！

你觉得马略，那个当过唯一一次执政官（因为只这一次，就篡夺了所有别人的执政！）的人，当他镇压条顿人、辛布里人，当他在非洲的荒漠里征伐朱古达，使他面临如此多的危险是美德的本能作动机？马略统帅军队，统帅马略的

---

[1] 指恺撒和庞培。

却是野心。

这些人，当他们摇动一切，震动所有人，被动摇的却是他们自己，就像旋风让一切被卷起的东西旋转，而最先旋转的却是他们自己。正是因此，当缺乏压力，就会重重地跌落，如果说他们是许多人不幸的制造者，最终他们会感受到对他人造成不幸的邪恶力量的恶果。别以为有谁会靠别人的不幸而幸福！

所有的这些充斥我们视听的典范，都应该被戳穿，我们应该让精神纯净，洗去占据它的这些虚假的说辞，我们应该在曾经被它们占据的空间引进美德，来粉碎谎言，和一切伪善地诱惑我们的东西，为的是让它使我们远离我们过分相信的芸芸众生，重新在我们心中树立起正确的观念。智慧就在于此：返回大自然，回到我们远离俗众错误的那一点！精神健康很大的一部分，就在于把愚蠢的建议弃置身后，就在于远离互相有害的聚会。要想知道这是何等程度的正确，就去观察人们在公共场合和独自一人时的行为。不是孤独本身，把我们引向真纯，正像乡村生活并不教会我们节俭；可是，恶习最大的诱惑在于引人注意，当没有见证人和观众，就失去强烈的程度。如果不是为了显摆，谁穿紫袍？谁独自吃饭用金餐具？谁独自在乡村躺在树荫下，要豪华的排场？谁打扮是为了给自己欣赏，甚至都不是为了展现在家人和朋友面前？是的，与他的恶习的炫耀相适的是大众规模的围观！正是如此：如果有人点赞，或承认我们疯狂的对象，那才让我们快慰！缺乏炫耀的机会，使我们远离愚蠢的欲望。野心，奢侈，过度，都需要一个舞台：撤走了观众，就治愈了那些恶习。恰恰因此，当我们身在闹市，就需带着一个顾问，他不是鉴赏庞大的产业，而是赞美那些虽富而少占、拥有的财产的规模适其所需的人。与那些吹捧名人和权势的人相反，他主张致力于学问的清闲，自我返回到脱离外界烦扰的精神。他解释那些俗众眼里幸运的人，如何在忧惧和动荡不安之中生活，在他们的地位引起的嫉妒之中生活，他们对自己的看法与别人非常不同，因为别人看他们是高高在上，而他们看自己是身在悬崖绝壁。因此他们失去勇气，每当看到他们的伟大如临深渊就恐惧得发抖：他们懂得命运的乖僻，知道高高在上者易倾。他们为当初欲望的财产而担忧；曾经把他们变得让别人难以忍受的命运，把他们自己变得更加难忍。那时，他们才开始赞美无拘无束的、无忧无虑的清闲，辉煌引起他们的反感，寻求在跌落前，逃离这种处境。于是，只有在此刻，你看到恐惧如何把他们带向哲学，如何一种摇摆不定的命运引出他们明智的决定。似乎好命运与好见解是互不相容的两种东西：实际上，我们在逆境中更聪明，而顺利则使我们离开正道。

第九十五

你要我谈一下那个许久以来，我对你说在适当的时机再讲的问题，写一封信阐明我对希腊人称为 paraenetice[①] 而我们叫 praeceptiva 的哲学的实践部分的看法，是否单凭这部分就能达到完满的智慧[②]。我知道，假使拒绝你的请求，也不会抱怨我。正是因此，我得寸进尺，对你的请求大幅度让步，我甚至想实现那个谚语："不想要就别去要！"我们常常死乞白赖地要什么东西，人家给我们却又拒绝。是由于轻率？或是过度谦让？不管是什么原因，我要给你一个惩罚：慷慨地接受你的请求。很多东西，我们好像想要，而实际上我们并不想要。在公共阅读会上，作者带来一部历史巨著，蝇头小字，密密麻麻，篇幅浩瀚，当已经读了好大一部分，他说："如果你们愿意，就读到这儿吧。"于是，虽然听众唯一的愿望就是这老兄马上闭嘴，却齐声喊道："接着读，接着读！"许多时候，我们想要的是一个，选取的却是另一个，甚至对神都不坦白，神都不值当去理睬我们，或者可怜我们！至于我，毫无恻隐之心，我给你发去一封长信！如果你读起来十分费力，那就只好说："我真是自讨苦吃！"并且，把自己的名字列入那些百般求爱娶来泼妇的人，或者那些流够了汗水获得财富却从中只遇到痛苦的人，或是用尽手段，钻营到公共职位，却被官事缠身，感到焦头烂额的人，总而言之，加入自寻烦恼的那一群！

说了这么一大段开场白，让我们言归正传。有些作者说："幸福的人生在于一系列正确的行动；训诫引导正确的行动，因此，足以使我们获得幸福的人生。"实际上，训诫不总是引导实践正确的行动，而仅仅当精神服从它的时候才可以做到；否则，如果灵魂被错误的见解所控制，我们求助于哲学训诫就是

---

① 训诫学，参阅第九十四篇。
② 希腊/罗马哲学中的"智慧"，相当于中国古代哲学中的"道"，而智者，则近似"圣贤"，或孔子学说中的"仁人"。

徒劳无益的。也可能发生的是，人们实践正确的行动，却没有意识到他的行动是正义的。没有任何人，除非经过从基础上的培养，完全受理智所指引，有能力了解他的义务，懂得何时、何种程度、和谁、以何种方式、为何原因而应该行动，是不能让灵魂全部符合道德的，既不能持之以恒，也不能心甘情愿，必是会持续地犹豫不决，瞻前顾后。

他们还说："如果道德行动来自训诫，那么训诫就足以达到幸福的生活；既然前提是有效的，那么结论也是。"对这个论点，我们提出异议：道德行动也从训诫产生，但不专由训诫产生。

还有另一个论断："如果其他艺术①有训诫就足够，那么智慧也同样足够，因为它是生活的艺术。如何教授舵手的工作？告诉他'这样把舵，这样收帆，要这样利用顺风，如何迎着逆风，如此这般就能运用忽左忽右的风'。训诫也足以教会别的技艺，所以也足够培养生活艺术的大师。"所有这些技艺，都占生活辅助因素，而不是生活的全部；许多外部原因——希望、野心、恐惧——都能阻止这些技术自由地发挥。可是以生活为务的艺术，没有障碍可以阻碍它的实施，因为它懂得粉碎一切障碍，克服一切困难。你想弄明白什么是区别这种艺术与其他一切别的艺术的条件吗？就是在这些技艺中，有意识地犯错比偶然的犯错更情有可原，而在智慧中，最坏的错误便是明知故犯。让我讲得更清楚一点：一个语法学家不会因为有意识地犯语法结构的错误而脸红，但是如果无意间出了错，会感到惭愧；一位医生，察觉不出病人正在死亡，比那个知道病人要死了却掩饰情况的医生，显得医术更不高明；相反，在我们的生活艺术中，缺点越是自愿的，就越是严重。再加上，许多技艺——而尤其是其中那些更自由的——都以一些理论原则为基础，而不仅仅是基于实践一类的训诫。医学就是这种情况；因此才有可能分成希波克拉底、阿斯克莱皮亚德斯、特米西安学派。而且，没有任何一种理论科学没有其主体基本原理，——换句话说，那种希腊人称为 δόγματα（定理），在拉丁文中我们可以定义为 decreta（法规）、scita（规律）、placita（条陈）：例如几何学或天文学的原理。反观哲学，它是一部分理论、一部分行动的，不但致力于观想，而且通过行动来实现。因此，如果你想象它仅仅局限于地上行动的层次，那就彻头彻尾地错了。哲学会

---

① 葡萄牙文是"艺术"，但是包含了"工艺"和"技术"。

对你说：我探索整个宇宙，我不局限于和有死凡夫相伴，不满足于说服你们或劝戒你们该这样、不该那样，有更高尚的任务等待着我，远超过人类的范畴。用卢克莱修的话说：

> 我将展示给你，
> 宇宙的和众神的最高理性，
> 揭示给你世界的构造；
> 万有的物性从何而来，
> 发展，创造，万物归元。①

由此观之，哲学作为冥想，有其基础原理。难道不是吗？如果没有一整套原则，在所有的情况下指出什么是正确的行动，任何人也不能总是做出正确的行为。那么，一个仅仅知道特殊类型的，不是普遍应用的训诫，就不能做得恰如其分。针对特定情况指出的训诫，其本身是不足够的，缺乏——我们且用这个表达方式——根基。有的基本原理，能够使我们强壮，确保我们精神的自信和安宁，不但涵盖全部人类生活而且整个宇宙。在哲学基本原理与实践训诫之间存在的差异就相当于字母和语句成分之间的差距：词语由字母组成，字母不但是构成语句的成分，而且凡是可能的语句都由此产生！

让我们看另一句话："古代智慧仅限于规诫人们应该做的和应该避免的，而且可以肯定的是古人要远比今人好；当出现了学者，就开始缺乏仁者②；当初简单而透明的美德，蜕变成晦涩的、深奥精微的学问，教我们讨论它，而不是像它那样地生活。"你肯定是有道理，毫无疑问有那种古代的智慧，最初的时候是粗糙的，就像其他技术一样，随着时间的推移，变得越来越完善。但是，在那个时代，人还不需要重药。邪恶还不像今天这样严重和扩散：简单的恶习，简单的药剂就足够。而今天，折磨我们的恶习越是激烈，我们越是缺少更有力的保护。

古时候，医学仅限于研究一些能止血、愈合伤口的草药。后来渐渐发展，

---

① 引自《物性论》第一章。
② 老子：智慧出，有大伪。

直到当今多样性的技术。可是一点也不必惊奇，那个时代，医学只有很小的应用范围：那时候身体是结实强壮的，食物是自然的，还没有被烹饪的享受所糟蹋。可是，后来食物变成一种不是满足食欲，而是刺激食欲的方式，发明了一千零一种调料吊人胃口，饥肠辘辘想吃的食物，成了我们填塞进胃里的难以承受的负担。结果是：面色苍白，浸透了酒精的激动的神经，弱不禁风，更多的烦恼来自消化不良而不是饥饿。还有：走路摇摇晃晃、磕磕绊绊，像个醉汉。浑身出汗，由于超过肚腹容量的坏习惯而大腹便便。由于胆汁的溢出而脸色涨红，脏腑腐烂，因为筋骨缺乏韧性而畸形的手指，麻木不仁或者相反不停地抖动的神经。为什么还要说恶心想吐的感觉、眼疾耳病、好像要爆炸一样的头痛和各种内脏溃疡病？可是我们还有各种发烧：如突然发起的高烧，伴有畏寒和身体打颤。为什么还要述说奢侈生活带来的其他数不清的病痛？古人免得所有的这些疾病，那时的人还没有被人造品所毁损，人类懂得控制自己，照顾自己。他们的身体在劳作中，在真正的辛勤努力中，变得结实强壮。步行、狩猎、田间的农活，让他们疲惫，他们的食物是只有饥饿的人才觉得香甜的！所以他们不需要一大套的医疗器械、所有这些现代的医疗设备和药膏！一种简单的生活给他们简单的健康：各种的美味，带来了多样化的疾病。仔细看我们的美食，豪奢而杂乱的美味佳肴——为此毁掉大地和海洋！——能否让它穿过唯一的食道！必然地，相克的食物相互冲突，引起消化不良，要求胃脏施展尽各种功能。食物的性质如此不同，引起多种形式的病痛，来自物性相反地方的食物，被迫装进同一张胃里，不引起消化不良反倒是怪事。总之，现代生活，带来一点也不落伍的现代疾病！

历史上最伟大的医生，医学科学的奠基人，说妇女不脱发也不患脚痛，可是今天，我们看到秃头的和脚患痛风的女人。不是女人的性质出现了变化，只是超过了本性，由于她们与男人一样的没有节制，于是得了同男人一样的病。她们熬夜、酗酒，一点也不逊于男人，在消费油膏①和饮酒上，完全是男人的对手。正像男人一样，从口里"退还"胃拒绝的美食，把喝进的酒吐出来减轻醉态；像男人一样，吮着冰块，减轻烧心。和男人一样淫荡：她们，本来生性是被动的（就欠让男神和女神惩罚她们！），远不是像今天这样，在放荡的道路

---

① 指体育运动，因为田径运动员要涂油膏。

上冒险，和男人一起的时候，是她们扮演主动的角色！那么我们为何要惊奇，希波克拉底，医学的光荣、人类本性的最伟大的学问家，这样被抓住说了谎，既然有这么多的脱发女人和患痛风的女人？她们放弃女人味儿，失去女性天生的丽质，结果就注定患男人的病痛！

古时候，医生不懂得给食物开剂量，也不会用葡萄酒治疗循环疾病，不懂放血，也不懂用蒸气浴治疗慢性病，不懂得用勒紧绑带来治疗腿或手臂的风湿病。不必配合好几种治疗方法，原因很简单，因为没有那么多种的疾病。然而今天，疾病增加了多少！为了给我们自己提供快感，付出的利息已经超过一切合法的界限。不要惊讶有那么大数目的疾病种类：你可以数一数厨师的数量！知识活动停止了，自由学术的大师，坐在角落里，没人过问，修辞学家和哲学家的学校门可罗雀，与此相反，你看见人员热闹的厨房，挥霍宴会的豪宅里高朋满座。我都不想说那群可怜的奴隶，宴会结束以后，等待他们的是丑陋的斗室；更不必说成群的青年"男宠"，根据不同的种族和肤色聚成一组，每组所有人都一样的重量，一样长度的新长的胡须，所有人都一样的发型，一个直头发的都不能混杂在卷头发的当中！我都不想说有多少点心师，更不必说那些餐桌边的奴隶，主人一个信号，鱼贯穿梭，开始上夜宵。噢，我的神！为了一只胃，要动用多少人！你以为蘑菇，那个妖艳的毒菌，长久食用不会得病？虽然效果不是立刻能察觉到。你觉得牡蛎，那种在污泥里长肥的软体动物，不会让你的胃像烂泥一样的沉重？你不认为我们进口的虾酱，那种臭鱼烂虾制成的腐败而珍贵的酱汁，变质的腌渍不会烧坏我们的脏腑？你不懂那种吃到嘴里泛酸的腐味的食物，在我们的内脏里会对健康有害？你不见打出的饱嗝带着难闻的瘟疫气味，终日饱食让人恶心欲呕？由此你可以看出，食物不是被消化，而是在腐烂！……这让我想起，不久前人们说的卓越的什锦海鲜，厨师们在上面堆积起来——为了将其毁灭！——美食家们一整天习惯享用的所有的菜肴：扇贝、海螺、牡蛎，全部切成碎块……海胆……① 和没有刺的菱鲆！甚至都已经懒到不去一件件地品尝：把一切味道掺杂在一起。总之，在拼盘里做该在胃里做的事。就差看到哪天享用已经嚼烂的食物！让厨师们做牙齿的工作难道不比去除贝壳和鱼刺更省事？每次品尝一件，是太烦人的事情：全放在一起，一次性品

---

① 文字有残缺。

尝！我为何非要向单一的菜肴伸手？一起端来，把各种菜式和配菜都混合一团！不少人知道，人们常说，摆上各种菜肴属于奢侈排场，食物不是看的，而是品尝的。把习惯装在各个盘子里的菜，装在一个托盘里，全部毫无区别地掺杂在一处，没有差别：牡蛎、海胆、海螺、菱鲆——全都煮熟，混杂在一个盘子里！呕吐的秽物混不成这样的杂乱！这么乱七八糟的食物，引起的疾病也不是单独的，而是混乱的、多发的、形式多样的；为了对付这样的病症，医学的治疗和观察方式也变得复杂。

对哲学，我也应该做同样的思考。哲学在古代也曾经是不这么复杂的，那时人的错误还不那么严重，轻微的照料，便得到康复。而针对今天风俗习惯的巨大变态，就必须使出各种手段。即便是这样，这个瘟疫能被战胜已经是很不错了！今天，疯狂已经不仅仅限于私人生活，而且侵染了公共生活。我们惩罚杀人犯，杀人偿命：那么战争呢？屠城的罪犯呢？难道不是被当作光荣的缘由？贪心和残忍，不知止境。即便如此，如果是偷偷地，且由个体做出，残害还更少些，更少些妖邪：今天，是通过元老院的法令和公民投票，实施凶残的屠戮，是法律命令以国家的高度，去做个体水平被禁止的事！一种秘密犯下的就被判处死刑的罪，由军人实施却引起赞扬！人类——天性温和的种类！——以身边人的血而满足，挑起战争，作为留给后人的遗产，竟然不觉羞耻，而没有理智的野兽都能相安地生活。为了抵抗这么激烈的、如此扩散的疯狂，哲学变得更加复杂，不得不与它所斗争的邪恶增长做相应的增加[1]。以前批评一个人多喝了一点，或取食物有点挑剔，是容易的事；要想把这样的、仅仅稍稍偏离的灵魂引导向节俭，不需要十分严厉；

> 而今要眼疾手快，使出所有的手段。[2]

所取的不过是快感！就连恶习也不保留在它的界限里：奢侈退化成了贪婪！对道德的轻蔑，侵入所有的领域：只要能出价，什么都不认为是卑鄙无耻。人——对人来说应该是神圣的东西——却仅仅为了娱乐将其置于死地；训

---

[1] 魔高一尺，道高一丈。
[2] 引自维吉尔《埃涅阿斯》第八章，稍有异。

练人来伤人和被伤，已经是亵渎神灵——现在，把他们赤裸无助地投入角斗场，对我们简单的死亡就足够当成一场演出！因此，一种如此变态的风俗，为了控制这种根深蒂固的恶习，需要比平常更严厉的技术：我们必须灌输能够彻底铲除现行的错误观念的原则。如果与原则在一起，也使用训诫、安慰、鞭策，或许这些原则就能占上风：单纯的原则本身是无效的。如果我们想让人们遵从原则，如果我们想把人们从控制他们的恶习中拔出来，首先要教育他们什么是恶、什么是善，必须让他们知道，除了美德，其他一切事物都是可以改变对其性质的判断，有时候被认为是坏的，有时候被认为是好的。在军人生涯中，最强的约束是，下级服从上级、对军旗的热爱和拒绝临阵脱逃；在这种条件下，就容易获得宣誓新兵所想要的其他一切。同样，对那些我们想吸引他们走向真正幸福的人，应该灌输基本原则，我们必须将美德植入他们内心。必须让他们感觉与它的联系就像是有一种迷信的敬畏，必须热爱它，愿意与它一同生活，没有它就不能活。

"你说什么呀，难道没有人即便是没有开始研究哲学的高妙精微，就表现得基本是诚实的，取得巨大的进步，谨守实践类型的训诫吗？"我不否认，他们有一种天性，益于吸取健康的原则。不死的神仙也没有学过任何种类的道德，因为他们自然就全部具备，由于"为善"是他们的天性的一部分；在人中也是如此，有些人，自然具备卓越的人格，无需长久的培养就吸收传统的原则，自从头一次听说正道，就去拥抱；就是从这些人中，出现那些圣人，在自身中激发出一切范围的美德，他们自己会生出美德。而另一些人，那些精神迟钝的，或被错误传统所控制的人，则要把他们灵魂上生的锈打磨掉。不仅如此，如果我们把哲学的基本原理传授给第一种人，他们很快就达到最高水平，由于他们天性向善；如果我们传授给第二种，生性软弱的人，我们就要帮助他们摆脱错误的信念。由此，你可以看出基本原则是多么必要。我们身中有一种本能，对某些事情畏缩不前，对有些事草率大胆，然而，不论这些莽撞，还是那些怠惰，如果我们不首先除去相应的原因，都是不能消除的，或者说，毫无根据的崇尚或忧惧。当我们有这些本能，你就有可能说："这是我对父母的责任，对子女的责任，对朋友的责任，对客人的责任。"——患得患失永远成了犹豫不前的原因。一个人可能完全知道他应该为祖国而战斗，可是恐惧说服他做相反的事；他能知道应该为朋友流尽最后一滴汗，可是贪图安逸阻止他这样做；能清楚对一个已婚的妇女最大的伤害就是丈夫有一个情人，可是淫欲使他欲罢不能。因此，如果不事先消除阻碍遵从这些告诫的障碍，就一点作用也没有。正像我们把武器放在一个人的眼前，伸手可及之处，如果不先解开他被捆绑的双手，就无法去用！要想让灵魂实践我们给它的建议，我们必须首先给灵魂松绑！让我们想象一个人按照他应当作的那样行事：他有可能不是经常这样，有可能不是持之以恒的这样，因为不懂得为什么是这样。有时候，纯粹是因为偶然，或者是因为熟练，我们能画出一条直线，可是我们手头没有一把规尺，来验证那些线是否真的像我们想象的那样直。一个偶然做件好事的人，不能保证他永远是好人！

我也承认，训诫可以使"受劝人"按照道德行事，但是不给他提供规则以使他永远按照道德方式行事；而如果不能做到这一点，也就不能把他引向美德。我承认，告诫着他，有可能根据道德采取行动。但是这意义不大，因为功绩不在于我们行为的方式，而在于引导我们这样行为的理性。有比豪华的盛宴对耗费骑士财产更有害的事情吗？有许多别的事情更值得我们的检察官监督——用美食家的话来说——这种宴会仅仅是为了荣显自己，显示个人的"才华"。乃至有人，节俭的榜样，上任的时候举办一百万银币一场的宴会①。也就是说，这场宴会，已经避开了那个职位的义务而产生的对被贪吃所驱动的、不荣誉的宴会的谴责，因此，与奢华的排场相反，这场上任宴会的花费，是由习俗所强加的。某天，有人送给台伯留·恺撒一条巨大的菱鲆——可是为什么不说它到底有多大，让那么多人流口水？——据说是四磅半。恺撒命人把它送到市场上去卖，他说："要是阿皮基乌斯或屋大维不买这条菱鲆，我对朋友们就太失望了！"结果发生的事情大大超过预期：人们组织了一场拍卖，结果屋大维拔得头筹，以此在他的朋友圈中获得盛名：用五千银币拍得恺撒卖的鱼，连阿皮基乌斯都没有买到！付这么大金额，对屋大维方面来说是一种羞耻的表现，用买鱼的办法送给台伯留钱都已经不配是一个男子汉，哪怕是他任凭自己被一种认为只配恺撒享用的美食所诱惑。另一个例子：我们赞成一个人坐在生病的朋友床头。可是设想这个人的目标是遗产：就变成了一个等待尸体的秃鹫！所以，同样的行动，可以是不名誉的或诚实的，一切都取决于做出行为的

---

① 这部分的意思应该是：督查民俗的检察官，被世俗所驱，作出伤风败俗的事情。

动机，取决于促成这些行为的原则。那么好，如果我们的行动符合道德，如果我们想到在人之间唯一的善乃是道德财富且一切都由此而发生，而一切其他的财富都是昙花一现的，那么所有的行动就是诚实的。因故，我们应该将这个信念内化，让它关乎我们全部生活。就是对这种信念，我称之为原则。这些信念的性质如何，我们的行为和思想便是如何，正如这些思想行为是如何，我们的人生便是如何。如果我们愿意将其运用到全部人生的正道，给出局部的忠告就是足够的。布鲁图在他的著作 περι καθήκοντος①中，记录了许多对父母、子女、兄弟所用的实践训诫，但是，倘若不是以一种普遍的行为规范作基础，任何人都不能遵从这些训诫。我们必须把达到至善作为最后的目标，我们所有的努力、行动、言论，都朝着这个目标。我们像是水手们所做的，用某颗星辰指引航向。没有一个目标，生活就成了随波逐流；可是如果我们提出一个目标，就开始感觉到原则是多么的必不可少。我觉得你承认，没有比总是犹疑不决、无所适从更令人惭愧的了。假使我们不首先清除掉羁绊和压制我们的灵魂、阻止它发挥出自己最优秀的表现的原因的话，同样的事情出现在人生的各个领域。

训诫的一个常见的题材，就是对神的崇拜。我们可以劝告人们别在星期六点燃灯盏，因为神也不缺光明，人也受不了烟熏火燎。我们可以劝阻人们不要去晨拜，也不要把轿子停在神庙前面：这些义务可以使人类的野心快慰，然而敬神只要心诚。我们可以禁止人们给朱庇特敬献浴巾或洗澡刮板，或是献给朱诺一面镜子：神明不缺辅助用具，最好的理由是，神才是人类的救助，对所有人，不论何时何地。或许有人听说过，在献祭的时候要怎样做，或者被告诫要远离不健康的迷信，如果不在你的精神里孕育真正的神性，你就不会有实际的进步，神性什么也不占有，却赋予一切，就像是无私地奉献。神是仁慈的原因，就在于它的本性。假如我们以为神要想害我们，那就错了：它们不能！它们不受伤害，也没有能力害人，因为伤害既是受害，两者是相互的。它的本性，是世间最崇高而完美的，使其不受任何危险，同时也没有能力构成任何危险。对神崇拜的第一个行为是净信；然后认识它们的庄严，认识它们的慈悲，没有慈悲，就没有可能的威严；懂得是它们管理着宇宙，通过它们的神力统治着一切，照看着人类的安全，尽管不关心每个人。神既不造成祸害，也不受

①《论责任》。

害；尽管如此，会惩罚某些人，压制他们，施加惩处，有时候甚至降罚表面上却像是降福！你若想取悦神，就做个好人！无限地崇敬神，模仿神。

让我们来谈另一个问题：对待同类的方式。我们应该是怎样的行为，提出什么训诫？我们不该让人类流血？对同类我们应该做出友善之行：劝告不伤人，不害人，多么滑稽！甚至好像找到一个不对别人形同野兽的人，就已经是值得夸赞的事情……我们去劝告要对海难者伸手相救，给迷途的人指路，分给饥饿的人面包。可是我为什么要一一历数所有我们应该做的和不该做的，而我能够以一句话概括所有对他人的责任？你所看到的一切，这个包含神的与人的空间，都是浑一①，而我们不是别的就是一个庞大躯体的肢体。大自然将我们当作唯一的家庭生出来，因为我们是用同样的材料创造，给我们同样的目的②；大自然让我们感到相互的爱，指给我们社会生活。大自然决定一切合法的和公平的；由于自然法律本身，作恶比受害还要恐怖；遵从大自然，我们的双手应该时刻准保着伸向需要救助的人。我们应该将这句有名的诗句刻在灵魂，时刻就在舌尖：

　　我是人，一切关乎人的都关乎我！③

我们的一切都是共同拥有，既然我们是以社会的形式产生。人类社会全部形同一个石拱：单独石块，便坍塌，相互支持，就能保持坚固！

我们已经谈到了神和人，现在我们来谈如何对待境况④。关于这点，如果我们不事先解释对每件事正确的观点——贫穷、财富、荣誉、羞辱、祖国、流放——就提出训诫，那就相当于纯粹的浪费时间。我们就每件事自身来评价，不理睬流行的看法，考察每件事实际情况，而不是人们对它怎么看。

让我们来看美德。有的哲学家想引导我们给谨慎更大的价值，让我们实践勇敢的美德，要我们行侠仗义——假使有可能——比别的美德更投入。很好：

---

① Uno，这里的"一"如同老子的一生二，二生三，三生万物。
② 这个词有"注定的命运"的意思。
③ 引自泰伦提乌斯《自我惩罚者》。
④ 这个词在葡萄牙语中有"事物、东西"的意思，但根据下面的语境，应该是"境况"。

如果我们不知道什么是美德，它是一个还是多个，各种美德是独立的还是相互取决的，一个人如果具备其中的一个，是否就具备其他的，它们之间的区别是什么，这些告诫就毫无用处。一个工匠不需要研究他的工作的起源和用处，正如一个舞者不需要研究舞蹈艺术的历史：所有关于这些艺术的知识，都局限于它们的本身，因此它们不对整个人生有关联。然而美德，不仅牵涉它自身还关涉到其他一切；要想学习美德，我们必须开始学习它究竟是什么。一个行动如果不是发自正确的意愿，便不可能是正确的，因为行动发自动机。如果人格不是正确的，动机也永远不能是正确的，因为意愿由人格而产生。最后，如果不懂得管理整个人生的法则，也不研究什么是每件事物的正确判断的话，人格不能达到完美，一句话，如果不以真理看待所有的事物的话。平和不是附属品，而是一个人关于世界的知识达到了不变无误：别的人决定了又后悔，犹豫不决，不知道该不该坚持到底。让他们这样摇摆不定的原因是遵从最失败的标准：通行观点！如果你想让自己的意志保持一致，必须只想要真理。然而，我们不了解哲学的基本原理，就不能达到真理，这些原理关系到全部人生。善与恶，有道和无道，正义和不公，怜悯与无情，各种美德及其应用，占有有用的财富，声誉与尊严，健康、优秀的体魄，美丽、敏锐的感觉——这一切都要求我们自己有一种正确的评价能力。必须懂得给命运的手段多少和什么重要性。实际上，当你给某些事物大于其应有的价值，就是犯了错误，而你要是认为那些人们以为特别重要的东西（财富、影响、权势）是确切的，就大错特错，实际上它们一文不值。那么好，你如果不懂得那些让我们确定给每件事物相应价值的基本主张，就不能做到这一点。就像树叶独自不能生机勃勃，必须长在树枝上，从中吸取营养，所有那些训诫也是如此，没有了源泉便会枯萎，只有根深才能叶茂！

此外，这些想取消基本原理的哲学家不理解取消它们的这一事实本身，结果便是在确认它们。说到底，他们的论点是什么？说训诫覆盖了人生的所有方面，说基本原则是多余的。可是——神明助我！——他们的这一论断就不亚于相当一条基本原理，假使我说我们可以无需训诫，作为多余肤浅的东西，我们应该与此相反，运用基本原则，只致力于这些原理的研究：我用来否定训诫意义的这句话，其实就一条训诫！……在哲学的某些领域，人们喜欢用简洁的解释，另外一些则需要推演，有时候是冗长的，因为涉及非常复杂的题材，需要非常注意和高度的智力才能变得明显。但是如果需要演绎，那么就也需要原理，通过论证，由这些原理简明扼要地阐述真理。有些原则是明显的，另一些是难懂的：浅显的是那些通过感官和记忆便可以理解的，难懂的是那些处于更高层次的。实际上，理智不仅仅限于一目了然的；她的大部分，最精华的部分，运用于脱离感官的地方。那么好，脱离感官的地方，就要求演示，而没有基本原理就无法演示；当然，基本原理是不可缺少的。从同一个源泉，生发出常理，对现实的正确意识：对事物性质的准确评价。如果缺乏这种判断，我们的灵魂中的一切便漂流不定，为了给我们的精神万无一失的判断能力，基本原则是必不可少的。总而言之，当我们告诫一个人要把朋友看得和自己一样重要，或让他想一个敌人可以转化为朋友，当我们激励他增加对前者的爱和遏制对后者的仇恨，我们加上这句话："这个行为是正义的，符合道德！"那么，决定我们基本原则的理性本身包含着"正义"和"道德"，因此它是不可缺少的，没有它，我们不能给出这些观念。尽管如此，我们结合原理和训诫：如果说没有根枝叶是枯萎的，而根却可以从它所生发的枝叶中获得营养。谁都知道手的作用，它的功能是明显的，然而心脏这个给手生命力的、支配着手的动作和行为的器官，却是隐藏的。这个形象反映出事情的情状，训诫是表现在众人眼前的，而基本原理则是处在更深的层次。正如圣事的水平不一，有的深层神圣秘诀只有入道的人才能得知，在哲学领域也有秘密原则，只透露给那些不愧进入圣殿的人①；反之，训诫和别的类似的方术，都是公开的知识，甚至对在俗的人。

波希多尼认为不仅"规诫技术"（既然没有什么来禁止我使用这个词汇）是必不可少的，而且使用说服、安慰和鼓励，还加上对原因的研究，或者说"原因学"，既然是如果语法学家们，那些纯真拉丁语的捍卫者，感觉有权利这样来称呼它，我看不出为什么要逃避使用这个词汇。波希多尼说单独地描述每种美德也是有用的，这便是他所谓的"原因学"，而别的人成为"特色"，亦即指出每种美德和恶习的特征和价值，和用什么方式来区分表面上相似的行为。这后一种技术，同训诫有同样的效果；只是训诫的时候，我们说："你若想温文尔雅，就要如此这般。"而我们描述的时候则说："一个温文尔雅的人是做这种

---

① 这句话，让人想到佛教和道教里那些非其人不传的秘诀。

行为，避免那种行为。"用另外的话说，区别在于一种情况下我们给出美德的训诫，另一种情况下，我们提出一种模式。我不否认这些描述，或者用共和派的人的语言，"登记卡 ①" 有它的用处：展示出值得钦佩的伟业，总会出现人来模仿！你认为有用吗？懂得论证一匹出色的宝马的，来避免上当受骗卖一匹驽马的格言，或者白白浪费了时间！了解一个高贵灵魂的特点更有用，看到在别人身上表现出来那些特点，可以运用到你的自身。

> 赶快吧，养育高贵血统的马，
> 在原野昂首迈步，弯起美丽的马蹄，
> 它走在最前面，不畏急流，
> 勇敢踏上未知的路途，
> 听见空虚的声响，不惊不惧，
> 挺拔的脖子，优雅的马头，
> 短腹平背，胸部的肌肉，勇敢强壮……
> ……当听见远处战斗的号角，
> 便兴奋不安，竖起耳朵，
> 腿在颤动，鼻孔喷出热气！②

尽管说的是另一件事，伟大的维吉尔的这些诗句，描写出一个真正的英雄！至少和我所描绘的英雄形象没有区别。如果我想描述大加图的神态，在内战的轰鸣中无所畏惧，敌人已经从阿尔卑斯山攻下，他用自己的胸膛抵抗内战——我不会给他画另一副面孔，另一种神态。肯定任何人，从来也没有表现得比这个人更勇敢，他挺身而出，同时反对恺撒和庞培，同等地挑战恺撒派和庞培派，显示出来有第三派：共和国派！实际上，说他"听见空虚的声响，不惊不惧"，不足以描述他的勇敢，而是他不惧怕听见真实的声响，就在眼前的战争的声响，是他自由地高扬嗓音反对恺撒的十个军团和高卢人前来助战的军队，面对野蛮人的武器伴着罗马人的刀剑，他激励共和国不要放弃自由，斗争

---

① 功绩簿，行为档案之类。
② 引自维吉尔《农事诗》第三章。

到最后，宁愿被迫成为奴隶，而不愿毫无抵抗地接受奴役！在所有人吓得发抖的时刻，这个人表现出何等的勇敢，何等的勇气，何等的自信！他懂得，他是唯一把那个景况不当成问题的人：实际上，问题不在于加图知道自己是否自由，而是在于是否生活在自由的人们之中；他临危不惧，迎着军队，皆由此而生。一个感到被这个人不可战胜的坚强、被他在完全的溃败中却毫不动摇的意志所感动而钦佩的人，真想喊出："胸部的肌肉，勇敢强壮！……"

有用的是，我们不仅仅限于考察什么是平常体现一个好人的特点，普遍的特点，而是首先描绘出他们实际上如何表现的细节：例如，说到加图的致命的伤口，作为勇敢的关键行为，他刺伤自己，从这个伤口，共和的自由呼出最后的气息；或者莱留斯的智慧和与他的朋友西庇阿一起的和谐生活；或是图伯朗的官方宴会，他不用床垫而是用蛇皮蒙床，他在朱庇特神庙前使用的泥陶餐具。这样的宴会的意义，不是在卡皮托利神庙把贫穷神圣化又是什么？虽然我不知道他有别的什么行动，值得让他与大小加图并肩而立，单单这个行动，难道不是足够吗？这不是一个宴会：是公开的谴责！人们的无知要到什么地步，有对光荣的野心，却既不懂什么是光荣又不知获得光荣的道路！那天，罗马人民有机会鉴赏到了许多餐具，可是只有图伯朗的餐具让他们惊叹。别人的金器银器都曾经被打碎，熔铸过千百遍，而图伯朗的泥杯，将会千百年地流传！

第十六卷
（第九十六至第一百）

第九十六

你还在生气，或者说，你还在怨这怨那，难道你不懂唯一有效的损害，就是你的怨气和哀叹？如果你想知道我的看法，我以为一个人没有任何苦恼的理由，除非他以为，在他自己的处境之外，大自然本身有苦恼的理由。到我忍受不了任何事情的那天，我就不再忍受我自己。我缺乏健康：这是我命运的一个部分。奴隶们病病恹恹，收入也没了，房子四处裂缝，损失，受伤，烦恼，危险，接连不断落在头上：所有的这一切都是自然的。我甚至还要说：不可避免的！都是我们所受迫的条件，而不纯粹是事故。如果你对我还有些信任，我会把全部的内心揭示给你：我在一切表面上看来是不顺和艰难的困境中培养起自己的人格；可是我不仅是听凭神的意愿，我真的是赞同他们；甘心情愿，不单单是因为那些是不可避免的。我从来没有发生过以痛苦或苦着脸来接受任何事；我从来没有不情愿地缴纳过任何税①。你看，所有发生的造成我们呻吟或恐惧的，都不过是生活要求我们交的税。我尊贵的路西利奥，你无法从这些税中逃脱，甚至连求免都不能！你为肚子疼而痛苦，你接到让人伤心的消息，你接连地遭受损失——我甚至还要走得更远，你有生命的危险。那么说，你愿望活到老，却不知道这一愿望里就暗含了这一切？漫长的岁月会遇到所有事情，正如长途旅行会有尘土、泥泞、风雨。"我愿望生活，是的，可是免受所有这些挫折！"啊，多么的娘娘腔，太不配是个男子汉！让我们来看一看，你如何接受我的这些祝愿——我这样做不仅是出于善意，而且是最好的意愿：祝所有的神能够让命运永远不降福于你！你来自问，如果某个神让你选择，你愿意活在一个市场还是军营。生活，路西利奥，就是军旅生涯！被派往前线的人，艰苦行军，跋山涉水，迎接最危险的任务，那才是英雄，是军中的精锐；当战友迎

---

① 这个词现在的意义是税，但是作者的意思应该是指"命运所强加的"。

战危险，而怯懦地留在可耻的闲散中的人，不过是些东躲西藏的"斑鸠"。

第九十七

尊贵的路西利奥，如果你觉得奢华、轻视醇厚的风俗，人人都批评的世道浇漓，人心不古，是我们时代的恶习，那就错了：所有这些都是人性特有的，而不是时代的。没有任何时代清白无辜。如果你来评论每个时代的放纵（说出来我都自觉羞愧！），从来没有像加图时代那么明目张胆。谁能相信，在对克洛狄乌斯的审判[①]中，他竟然去行贿。克洛狄乌斯作为被告出庭，因为在秘密仪式[②]中与恺撒的女人通奸，他完全触犯了祭祀的仪式，所谓"以人民的利益"，在这个仪式中，完全禁止男性出现在圣事的会场，甚至表现雄性动物的绘画都被蒙起来。可是他不仅给法官们送了钱，而且下贱的程度超过贿赂本身，对贵族的主妇和少女实施强奸（以罪上加罪）！他被宣判无罪释放比罪行本身更丑陋：强奸犯分享他的奸淫，他不把法官们变得像自己一样，就感觉没有把握免罪。这件事出现在加图作证的一个案子里。我引用西塞罗的原话，因为这个案子超出一切能够令人相信的限度：

"他把法官们召集到自己府上，许诺，保证，给钱。不但如此（噢，善良的神们，这是何等的邪恶！），还找来一些女人过夜，和贵族少女幽会是向一些法官赠送的附加礼物！"都不必悲叹贿金了，最坏的是附加礼品。

"你对那个萎琐男的老婆有兴趣？还是更喜欢这个富豪的女人？我想办法让你和她睡。如果你不犯通奸，就能判我的罪！你想得到这个美人，她准出现。我许诺你和她过一夜，而且很快做到：二十四小时之内肯定做到！"得说他更是传播通奸，而不是犯通奸，可称之为对家庭主妇的通告！审判克洛狄乌斯的法官们向元老院申请了一支卫队，这种护卫，只是如果他们有意判处有罪的时

---

① 公元前65年，西塞罗与克洛狄乌斯对罗马神话里的慈爱女神玻娜德娅的秘密祭祀有争论，这种仪式只能女性参与。这年的秘密仪式在恺撒家中举办，于是克洛狄乌斯便乔装成女人，混进仪式场地。被人发现，送到法庭。但因为贿赂了审判团而被宣告无罪。
② 慈爱女神玻娜德娅的秘密祭祀。

候才需要，元老院批准了卫队，在宣布被告无罪以后，克洛狄乌斯和法官们开玩笑说：

"我们要卫队干什么呀？为了别让你们的钱被人抢了去？"

在这些讽刺话中，克洛狄乌斯逍遥法外，判决前的强奸犯，审判中的皮条客，以比他该当的耻辱更卑鄙无耻的方式，被判了免罪。

你觉得还有比这更腐败的风俗吗？宗教、法庭都不能刹住，元老院在以法令立案的审理过程中，犯下比审理对象的强奸更多的强奸案。问题是，如果某人在犯强奸罪后能够安全地生活，人们就会看到谁也不能不犯强奸就安全地生活！

庞培和恺撒的时代，西塞罗和加图的时代，这究竟到了何种的地步，就是那个加图，民众在他面前拒绝接受在罗马的鲜花节里出现裸体妓女的习俗，……真不知道，我们是否应该相信这些民众来当法官会不会更严厉！这种事情有时会出现，正如所发生的，城市乱无秩序，有时候因畏惧权威而收敛，可是从来也不会是自发的。所以，你没有理由这样想，在放纵无度和不尊重法律上，我们出类拔萃。比起那个强奸犯在法官面前拒绝认罪，而法官在罪犯面前坦白犯了强奸的时代，那个为了能把案子审理下去就得犯强奸的时代，在那个克洛狄乌斯——因使他堕落的恶习而受宠——在案情的审理过程中去拉皮条的时代，我们年轻时，风气不知要健康多少。谁能想得到一个应该因通奸而判罪的人，结果却因为几起通奸而无罪释放？

克洛狄乌斯们每个时代都有，但加图并不都有！走坏路容易，永远不缺向导和同伴，尽管在坏上发展，不需要向导和同伴。对于恶习来说，不仅是有倾向，而且有真正盲目的本能，使很多人变得没有能力改邪归正；在任何技艺上，不完美是相应的工匠的羞耻的原因，面对他的错误，感到无地自容；生活艺术上的不完美，则是快感的原因！舵手不会因为船翻了高兴，医生不会因为病人死了高兴，一个律师不会因为辩论的错误使当事人被判有罪而高兴，而相反的是，对有恶习的人来说，任何一种恶习都是快乐的源泉：那个人，通奸使他快乐，越难得到越辗转反侧；另一个，诈骗和偷窃使他快乐，只有命运不向他微笑的时候，罪行才使他不快乐。堕落成了习惯，就引出这种结果。此外，有时候由于即便是有最恶劣犯罪倾向的精神，也保持对善的意识（并非不知是作恶，但不管不顾）请看所有人如何掩饰他的行为，当事情称心如愿，就享受罪行的获益，却从来也不揭露自己的所为！坦荡的人，心安理得，在众人面前问心无愧；而邪恶甚至害怕黑暗。以我理解，伊壁鸠鲁说这些话的时候很有道理："一个罪犯可能有运气瞒得了一时，可是不能保证瞒得了一世。"也许我这样说，你更好理解："隐藏对罪犯是没有用的，即便是他们有幸找到一个藏身之地，也永远不能感觉到完全可靠。"正是这样，一桩罪行，可以保持被掩盖，但是永远不能获得安全感。当以这样的方式解决问题，我不认为违反了我们的学派的原则。为什么？因为罪犯的头一个和最大的惩罚，就是他犯罪这个行动，而任何罪行，不论命运如何用它的恩赐乔装打扮，保护它，辩护它，都不能逃脱惩罚，既然罪行本身就是对罪行的惩罚。况且，另一种层次的惩罚会紧紧地追逐着他：不断地恐惧，惊吓，永远不相信表面的安全。为什么我要摆脱对这种不公的惩处？我为什么非要省略这些？① 可是我们应该反对的是，当伊壁鸠鲁说，什么事都不是天性公正的，我们应该避免犯罪，因为我们不能避免恐惧；但是我们能同意的是，恶行受到做恶者良心的惩罚，越是持续地压迫和折磨他们的良心，痛苦就越是严重，乃至于不敢信任别人提供的安全保证。这恰恰证明，我们天性厌恶犯罪，因为即便是在最可靠的安全中，谁也逃不过恐惧。幸运可以使不少人逃脱惩罚，可是谁也逃不脱恐惧。为什么呢？难道不是因为对任何被大自然谴责的行为我们有天生的反感？因此罪犯永远不能相信藏身之地，哪怕是密不透风的，因为良心谴责他们，向他们揭露出自己的丑陋。吓得发抖，这就是识别罪犯的迹象。如果不是大自然② 第一个要求立即赎罪，如果恐惧不作为惩罚的替代作用，那么人类就将是不完美的（因为许多罪行逃避法律、正义和规定的刑罚）。

第九十八

你要相信，当一个人为自己的幸福担忧的时候，他就不能是幸福的。一个人从外部财富获得满足，基础就不牢固，因此会失掉所获得的安宁。相反，一种生发于我们内心的财富，则是持久永恒的，会一直增长到我们的最后一刻；

---

① 这两句是对斯多葛派的质疑。
② 这篇中的"大自然"，也许应该翻译成"人类本性"。

别的一切让俗众在它们面前陶醉痴迷的财富，都是昙花一现。"那么说，是无用的，不能给人满足的？"明显地不能，如果这些财富受我们的支配，而不是我们隶属于财富的时候才能给人满足。命运所辖的一切的受益者，当他是自己的主人时，而不是财产奴隶时，是能够得益的，惬意的。路西利奥，以为命运赐给我们是欲其好或欲其坏，这样想是错的；它给我们的只是行善或行恶的素材，给我们事物的材料，而变成好事或坏事则在我们的手上。我们的精神比各种的命运都要强大，是它引导我们的生活走向正路或邪路，我们到底是幸福的还是不幸的，原因全在于她。一个恶人，使一切结果变坏，即便表面上看来事情是出色地好，一个正义之士，懂得改正命运的错误，懂得通过自己的智慧，化解灾难，应对难以忍受的困境；一个这样的精神，有能力以感恩心和节制来迎接幸福，以坚强的意志来面对逆境。让我们想象一个有经验的人，不对事情完全分析之后决不贸然行事，从来不做超乎能力之外的事：如果不对事情有十分的把握，决不去做超乎一切可能发生的景况之上的事情①。如果你观察别人（我们总是习惯于旁观者清），或者不偏不倚地分析自己，你就不得不承认那些人们所渴望的、以为是珍贵的财富，如果不事先对偶然的失败和伴随你的制约条件有所准备，就都成了无用的，如果不在每次挫折时，坚持地、毫不苦涩地反复对自己说："神作了另一种决定！"……

最好让我凭借赫尔克拉斯的神力（！）找到另外一句更振奋、更确切的诗句，使你的精神更加坚强：只要发生什么与你所期待的相违的事情，就对自己说："众神作出了最高裁决！"以这种精神态度，就能无所畏惧。在我们未经历之前，先想到人类生活的不确定性，就能获得这种精神态度，把我们的子女、妻子、财富看成是某种我们不能永远拥有的东西，避免想象有一天不再拥有的悲伤不幸。成天为未来而忧心忡忡，是精神的废墟，是在灾祸之前就成了不幸的可怜虫，永远为了不知道一切给我们满足感的东西是否陪伴我们到最后那天而痛苦；这样我们就永不安宁，总是等待着将要发生什么，就不能安享当下。实际上，丢失一件东西和害怕它的丢失的痛苦，处于同一水平。这不意味着在鼓励你做个冷漠的人。相反，要避免危险境况，尽量事先想到可能预见

---

① 此处原文的直译，有些差别，是说一个这样的人如果瞻前顾后，考虑一切突发事件，就得不到最佳效果。

的；在发生之前预测到一切有可能对你有害的事，以求避免。为此，自信、坚定，能够应对一切的勇气，是非常有用的。一个有勇气承受命运的人，就能防备着它；但是当一切平静的时候，无需有一点痛苦！不幸和愚蠢的极点，就在于提前的恐惧：提前就不幸了，是何等的疯狂？总之，用一句话归纳我的想法，我所对你描述的这些人，由于忧惧，只能伤害他们自己：他们不论在不幸之中还是在不幸到来之前，都是同样地缺乏明智！一个提前痛苦的人，受到比该受的苦要更多；同样的无能使他预见不出他意想不到的地方的病痛；同样的无节制，使他把自己的幸福想象成是永久的，想象偶然性给他的财富不但是持久的，而且会加倍地翻番；忘记人生就是个蹦床，相信他自己是个例外，不会感觉到偶然性。所以，我认为迈特罗多鲁斯说得很有道理，当他的一个非常有贵族气质的儿子死后，在写给他妹妹的信中说："对有死凡夫来说，一切的好，就在于有死！"他所说的好，不是平常人们所追求获得的财富，而是真正的好——智慧和美德——那才是可靠而永恒的；而这个好，是赐给有死凡夫的唯一永生的财富。而人类是如此的失败，如此的忘记所走的道路，忘记每天把他们拉近一点的那个终点，失去点什么就会惊讶的这些人，他们早晚有一天会失去一切！所有的那些在你的手上，认为是属于你的一切，都不真正是你的；一个不稳的人拥有的东西都不是稳的，一个昙花一现的人拥有的东西都不是永恒的，不可摧毁的。丢失与死亡一样地不可避免；如果我们理解得好，这个真理对我们是一种安慰。失去了就失去了，毫不为之所动：一切终将结束。

我们用什么能把所失去的挽留？只有这样：将失去的东西保留在我们的记忆中，不让我们从它们所获得的益处也同它们一起消失。我们可以被剥夺拥有它们，但是永远不能被剥夺曾经拥有。一个人因为把借贷丢失了，就以为什么也不欠的人是极端的忘恩负义。偶然性剥夺了我们一个事物，可是我们身中保留下从它所获的使用和利益，因为我们要继续占有它的病态的愿望，使我们把这些好处忘在一边！你要对自己这样说："我们看来可怕的一切都是可以克服的。"很多人战胜了各种各样的障碍：穆修战胜了火焰，雷古鲁斯战胜了十字架，苏格拉底战胜了毒药，卢蒂略战胜了流放，加图用剑战胜了自杀；我们也要战胜点儿什么！还有许多人蔑视那些俗众被它们的美丽和福利的许诺所诱惑的财富。法普里修作为将军拒绝的财富，当执政官时也拒绝；图伯朗认为贫穷并不丢人，当他在公共宴会上使用泥陶餐具，既不使他也不令朱庇特神殿失去辉煌。他要表达，人应该满足于使用甚至神也要用的餐具。老塞克斯蒂奥，拒绝执政官的职位，而他天生的美质不愧作共和国的领袖，却不接受天神一般的尤利乌斯①赐予的宽绶带②；他清楚地知道，能怎么授给他，就能怎么夺去！让我们也做出某种显示伟大灵魂的事业来；让我们也成为一个榜样。为什么失去勇气？为什么失去希望？别人能做到的，我们也能做到，只要净化我们自己的精神，追随本真，因为一个脱离本真的人，所剩唯余作欲望和恐惧的猎物，所剩唯余作昙花一现之物的奴隶。我们有可能回返正道，恢复我们正直的本性，我们恢复了它，是为了有能力抵抗不论何时何处攻击我们身体的疼痛，是为了我们能够对命运说："你面对的是个男子汉！还是找那个你能战胜的人去吧！"

③以这样的话语，或类似这样的话语，减轻溃疡疼痛的激烈程度，我祝愿他的病状能减弱、治愈，至少能病情稳定，和我们的朋友们一起老去！可是对他本人，我并不担忧；没有了这个出色的朋友④在场，损失的是我们。他依然充满生命，如果希望这个生命延长并不是为了他自己，而是为了那些因他的在场受益的人。继续活着，是他的一种慷慨。别的某个人早就已经结束了类似的痛苦。而他，把逃避死亡和到死亡里寻找逃避看成是同样的卑鄙。"你说什么？如果条件这样告诫我们，难道不该自动地从此生出离？"当然应该，当一个人已经对别人无所用处，当他生存仅仅当作疼痛的牧场。这个案例，路西利奥朋友，是哲学的实践课，一个真实的实验：观察一个受试的人以何等的勇气，同死亡和疼痛作斗争，当一个包围着他，另一个攻击着他。我们须看着别人的行为来学习行为。直到现在，我一直以论据来探讨是否有可能忍耐疼痛，或者是否死神的临近足以摧垮真正坚强的灵魂。可是，话语还有什么必要？请观察这个实际的事例：对我们的朋友来说，死亡既不比疼痛更坚强，疼痛也不比死亡更坚固。对抗这两者他只靠自信，既不是怀着对死亡的期望被动地忍受，也不是因饱受疼痛而自动去死亡；仅仅是忍着这个，等着那个！

---

① 恺撒。

② 紫绶带，元老院元老袍服的装饰；骑士用的是窄绶带。

③ 文献学家普遍认为，这里有空缺。有的学者认为，第九十八篇在上面一段结束。从这一段开始，属于另一封书信，但缺了前半部分。

④ 不知这个出色的朋友是指谁。

第九十九

我寄给你一封信的抄件，是马鲁罗儿子夭折的时候，我写给他的。人们说，儿子的死，使他几乎没有勇气接受！这封信中，我没有遵从我们习惯的程式，也不觉得应该对他和言细语，因为这个人更该受到训斥，不配得到安慰。一个人受到刺激，几乎不能承受深重的打击，必须慢慢恢复，直到痛苦渐渐平复，或至少是不像起初时那样激烈。可是对崩溃而大哭的人，有责任直接呼唤他们恢复正常，教导他们，眼泪在何种程度上可以显露出荒唐①。

"你在等待安慰吗？可是你接到的却是斥责！为孩子的死你竟然表现出如此的怯懦？要是失去一个朋友你又会怎么做呢？你的一个儿子去世，他前途未定，年纪尚小；他仅仅是失去了一段短暂的时间！我们自己才是自寻痛苦的原因，焦躁地抱怨命运，即便是毫无道理，就好像它的作用不是给我们提供合理的抱怨理由；而此刻的你，诸神可鉴！原本在我看来是即便在实际的灾祸中也是勇敢的人，尤其是在这种虚幻的不幸中，因为纯粹为遵从传统而哀号！……即便是你遭受的不幸是失去一个朋友（这是不幸中最大的厄运），即便是这样，也应该运用所有的力量表现出，因曾经拥有朋友的快乐，大于此刻失去朋友的悲伤。然而有很多人，不懂得评价曾赐予他们享受的美好事物的全部。这种痛苦除了别的错误，还有这种：不仅表示得毫无用处，还有不知感恩。你的朋友因为去世了，就意味着他的作为都无效了吗？那么多年的一起生活，私密受益的共享，难道就一点收效也没有？朋友去世了，那么友谊也去世了？如果曾经享受过的共同生活什么用处也没有，那你现在失去了他又有什么可悲伤的呢？相信我，我们爱过的那些人，即便是命运夺走了我们的相伴，依然会把重要的部分留在我们心中；曾经的时光属于我们，因为任何事物都不比过去所享受到的更可靠。因为我们总是期待未来，对过去曾经的给予就表现得不知感恩，就好像未来（倘若我们能到达那里的话）不会快速地变成过去。一个仅仅享受当下的人，不懂得给存在的好处正确的价值；不管是未来还是过去，都能给我们以满足，前者给我们期望，后者给我们回忆；只是一个是不确定的，而且还可能是实现不了的，而另一个则是永远不能发生了。我们竟然不看重那些我们最

---

① 这篇文章专门讲对亲友死亡的感情表达，并谈及对生命和死亡的看法。

确定的事情，是何等的疯狂？我们要对曾给予我们享受的一切都表示满足，除非我们的精神是漏底的破篮子，一头进，一头出！

"有无数榜样，他们失去了年轻的子女，都不流一滴眼泪，从葬礼回来，就到元老院，或别的公共机关，立即投入工作。这样做就对了：首先，因为悲痛是没用的，无济于事的；其次，我们哀怨对某人发生了一件对所有人都必然发生的事，是不公平的；第三，因为没有比恋念更愚蠢的悲哀方式——感觉思恋和哭泣死亡几乎是同一件事！正是因此——因为我们要在逝者后面紧紧跟随——我们要表现出更大的灵魂意志。瞧瞧吧，时间流逝得多快，我们以全速经过的那一段又是多么短暂，想想吧，所有的人类，都拥向那一点，他们之间的间隙短而又短，即便是在我们看来，似乎显得漫长：你以为死了的儿子，只不过是比你出发的早了一点儿！有没有更愚蠢的，在一个你也要做的旅行中因为他提前点儿走了而哭泣。有人会为了肯定将要发生的事情而哭泣吗？如果我们想让人不死，就是在自欺欺人。有人会为了他总说是不可避免的什么事而哭泣吗？那个因为某人死亡而悲伤的人，是在悲叹人的存在。我们谁也逃不脱同一个规律：有生就必有死。我们出发的时间不同，终点却对人人都相同。我们生命的第一天到最后一天的空间长短不确定且不同：如果想到各种疾病，甚至一个孩童的命都嫌长；如果我们想到时间的飞逝，甚至一个老人的命也嫌短。我们没有什么不是不确定的，不是幻化的，比时间本身还要倏忽而逝的；人的一切都会变化，假使命运愿意，都会化成反面；在人类存在的巨大旋涡中，唯一确定的就是死；尽管如此，所有的人都抱怨这个唯一的谁也不欺骗的东西！

"'可他还是个孩子呀！'好吧，我并没有说还不如尽早就离开此生。可是让我们来观察一个长寿的人，看他优越于一个孩子的时间多么短暂。时间之深广，如同宇宙之广袤，比较一下我们称之为人生的、渴望的、拼命延长的时段，就会立刻想象出它渺小得多么可怜。而这短暂的一生中，又有多少时段不带着眼泪和痛苦？其中，有多少时段里没有对过早死亡、疾病的恐惧？哪一段时间里没有缺乏经验的碌碌无为？一半的生命我们用去睡觉，外加上受苦、疼痛、危险，你会看到即便是一个足够长的生命，真正堪称生活的那段是多么的稀少。谁敢保证，让你的孩子更快地、在厌倦了这个过程之前就离开，不是件更幸福的事呢？生活本身，非好非坏，就是个遇见好与坏的处所而已。因此，他什么也没有失去，只是失去了偶然性——而且不成功的可能更大！他有可能会成为一个文质彬彬的人，有可能在你的引导下，会变成一个人格出色的人；但是也有可能（诚属担忧的理由！）会变得和大多数人一样浑浑噩噩。你不见所有那些年轻人，世家子弟，纯粹为了肆意妄为，到角斗场里去比武①？你不见另外的那些，不干别的，而是刺激起自己和别人的最低级的快感，恣意放浪，终日沉湎酒色，和别的惊世骇俗的行为？这些事例，让你明显地更有理由担忧而不是期待。所以，不应该是你自寻痛苦的理由，也不要因为你的叛逆情绪而放大那个不过是小小的挫折。我并没有激励你，让你用巨大的努力来反应；我没有把你的情况想得那样糟，认为采用所有的道德力量来对抗这境况是你的责任。实际上，你儿子的死亡不是真正的伤，而仅仅是抓痕，是你自己才把抓痕变成伤口。我毫不怀疑哲学对你有巨大的用益，当你有一天能够平静地想起，你的孩子在死的时候，他比父亲对灵魂更了解！

"难道说这意味着我在说服你，要心硬如铁，板起面孔，即使在葬礼上，也不感到一点点灵魂的压抑吗？绝对不是！用看活着的亲人一样的眼光看待死去的亲人，或与家人分别时毫不动情，不是证明有美德，而是没有人性。然而，即便是我想这样做，想禁止那些感情，大自然有它的规律，尽管我们想抑制眼泪，它们也会流下来，使精神放松。我想要的是，任凭泪水流淌，却不崩溃地痛哭；我们只是符合感情尺度地哭泣，而不是顺从传统。不做作地延长我们的悲哀，不是将其抻拉到普世的水准。炫耀痛苦，对我们要求的比痛苦本身要更多：孤自一人，我们的悲伤是什么程度？！当人们知道有人在听，就哭得更起劲，而当独自而处，则无声无息，安安静静，只要一看见别人接近，便立刻涕泪滂沱；在这时候，才想起来，捶胸顿足，撕扯头发（这事在没人的时候来做可以更随心所欲！），要死要活，床上打滚，没有了观众，痛苦立即消失了。就像别的事情一样，在这种情况下，我们也是随大流，模仿别人的恶习，我们的行为不是按照其所应该，而是按照习俗。我们抛弃自然规律，而从信人群的标准！而人群这个不称职的顾问，在这种事情和其他一切事情上都有反复无常的模式。当他们见到有人以勇气忍受痛苦，就说他没有人性，没有人心；当看到有人倒地死抱住尸体，就说他娘气、懦弱。事实上，一切都应该以理性的标准来衡量。没有比想用悲哀沽名钓誉、比炫耀流泪更愚蠢的事情；我以为，一个

---

① 参阅书信第八十七。

智者的眼泪，是可以流的，自然而然地流。我就来给你解释这里面的区别。当我们得到一个人去世的悲痛的消息，当我们把就要火化的尸体拥抱在怀里，泪水会因自然的需要而涌出、流淌，是精神受到巨大痛苦而触发，震撼我们的整个身体，眼睛也会受到压迫，流出平常在里面的液体。这些眼泪受压力而流出，即便是我们不想那样做。这与我们回忆起过世的亲人而听任流淌的眼泪是不同类型的：当我们重新想起他们的音容笑貌，亲切的生活细节，悲伤中有一丝甘甜，于是眼睛放松，仿佛从中得到满足。这种流泪，我们赞同，其他的，是我们受压迫而挤出来的。所以，没有理由根据有人围着你，坐在你身旁而强忍眼泪或纵情痛哭：从来没有比把眼泪当作（不管是流出来与否）表演的道具更丢人现眼的事了！要听凭它们自然而然地流淌。可以哭泣而不失平静端庄；有许多智者哭泣，却不但不失权威，反而以他们的举止，彰显出人性和尊严。我再说一遍，完全有可能做到顺从天性，而同时又不失仪态。我见过有人参加亲戚的葬礼令人敬重，脸上是对逝者深爱的神情，但是一点也没有做作的悲哀：总之是一种真情流露所要求的行为。即便是在悲痛中也要保持肃穆；智者应该像在其他事情上一样，应该保持庄重，流泪也要有恰当的分寸。愚昧的人，不论快乐和悲伤都是过分的夸张。

"要接受不可避免的，安之若素。莫非是发生了什么超乎寻常，前所未有的事情？有多少人正在备办葬礼，置办丧服，多少人儿子已经死去现在正哭泣？当你想到他死时还是个孩子，你也要想到他是个人，只要是人便被打上不确定的印迹，一个人，命运随心所欲，想不让他活到老就得告别此生。只要有机会，你要经常地说起他，尽量地保藏你的回忆，这种回忆越是反复地出现，越会不带苦涩；总是被悲伤的人陪伴着谁也不愉快，任何人也不能在悲伤中度过一生。他的话语，他儿童时的玩耍，如果当初你曾经是快乐地听着看着，就要反复经常地回忆起，坚定地说，他完全可能实现了你作为父亲的精神里所设想到的一切期望。忘记亲人，把怀念和身体一起埋葬，泪如泉涌，却又对去世的人忘得干干净净，只暴露出非人性的灵魂。这种感情是禽兽特有的，爱到极点，爱到疯狂，可是当伴侣一死，爱情便无影无踪。这种态度，不是一个明智的人的特性，他保存怀念，但平息悲伤。

"我无论如何不能同意迈特罗多鲁斯说的，悲伤里固存着某种形式的快感，这种快感应该与悲伤同时获得。此处我引用他写给妹妹的信中的原话，'在痛苦中有某种快感同时产生，须在那个特定的时刻捕捉'。我不怀疑，这些话你连想都想不到。还有比这更没有尊严的，在痛苦中感到欣快，说得更明白一点，就是借助痛苦，在泪水里寻求满足？而正是这些人，当我们说要么在我们的精神中不接受痛苦，要么尽早地从中把它驱赶出去，就指责我们心狠，批判我们的原则的僵硬。哪样更难以置信，更非人道：朋友死了感觉痛苦，还是那种把痛苦当成为快感的原因？我们的原则是完全正确的：当我们以泪水向感情献了祭，已经暂且用这个词'洗涤'去悲伤，必须不让精神沉浸在痛苦中。而伊壁鸠鲁派却说我们应该把痛苦掺合上快感！这就如同哄孩子喂他一块糕，不叫婴儿哭给他喂瓶奶！就连亲生儿子在火化的那一刻，或一个朋友吐出最后一口气的时候，他们也不愿意停止一下快感，还要把痛苦变成刺激！哪样更正确：消除精神的痛苦，还是用快感陪伴痛苦？'陪伴'？何止如此：生发于痛苦本身！有某种快感的形式是悲伤所固有的，迈特罗多鲁斯说。我们斯多葛派，会说这是正确的，而你们伊壁鸠鲁派没有说这种话的资格。对你们来说，没有别的善，只有一个，就是快感，只有一个恶，就是痛苦：既然如此又怎么可能将善与恶联系在一起？可是，就算我们想象它能，难道这是展现它的最好的时机？咱们来仔细找一找痛苦的附近有没有什么让人欣慰和快感的？有些药物，用在身体的某些部位是健康的，而不能用在别的部位，因为恶心和有失体面；一种治疗程序，在身体的某些部位是有益的，而因为伤创的位置不顾羞耻，就成了不合时宜的：你们想用快感医疗痛苦，难道就不害臊吗？痛苦是必须用最大的尊严来医治的创伤。最好让我们说明，一种坏的感觉，如何不能影响已经死去的人，而是只能影响到没有死的人。任何东西，我重复一遍，都不能伤害一个已经无所存在的人；假使有人被伤到，那是因为他还活着。你想象一下，哪样能对某人造成伤害：已经不存在，还是尚且存在？一个人不能自我折磨，既不因不存在（因为他谁也不是，什么感觉也没有了），也不因存在，因为他不懂得死亡的主要障碍，也恰恰就是不存在。我们对一个想念稚嫩年龄就夭折的儿子而哭泣的人说：在存在的暂瞬这一点上，所有的我们，不论年轻年老，与宇宙相比较，都一律平等①。整个的时代交替中，我们所轮到的一份微乎其微，即便是微小，终归也是一部分，我们生命的时间实际上就等于无。可是，

---

① 很有苏轼《前赤壁赋》的感慨。

噢，人类的疯狂！我们却对如此空无的一生有那么壮伟的宏图！

"我给你写这封信，不是因为你在等待我的某种安慰，这已经迟了（我深知你已经决定读还是不读），我是为了批评，因为你忘记了，尽管是很短的时间里那曾经的自己。也是为了劝告你在未来获得更多的勇气去抗拒命运，把命运的打击不仅看作是种可能，而且看成不可避免，接连不断。"

第一百

你信里说，在如饥似渴地阅读法比雅努斯的《政治论》，可是却不尽符合你的预期；你忘了，那是一个哲学家，而你却去批评他的遣词造句。就让我们想象你有道理，他不是严谨地组织文句，而是随随便便，就像任其流淌。首先，这种文风，有其引人之处，缓慢而流畅的文句，有一种独到的美感；我以为，一种零乱的文风与流畅的文风有很大区别。其次，即便是在流淌这一点，也有根本的不同，就如我给你指出的：在我看来法比雅努斯的文句不是"涓涓细流"，而是任性的畅流，形成一种宽广的、浩荡的同时有充沛活力的文风。一种表达率性的文风，不过分地雕琢词句。但是，让我们同意你的看法是正确的：他的本意是批判风俗习惯，而不是惩罚语言；他写书是为了灵魂，而不是为了听觉。何况，如果你听他亲自朗读文章，就无暇顾及细节，这样你会为整体而振奋。的确，很多时候，我们听到激越朗诵而满心欢喜，但是写成文字后再考察就会失去一部分兴味；但是第一眼便引人关注，也有其重要性，尽管分析之后找到批评的缘由。假使你问我，我要说有能力激起掌声的人比懂得如何不愧掌声的人更有价值，尽管我知道，后者享有更可靠的保障，更能毅然决然地相信未来。对一个哲学家来说，不适宜过分注意文采：一个勇于坚定地面对自己生命的危险的人，又如何能去苦苦思索文句？法比雅努斯的风格中，不见疏漏，但见确信。因此，你从中找不到庸俗之气：他选择而不是拼凑词汇，不追逐时尚，以反自然的次序①，尽管使用普通的字眼，却达到闪光的效果。他

---

① 指倒装句。

的复合长句，充满深刻丰富的含义，尽管是很长，却不被一个句子的空间所局限。我们可以看出，有些文句毫不修饰，另外一些结构欠妥，还有些地方，不符合当前流行的时髦语言：可是，当我们从总体上观察，找不到因过度简洁而造成的语意模糊。我承认他缺乏大理石斑斓的色调，或者没有把流水连接到每个房间的复杂的供水技巧；但既不是一个贫穷的茅棚，也不是对质朴美不满足的人那种豪华装饰；是的，那是一种人们习惯称为建得很好的房子！

不要忘记，关于风格，不是所有人的看法都一致。有些人喜欢凌乱粗犷的，另一些人更喜欢生硬的，有意打乱词序，天然美的节奏，出人意外地戛然而止。读西塞罗的散文，语句是完美的，转折不突然，节奏舒畅，却无脂粉气。相反，阿西纽斯·波利奥是不规整的，跳跃的，结束在最想不到的地方。此外，西塞罗所有文句都结束得自然而然，波利奥就像扑倒在地，除有几处遵从准确的节奏之外，但总的来说是同样的模式。

你还说，法比雅努斯的散文似乎没有品位，格调不高。这个缺点，我不赞同。以我之见，他的散文并非品位低下，而是平静安详，符合他平和谦谨的性格；仿佛是一马平川，没有高崖深谷。他缺乏雄辩的激情，那么的喜欢粗线条，文句的冲突出人意料，却给人一种整体的美感，不论你对他文风的装饰怎么想。或许他的写作方式缺乏威严，可是请你告诉我们在哪里。就是请指给我们，哪个作者是你觉得比法比雅努斯更高超的。西塞罗，比如说，他的哲学著作几乎与法比雅努斯一样的丰富吗？我同意。可是，没有一个庞大的身躯，并非必然就是一个侏儒。波利奥吗？我同意，但是有个保留：只是在两个人的面前，是同样重要问题的杰出立场。你可以再提到蒂托·李维，除了阐明专门关于哲学的著作，他还写出哲学和历史的对话。就算我接受这个典范。你看，哪怕是如此，法比雅努斯要超过多少人，而超越他的，只有三个，三个文风绚烂的散文大家。

说真的，法比雅努斯不是在各个方面都出类拔萃。他的论述，尽管高超，却缺乏力量；尽管丰沛，却没有激越的冲动；尽管正确，但并不是才华横溢。你可能会说："对恶习批判上他缺乏尖刻，藐视危险上缺乏激情，迎对命运缺乏高傲，抨击野心缺乏攻击性。我希望他谴责奢华，揭示欲望的荒谬，抑制暴力，一切都结合以论坛的咄咄逼人，悲剧的荡气回肠，喜剧的辛辣讽刺的文采。"你所想的是让法比雅努斯去注意细枝末节：词语，而他所致力于的是题材的伟大；雄辩尾随着他，几乎像个影子，几乎为他所不觉。毫无疑问，他的论述不是面面俱到，缺乏概括，不是所有的话语都鼓舞人心，准确无误，这我承认。许多语句，不切要领，有时的风格由于缺乏效力将我们冷落一旁。但是，页页都有精彩之处，都有一种无极的宽旷，却并不乏味。总之，他有一种无与伦比的优点：显然所有他写的都是曾经所感受的。人们理解，他这样做是为了读者懂得是什么让他喜欢，而不是他要取悦读者。他所写的一切都是为了道德、智慧的进步，丝毫也不顾及有没有掌声。

我不怀疑，这就是他文章的格调，尽管这是我记忆里对他的著作的总的印象，而新近没有接触他的作品。当消息从远道而来，一般总是会这样。至少，当初我去听他讲课的时候，我是这样看：不是十全十美，但是内容足以振奋一个有好气质的青年，不论是激励他模仿大师的精神，还是让他有能够超越大师的希望，这一点，在我看来，是有效的勉励方式。实际上，激发模仿的意愿，而否认成功的希望，是起反作用的。此外，他语言丰富，细节虽无特别，总体上却十分卓越。

第十七至第十八卷①
（第一百零一至第一百零九）

第一百零一

　　每日每时，都在显示，我们是何等程度的微不足道，总在发现新的论据，提醒那些忘记人类的脆弱，做永恒计划的人，突然迫不得已地想起死亡。你已经在问，我究竟为什么要说这段开场白。你认识科尔内略·塞内西安，出色的成功人士，罗马骑士，起于毫末，发达到有令人可预见的无量前途的地步，因为社会地位的继续高升，比开始启动要容易得多。财富也迟迟不眷顾囊中羞涩的人，而一旦超过了这个水平，便财源滚滚。塞内西安已经眼看着就要成为巨富，他有两种非常有效的素质：挣钱的本领和守财的才干。何况，其中的任何一种优点，都足以让他成为一个富人。就是这个极端节俭的人，在理财和养生上，一丝不苟。他如同往常一样早晨来看过我以后，在一个病重的、无望康复的朋友的病床前坐了一天，心情愉快地吃了一顿晚餐之后，却突然得了要命的病，心绞痛，只艰难地喘息到第二天，就咽了气。在很短的几个时辰，在履行了一个完美健康的人所有义务之后，死了！一个在陆地和海上拥有幸运的财富的人，一个走上仕图，为获得利益不放过尝试任何形式的人，正春风得意，钱积如山的时刻，却死了。

　　　　梅里贝乌，快来嫁接梨树，
　　　　把葡萄树种成一排排！②

　　多么愚蠢，连第二天都作不了主，如何作长生的计划！为长远作希望的人，是多么的不明智：我一定要买下，我一定要修建，我一定要放贷收利，我一定要做官——我要为私人生活积攒下财富，等老了什么也不缺！……你可以

---

① 这两卷的书信无法辨别从哪里划分。
② 引自维吉尔《牧歌集》第一章。

相信我的话：即便是受命运宠爱的人，也缺乏保证。任何人都不该为将来作计划，因为即便是我们捉在手中的还会逃脱，即便是我们正在生活的此刻都会被某种偶然打断。时间按照一种理性的、为我们所不解的规律流逝；一切都按照自然的规律运行，提前知道我是否有什么把握不定的事，又有何用？长途的海上航行之后，穿越过外国的海岸之后，我们计划返回祖国；一天的军务服役之后，我们计划傍晚领到薪酬；在效力之后获得职位或封赏——而所有这一切，总有死神就在身边。可我们为什么只想到别人的、我们有死凡夫的条件的榜样的、时不时出现在我们眼前的死，而仅仅当降临在眼前的时刻我们才慌神。我们惊讶于有朝一日能够发生，归根到底每天都在发生的事情，难道不是真正的愚蠢？我们生命的终点就处在命中注定的无情规律指向的那一点，而我们，却谁也不知道距离那里还有多远！因此，要培养我们的灵魂，仿佛已经抵达了生命的终端。我们不拖延：当天和生命结账！生活的主要缺陷就是它总是有些事情没有做完，总有些事情要延长。然而，一个每天给自己的生命"杀青"的人，永远不会抱怨时不我与；相反，缺乏时间的紧迫感，是来自对未来的恐惧和期待，只能啃嗜灵魂。没有更可怜的处境了，来到此生，却不知何所适从；精神不安地，挣扎于不可抗拒的恐惧之中，想知道，剩下的生命还有多长，是如何。怎样才能摆脱这种焦虑？只有一个办法：我们的生命不是投射向未来，而是集中于自身。只有当下空虚的人，才对未来忧心忡忡。当我们已经付清了欠自己的一切，当我的精神，处于完美的平衡，懂得活一天还是活一百年都无所谓，于是，便可以扬眉吐气地俯瞰所有的时日，笑看漫长时光的流逝！如果在动荡不安前面我们神安气定，变化莫测的、动荡不定的人生，又如何能引起我们的担忧？赶快来生活吧，尊贵的路西利奥，把每天想象成是完整的人生。一个这样培养自己性格的人，一个把每天都当成一辈子生活的人，就能享受安全；相反，那种为希望而生活的人，哪怕是明天都捉不住，接之而来的便是贪生怕死，不幸的恐惧，除了让一切变得不幸，没有别的用处。麦塞纳斯的心愿由此而生。彻底摧毁他的尊严，因为甚至让他接受肢体的摧残，失去器官，甚至竟然哀求十字架上残忍的折磨，只是为了能够在这些折磨中苟延生命：

你们砍断我的手筋，

> 砍瘸我一只脚，
>
> 让我驼背直不起腰，
>
> 拔去我活动的牙齿；
>
> 我只想活命！
>
> 求你们就让它苟延，
>
> 哪怕是把我绑在残酷的十字架！①

　　诗人想活，哪怕是最悲惨的境地，在他来说都是幸运，哀求，渴望，苟延残喘……仿佛这就是生活！我认为那些人，如果只想活命，活到酷刑的时刻，是最可鄙视的了！一个说这样话的人："任凭你们残害我，只要让生命还在躯体里，尽管成了废物；任凭你们让我四肢残废，哪怕丑陋变形，请留给我一条命；任凭将我捆绑在残酷的十字架，可以让我在那里一动不动！"活着难道就那么重要？忍受自己的伤痛，在十字架上扭曲的身体，只要能把终结于严刑拷打的生命延长一点时间，说到归齐，这难道是酷刑折磨里唯一最好的东西？对一个这样的人，诸神除了顺从他的意愿，还能是什么？一首如此难以置信的、尊严扫地的、如此软弱女人气的诗，到底是什么意思？这种愚蠢透顶的、恐惧死亡的逆来顺受，究竟是什么意思？这种苟延一丝性命的卑鄙乞怜，究竟是什么意思？可以想象，在这样的人面前，维吉尔某天会吟出这样的诗句：

> 难道你以为死亡不幸到那种程度？②

　　麦塞纳斯渴望最后的折磨，乞求让处境延长，给他最痛苦的刑罚，而换取什么呢？活得更长一点儿，而已。可是，缓慢的死亡，那是意味着一种什么样的存在？有没有可能找到一个人，愿望在酷刑中腐烂，一段肢体一段肢体地死掉，宁愿慢慢地、一点一滴地吐出灵魂，而不愿痛快地一死了之？难道有可能遇到一个人，愿意在严刑拷打中苟延生命，当一个人可以早早死于别的方式，而不是在十字架，却愿意被可悲地钉在上面，半死不活、肢体残缺，肩膀和胸

---

① 引自麦塞纳斯。

② 引自维吉尔《埃涅阿斯》第十二章，646 节。

膣血肉模糊、扭曲恶心？面对如此境况，你还能对我说，死亡的需要，不是大自然的一种恩赏！而有许多人愿意经受比这更可悲的境况！为了苟延性命，不乏有人准备出卖朋友，也不乏有人亲手把子女交出任人蹂躏，只求多见一会儿天光，成了罪犯的同谋！必须彻底消除活的欲望，觉悟到我们经过某处——死亡——的日期并不重要，因为是不可避免地要经过那里。对，我们看重的是质量，而不是我们生命的长短；而且，往往是为了活得好，甚至宁可不活得太长！

第一百零二

一个正在做着美梦的人，被叫醒会很不高兴，虽然说被剥夺的快感是假的，那当然，可效果却与真的相似。你的信对我就有同样的效果：打断了我的沉思（非常舒适的沉思！），我沉浸其中，本打算能多久就多久。我原想思索灵魂的非道德问题，或者，诸神在上！我宁可相信是在这样想！我感觉接收到了伟大人物的思想，他们不只是证实，而且许诺给我们那么美妙的前景。我为那种壮丽的希望所折服，已经感觉到厌倦自己，已经充满对残生的蔑视，像一个人准保好了进入无际的时间，占据整个的永恒①，却突然被你的信惊醒，惊扰了我的美梦。可是，等给你写完回信以后我会去接着做，把梦做完②。

在信的开篇，你说，我没有彻底阐明想给你证明的那个斯多葛派的观点，根据这个理论，我们在死后所享有的声誉是一种善行。在你看来，我没有解决人们用来驳斥我们立场的疑难："没有任何善行，"他们说，"产生于了结的继续；而声誉建立在了结的继续之上③。"尊贵的路西利奥，你给我提出的问题，属于同一理论的另一个范畴，所以我才将其放置一旁，还不光只是这个，而且还有其他一些与其相关的。如你所知，有些地方，道德与逻辑相互渗透。因此，我只涉及了问题直接与道德相关的那个部分，换句话说，把我们的忧虑投射到死后，是不

---

① 塞涅卡的体验很像佛家的禅定。
② 这篇描述的冥想和宇宙的光明，很像佛教所说的明心见性。
③ 这句话的意思应该是，死亡是一种了结，了结便不可继续产生行动。

是荒谬的、多余的？是否我们的善行会与我们一起消失？是否当一个人停止生存便什么也不剩了？或者还有，是否一件我们察觉不到何时发生的事情，有没有可能在发生之前，就理解到或奢望它可能物有所值？所有这些问题，都与道德有关，因此，我会在适当的时候谈及。辩证家们引用的，反对这个理论的观点，必须先在旁边放一放，因此我没有谈及它们。现在，既然你有想了解全貌的想法，我便首先把他们的观点整体地展现给你，然后再逐一驳斥。

但是，我需要事先注意几点，不然你可能理解不了后面的反驳。这几点说明是：有些物体是连续的，例如，一个人；另一些是组合的，如一条船，一座房子，总之一切由不同部分相连而构成的一个整体；还有的，是由不连续的单位相互独立的肢体所组成，如军队、人民、元老院。组成这类机体的单位，相互之间可以由权利或义务而联系起来，由于其性质是疏散的单位。还要事先再加上另外几点：我们认为，任何善行都不是由松散单位组成；唯一的同一精神应灌注于并引导每项善行，每项善行的决定因素是一个而只有一个。等你愿意的时候，这个问题可以单独来讲；然而既然我们的对手要用我们自己的武器来同我们交手，需要说及它。

第一个疑问："你们说没有任何善行产生于松散因素；然而，仁人的善行产生于公共舆论的赞誉。实际上，正如名声，不是由唯一的一个人的赞美而产生，坏名声也不是因为一个人有坏看法，声誉也一样，不是因为只有一个人说好话，要想形成声誉，必须有许多有地位和负责任的人共同认可。因此，它产生于由几个人形成的判断，换句话说，由松散的因素作出，当然，声誉就不是善行①。"

第二个疑难："声誉，是由其他仁人对一个仁人的赞誉；赞誉是一系列的话语，话语是一系列有一定意义的声音；但是，一系列声音，尽管是由仁人发出，并非一种善行。并不是一个仁人所做的一切都是一种善行；他可以鼓掌，可以吹口哨，也有比如打喷嚏或者咳嗽。所以，声誉不是一种善行。"

"最后，请告诉我们，所说的到底是给出赞誉的还是接受赞誉的人的善行。如果你们说是接受赞誉的人的善行，那你们的话就太幼稚可笑了，就像别人对我说祝别人身体好。你看，赞誉一个人，是他的一种行动值得被赞誉，换句话

---

① 这里的推断都有诡辩的味道，像白马非马。塞涅卡并不善于作这类三段论的推论。如本文后面所体现的他的态度。

说，是那个被人赞誉的事情，而不是接受赞誉的人，如你们想证明的那样！"

让我来逐一地回答这些质问。首先，一个善行是否能产生于散在的因素，是个开放的问题：有不同倾向的各种论点。此外，为什么要说声誉就意味着许多赞同呢？可以完全满足于只有唯一的一个有价值的仁人的判断：一个仁人评价我们是仁者。"怎么会？"我们的反对者要问，"那么说，名声，好的或坏的，能够取决于一个人的赞誉或诋毁了？光荣也是，我只同意它作为一种集体表现，要求很多人的一致意见。"两种情况受制的因素不同。为什么？因为如果一个仁人对我作出好的判断，我的情况就是所有的仁人会作出同样判断的情况，正如他们假使认识我，并实际会做出的那样。他们所有的人会作出绝对相同的判断，同样地根据真理。他们不可能意见相悖；当然地，就好像他们所有人都有一个意见，因为他们不可能有几种不同的看法。至于光荣和声誉，仅仅一个意见就不足够。在第一种情况，一个人的意见与所有人的意见有一样的分量，因为所有人①，如果一个个地去询问，都形成同样的判断；第二种情况，不同的人有不同的判断。很难达成一致，每一步都有疑问、犹豫、怀疑。你觉得有可能吗？甚至连每个人自己的看法都不能总是一样，大家能够得出一致的判断来吗？第一种情况，问题的所在是真理，而真理总是有同样的力量和同样的面孔；第二种情况，是虚假的意见得到相信。然而，虚假的意见缺乏持久性，总是摇摆不定，意见不一。

"夸赞不过是言辞，言辞不是一种善行。"当说到声誉是仁者对仁者的赞美，我们所想到的并不是语言，而是思想。即便是一个仁人在沉默，他在想某人堪受称赞，赞美也就是作出了。何况，赞美是一回事，赞扬的演说是另一回事。赞扬的演说是用响亮的声音，因此，在葬礼上，人们不说"称赞"，而是说"赞颂"，也就是说，以朗诵称颂。当我们说某人值得赞扬，我们不是许诺给他称赞的话语，而是赞美的思想。因此有那种在内心赞许一个好人，即便是默默地想到一个人的好处。正如人们所说，赞美关乎灵魂，而不在于语言，语言仅限于表达并让公众知道灵魂所构思的赞许。赞美意味着一个人不愧受到夸赞。当我们的悲剧诗人说"受可赞的人赞美"是多么卓越，他使用"可赞的人"这个表达方式时，意思是"不愧受赞美的人"。而当另一个同时代的诗人

---

① 指所有的仁人。

写"赞美给艺术以生命"时，并非指公众的喝彩，它没有别的作用，只会使艺术堕落；事实上，比起无声传播或世人口碑，没有比观众的掌声那样更能败坏演说艺术了，还不仅是对雄辩，而且对其他的所有为听觉的艺术。在我看来，声誉与光荣之间的区别是：光荣取决于大众的评判，而声誉来自仁者。

"声誉，就是说，一个仁人对另一个仁人的赞美，这种善行，是属于谁的，是受者的，还是予者的？"双方的！对我，因为我出于本性的引导而去爱所有的人类，因为我乐于行善被赞美，由于感恩我遇到某个人，他愿意向别人宣讲我的美德而感到高兴。感恩是很多人的善行，也是我的。我灵魂的修养，引导我对别人的善行感同身受，尤其是那些我对他们施过某种善行的人。可是也是属于那些给人赞美的人的善行，因为只有以美德才有可能作出，而所有美德行动都是一种善行。如果我的行为不属于当之无愧的模式，给我赞美的人便失去了这种善行。所以，当之无愧地受赞美，是属于双方的善行，这恰恰像一个公正的判决，是宣布判决的人的善行，也是正义的受益人的善行。或许你怀疑正义不论是对具有这个美德的人，还是对由于有这种公平被恢复了权利的人，都是一种善行？赞美对当之无愧的人是一种正义的行为，因此，是属于双方的善行。

我认为已经对你的诡辩作出了充分的回答。可是我们的目的不应该是讨论精微深奥之处，将哲学从宏伟庄严降低到那种细枝末节。难道走在康庄大道上不更好，非要发明这种花费很大气力才能钻出来的崎岖小路？所有这些讨论，都不过是学问高深的人偷偷在玩的游戏！而你要确信的是人的本性，将思想扩展到整个宇宙。人的灵魂是某种伟大而高贵的东西，不允许给他强加别的界限，而与神明是一样的。因此，灵魂不满足于缩小的国界，不论是以弗所还是亚历山大，或是其他的人口众多，或有更辉煌的建筑的城市。对灵魂来说，"祖国"是寰宇之内的所有空间，是苍穹之下的大地和海洋，在之中，空气同时将神与人分开又联系起来，在之中，无数的神力完美的运行，专注地履行他们各自的职能。此外，灵魂也不局限于小小一段时间。"所有的时代，"它说，"都属于我。没有任何年代是对高尚精神封闭的，没有任何时间显得对思想是不可进入的。当这个神与人的混合体分解的那天到来，我将脱离这个存在于其中的身体，去与诸神结合在一起。然而，即便是现在，我与它们也不是脱离的，仅仅是由于地上存在的重力，限制我的运动。"对灵魂来说，这种有死的生存时间，不是别的而是更好的、更长久的生活的前奏。正如母腹怀胎十月把我们养育成形，不是为了让我们永远在那里，而是为了一旦我们能够呼吸，耐受自由的空气就把我们生在世上，从幼年到老年的时间，也是让我们为了新的出生而成熟起来。一个新的出生，新的事物的秩序，在等待着我们。眼下，我们还不能承受天景，只能在某种距离之外仰望天空。所以，要有勇气面对决定性的、仅仅对肉体来说是最后时刻，而不是对灵魂。周围的东西，你应把它们看成是在客店的行李：你必须前行。出去时，大自然给你穿上新装，就像你进来时给你穿上新衣。除了你带来的，别的都不能带去，相反，要褪去当你进入此生的时候带来的相当一部分东西：剥去包着你的皮；裹着你的肉和身体里分布、流淌的血；剔除你支撑软组织的筋骨。你那么恐惧的，好像是末日的那一天，标志着你永恒的新生。放下你的包袱，还犹豫什么，好像你从没有离开过一个曾经隐藏在里面的身体？！你迟疑不决，畏缩不前，当初你也需要母亲费劲才把你生出来。你呻吟，你啼哭：哭泣是新生儿特有的，只是那时候情有可原，因为无知，没有经验。当你从温暖轻柔的母腹诞生，开始感觉到凉风，接着你感觉到硬硬的手的压力，你哭，那时候你是娇嫩的婴儿，什么都不知道，惊恐地看着未知的世界。可现在，离开一个你曾经是她的一部分的身体，对你来说已经不是什么新鲜事情。你要毫不犹豫将那些无用的肢体抛弃，将你居住了那么久的皮囊弃置一边，那躯体将被撕裂、破碎，毁灭：你为什么要悲伤？包着婴儿的胎衣从来就要扔掉！为什么你要死死抓住这些东西，好像真是你的？你穿着一个躯壳，有朝一日，你要脱去它，不再要一个肮脏的、发臭的肚腹的陪伴。当你有可能，就离开它吧，此刻，先离开的、严肃而必须地，不过是……快感；远离这个世界吧，开始思索更深远的，更高尚的。那一天将到来，向你揭示大自然的秘密，迷雾消散，你的四周，全部是光明。你想象所有的星辰聚集成的强烈光芒。宁静的天空，没有一丝阴影，整个宇宙所有的角落都同样光明普照：白天黑夜的变化只是我们人间下界的事。当以你全部的所是[1]，观赏整体光明，——这个光，现在你只是用眼睛的细缝很少地接收到，即便是如此，而且那么遥远，你还是那样地惊奇！——那时你会说，直到现在，一直生活在完全的黑暗中。对你来说，身在其中观赏那种神光该是何等壮丽？这种思想不允许灵魂中有一丝一毫不洁净的、卑劣的、残忍的东西存在；它告

---

[1] 即是说，已经不是用眼睛，也不是用身体，而是用整个的灵魂。

诉我们，有神在见证我们的行为；它命令我们要不愧受选①，让我们为未来作准备，许诺我们永恒。对一个在精神中构思永恒想法的人，任何军队都不能使他惊慌害怕，任何战斗的号角都不使他胆怯，任何威胁都不使他恐惧！一个等待死亡的人，又怎么能不与恐惧无缘？即便是那些人，以为灵魂只在与身体联系在一起的时间持续，当两者分开，灵魂立刻泯灭②，即便是这样想的人，他们也要以行动使灵魂在死后能继续发生作用。尽管我们已经看不到他们，

> 英雄们伟大的美德，贵族的豪气，
> 继续活在我们的精神里！③

想一想伟大的榜样对我们的巨大作用，你将入列其中，你的存在不亚于对那些伟大人物的纪念！

第一百零三

你为什么要防范那些事故呢，如果说有可能发生的话，也同样有可能永远不会发生？我说的是火灾、房屋倒塌和别的，那些有可能落在我们头上的，却不是有意要害我们的灾难。还不如去想办法避免那些真正窥测着我们，不怀好意地想把我们逮个正着的危险。海难、跌下车来，都没准是严重的事故，可很少见。但是人际关系上，危险则是每日寻常的东西。你应该对这种危险小心防备，必须时刻瞪大眼睛：没有任何别的危险，更如此经常、如此频繁、如此受骗！暴风雨发生前阴云密布，房子倒塌前噼啪作响，火灾前会冒烟：而人造成的祸害是猝不及防的，越是临近越是精心伪装。不该相信接近你的人的外表：人的面，兽的心。只是，野兽直接的攻击才危险，如果从我们前面经过，不会返回来找我们。而且，只有需要才促使他们为害；饥饿、恐惧，逼迫他们搏斗。可

---

① 原文是"被通过""被批准"。

② 伊壁鸠鲁的观点。

③ 引自维吉尔《埃涅阿斯》第四章。

人，那是为快感而毁灭同类。可是你，尽管在想着由人而来的危险，而同时，你也要想到生而为人的责任。一方面，避免人们伤害你，另一方面，避免去伤害任何人。你为他人的满足而快乐，为他人的不幸而悲伤，永远不忘记你应尽的义务，也不忘记要避开的危险。按照这种标准生活，你能赢得什么？如果说不能避免有人祸害你，至少能别让人把你当傻瓜。然而你首先该在哲学中逃避：它把你保护在怀抱里，你在这座神圣的殿堂安全地生活或者至少更安全一点。除了和那些志同道合的人，不要去和别人聚会。虽说如此，却不要炫耀你的哲学，很多哲学的信徒，因为过分清高孤傲，反陷危难。你要用它摆脱自己的恶习，而不是斥责别人的恶习。她不是引导你与所有人相反地生活，也不好像只要是你不做的，就全都是罪过。当个智者，可以既不自以为是，也不招致敌意。

第一百零四

我逃避到诺门托，我的庄园，你猜是逃避什么？城市？不，是感冒，一种十分阴险的感冒，已经开始牢牢地把我抓住。医生说有了迹象：脉搏加快、紊乱，完全改变了正常的节奏。于是我立即叫人备车，尽管宝琳娜试图劝说我留下来，我还是坚持要到乡下去。我想起所钦佩的伽利亚，一次他在阿卡亚得了感冒，就立即乘上船大声喊道，有病在天，不由其身。我也向宝琳娜说这句话，她总是叫我注意身体。因为我知道，她的存在完全依靠我的存在，为了照顾她，我得开始照顾自己。衰老让我已经变得能面临一千零一种危险；现在，我开始失去年岁的恩宠之时，会有这种念头，必须在我的衰老中，保持住一个青年①。总之，我未能让宝琳娜更有勇气爱我，而她却成功地让我对自己更关心。必须尊重高尚的感情。有时候，即便是在最绝望的境况下，我们应该拽住马上就要挣脱②的灵魂，在最后的时刻留住它，虽然这很费力气，如果家人的荣誉要求如此，一个仁人，不是当他喜欢就活着，而且当他的生命是一种需要

---

① 原文有个注释，意思是"衰老开始自觉地努力保持年轻"。但是这句话应该是，因为有宝琳娜，他必须强壮起来。

② 原文用"断气""呼之欲出"。

的时候，就必须活着。只有一个顽固自私的人，执拗地要死，不认为妻子和朋友值得让他做出牺牲，延续点他的生存。当他的家人要他活下去，灵魂应该强迫他自己生活；他可以是已经决定了自杀，可以是已经开始了那进程：那么就放弃，将生命置于需要它的人支配之下。那些为别人的利益忍受生活的人，表现出伟大的心灵，而这正是许多伟大的人的作为。我还认为，假使看到我们的在场令某个家人愉快，是有用的、宝贵的，就要对自己的老年照看得更仔细些，这是对身边的人的更尊重的一种证明（老年的优越性，就在于面对生活更加自信，更有勇气）①。这种态度本身具有不可小看的快乐和回报。一个人，有什么能比知道自己的女人那么爱他，因此仅仅自己的存在就让她感觉变得更加可爱了，能让他感到更大的鼓舞？这就是我欠宝琳娜的，不仅仅是她对我的，还有我对我自己的照看！

你想知道我离开罗马的决定得到什么结果吗？我一远离城市的空气，那种活跃的厨房的油烟味儿，吐出混合着凝聚了所有类型的乌烟瘴气的那口气，立刻就感觉到健康的改变。来到我的葡萄园，就感觉到加倍地有精力。如同原野里自由自在的动物，我开始有了胃口。我完全恢复。那种压抑我身体和烦扰我精神的衰弱消失了。我开始工作，培养灵魂，修身养性。如果灵魂不投入，改换地方，起不了多少作用。而且，即便是事务缠身，倘使愿意，也有可能寻觅到独自的一刻。相反，一个总是改换地方去寻找清静的人，不管到哪儿都能找到烦心的缘由。有一次，某人向苏格拉底抱怨，说从来也没有从旅行中享受到快乐。"那有什么奇怪！"苏格拉底对他说，"你总是伴着自己旅行！"某些人，假使能够远离他自己，会有多么大的受益呀！实际上，他们才是自己的痛苦、担忧、烦恼、恐惧的缘由。穿越大海，走过一座又一座城市，又有何用？要想摆脱使你痛苦的灾祸，你需要变换成另一个人，而非改换另一个地方。设想一下，你去雅典、罗德斯或你随便选择的另一座城市。如果你把自己的风俗习惯带了去，那些城市的风俗习惯对你又有什么意义？如果你认为财富是好东西，那么就感觉在受贫穷的折磨，受想象中的贫穷的折磨，这才是最坏的！哪怕你已经十分富有，别人拥有的比你多多少，就足以使你感觉他比你富多少，你就

---

① 这句话的意思，可能是"我们照顾好自己的老年，使需要我们的人，活得更有信心和勇气"。

会觉得缺乏多少。如果你认为职业生涯的荣誉是个好东西，某某当选或连任执政官，就会使你心情郁闷：见某人的名字几次见诸碑铭，你就会充满嫉妒。你的野心是那样疯狂，甚至似乎只因为有一个人在你的前面，就觉得身后空无一人。你把死亡想象成世间最大的祸事，归根结底，死亡中唯一的坏处就是来临前唤起的恐惧。不仅被面对真实的危险，而且面对想象的危险，你惊恐万状。总之，总是空虚的忧虑摧垮你的精神。有什么用呢？

> 避开了多少阿尔戈利斯的城市
> 成功地从敌人之间逃脱了吗？①

清平世界成了恐惧的源泉。当精神听凭惊恐，一旦如此，就不再相信安全，而当非理性的恐惧成为习惯，就没有能力保证自己的存在。不要躲避危险，要脱离它们。你看，我们逃避危险，更能遭受危险②！你认为失去某个亲爱的人是最大的祸事，这就像你看到家里一棵美丽的花木开始落叶，就开始哭一样的愚蠢。就好像欣赏一棵树的绿叶给你快感：当欣欣向荣的时候，你享受它。偶然性今天一个，明天另一个，把你的亲人一个个夺走，那些亲人对你来说是生活中最美好的部分；可是，就像你毫不难过地接受树叶一片片地落下，而它们会再次萌生，同样也要接受失去亲人，因为他们即便不再生，也会被代替。"可已经不再是他们了！"当然不。就连你自己也不再是你自己。每日每时，你都在变化。时间的消磨更能在他人身上看出来，而对你自己却是暗换偷移，因此不知不觉。时间将他人从我们面前夺走，而我们也失去曾经的一部分。你不去思考这个现实，来治疗你的伤痛，难道更愿意听任自己在愁苦中辗转，一会儿是希望，一会儿是绝望？如果你是明智的，就寻求两种态度的协调，希望中带些超脱，超脱中怀有一丝希望。

单单就旅行这件事，不论是对谁来说，有什么作用？不是来调节娱乐，收敛欲望，抑制愤怒，中断过度的情欲，总之，是清除掉充斥灵魂的坏习惯。并不给人分辨是非，知错悔悟的能力，只是暂时地被新事物吸引了注意力，就像

---

① 引自维吉尔《埃涅阿斯》第三章。
② 指背对着危险，更容易受攻击。

一个孩童，惊呆于从来没有看见的东西！

再有，从一处到另一处不停地运动，加剧了（原就已相当剧烈的！）精神的不安定，使它变得更加不恒常，无所定止。旅行者曾经那么想去观光的地方，离开时更多的是失望，像鸟一样飞过，走时比来时还要匆匆。旅行让我们认识新的人，展现给我们从未见过的山川名胜，长年不断的清泉浇溉着峡谷；让我们观察那些河流不凡的奇特，尼罗河夏季的泛滥，底格里斯河从我们的眼前消失，成为一段地下河，在遥远的地方重新波涛滚滚。还有弯曲的溪水，像诗人喜爱的百转千回的题材，经过无数蜿蜒曲折，流入大河前还要作最后一转。可是旅行不使任何人变得更好，也不令精神更健康。我们必须努力学习，听哲学大师讲课，以便吸收业已建立的原理，研究尚须发现的原理。只有这样，灵魂才能从严酷的奴役中解脱出来，获得真正的自由。而当你不知道辨别应避免的和可欲的、必要的和多余的、公正和不公、道德和无道——你就永远不是个旅行者，而仅仅是个漂泊的人。你浪迹天涯不会给你带来任何益处，既然你与自己的情欲为伴，总是有控制着你的恶习的伴随。要是这些恶习仅仅是跟着你，那倒好了！要是它们远远地追逐那倒好了！实际发生的却是你把它们顶在头上，而不是拖在身后。这样，不管你去到哪里，他们压迫着你，用同样的毒素毁灭你。一个病人，需要指给他一个医生，而不是指给他一片风景。一个人的腿要是骨折或者扭伤了关节，他不去登车乘船去旅行，而是命人去请大夫，给他接骨疗伤，让脱臼的骨头复位。那么好：是不是你以为四处断裂的或者扭曲了的灵魂，能简简单单地换个环境就能医治？不可以，这个病太严重了，不是一次旅行就能治愈！不能在旅行中培养一个医生或演说家，任何技艺的学习都不取决于地理。又怎么能以为智慧——艺术中最重要的艺术，从一个地方跳跃到另一个地方就能学到？你可以相信，没有任何旅行能保护你不被欲望、愤怒、恐惧纠缠；如果是这样，普天下的人就去成群结队地旅行好了。当原因在你的自身，这些危害就会死死缠住你，在你海上和陆地上的旅途中，不停地折磨你，一路上消耗你。当你所要逃离的东西在你的身体中，不论怎么逃也逃不掉，有什么奇怪的吗？改正你的人格，搬开阻挡你的障碍，把你的欲望维持在合理的限度内；让你的灵魂一尘不染，消除一切邪恶的痕迹。如果你想享受旅游的快乐，首先处理好你旅游的伴侣！你和一个贪财的吝啬鬼生活在一起，就总是带着贪婪；你和目空一切的人聚会，你就心怀傲慢；你和一个施刑的打手在一起，就永远摆脱不了残忍；和奸淫之徒为伴，只能会刺激你的情欲。如果你想摆脱恶习，必须远离引诱你堕落的恶习的榜样。贪财鬼、魅惑者、虐待狂、诈骗犯（仅仅只是陪伴着你就足够毒害的了！）就在你的身中！你要去与仁人为伴，和加图、莱利乌斯、图伯朗为伍。如果你也愿意和希腊人为伴，就与苏格拉底和芝诺在一起：前者教会你当受需要所强迫的时候就去死，而后者在需要的强迫之前就去死。与克里希波和波希多尼生活在一起，他们告诉你人和神的实际的知识，他们激励你身体力行，不仅仅是口才，为了取悦听众的口若悬河，而是锻造灵魂，令它有条件面临各种威胁。在这动荡纷繁的生活中，唯一可以停泊的港湾，就是懂得蔑视偶然性，保持坚定，准保好挺胸迎接命运的打击，既不退缩，也不逃避。大自然赋予我们感受崇高的灵魂；正如赋予了某些动物凶猛，某些动物狡诈，某些动物胆怯，也赋予了人光荣而高尚的精神，他不是来寻找最安全的，而是如同宇宙一样的，最有尊严的生活方式，对他来说，一切允许有死生灵所走的路，他都寻求模仿和效仿；他每向前走一步，都感觉受到鼓励和关注。他是万物之主，在一切之上；因此没有什么能让他屈服，没有什么让他觉得不能承受，没有什么能让他灰心丧气。

　　死亡，苦难，那可怕的样子；①

　　一点也不可怕，能够面对它们的人的眼睛可以看穿掩藏它们的迷雾；有许多东西，夜里让我们害怕，在光天化日之下仅仅令人发笑。

　　死亡，苦难，那可怕的样子；

　　可怕，不是实际的，而是表象的，维吉尔这样称呼它们，说得好，换句话说就是，看起来可怕实际上不是那样。我要问，它们实际上有什么，像大众舆论所相信的那样，那么可怕？请你告诉我，路西利奥，为什么一个人要害怕受苦，为什么一个人要怕死？我都厌倦了遇到那些不相信他们自己有可能做到他们自己不可能做到的事情；按照他们的说法，我们的理论，超过了人类本性的

---

① 引自维吉尔《埃涅阿斯》第六章。

可能性。对这些人我的看法比他们对自己的看法要乐观：所有的人都能遵循我们的理论，非不能也，乃不为也。归根到底，看到谁曾经想追随它而受它的背叛？谁不会发现原来做起来不像看起来那样难？不，不是因为理论太难而使我们望而生畏，相反，是因为我们不敢于尝试，才显得困难！

如果你想要一个具体的例子，就看苏格拉底的榜样，这位老人承受了一切能想象到的，经历了一切人生的坎坷，不惧（家庭的负担变得严重的）贫穷，也不怕沉重的体力劳作，他完成了所有兵役的任务。更不必说在家里所受的一切，女人的脾气古怪、不可理喻、毒舌犀利；子女不驯，更像其母，不肖其父。还有在那些暴君统治时期，在战争中的境遇，或者在民主下遭受的比战争和暴君更大的折磨。战争延续了二十七年，结束敌对以后，雅典忍受了三十个暴君的苛捐杂税，这些人中的大部分和苏格拉底不共戴天。苏格拉底被判处死刑，最严重的指控是：对宗教大不敬，腐蚀年轻一代，妖言惑众，反诸神，反国家，反政权。结果是：监禁和毒药。可是，这一切都丝毫没有动摇苏格拉底的勇气。那才是这个人可钦佩之处，独一无二的真正的光荣！直到最后一刻，没有任何人看到苏格拉底变得更高兴或更悲伤；在命运最大的残酷无情里，他自始至终保持一颗平常心。

你要另一个榜样？那么来看大加图，命运对他表现出更加顽固的敌意，在所有的景况中和他作对，直到最后死亡的时刻。然而，它仅仅见证了一个人不但能在命运的敌意中生，也可以在命运的敌意中死。加图的整个人生都处在社会的武装动荡中，或是已经准备宣战的内战中。可以说加图也同苏格拉底一样，是到死亡中去避开被奴役①。除非人们以为，庞培、恺撒、克拉苏他们是串通起来捍卫自由！……没有人在共和国的所有变故中，看见加图有什么变化；在所有的境况中（在法院里作为审判官、公共起诉人、省执政官，在议会，在军队，在死亡的时刻），都保持着一致。最后，在共和国垂亡时刻，一方是恺撒，率领十个精锐军团和所有前来助阵的外国军队，另一方是庞培，而加图一个人就足以迎战他们所有的人，当一些人加入恺撒一边，另一些人倒向庞培，而加图是拥抱共和的唯一一人。假使你愿意，可以发挥想象力，在你的精神里

---

① 此处原文注释：此处字迹模糊，按照推测内容所作的翻译。

上演那个时代的场景，你将看到一边是平民，完全充满革命的激情，另一边是元老院阶层和骑士团，所有贵族和城市的选民，而中间，孤独的、被遗弃的，是加图和共和国！我告诉你，你会惊讶得目瞪口呆，当看到

> 阿伽门农 ① 和普里阿摩斯，是阿喀琉斯的两个敌人。②

加图痛斥一方和另一方，想让他们都放下武器。他向交战的双方发誓，如果恺撒胜了，他甘愿一死，如果庞培胜了，他宁愿流亡。加图还能怕什么，如果他不宣布自己的胜败，而是敌人强加于他的愤慨？他的死正是服从他自己的决定。你可以在这个榜样中看到，人是如何能忍耐疲劳：加图徒步率领军队穿越非洲的沙漠。可以看到如何能够忍受口渴：在非洲灼热的沙丘，他率领着战败的残部，没有粮草，身不解甲，没有水，当偶尔遇到点水，他最后一个才去饮。你可以看到他如何轻蔑荣辱：在被罢免法官的当天，他到公众聚会的场地去玩球！可以看到他如何不畏权势：同时挑战庞培和恺撒，当时所有人都反对一方以向另一方献媚邀宠。你可以看到他如何蔑视有可能死亡和流放：是加图强加给自己流放和死亡，和在两者之间的战争。我们所有人面对这样的景况，都有能力显示出同样的勇气，只要我们准备避开枷锁的奴役。最首要的，必须舍弃快感：消磨我们的精力，使我们女性化，奢求会窒息我们，为了满足它，我们需要求助于命运。其次，必须蔑视财富——我们接受报酬，换来奴役。要把金银和别的充填奢华宅院的装饰都弃置一旁。自由不是吻吻手便能获得，我们如果给自由巨大的价值，就必须把其他的都看得一文不值。

第一百零五③

我指给你，什么是让你生活得没有惊险的行为准则。我认为，你应像我劝

---

① 指迈锡尼国王阿特柔斯的儿子。
② 引自维吉尔《埃涅阿斯》第一章。
③ 这是一篇讲人情世故的文章，所谓世情说教。

你在阿尔代亚该如何保养身体而接受我的忠告那样，接受我的这些建议。让我们查检一下，那些能刺激一个人危害另一个人的方式，你就会发现，期待、嫉妒、仇恨、畏惧、蔑视。所有这些里面，最无伤的，就是轻蔑。许多人受到蔑视，就当作没有察觉。一个人看不起另一个人，就踩他一脚，这是显而易见的，可是踩过就走了。谁也不会不厌其烦地、固执地加害一个自己看不起的人。就如同在战场上，谁也不理睬倒地的敌兵，而是去同站起来迎战的人搏斗。

至于不忠实的人对你的期待，避开就足矣，你不要拥有任何刺激别人背信弃义的贪婪的东西，总之，你别有任何引人注意的东西，因为任何东西，哪怕是没什么价值，如果不太常见，就激起欲望，好像是稀有的珍品。要想摆脱嫉妒，就不应该惹人注意，不炫耀你的财产，懂得悄悄地享用你所拥有的。至于仇恨，或是你曾经冒犯了他人而引起（而这种情形，你只要不去伤害任何人就足以避免），或者是纯粹无缘无故的，那么能保护你的就只有常识了。这种仇恨曾经是许多人的危险；有些人，无冤无仇，毫无道理，就引起别人的仇恨。为了保护自己，不遭受这种危险，要采取中庸之道，性情温和，要让别人知道你不是个睚眦必报的人；是毫不犹豫与人诚心和解的人。让人畏惧，无论在家在外面都会让人恩将仇报，不论是你的奴隶还是城里的自由民。要想毁了你，任何一个人都有足够的力量。而且，你别忘了，一个引人畏惧的人，他就会心怀恐惧：没有任何人能够让人恐惧，而自己感觉到安全！再说轻蔑：每个人，如果是故意自找被人看不起，享受被轻视是他自愿，而不是因为理应所得，在自己的手上掌握着轻重的调节①。受轻视的弊端可以得到缓和，或是通过好的行动，或是通过与对某人尤其有影响的人的友谊关系；培养这类交情是有用的，然而不要被这些交情所纠缠，别让保护的代价比危险本身还要大。

可是，没有比我们管好自己的私人生活更有效的自我保护了，尽量避免与人交谈②，尽量只在我们③之间交谈。聊天有一种吸引力，既隐瞒又诱惑④，让我

---

① 这可能只是故意让人感觉软弱可欺负，所谓和光同尘，受人之诟。

② 祸从口出，言多语失。

③ 指塞涅卡和路西利奥。

④ 欲言又止的诱惑。

们揭示出自己的秘密，与因酒醉或爱情而吐真言一样地容易。任何人也不能对听到的一切保持沉默，可是也不能准确地复述所听到的一切；一个不能把信息藏在心里的人，也不能对说话人的名字保密。我们总是有个人，对他的信任如同对自己一样，因此，尽管收紧天性的多嘴多舌，而满足于只有一个听众，其效果和对大众公布无异：不久，秘密就变成了谣言！

安全很大程度就在于我们自己什么不公正的事情也不去做。性情暴烈的人，一生中只知道动荡和焦躁。感觉到的恐惧与所造成的损害成正比，不知何谓安心。当一个人干了坏事，就感到焦虑，持续地不安；良心不让他继续作恶，有时候甚至强迫他还账。一个等待惩罚的人最终会得到，一个该当受惩罚的人，惩罚总是等待着他。坏良心，偶尔能够保证一定的物质安全，但是永远不能得到精神的安宁。一个罪犯，即便是没有被抓住，也总是想着被捉的可能性，总是做噩梦，只要人们说起某个罪犯，他就想起自己的罪行，好像永远不是足够地忘记掉，足够地忽略掉。总而言之，罪犯能有一时的运气，可是永远保证不了一世他的罪行都不被发现！

第一百零六①

如果说，今天，我拖延了许多时间给你回信，不是因为事务缠身，阻碍了我。不要担心会听到我找这样一个借口。我有一切想要的空闲，何况，一个人不想有空闲，才没有空闲。不是事物追逐着谁，而是人们自己抓住事物不放，把繁忙理解成幸福的同义词。那么我没有立刻给你回信又是为什么呢？因为你提出的问题，正在我计划编写的一部书②的提纲里：你很清楚我想写一本全面论述伦理哲学内容的书，其中阐述与它相关的所有问题。所以，我正犹豫，到底是推迟到写那本书涉及这个问题的时候，还是现在就接待你，虽然你还没有排到号。最终我还是觉得，尽早接待一个从远道而来的问诊者，显得更和蔼些。

---

① 爱恨情仇，是有形的，换句话说，都是物质。塞涅卡只是观察，并没有科学的根据。这种物质，大概就是激素，能激发出来情感，是以波的形式作用。
②《自然问题》(*Naturales Quaestiones*)。

这样，我将这个问题从我的总计划中抽取出来，加以整理，还有我想到的其他类似的问题，不等你来提问就讲给你。

说到底，这是些什么问题？好吧，是那种解决起来更诱人而不是更有用的，例如你在信中给我提出的问题："善是否有体？"夫善，既于我有用，便有行，而凡有行者，皆有体 ①。身体之善皆物体；当然，灵魂之善亦然，既然灵魂乃一形体。人之善本身，必然为一物体。既然人本身为一形体。如果我对你说人吃的食物或者健身治病的汤药不是物体，那是说谎；自然，人之善 ② 本身乃是形体。我认为你不会犹豫承认情感（此处我添加了一个你没有问的问题）是形体，正如狂怒、爱情、悲伤，除非你怀疑它们改变我们的面容，让我们前额生皱纹，让我们脸拉长，让我们面部充血，或者脸色苍白。那么好，你觉得我们身体的这些明显的迹象，不是有体便能造成？如果情感是有体的，灵魂的疾病亦然，正如贪婪、残忍那顽石般的、无可救药的恶习；因此，邪恶是有体的，以其所有的种类形态——用心险恶，嫉妒，狂妄；因此，善德亦为形体，首先，它是我刚刚指出的恶习的对立面，其次，因为表现出同一类型的迹象。你没见过胆量如何使人的目光有神？谨慎如何加强注意力？尊敬如何使人愈加谦虚平和？快乐如何使人更加爽朗？严厉使人更加严肃？柔情如何使人感到更加舒适？因此，一切改变身体的颜色和形状的，也都是物体，这些物体在身体里施加作用。实际上，我上面所数的所有的美德，以及由其所产生的都是善。难道对此还有疑问，一切能触及的都是物体？

　　触及，与被触及——不能是别的只能是物体！③

卢克莱修说道。你看，我所说的这一切如果不触及我们的身体，便不能改变它；因此，就都是物体。不但如此：一切有力量能促使、强迫、滞留或阻止我们的行动的——必然是物体。那么好：恐惧不是使我们止步不前？胆量不是

---

① 这句话觉得用文言式的句子，更能表达原意。

② 在这里，食物、药汤都属于善。总的来说，塞涅卡的善的概念里，包括了具象的和抽象的，物质的和精神的。

③ 引自卢克莱修《物性论》。

激励我们？勇敢不是激励我们，给我们胆量？节制不是抑制我们使我们后退？满足不是使我们兴奋？忧伤不是使我们垂头丧气？总之，我们所做的一切，都是受邪恶或美德的指令使然，而所做出的一切行为都在一个物体上施加作用，一切都是物体——一切给另一物体施加力量的都是物体！一个物体的善是有体的；人的善是物体的善，当然，是有体的 ①。

我回答了你提出的问题，你如了愿。此刻我对自己说，已经想象出你会说什么：这全都是儿戏！在多余的问题上浪费你的聪明：这些理论不会把人变得更好，只是卖弄学问。"知识"是某种非常广阔而又最简单的东西：无需许多文字便给我们有教养的精神；是我们自己才习惯于浪费一切，而哲学也难逃这个规律。我们在一切事物上挥霍无度，甚至在运用文字上。我们为了学校，不是为了生活而学习！

第一百零七

你的预见能力哪里去了？你评价事物的洞察力呢？你灵魂的伟大在哪里？竟然为这么微不足道的事情烦恼！……你的奴隶认为繁重的劳动让他们有理由逃亡！如果你的朋友（尽管发生的一切，让我们继续使用我们的天真赋予他们的名义，免得给他们更坏的名称！）欺骗你……不去干你交给他们的事情，不但辜负你的慷慨，而且想象你会伤害谁。所有这些事情，都不应该被看成是不寻常的、意外的。你为这种事感到受伤，太可笑了，就像是在洗澡堂被溅到水，在拥挤的人群里，推推搡搡的，被一点泥弄脏。人生的条件，就如同在浴场，穿过人群，或走在街上：有时会出现某些意外，被触发的或偶然的。生存不是件容易的事情。你开始长途旅行：必然会滑一下，绊一下，跌一下，会疲惫，会被死神（毫不真诚地）召唤！这里，你要弃别同伴（还要把他送到坟墓）；那里，你要对他设防。我们就是在这些灾难中，来评价人生道路坎坷到何种程度。一个不惧死亡的人，必须对一切都有准备；必须意识到，人生是到了一个电闪雷鸣的地方，必须明白那是这样的地方：

---

① 喜怒哀乐，爱恨情愁，都是物质（激素和电磁波）。

复仇痛苦和悔恨修建好房屋

里面居住着苍白的瘟疫和痛苦的衰老。①

我们必须和这些事情为伴。你不可能逃脱这些祸患，却可以学会轻蔑它们——为此，只需要不断地思索它们，设想一切都能够发生。任何人都能够勇敢面对预先已经有所准备的情况，甚至忍耐事先想到的最坏的情况。一个没有准备的人，则相反，很小的挫折，便惊慌失措。因此，我们必须让任何事情都不会出其不意地降临到头上，当一件事情没有预见到，就显得更严重，不断的思索，你就能在遇到任何事情的时候，都不像一个没有经验的新兵。

"我被我的奴隶抛弃了！"可是还有的人被抢劫了，被告发了，被害死了，被出卖了，被虐待了，还有人被毒死了，或者被诽谤了。你所抱怨的事情，发生在许多人的头上……总而言之，各种各样的灾祸会降临到我们的头上。就仿佛投枪，有的投中了我们，有的在空中呼啸着向我们飞来，还有的原来是冲着别人的，却偶然地伤到我们。面对任何偶然性，都不必惊讶，我们正是为此而出生，谁也不该抱怨，因为对所有人都一样。就是一律平等，因为即便是某个人逃脱了灾祸，并不因此便不受其制约。平等权利，不是所有人都实际所用的，而是宣布为所有人所用的。我们让自己的灵魂保持平静，毫无怨言地交付我们有死凡夫的处境的贡赋。冬天带来严寒，我们就得忍受寒冷，夏天带来酷暑，我们就得忍受炎热，变化莫测的天气对健康有害，我们就免不了得病。路上任何地方，有可能突然出现一头猛兽，或者比所有野兽都更危险的那东西：一个人！水冲毁一座房屋，火烧毁另一座。我们改变不了这些生存的条件；然而，我们却可以采取一种勇敢的、不愧为仁人的态度，以此来英勇地承受偶然的打击，顺从大自然的规律。而大自然，以其交替变换，使我们周围的世界变得更可接受：暴风雨之后是艳阳天，狂风恶浪的大海，曾经是风平浪静，风不会没完没了地刮，黑夜之后是黎明，一部分天宇沉降到地平线下，另一半天穹升到当空，总之，宇宙的节奏永恒地变换。我们的精神应该符合这种规律，应该忍让，应该顺从这个规律。应该觉悟到一切所发生的都不得不发生，而不是去胆敢谴责大自然。最好的、应采取的态度，就是接受我们不可改变的，毫不

---

① 引自维吉尔《埃涅阿斯》第六章。

啰嗦地去适应统治宇宙运行的神意：在将军身后不停抱怨的士兵不是个好士兵！因此，我们自告奋勇地接受命令，不要逃避这座壮丽的庞大机器运行的程序，其中就编写好了我们的痛苦。我们向朱庇特（这一庞大结构的伟大舵手）说出像克里安西斯的光辉的诗句里一样的话语，而我，学着伟大作家西塞罗的榜样，冒昧将其翻译成我们的语言。如果翻译得使你读着喜欢，就善意地接受它们，如果你不喜欢，至少你知道我是想模仿西塞罗的榜样。

> 引导我，噢，统治崇高天宇之父，
>
> 无论向何方：我毫不犹豫地顺从你；
>
> 在此，我时刻准备着！如果反抗，我必得哀号着前行，
>
> 不情愿地去忍受那些，本可以心怀感激地去做的事情。
>
> 情愿跟随的人命运领着走，反抗的人命运拖拽着走！①

我们这样生活，我们就这样说！让命运②总遇到永远准备就绪的我们，总是甘心情愿的我们。一个真正伟大的灵魂是那个听天由命的人。相反，那种想反抗的人，是平庸而堕落的，错解了宇宙的秩序，觉得最好是改变诸神，而不是改正他们自己！

第一百零八

你给我提出的问题的重要性仅仅在于解决起来的快感。尽管如此，既然你有兴趣了解它们，一再地提出来，不想等到我此刻正编写的"伦理哲学"的全部著作③写完。于是，我暂且来回答这个问题，可是预先告诫你，应该如何调节这种在我看来你中了邪似的热切想知道的欲望，千万别让它膨胀，与其说对你的修养有益，莫如说对你有害。你看，研究问题不该杂乱无章，也不该一

---

① 引自《斯多葛派残篇》（*Stoicorum veterum fragmenta*）第一卷，原文为希腊文。

② 命中注定之命运。

③ 指《自然问题》。

下子包罗万象；要循序渐进，直到掌握我们所有的理论。重要的是，还不能勉强，超过你的能力，也不能涉猎超过你目前修养所允许的限度。总而言之，你要致力于学习那些你的修养能力所能理解的，而不是所有你感兴趣的。只要你不气馁，就将了解到一切你所想知道的，因为精神吸收的知识越多，就越有获得知识的能力。

我还记得听阿塔罗说的一句话，那时我在他的学校听课（我总是最早一个到，最晚离开）；就连老师散步的时候，我都引出一个又一个话题，他总是对弟子的兴趣有问必答。阿塔罗说："教师和学生应该由共同的目的结合起来：前者对学生有用，后者从与老师的共同生活中受益。"实际上，一个每天与哲学家生活在一起的人，总是有所收获：或者他的人格会完善起来，或者变得有能力完善。哲学有这样的力量，不但已经登堂入室的人，而且甚至是偶然了解一星半点的人，都不可避免地受益。一个人暴露于阳光，哪怕不是有意而为，也会被晒出古铜色；一个进入香水店的人，在那里稍滞留一些时间，就染上那个地方特有的气味；同样道理，一个和哲学家共同生活的人，哪怕是漫不经心，也总能学会某些有益的东西。注意我说的是"漫不经心地共同生活"，而不是"有偏见的敌意"。

"那敢情好！也许我们没见过到哲学学校听课的人，哪怕许多年，连表面上的影响都没有！"我们当然见过，甚至是坚持不懈、勤勉用功的学生，可是我把那些人称作哲学的"过客"，而不是"弟子"。有人来学校只为了听，而非为了学，就像为了娱乐去剧院，去听美妙的对白、悦耳的嗓音，欣赏精彩的剧目！很大一部分去哲学学校听讲的人，只是为了打发时光。不是去学习防卫恶习，不是去将某种道德规范内化，指导人格的完善，到那儿去，只是为了听讲的快感。有些人带着笔记本，不是为了记录思想，而是词句，然后对别人做无用的重复，就像他们自己听了，没有任何受益一样。然而有的人对高尚的格言惊叹不已，激动在脸上和精神里，为演说家所倾倒，就像号角声对弗里吉亚的宦臣的效果，痴迷发狂，好像是神的喻旨。这些人着迷激动的，是美丽的思想，而不是空洞言词的谐咏。当听到一篇有力的演说，批判死亡的恐惧，或对命运勇敢的声讨，感觉有立即身体力行的欲望。语言渗透肺腑，人们马上将按照那些格言去做——而条件是相应的效果在他们的精神里维持下去，那种高尚的情操别立即与俗众的、永远有害的影响相冲突。实际上，很少有人，回到家中的时候，能够怀着在学校时同样的精神态度。一个讲演家让人有向善的欲望并不难，大自然赋予我们所有人生来具备美德的种子。我们所有的人生而具有所有类型的行善的能力，优秀的人的影响激发出良心，唤醒精神潜在的向善能力。你没见剧场中，只要听见那些人们一致认同的、公认是真理的格言，就全场鼓掌？

> 贫穷的人财产稀少，贪婪的人财产全无。[①]
> 贪者对所有人都坏，对自己比任何人都坏。[②]

就连观众中最吝啬的人，听到这些诗句也会鼓掌，为看到自己的恶习被批判而高兴。如果这些格言出自一个哲学家之口，能赢得多么激烈的掌声，尤其是将其雕琢成诗句，以便将这些崇高的思想有效地刻录在那些不入门的人的精神之上！克里安特斯常说："正像我们吹的气穿过细长的号管，最后从宽敞的喇叭口发出，声音就变得响亮，我们把思想凝练成诗句，也会变得更加清晰。"[③] 同样的内容，以散文体道出，在我们身中所产生的效果，不那么引人注意，当一种高尚的思想以严格的韵律表达出，同样的格言便似乎是——暂且这么说吧——被更结实的肌肉投掷出。有许多关于轻视财富的讲演是长篇大论，教导人们真正的财富在灵魂而不在物质财富，一个安贫乐道的人是富足的人，虽少却感觉满足，可是同样的意思，我们听到用诗句道来，就更加震撼灵魂：

> 欲望越小，匮乏越少；[④]
> 只想必不可少，拥有一切想要。[⑤]

当我们听到类似这样的句子，就立即被吸引，承认真理；甚至平常总不满足的人，也惊叹这些话，为其鼓掌，表示出对财富的仇视。当你看到这些人深受感动，那正是你给他们加压的时机，你要坚持，要攻击——不要再含糊其词，

---

①② 语出普布里乌斯·西鲁斯。
③ 引自《斯多葛派残篇》第一卷。
④⑤ 语出普布里乌斯·西鲁斯。

别再三段论，别再诡辩，不要再炫耀一切其他没用的深奥。去说反对贪婪，去说反对奢侈，当你觉得切中了要害，激起了听众的兴趣，就以更大的激情继续。类似地，全部为了听众受益，全心全意为了听众的讲演的效果，几乎难以置信。尚且年轻的精神，很容易听任诱导而向善，热爱正义；对这些尚且可塑的、未被腐蚀的精神，真理的召唤有巨大的力量，只要有个及时的保护人。从我来说，当我听阿塔罗痛斥人生的恶习、错误、邪恶，我常常感到一种对人类的怜悯；阿塔罗在我的眼里，十分高大，超过任何人可能达到的高度。阿塔罗自视为一个君王 ①，可是在我看来，他具有批判君王的资格，要远远超越君王。当他颂扬贫穷，显示出在何种程度上，任何过度的花费都是多余的负担，是难以承受的，我常常有想离开学校、去当个穷人的冲动。当他开始讽刺我们的快感，赞扬身体的贞洁、餐桌上的俭朴，还有精神主动避开不仅仅是非法的，而且是纯粹无用的快感，我唯一的意愿就是断然摒弃口腹的快感。有些这类冲动，路西利奥，我一直保持到今天，那时我决定以最大的勇气拥抱斯多葛派的整个生活方式，可是后来，我步入社会生活，仅仅保留了最初的这些好习惯的一点点。其中就包括终生忌食牡蛎和蘑菇，它们单纯是刺激味觉，怎么吃进去，怎么排出来，只是为了强迫已经饱足的人再多吃（对吃撑了还要吃的吃货来说，真是绝妙！）。保留的习惯里还有，我一生不用香水，因为我认为我们的身体最好的香气是没有气味。还有滴酒不沾。我一生都不去蒸桑拿浴，我觉得让身体流汗，浑身瘫软，毫无用处，矫揉造作。还有一些别的最开始摒弃掉的习惯，后来又重新捡了起来，可是，尽管没有断掉，但还是有节制，近于完全忌了，这也许是更难的：有些习惯，调节起来比彻底戒掉要困难得多。

我给你描述我年轻时致力哲学的极大热情，后来因年纪大了而荒弛，我还要一点也不觉得羞愧地告诉你，毕达哥拉斯在我心中激起的崇拜。索蒂翁常常解释毕达哥拉斯，还有塞克斯蒂奥，为什么不吃动物的肉。两个人的原因不一样，但都值得钦佩。塞克斯蒂奥认为，人类有足够的食物，不需要杀戮，造成死亡；而且，一旦培养出撕碎动物肉的快感，就很容易养成残忍的习惯。他接着说，必须限制感官的快感，还说这类食物对健康是有害的，违反我们的身体组织构造。毕达哥拉斯则断言，所有的生灵之间都绝对是亲属关系，所有灵魂

---

① 参阅《斯多葛派残篇》第三卷。

息息相连，从一个身体转生到另一个身体。如果相信他所说的，似乎任何一个灵魂都不停歇地从一个躯体轮回到另一个躯体。需要多长时间，经过多少个过渡的居所，灵魂才再次轮回成人，这个问题我有疑问。至此，毕达哥拉斯给人灌输一种犯弑亲之罪的恐惧感，因为可能我们无心地碰到一个亲戚、一个家庭成员的灵魂，杀了、吃了或强暴了它的精神现在正寄寓的身体。在表达了这个理论之后，又增加了一些他自己的论据，索蒂翁厉声喝道："难道你不相信，灵魂从一个身体到另一个身体，我们称为死亡的不过是迁徙？你不相信家畜、野兽或海洋动物中居住着曾经是人的灵魂？你不相信宇宙中什么都不灭，仅仅是转换地方？不单单是天体按照一定的轨道运行，生灵也经过不同的阶段，灵魂也有它的轨迹？伟大的人物，都曾经相信这个教义。如果你愿意，可暂且不对它作出判断，可是要完全地接受它的后果。如果这理论是真的，戒食荤腥使你生活得清白无罪，如果是假的，你就生活得素净。接受这些原则于你又有什么损害？我只是让你放弃狮子和秃鹫的饮食习惯！"受这些话语的激励，我开始不再吃肉，素食一年以后，这不但变得很容易，而且实践起来甚至很舒适。我真的感觉我的精神变得更敏锐，尽管今天我不能保证当时的确是这样。你知道我后来为什么放弃了？我的青年时期，恰逢台伯留·恺撒主政，那时候，罗马出现一些怪异的邪教，有些行为，如不食某种动物的肉的迷信被认为是加入其中的迹象。我父亲坚持叫我恢复原来的旧习惯，他并不是怕受什么指控，而是因为他讨厌哲学！他说服我吃得更好些，却并没有费太大的劲儿！阿塔罗建议使用能承受人的体重的床垫，而我即便是年老以后，依然睡在身体不会留下痕迹的床上。

我讲给你这一切，只是证明当一个尚且没有经验的年轻人，遇到一个有能力鞭策鼓励他的人，会有多大热情，以各种方式达到并实践善行。可是效果不总是满意的，或因为老师教授理论而不讲实践，或因为学生求师不是为了培养灵魂，而是为了让自己的思维更加敏捷。哲学就这样变成了训诂学！那么，以什么意图来涉猎一个问题非常重要。一个语法学生学习维吉尔，遇到这句美妙的诗：

时间，无可挽回地，逃逝。[1]

---

[1] 引自维吉尔《农事诗》第三章。

他不是为了思索："我们要注意；如果不抓紧，就要落后；时日飞逝，携带着我们；我们不知不觉，时间就被夺走；我们为了未来计划一切，而周围的一切都在匆匆流逝，我们却无动于衷！"相反，仅限于观察到维吉尔，只要说到时间的速度，总是用"逃"这个动词！……

> 可怜的有死凡夫一生最好的时间
> 是最早逃逝的；紧接而来的是疾病，
> 老年的苦，最终，狠心的死神将其夺走。[1]

一个志在哲学的人，从这些句子中理解到正确的涵义。于是会说："维吉尔从来不说日子走过，而是逃去，意思是跑的最快的方式；而我们那些最好的日子，也是最早逃离我们的日子。那么，我们为何要迟疑，不加快步伐，看我们是否能追上时间飞快的速度？好时光逝若飞渡，把位置留给差的。"双耳瓶里的液体，最纯净的部分也是最先倒出来，将脏的重的沉在瓶底；我们的人生也是，最早的年代是更美好的。我们会为利益不相干的事物消磨青春，仅给自己留下岁月的沉渣？让我们在精神里留下这句话，接受它，如同是神示：

> 可怜的有死凡夫一生最好的时间是最早逃逝的！

为什么最好？因为未来是未知的。为什么最好？因为年轻时我们能够学习，精神是可塑的，可雕琢的，我们能走向更好的道路；因为这个人生阶段，我们有能力承受奋斗，不论是通过学习磨炼精神，还是通过体育锻炼强健身体。接下来的时间已经不那么活跃，不那么有力量——可是再后面的将是终了。因此，我们不接待不必要的请求，把灵魂、把心都致力于唯一的目标：免得已经完全度过之后，醒悟得太迟，我们没有任何办法留驻的，时间令人目眩的行进速度的本质！因此，让我们每个人，珍视人生最初的阶段，把它当作自己的财富来占有。要把想逃离我们的死死抓住。此处正是一个从语法的角度读这篇诗作的人没有思考到的地方，也就是我们的最好的时光是最初的日子，因为接着就

---

[1] 引自维吉尔《农事诗》第三章。

会有疾病，因为衰老会接近，当我们还自以为年轻，老年已经降临到我们的头上；他们想到的是维吉尔总是把疾病和衰老相提并论，然而的确不无道理，衰老，无非是一种没治的病。还发现诗人用"苦"来修饰衰老：

> 紧接而来的是疾病，老年的苦。

在另一段写道：

> 里面居住着苍白的瘟疫和痛苦的衰老。①

当然，毫不奇怪，仁者见仁，智者见智，每个人从同一材料里寻取于自己专业有意义的东西：在同一片草地，牛寻找嫩草，狗追逐野兔，仙鹤啄食蜥蜴！

如果把西塞罗的《论共和国》分别给一个文献学家、一个语法学家、一个哲学家，每个人便按照他们各自独特的兴趣来分析。哲学家惊讶怎么可能说那么多反对正义②的话。文献学家读同一篇文字，会发现两位罗马国王，一个无母，一个无父。事实上，人们不清楚谁是塞尔维乌斯·图利乌斯的母亲，而安古斯·马奇路斯没有父亲，只提到他是努马·庞皮里乌斯之孙。此外还会发现，我们所称为"独裁者"的，正如历史学家所指的执政官，那时候叫作"人民的导师"。这个头衔至今保留在占卜书里，并且查证出由独裁者委任的骑兵校尉的官衔为"马军教头"。不会忽略过，记下来罗穆洛死的时候出现了日蚀；甚至于国王的决定，也可以诉诸人民，根据某些人的看法，其中就包括菲尼斯提拉③，被记录在神卷中。

翻阅同一部书，一个语法学家开始作笔记，评论西塞罗使用的一些词的形式，例如用 reapse 当作 re ipsa④，或 sepse 有 se ipse⑤ 的意思。然后会谈到一

---

① 引自维吉尔《埃涅阿斯》第六章。

② 正义与司法，是同一个词汇。

③ 古罗马历史学家。

④ 现实，实际。

⑤ 自己。

些词语，现在已经不用，例如西塞罗的这句话中："你的质问，让已经踩到终点线（calx）的我们后退。"实际上，今天我们在竞技场上称为目标的那条线（creta），古人把它称为"终点线"（clax）。接下来，我们的语法学家摘取恩纽斯的诗句，尤其是献给非洲的征服者西庇阿的：

> 无论任何人——公民或者敌人——
> 能当之无愧地偿付他的功勋。

从这些段落，得出结论，ops 这个词在古人中，不仅仅有救助（auxilium）的含义，而且作业绩（opera）的意思使用。恩纽斯想说，任何人，不论是公民还是敌人，都没有能力给西庇阿的功绩应得的报偿。然后会感到洋洋得意，因为发现维吉尔受恩纽斯的启发而写出：

> 在他的头上，天门发出巨响。①

他说，恩纽斯是从荷马得到这个形象，而维吉尔得自恩纽斯。正如西塞罗的《论共和国》的这段恩纽斯的碑铭所证明：

> 如果有谁被赐予飞升到神的住所，
> 只会向我敞开广阔的天门！②

可是，这样聊下去，我怕有担负起文献学家或语法学家角色的危险！我更愿意劝告你，去聆听哲学家，去阅读他们的著作，唯一的以获得幸福为目的，而不是去寻章摘句，吊古勾陈，形象思维，大胆比喻，或风骨独具。搜寻那些——这就对了——对你有用的观念，含义深刻的，让你立即能实践的文句和教训。让我们把学习的话语转变成行动。任何人，以我理解，没有比那些把研究哲学看成待价而沽的行业、生活与所宣讲的完全格格不入的人，对人类更

---

① 引自维吉尔《农事诗》第三章。
② 引自西塞罗《论共和国》。

有害的了。他自身就完整地证明了他所教授的一无所用，这些人沾染了一切他们所谓要与之斗争的恶习。一个这样的大师，毫无用处，就如同海上风暴中喝醉的舵手！狂风恶浪中，必须牢牢地掌稳舵，抵御大海的狂怒，向风暴收卷起风帆：一个呕吐的、头晕目眩的舵手有什么用？我们在此生中遭受的风暴，难道不比突袭任何一艘航船的要更猛烈？重要的是掌稳船舵，为什么还要花言巧语？那些伪大师，在广大听众面前口若悬河，所有那些大段的话语，不是他们自己的：都是柏拉图、芝诺、克律西波斯、波希多尼和无数其他杰出的思想家的。唯一能够证明这些理论也属于他们的方式就是：照他们所讲的那样生活！

暂且，就跟你说这么多吧。至于你提出的问题，我把它留在下一封信中全面地答复。我将满足你的愿望，因为现在我已很累，谈起来有些风险，因为那是一个要求集中全部注意力、需要聚精会神来谈的难题。

第一百零九

你有兴趣知道，一个智者是否能对另一个智者有用。我们把智者定义为赋有一切最高等级的善①。那么，问题就是想知道，一个人如何能对一个已经达到至善的人有用。你看，仁人之间相互是有益的。它的功能是实践美德，并将智慧维持在最完美的平衡状态。每个智者都需要与别的智者交流心得，讨论问题。斗争的技能只有在实践中获得；两个音乐家共同切磋，相得益彰。智者也需要将他的美德保持活跃，因此，他不但自我激励，还感受到另一个智者的鼓舞。一个智者，能给另一个智者在什么地方有所用益？可以激励他，可以建议他实践美德行动的机会。除此而外，可以告诉他自己的思考，给他讲述自己的发现。对智者来说，真的永远不缺少什么新事物要发现，某种给他的精神新的

---

① 这篇文章是对路西利奥的质疑作辩护。前面的一些信中，塞涅卡说，至善是不可添加的。这在逻辑上是有漏洞的，路西利奥用智者对智者是否有用来点出这个问题。如果有用，便不完善。塞涅卡不承认这个缺陷，找出医生、舵手、律师对智者有用的论据。文章提到热需要周围热源来维持热度，也是说明，没有绝对。塞涅卡明知道这一点，因此有些恼怒，在信的末尾说，"我没有空闲去做体操，甚至缺乏时间去看医生！为什么你要我给你提供无用的学问？"

开发领域。邪恶的人，相互伤害，相互都变得更坏，因为激起愤怒，推崇坏性格，炫耀快感；这些人越是相互分享恶习，为了共同的目的协力作恶，就会更加的恶毒。反之的效果也是同样，一个仁人，只能对另一个仁人有用益。"什么方式呢？"你会问。他的愉快能感染你，增强你的自信；相互观察对方的平和，给双方增加快乐。此外，还可以提供给他某些方面的知识，因为一个智者不能一切都知道。即便是知道一切，另一个智者很可能发现一种捷径，更快获得大自然的知识，提供给他一种途径，形成对事物更好的总体观念。一个智者能对另一个有用，不仅仅是由于他自己的力量，而且有对他提供协助的人的力量。当然，前者，虽然致力于他自己，是完全能够发挥自己对后者的作用的。不但如此，虽然他以自己的速度向前跑，并不因此便不受到加油声的鼓励。

可能的反驳："一个智者只能对自己有用，而不能对另一个智者有用。证明是，后者如果自己不努力，前者就不起作用。"以同样的思路，那样的话，如果品尝蜂蜜的人没有感觉甜味的味觉器官，感觉难吃，那么就可以说蜂蜜里就没有糖分。实际上，有的人因为有病，就会觉得蜂蜜是苦的。重要的是两个智者都是健康的，因此相互之间就相得益彰，一个可以授予，另一个可以接收。

另一个反驳："给一个加热到最高温度的物体再加温是没用的；想帮助一个已经达到至善的人，也是徒劳。难道一个拥有必要的农具的农民，会去向邻居借农具吗？一个装备了所有武器的士兵，前去战斗，难道需要更多的武器？智者的情形也同样：他已经有足够的装备，拥有足够的武器去迎战生活！"对此我的回答是，即便是一个加热到最高温度的物体，在其附近也需要一个热源，以维持这个温度。"可是，"人们继续反驳道，"温度是自己维持的。"让我们来看：首先，你所用来比较的概念之间有很大的区别。热是一个因素，而有益可以包含各种形式。其次，热不需要旁边有一个热源，来保持自身的热；在一个智者的身边如果不接受一些朋友的陪伴，给他忠告，一起实践他们的美德，就不能维持他的精神状态。再加上，所有的美德相互之间都以某种友谊联系在一起；因此，同气相敬，智者尊重与他类似的人的美德，告诉他自己的钦佩之情，对另一个智者显然是有益的。相似的品德，对拥有这些品德的人来说，是一种快乐的源泉，只要是高尚的品格，他们懂得值得相互尊重。更有：除了另一个智者，任何人也不能对一个智者的精神恰当地鼓励，正如只有一个人才能理性地鼓舞另一个人。所以，同样，只有以理性才能鼓励使用理性，也只有一个完美的理性才能成为另一个完美理性的激励。人们常说，给我们提供某些无关道德的好处，例如钱财、恩惠、保护和其他有价值的，或生活所需的东西的人，是对我们有用的人，在这个意义上，可以说一个愚蒙的人也能对智者是有用的。实际上，有用在于以美德本身的行动按照天性来激励精神。如果对受到鼓励的人和鼓励者的精神，没有受益，这便不能发生，因此，一个使别人实践美德的人，必然自己做出实践美德的行动。即便是我们不考虑到至善，也不考虑到引发这些行为的动机，即便是如此，智者也依然是相互有益。遇到另一个智者，本身就不愧为智者的目的，因为出于本性，所有的仁人尊重一切类型的善；因此，每个智者对所有的仁人都给以同样的、和自己一样的价值。

对这个问题的讨论的必要性，使我从这个问题想到另一个问题。事实上，提出这样的一个问题，智者是否应该独自作出决定，还是该寻求他人的建议。当涉及公共生活，谈到有死凡夫的特有的问题，智者不可避免地要求助于他人，在这些问题上他需要别人的建言，就如需要医生、舵手、律师或者预审法官。在此意义上，一个智者对另一个智者也是有用的，时不时地需要他的指导。在那些崇高而神圣的问题的方面也是有益处的，正如前面所说，由于共同实践善德，由于智者之间建立的精神与思想的联合，而相互受益。还有，我们择友根据秉性，对他们的进步我们感到高兴，就像是自己的进步。如果我们不这样做，我们自己的美德就会褪色，因为美德只有不断的运用才能保持。美德告诫我们不但考虑当下的境况，还要预见并对未来作出决定，使精神保持警觉：你看，如果有个人协助我们，就会更容易使精神饱满，保持警觉。为了这个目的，智者寻找另一个业已完美的人，或者至少正在完美的道路上行进的人。一个这样完美的人，对共同操作的判断能力，对作出决定，是有好处的。人们习惯说，当事者迷，旁观者清。然而，这种情形，只有在过分自爱，或者面对困难的恐惧，使人失去辨别是非的能力的时候才会发生。人们只有在安全、没有危险的时候，才开始识别善恶。然而，在某些情况下，智者对别人的情况比对他自己的更加清楚。此外，智者有另一位智者相伴，可以使那个非常人性的卓越格言"好恶皆同"变成现实；这样，两个人将一同运行在至尚的轨道。

你看，我已经满足了你的要求，虽然这个问题，更详细地阐述在我正在编写的那部"伦理哲学"中。可是你要想清楚，我不厌其烦地对你说的：这些问题仅仅使我们思维敏捷！最后，总是落实在同一点：所有这些又有什么用处？我所想要的是，自己变得更坚强、更正义、更中庸。我没有空闲去做体操，甚至缺乏时间去看医生！为什么你要我给你提供无用的学问？你发了大愿，那么好，就忠实于你的诺言。人们说，当我的周围闪耀着刀光剑影，哪怕是锋刃直指我的咽喉，我也会更加勇敢无畏；人们说，哪怕是突然的风暴将我的船卷向深海大洋，我也会继续感觉到安全；那么，就请帮助我，有能力藐视快感和光荣。等以后再教会我推翻诡辩，解决歧义，对微不足道的问题断惑答疑；此刻，请只教会我那些不可缺少的。

第十九卷
（第一百一十至第一百十七）

第一百一十

我从我的诺门托庄园问候你。祝愿你精神健康，即是说，但愿诸神保佑你，因为一个人能够平安吉祥，不能不享受诸神的恩典。此刻，你不要考虑某些人的信仰，认为我们每个人各自有专门的保护神，那不是第一等级的神，显然，那是次级的，奥维德称为"平民神"①的。因此，你不要理睬那种信仰，别忘了我们的信仰是斯多葛派所具有的，每个人，事实上，有他的"保护灵"或者"朱诺"②！以后，我们再来看是否能让诸神来管我们每个人的事情；现在，我只想让你的头脑里有这个观念，不论是我们受到殊宠，还是我们听天由命，不可能对别人做出比希望他们自己对自己不好更加可怕的诅咒。除此之外，没有理由希望某人被认为是该当受到惩罚，诸神对他有敌意；我可以向你保证，这个某人，可以受到诸神的仇视，而表面上，却显得享受恩宠。开动你的脑筋想一想，观察我们的人生实际上是如何，而不是我们说它是如何，你就会发现，许多坏事对我们的好处要大于伤害。多少次，一个所谓的灾祸，不就是一种巨大幸福的初始原因③！多少次，我们兴高采烈地庆贺的形势，不过是迈向深渊的一步——让一个处在高位的人，升得更高一点，仿佛那种地位可以肯定是没有从上面跌落下来的危险！然而，跌落本身，一点也没有坏处，如果你考虑到那个临界点，在那个界限之外，大自然不能使任何人再加速④。所有一切的终点，都离我们很近，我可以对你肯定，都非常之近，幸运的人以为被从中驱逐了，不幸的人以为是得到解脱了的人生的那个界限，真的很近；是我们自己，或由于期望，或由于过度的担忧，使它显得比实际上要远更多。如果你观之以

① 见《变形记》。

② 每个人都有一个神灵为保护神，男人的称"génio"，女人的称"Juno"。

③ 老子：福祸相依。

④ 指死亡。

智慧，就根据人的条件来衡量一切，那么不论快乐还是担忧的空间都有了局限。很值得用减少长久的快乐，以换取不感受长久的担忧！

是什么原因，叫我力图限制"惧怕"这种坏事？因为没有有效的理由，让你害怕任何事情；对，是我们自己仅仅由于空洞的表面现象，听凭自己颤栗，自我折磨。从来也没有人去分析，实际上是什么让我们忧心忡忡，每个人却都去给别人灌输恐惧；从来也没有人敢于接近让他精神恐惧的东西，去研究他的恐惧真正的、有根有据的本质。结果就是把那种不存在的危险信以为真，并且维持它的表象，因为没有人去认认真真地辨别。我们只要睁开眼睛好好看一看，就足以发现我们所害怕的事情是多么微不足道、难以确定，没有害处。我们精神的混乱，恰恰符合卢克莱修所描写的：

> 就像在黑暗里的孩子，什么都怕，
> 我们在光天化日之下什么都怕！①

那么好，我们在大白天害怕，难道不是比孩子还要无知？可是，路西利奥，事实是我们并非在大白天害怕，而是我们在周围制造黑暗！我们没有能力分辨好坏；我们一生都在向前跑，盲目地绊倒，就连这样也不能使我们停下来，或注意在那里落脚。你想象一下，在黑暗里跑是多么疯狂的事情！诸神保佑！我们除了不得不从更远处返回②，什么也得不到；不知道何去何从，被本能引导着固执地向前走。可是，假使我们愿意，可以点亮内心的光。唯一的方式：获得关于神和人的知识，一种内化的，而不是纯粹肤浅的；我们思索获得的知识，让我们积极地以经验证实它的有效；我们探索什么是好、什么是坏，把这两个形容词错误地给了什么事物；我们去研究什么是伦理上的好与坏——归根结底，什么是天意。而且向人类智慧敞开的空间并不止于此：我们受到吸引，将目光投向宇宙之外，观察它向哪里去，从哪里来，哪里是我们这个世界飞快地运行的终点。然而，我们却让精神远离这种神仙的观想，降低到去为下贱的贪婪效

---

① 引自卢克莱修《物性论》第二章。
② 大意是：因为在黑暗里跑，会走错路，因此只好返回，而因为是跑，因此走错的路更远。

力；我们忘记了宇宙和它浩瀚的边际，忘记了统治和使它运转的诸神，却埋头去钻探大地，从中提取出只对我们有害的物质，不满足于大地天然提供给我们的。一切真正对我们有益的，神都直接放到我们的手上，不待我们去研究便赐予我们；相反，把一切对我们有害的，都深埋在地下。我们只能怨自己，是我们才粗暴地将大自然埋藏在脏服里的掏了出来——这将是我们的毁灭。我们让精神沉沦享乐，对快感一再的退让，是一些邪恶的根源；我们陷于对光荣的野心和其他同样无用的虚名的冲动。

此刻，我能劝告你做什么？没有任何新颖的，并非为新病求新药。仅此而已，首先：你要自己学会辨别什么是必须的和多余的。必须的永远唾手可得，而多余的，要求你坚持不懈的全部努力。拒绝和轻视黄金装饰的床或镶嵌珍贵宝石的家具，这都没有什么可骄傲的；轻蔑多余的，有何美德可言？当你能够轻蔑必须的，那才值得对自己惊叹！没有堪比王侯的奢华你就能生活，没有想吃一千磅重的野猪的欲望，没有想吃一托盘火烈鸟舌，或别的整只动物烧烤的，令人作呕的，庞然怪物，仅仅从每只动物上面割取特殊部位的一小片——你不要以为这是什么伟大的事情！是的，当你能轻蔑粗面包，那时我会佩服你，因为你相信，需要的时候，草不但可以给动物吃，也可以给人吃，因为你肯定，用树芽来填胃就很好——那只填满了山珍海味的胃，好像会永远装在那里！那只胃不需要用珍馐佳肴来充填。填满了，然后都再吐出，有什么区别？你喜欢眼前摆满猎物和海味，有些上桌时越新鲜味道越好；另一些，由于经过人工饲养，浑圆的脂肪，几乎把皮撑破。天才的烹饪艺术使你充满了快感。可是，我的神！所有这些精心配制的菜，加上调料酱汁，一起堆积混合在胃里，成了难以辨认的、令人作呕的一团。要蔑视餐桌的快感，没有比看看食物变成什么样子更好的了[①]！

我依然记得阿塔罗说的令众人惊叹的这些话："很长时间，我被财富所痴迷。这里或那里，看到珍贵的物品，光彩闪耀，目瞪口呆，我想象里，它内在的价值符合它的外表。有一天，我看到一场游行，展示罗马最贵重的珍宝，闪闪发光的金器、银器，和别的比金银还要贵重的材料制成的器物，五光十色，从我们的国界之外、比我们直接邻国更遥远的地方进口的绸缎；众多的奴隶，还有女奴，不但戴着首饰，而且长得十分美丽，都令人叹服；还有别的，那些

---

① 像佛教的不净观。

帝国极盛时期，命运之神要检阅的东西。'这除了激起人更强烈的野心，'我喊道，'还有什么用？这样炫耀财富有什么用？所有在这里的熙熙攘攘的人群，为的是学习贪婪的含意？'对我来说，我保证，离去时比来这里时，有更少的欲望。我心里充满对财富的轻蔑，不仅因为是多余的，而且是可笑的。你没见这么短的时间内，所有的队伍都松散了，步伐缓慢，没了节奏？难道我们要忙碌整整一生来操练，都不能保持一整天？我还产生了另一个想法：这些珍宝不但对它们的占有者，而且对观看游行的观众，都是多余的。这恰是每当我的眼前出现炫耀的奢侈，看见一座华丽的宫殿，服饰整齐的一大队奴隶，身材苗条的轿夫抬着轻轿的时候，我对自己所说的：'为什么要惊讶得目瞪口呆？这只不过是炫富！所有的我们所看到而自己没有的这些东西，都是看着喜欢，可昙花一现！'与其如此，不如去关注真正的财富；学会满足于很少的一点，不断勇猛地重复那个格言'只要有水和面粉我们就可在幸福上与朱庇特争个高低！'要我说，更有甚于此者：即便是我们没有水和面粉，也要和他争个高低；幸福取决于金银，和取决于水和面，同样地失道！'可是如果没有水和面粉，我怎么生活？'你想让我告诉你，如何解救贫困？饥饿负责结束饥饿。归根到底，有什么区别，奴役你的欲望是无节制的或是微小的？命运拒绝你的财富的量是大是小有什么重要？甚至水和面粉都取决于你身外的意志；一个自由的人，不是那个命运对他法力小的人，而是完全脱离命运法力的人。正是如此：你必须脱离一切欲望，如果想与朱庇特一决高下——你必须彻底无欲！"

这是阿塔罗讲给我们的一堂课，是大自然讲给所有人的。如果你准备不间断地思考它，就将成为幸福的人，而不是看起来幸福，是要在你自己眼中的幸福，而不是别人看起来的幸福。

第一百十一

你问我，表达 sophismata[1] 这个概念的拉丁语是什么。无数作者想冠之一个名称，但是都没有中彩，原因或许是，正如我们不熟悉或是不习惯的事物，

---

[1] 拉丁语对希腊语的音译，原意是"智巧""善辩"，转意成"诡辩"。

对名称也显得有抵触。无论如何，我以为最适合的词汇，是西塞罗所使用的：cavillationes①。一个致力于相关实践的人，无疑能构想出敏锐的论据，可是对人生一无所用，因为并不因此而变得更加有气魄，更加有节制，更加高尚。与此相反，一个以哲学为疗法的人，精神变得更加坚强，充满自信，抵达无可比拟的高度，越是接近它，我们便越加傲岸。正如崇山峻岭，远处看，并不显得太高，当我们接近它，才发现抵达顶峰的路是多么的险峻。真正的哲学也是如此，尊贵的路西利奥，——在其行而不在其言：站在峰巅之上，威严宏伟，壮丽辉煌，赋有真正的伟大；不似那些想装得比实际身材更高的人那样，装腔作势，踮起脚尖。哲学家满足于自己的伟大。抵达那种命运之手所不及之高度，又如何能不满足？因此，他超越人类的条件，在任何境况下，都保持与自己相一致，不管人生是一帆风顺，还是波涛汹涌，也不管是在厄运和危险之中航行：这种定力，不是摇唇鼓舌、强词夺理所能给予。那是一种智力游戏，没有丝毫用处，把哲学从崇高降低到平庸。我并不禁止你偶尔一试，但仅仅在你无所用心的时候。诡辩有一种严重的不宜之处：引起不可否认的快感，让精神为其表面的微妙之处而欲罢不能。何况，有那么多的问题需待解决，乃至于用尽一生，刚够学习唯一的一点：藐视生命。"那么，我们人生的导航呢？"你会问。这是第二阶段的任务：一个没有学会藐视人生的人，就不能把它引导好。

第一百十二

你很想知道，你的那个朋友是否决定接受你所希望的文化与道德培养。只是他已经太难以塑造了。说得更明白一些——而且这甚至使事情变得更困难！——他已经太硬，却又柔软，由于长久以来沾染恶习，变得有气无力。我给你讲一个我实践中的例子，不是任何葡萄树都可以承受嫁接。如果已经是老藤，被虫蛀了，如果因病重而脆弱，要么会排斥所嫁接的枝条，要么不能提供营养，也不会让接条愈合，更不适应接条的自然属性。因此，我们往往把土壤之上的部分截断，为的是如果嫁接不成功，就再试一次，这次就将其嫁接在植

---

① 拉丁语，原意是"吵闹""讽刺"，转意为"诡辩"。

株在土壤下的部分。你在信中给我推荐的这个人，由于一下子放弃恶习，变得无精打采、软绵绵的，同时又更加顽冥：不能接受理性作指导，也不能让理性在自身起效用。"可是他充满了意愿！"你别相信。我不是说他想欺骗你。你可以真心实意地相信他的愿望。此刻，对自己的放荡深恶痛绝，可是不用很久，就会对它妥协。"可是，他说不喜欢现在这样的生活。"谁说不是！谁不厌恶？人们对自己的恶习，都是爱恨交加。因此我只有在你的朋友向我保证，他恐惧放荡的时候，才能对他作出最终判断：此刻，只是两者之间，闹了点小别扭而已！

第一百十三

你要我对斯多葛派的大师们辩论的一个问题写写看法，也就是：正义、勇敢、谨慎和其他的美德，是不是动灵①。尊贵的路西利奥，作这种精妙的推理，我们只能看来是在用毫无意义的小游戏锻炼智力，用完全无效的讨论打发我们的清闲。虽说如此，我来满足你的要求，阐述一下我们学派关于这个问题的看法。可我要事先说明，我个人的意见与此有别；以我之见，只有希腊人才能够被允许有作某些辩论的奢侈。那么就让我们来看，那些令古人、思想家们思维踊跃的，或者，更确切地说，古代思想家踊跃发起讨论的问题究竟是什么。

基本点就是，灵魂是一个动灵，因为是它使我们成为动灵，甚至"动物"这个命名也源于灵魂；夫美德非它，乃赋某种特定形态之灵魂，故美德乃一动灵。另一方面，美德实现行动；然而，若无自身运动，则不可行动；如果说美德有自身运动，动灵特有之功能，是因为它是一个动灵。"如果美德是一个动灵，"有人反驳道，"它本身便拥有美德。"为什么就不能拥有呢？就如同一个智者通过美德实现一切，美德也通过自己来作出。"以这种思路，"接着反驳道，"所有的技艺，我们所有的思想，我们所有的知识都是动灵。因此，在我

---

① 这个词是本篇的关键。文中 seres animados（animated beings）可翻译成"动物"，但这个词已专有所指。斯多葛派这里所说的不是有实体的 seres（beings，存在者），因此翻译成"动灵"；本文凡用"动灵"，均可以 seres animados 取代。

们精神有限的空间里，居住着成千上万的动灵；我们每个人要么同时是许许多多的动灵，要么身中含有许许多多动灵。"你要不要想知道，怎样能够回答这个反驳？就说上面提到的每个东西都是动灵，但并不形成一组动灵。这是怎么个样子？让我来解释，可你得集中一切注意力，尽可能地调动敏捷的思维。每个动灵应该具有个体物质，可是，所有的它们仅具有一个灵魂；因此，将它们中的每一个看成一个动灵，可是不能形成一个动灵的多样体。例如，我是一个动灵而我又是一个人，因此，你不能说我是两个存在物，因为，若欲我为二，两者必得分开。换句话说，两物只有相互完全独立，才能实际上被视作两物。一单位内的一切多重复合参与一个统一，因此是为一统。我的灵魂是一个动灵，我是一个动灵——然而我们并非两物！为什么？因为我的灵魂是我的一部分。一物只有能个体存在，才被当成个体；当是另外一物的一部分，不能被看成是分开的一物，道理很简单，若欲为分开的一物，必须具有独特的，完整的，封闭于自身的个性。

前面我已经说过，我的意见是不同的，因此，假使接受这个论点，我们就必须承认，不仅仅各种美德是动灵，而且恶习、情欲也都是，正如愤怒、恐惧、疼痛、怀疑。而且还不就此为止：所有我们的文句，我们的思想，都是动灵。你看，这样的后果，是不可接受的，只是因此，由人产生的却非人。"那么，什么是正义？"他们问。正义是灵魂以某种方式特定的形态。"照这个情况，如果灵魂是一个动灵，那么正义也是。"绝对不是；正义仅仅是灵魂的某种特定状态，某种能量。同一个灵魂，可以采取各种形象，并不因为行动的意义各样，而变成其他的不同动灵。如果正义、勇敢和其他的美德，都是动灵，事情会怎样发生呢：到底是时不时地不再是动灵了然后又是了，还是总是动灵？美德永远不能不是美德；照此逻辑，在我们的灵魂就有大量的、的确数量巨大的动灵，在那里跃跃欲试！"没有巨大数量，"他们会说，"因为都取决于唯一之物——灵魂——它们都是灵魂的组成部分。"这便是说：让我们想象灵魂的样子就如同九头怪蛇，每个头各自去攻击一方！实际上，每个头并非一个动灵，而仅仅是一个动灵的头，九头蛇本身才是一个动灵。谁也不会说组成喀迈拉的狮子或毒蛇分别是一个动物，而仅仅是一个动物的组成部分；因此，每个部分不构成一个动灵。究竟是什么引出正义是一个动灵的结论？"正义有反应并有用；反应并且有用的即具有运动，凡是具有运动的都是动灵。"如果正义有自己的运动，这便是对的；可是正义缺乏自己的运动，仅仅有灵魂传输给它的运动。一切动灵，直到其死亡，都是那种从它开始是什么就是什么；一直到死，人还是人，马还是马，狗就是狗；任何一个都不能变化得与其原来不一样。我们以假定来接受，正义也就是"以某种特定方式形态"的灵魂，是一个动灵。然而，勇气也是，"以某种特定方式形态"的灵魂。可究竟是哪个灵魂？刚刚还是"正义"的那个吗？如果维持第一种形态的动灵，就不可能采取另一种动灵的形态，而是继续是最初所采取的形态。此外，一个唯一的灵魂，不能同时属于两个动灵，更不用说好几个。如果正义、勇敢、节制和其他别的美德，都是动灵，又怎么可能她们只有一个灵魂？要么每个都有她的灵魂，要么它们就不是动灵。唯一的同一个体，不能同时属于两个动灵；甚至学派①的大师们都承认。那么，正义之体是什么？"灵魂。"那勇敢之体呢，是哪个？"是同一个灵魂。"可是，我们刚看到唯一的体，不能同时属于两个动灵。"是这同一个灵魂，"他们说，"时而采取正义态，时而勇敢态，时而节制态。"倘若是，当有"正义"时就没有"勇敢"，或者当有"勇敢"时，便不存在"节制"，那么这尚且是可行的；然而我们看到的是，所有的美德都同时存在。那么这怎么会是每个美德是一个动灵，如果灵魂只有一个，而如果灵魂不能产生更多只能是一个动灵？结论是，没有任何一个动灵是另外一个动灵的一部分；因为正义是灵魂的一部分，所以，不是一个动灵。

我真像是没别的事情可做了，纯粹为一个显而易见的东西、一个更欠抛弃而不是值得讨论的问题浪费时间。不存在丝毫不差、一模一样的两只动物。如果我们一个一个地观察，就会发现每只有它独特的颜色、形状、大小。造物之神令人赞叹的各样智巧中，我认为应该包括这种：在大自然无量的多样性中，它从来没有重复同样的格式；即便是显得一模一样的事物，如果我们仔细比较，也显出不同。创造出无数的树叶：没有任何一片不是有独自的形状；创造出数不清种类的动物：没有两只有同样的大小，它们之间总是有不同的地方。它细心到让所有的个体都有差别，明显地区分出来。然而，你们说，所有的美德都是一样的；所以，就不是动灵。一切动灵均以自身反应；可是美德，自身

---

① 指斯多葛派。

什么也不作，而是伴随着人。所有的动灵要么是理性的，如人或诸神，要么是非理性的，如动物、野兽或家畜；诸美德都是完全理性的，但既非人亦非神；当然，不是动灵。所有的理性的动灵，若欲反应，都需要预先由对某种对象的看法而受到刺激；接着，开始运动，而最终出现赞同来确认所获得的运动。我来给你解释，怎么理解赞同。例如，我需要行走：当对我自己说走，而我批准了自己的决定，才开始迈步；如果我需要坐下，是通过类似的程序，我才坐。你思索一下，比如，谨慎：它如何能对"我需要行走"这个命题给一赞同？由于本性，它不可能做出类似的事情。实际上，谨慎根据具有这一美德的人做出预测，而不是根据自己做出预测；它自己既不能走，也不能坐。当然地，不能做出赞同，而一个不能给以赞同者，就不是一个理性的动灵。如果美德是一个动灵，就必须是理性的；可是由于它不是一个理性之物，不能是一个动灵。如果美德是一个动灵，并且，另一方面，所有的善均为美德，于是一切善就是动灵！我们的大师承认这个前提。可是，比如说，救父亲是一善，在元老院发表看法是一善，公正判决是一善，根据这个逻辑，救父亲，或发表一个权威的意见，就都是动灵。而例子多得是那么成倍成倍的，让人实在难以保持笑容：慎重而保持沉默是一种善，晚餐是一种善，当然了，安静和晚餐，都是动灵！

现在，诸神保佑！我不就此而停止这种游戏，这种荒谬的深奥给我享受。正义与勇敢，如果是动灵，就必然是地上的动物；地上的动物都受制于寒冷和饥渴；当然地，正义会冷，勇敢会饿，宽容会渴！我还能做什么？难道我不该问那些思想家，这些活物儿是什么样子？长得像个人，像匹马，像只野兽？如果给这些灵物像给诸神那样的圆形①，我真想问他们，贪婪、奢侈狂，还有疯病，是否也都是圆形的，既然它们都是动灵！如果他们说，是的先生，这一切都是圆形，那么我要问他们，小心慎重地出游，是否也是一个动灵。他们就迫不得已地承认，就是说，必须宣称出游是个动物，而且还是个圆的！……

你不要想象，在斯多葛派中，我是第一个不照本宣科，有独自见解的：克里安西斯和他的弟子克里希波，在对"行走"的理解上，意见分歧。对克里安西斯来说，就像一股气流，从灵魂的主导原则而来，传导到足部，而克里希波说行走就是灵魂主导原则本身起作用。难道要禁止我们追随克里希波的榜样，

---

① 斯多葛派认为，神是球状的，如同天宇。塞涅卡不认同。

要求有自己主见的权利，讥讽那么多就连整座宇宙都难以容纳的动灵吗？

"诸美德，"他们说，"不构成一个多重性的动灵，而是诸动灵。正如一个人，可以是诗人和演说家，但仍为一体，诸美德也是诸动灵而不是一个多重性。它们是一个，而且是同一个，是灵魂，是正义的灵魂，谨慎的灵魂，勇敢的灵魂，也就是一个诸多美德共鸣状态的灵魂。"在这种意义上，我们没有异议，完全同意。我暂且也承认灵魂是一个动灵，虽然有所保留，以后会分析我到底是什么意思。可是我否认灵魂的行动是动灵。如果不是这样，我们就必须把每一句话，每个诗句，都看成是动灵。如果一个正确的命题是一善，而如果一切善均为动灵，接下来就是命题是动灵。包含诗意的诗句是一善，而所有善均为动灵，自然，一句诗即一动灵。因此上：

颂武功唱英雄。①

是个动灵；只可惜不能是圆形，因为长六步②！"赫拉克勒斯救我！"你会喊道，"所有这些推理，都是一张错综复杂的蛛网！"想到一种语法错误，一句野蛮话，一个三段论，也都是动灵，让人禁不住大笑，想象如果是画家，要把他们画成什么样！这难道就是我们以这个世界最严肃的表情所讨论的问题吗？！我都不能像凯里亚努③那样大喊："噢，一派胡言，多么可怜！"实在太可笑了。

让我们去做些有用的、健康的事情不是更好吗？比如研讨什么方式有可能达到美德，通往它们的道路是什么？与其教给我勇敢是不是个动灵，不如告诉我没有勇敢，如果没有防卫命运的偶然意外的武器，如果不通过静思，在身陷突发事件之前，便置身于其外的话，任何动灵都不能是幸福的。什么是勇敢？是保护人的脆弱的坚不可摧的屏障；一个周围有这个屏障的人，利用自己的力量和武器，能可靠地抵御这个所谓人生的猛烈围攻。为了这个目标，我愿意给

---

① 引自维吉尔《埃涅阿斯》第一章。
② 塞涅卡此处用文字游戏，用"六步格"诗句，转用"六步"长度概念，这个诗句的动灵，于是成了六步长，而不是圆形。或许古拉丁文，六角形也是这个词。
③ 一个演说家。

你引用我们的波希多尼的一段格言："永远不要想象能够用命运给你的武器自卫；是的，要用自己的武器去战斗。命运不给任何人抵御它自己的手段。所以人们对敌人防卫得很好，对命运却无可奈何。"亚历山大把波斯人、赫卡尼亚人、印度人打得落花流水，望风而逃，打败了一切别的散布在东方直到大洋的民族，可是，当他一次命人处死了一个朋友，另一次又失去了第二个朋友，就伏在黑暗处，为痛恨前者的犯罪悲叹，为怀念后者而哀伤。一个战胜了那么多国王和民族的人，被愤怒和痛苦战胜！怎么会不如此呢？如果他自己觉得更愿意去征服宇宙，而不是控制自己的情绪！那些自己野心勃勃、开拓疆土、征服海外的人，陷入了一张多么巨大的网，以为通过军功去占领广袤的省份，将新的疆土扩入业已拥有的版图是幸福的顶点，却没有发现存在着最高的神的法力：是我们控制自己的力量！我还想请大师们教导我，正义的神圣价值——那种仅仅以利益他人为目的的正义，而对自己不要求别的，只是将其付之于实践的权利。正义无关乎贪图名声的野心，只谋求自己无愧于心。在这一切之上，我们每个人都应该说服自己，我们必须办事公平而不求回报。还有，我们每个人都应该确信为了这个无可估量的美德，我们应该甘愿冒着生命的危险，尽可能放弃考虑任何个人的舒适。不能去想什么是正义的行为的奖励；最大的奖励在于正义得以实践这一事实。要把我刚刚对你讲的变成你的思想：有多少人知道你的正义精神并无所谓。给我们的美德做广告，意味着我们更关心名誉而不是美德本身。不享有公平的美名，就不愿意做公正的人吗？那么就要知道：许多时候，人们不觉得你坏，你就不可能公正！在这种情况下，如果你的行为像智者一样，甚至会觉得为了一项高尚的原因，被人说坏而感到快乐！

第一百十四

是什么原因，在某些时代，造成文风普遍的堕落？是以什么方式发生的，在精神中形成一种倾向，促成一定效果，有时是过分冗长的连篇空话，有时候又是几乎像歌唱一样的语言？为什么有时候流行一种极度梦幻的文学，超越一切真实，而另一些文章用险峻的辞语，必须作比其所表面含义更深一层的理解？为何在这个或那个时代，毫无限制地滥用隐喻的权利？这是你给我提出问题的列表。所有这一切的道理都很明白，希腊人甚至都为此作了一个谚语：风格是生活的反映！实际上，正如每个人的行为方式，反映在他说话的方式，文风也是这样，模仿社会风俗，只要社会沉湎于刻意的享乐，公共道德就会出现争议。文风的堕落，假使，这种风格明显不是一两个作者采用，而是被所有人接受和赞同的时尚的话，就充分显示出社会的解体状态。不可能精神有一个倾向，而灵魂是另一个倾向。如果灵魂是健全的，冷静而自主，严肃而谦恭，精神也会庄重而清醒；当灵魂沾染恶习，精神也便堕落。你不见，如果灵魂虚弱，人们拖拉着身体，行动艰难？你不见，如果灵魂阴柔，走路的姿势都软绵绵？你不见，如果相反灵魂火热而坚强，步履就会加快？你不见，当人疯狂或暴怒（那也是疯狂的一种状态）时，身体的运动便混乱，失去控制，没有头绪？所有这些症状在精神上变得更加明显，因为精神完全被灵魂浸染，从灵魂得到它的形状，服从于灵魂，遵从灵魂的规律。

人们太熟悉麦塞纳斯的生活风格，乃至于我不必描写他如何散步、他的讲究爱好、他的张扬炫耀、他拒绝掩饰自己的恶习。那好：他的文风缺乏坚定，如同他的长袍没有腰带，不是吗？他的文句复杂得像他的服装、他的伴侣、他的家、他的女人，不是吗？如果把他的才华运用在正确的方向，可以成为伟大的精神，如果他不是讨厌被人理解，不是那样繁琐。你去看他的文风是多么的扭曲、零乱、毫无节制，像个醉汉在走路！还有没有比这句更令人恶心的："树林像假发，披散在河岸。"或者这句："用一条条小船耕耘河谷，身后留下一座座花园，逆流而上。"而对这样一个家伙有何话可说："满脸皱纹地对情人眨下眼睛，像只鸽子咕咕地吻她，发出像森林暴君疯狂地摇晃疲惫的骨架一样的喘息。""成群结队地，永不知足地寻找吃的和酒，不放过我们的家，一队队经过，死神永远在等待着。""一个灵刚刚参加为你举行的庆祝会。""一片帆像熏黑的灯芯。""一块脆糕。""母亲或妻子在壁炉前穿着打扮。"或许乍一读起来，不太显著，写这些句子的人，就是走在罗马大街上，穿袍子不系腰带的那个人（直到恺撒不在朝，他完全执掌大权的时候，就是这个"没腰带"的人，要求遵守秩序！）；就是同一个人在法院，在论坛，在任何公共集会头上总是蒙一块布，只露出耳朵，样子就像我们在滑稽剧看到的富人的逃奴。这同一个人，即便是在内战最激烈的时候，武装的罗马生活在焦虑中，他在公共

场合叫两个显得比他还男人的阉人护卫。那个千百次和同一个女人举行婚礼的
人。麦塞纳斯的那些句子，那样矫情造作，那样随随便便，直白地造来震撼公
共的习惯，表现出他的性格是无礼、堕落、怪诞的混合。仁慈是人们给他的最
大的光荣称号：事实上，他从来没有使用过武力，拒绝让他人流血，除了恣情
放纵，没有在别的地方显示出他掌握的权力。然而他的荒诞不经的风格，毁掉
了他那个光荣的称号，使人明显看出他的特性是柔弱，而不是宽容。他扭曲的
文笔，前所未闻的表达方式，惊世骇俗的思想——有时候里面有些实在的东西，
但是那种风格使其失去力量——变得对任何人都是显而易见的，过度的繁华使
他冲昏了头脑。有时候，这种缺陷是一个人的特点，有时候是整个时代的。当
繁荣让奢华成了普遍的风气，就开始注意讲究服饰的排场；接着而来的是注重
家具，然后开始注意房子：占据的面积要等同一座农庄，围墙要镶嵌海外进口
的大理石，天花板要用黄金装饰，地面要与屋顶的藻井交相辉映。然后是餐桌
上的豪华，此处之妙在于新颖，改变上菜的次序，例如，把平常最后上的一道
菜最先端上来，总而言之，让客人先吃到习惯最后才吃的甜品。当精神厌倦
了传统，觉得只因为是常见的就是低贱的，在文风上也追求猎奇，或者去吊
古钩沉，或者创造新词，或者给词语前所未有的含义，甚至——正是最新的时
尚——把大胆而丰富的比喻看成文风高尚！有的作者把文句拦腰截断，期待着
用悬念取悦听众，把暧昧引进讲演场；另一些人则相反，把一句话拉到不可能
再长的长度；还有的，虽说够不上是公然的差品位的程度（这是有浮夸文风的
作者难以避免的），至少是有疑问的品位。

　　所以，只要你看到一种堕落的文风受到公众的推崇，就可以肯定，道德风
气也十分低下了。就像宴会上或穿着方式上的过度奢侈，是一个社会病态的症
状，当怪诞的文风，成为普遍的时尚，也表示精神已经堕落，——因为语言产
生于精神！当你看到颓废的文风不仅得到社会最下层，而且也得到所谓上流社会
的掌声，也不必惊讶：区分两个社会阶层的是长袍，而不是批判精神！这才使
你更有理由吃惊，不仅有害的产品，而且恶习本身都身披光环。这种现象是由
来已久的：没有公众的许可，谁也不能施展才华。你可以任意举出你喜欢的某
个著名的作家，我都可以指出他同时代的人有意识地原谅和掩饰的缺陷。我可
以给你指出许多作家，恶习丝毫也不妨害他们，他们的有些缺点只对他们有益。
我可以告诉你，有非常著名的作家，普遍崇拜的对象，扒去他们的缺陷，就所

剩为无，他们的缺点与优点是那样地结合在一起，剔除了那个，就剥尽了这个。

何况，你不能忘了，风格问题没有绝对的标准；风格随时尚喜好而变化，而时尚总是在改变。许多作家必须去搜寻其他时代特有的词汇，只用十二铜表法的文风；对他们来说，格拉古、克拉苏、库里奥都过于修饰，过于现代，因此更喜欢退回到克劳狄、科伦卡纽斯的时代的古风。另一些人则相反，只用常用通俗的语言，落于平庸。不论是这种还是那种，都以其方式，证明了同样的堕落的文风，不论是——诸神助我！——还是那些只接受使用庄严、响亮、富于诗意的词汇，摒弃日常的不可缺少的词汇的文风。不论前者还是后者，都超越合适的修饰尺度，前者超过必要的，后者缺乏必要的，过犹不及。一种，连腿毛都褪掉，另一种，连腋毛都不刮！

再来说造句。你想要我解释多少种有缺陷的造句类型的风格呢？有的，更喜欢粗糙不平的句式，有意识地混合在平铺直叙的结构中；憎恨没有颠簸起伏的、激昂的过渡；认为缺乏用节奏来刺激听觉是雄浑的迹象！另一些人，不是造句而是沉湎于纯粹的旋律中，节奏是那样的妖媚阴柔。对那种风格还有何话可说，寓意所要求的词语只等到最后才出现？还有那种，以西塞罗为典型的，缓缓延展，波澜不惊，总以同样的节奏收尾？

不仅如此……[1] 至于格言，我们必须认为有幼稚可笑的缺陷，要么是耸人听闻的，故意离经叛道的；还有假使不是过分精雕细琢，便是过分装腔作势的缺点，空洞无味，除了铿锵震耳，没有别的价值。

这些缺点一般是产生于一个被认为是风格典范的作者，被众人模仿，使缺点普遍化。例如，萨卢斯特[2] 曾经一时被称为风格的峰巅，无人匹及，险峻的复合句，出人意料的节拍[3]，简明到费解。卢修斯·阿伦提乌斯是非常精细的人，《布匿战争史》的作者，是萨卢斯特的狂热崇拜者和他的风格的杰出模仿者。在萨卢斯特的著作中，我们可以看到这句话"用钱弄了一支军队"，既是雇用了士兵，自己掏腰包支付他们。阿伦提乌斯特别欣赏这个句式，在他的书中反复应用。在一个段落，他说"他们弄得我们落荒而逃"，在另一处，说

---

① 此处应有空缺。

② Salustius.

③ 原文用的词为"切分音"。

"是耶罗，锡拉库萨的国王，弄得战争爆发"，还有另一处，"这些消息，弄得帕诺尔米塔诺人向罗马人投降"。这仅仅是一小部分例子，在他的书里，充满类似的句子。也既是说，在萨卢斯特那里一个稀有的表达方式，到阿伦提乌斯那里变成经常的，几乎持续不断的。有其道理：萨卢斯特是信手偶得，阿伦提乌斯是刻意打造。你看这就是把一种风格当作模仿的样板的后果，不过是风格的抽搐。萨卢斯特在什么地方写道："冬意的流水。"阿伦提乌斯在《布匿战争史》的第一卷，便写道："天气突然变得充满冬意"；在另一段，为了说那一年的天气寒冷，这样描写："全年都是冬意绵绵的"；另一处："冒着冬意的北风，从那里派遣了六十艘轻型运输船，除了士兵还有不可缺少的水手。"从来不放过的任何一个机会插入这个词。萨卢斯特还曾写道："在全面的内战中，他却去寻求公正的好人的声名。"阿伦提乌斯一点也不含蓄：立即在第一卷说雷古洛"声名"遐迩！这些由于模仿某些作家而引入的缺陷，和别的类似的问题，不仅其本身是精神腐败堕落的症状；单说如果这些恶习是某个人专有的，恰由这个人的性格所产生，你就被授权以此来判断作者的性格和倾向。一个易怒的人的风格中可以看出暴躁，正如一个冲动的人，可以看出兴奋，而一个娘气的人显出优柔寡断。同样的现象，你会看到某些人，有时把胡须全部剃掉，或仅剪去一部分，剃掉下巴的胡子，只留唇边的毛，穿褪色的披风或透明的长袍，换句话说，他唯一关心的就是惊世骇俗，吸引眼球，只要有人看他，不管有没有非难！这便是麦塞纳斯和一切陷入文字恶趣的人的风格，不是巧手偶得，而是有意识的，搜索枯肠。这种情形的原因是严重的灵魂紊乱。喝了酒，声音变得黏稠，头脑在酒精作用下昏沉，完全失去平衡：类似地，这种语言的迷醉也真正有害，令灵魂失去平衡。因此，我们要照看灵魂，因为我们的思想、语言，都从它而来，是它给我们外表、我们的形象①、我们的走路的姿势。如果灵魂是健康和强壮的，风格也生气勃勃，雄浑有力，如果失去平衡，一切便颓然倒地。

当国王安然无恙，只有一个精神在统治，

---

① 相由心生。

可是当他死了，社会安定纽带分崩离析。①

我们的王就是灵魂；如果它安然无恙，我们的功能和责任便都以完满的秩序实现，可是假使它开始摇摆，哪怕是非常微小，我们身中的一切都受影响。而当灵魂屈服于快感的帝国，我们的才干和行动便会退化，我们所有的努力都会完全不能持之以恒。

既然我使用了这个比喻，那么就接着用。我们的灵魂有时候的行为可以像国王，有时候像暴君。一个密切关注道德的国王，关心托付给他的肌体的健康，不下达任何非道德的或腐败的旨意。可是一个没有分寸感的、野心勃勃、荒淫放荡的国王，就更配一个残酷暴君的恶名。恣意放纵的情欲占据了灵魂，唆使它，一开始给它积累享乐，正如百姓在富裕的时期（中期是有害的），误以为丰足，双手捧着享用不尽的财富。可是当病症越来越重，消磨掉精力，放荡浸透骨髓和神经，于是，因为享乐过度，已变得有心无力，只能以观看享乐为乐：他的享乐唯剩下观看他人享乐的演出，成了淫逸的见证和顾问，由于曾经的过度而不得不放弃。曾经使他快乐的丰盛的美味佳肴，现在对他都是苦涩，一切烹饪的奢侈都远离了他的口腹；他已经不能在一大群男宠和女妓中翻来滚去！对这样一个灵魂，由于身体的虚弱，被剥夺了大部分享受——多么凄凉！

尊贵的路西利奥，难道不是吗，所有这些愚蠢，一方面都是我们谁也不觉悟我们的必死和渺小，另一方面，也是主要的方面，我们谁也不想到我们仅仅是众人中的一员。看一看我们的厨房和那些炉灶周围忙乱的、相互碰来挤去的厨师：为了给一只胃准备饭食，那么热火朝天，你觉得是可喜可贺？看一看酒窖里，我们在那里储存的好几代人酿造的陈酒：为了唯一的一只胃，收藏那么多年成的、那么多地区的美酒，你觉得是可喜可贺？看一看无数的地区，成千上万的垦殖者，翻地耕耘，在田间劳作：所有西西里和非洲的播种，都为了唯一的胃，你觉得可喜可贺？如果我们每人都只取自己合适的量，如果说服自己消费不了那么多，也不可能有许多时间地消费，我们每人都健康地给自己的欲望勒上缰绳。然而，没有比不断地思索生活的短瞬和不确定，更加有用地让你将一切维持在合理的尺度。随便你做什么，永远别忘了，终有一死！

---

① 引自维吉尔《农事诗》第四章。

第一百十五

我尊贵的路西利奥，我不喜欢看见你如此过度地注重词语和风格：我有更重要的东西让你的精神关注。你要关心如何处理问题，而不是如何写出来。当你开始写作，就把你的想法有条理地道出，使你的思想深入内心，就像对它们签字盖章。当你看到某个人文风精雕细琢，修饰华丽，你可以肯定他的灵魂也只是关注琐碎细微。一个真正伟大的灵魂，是说话时更平静、更有主见，他所说的话语里面更见坚定意志而不是关心文采。你很了解我们优雅的年轻人，胡须和头发修理得干干净净，就像刚出厂的。从那些人的身上，你别指望有一星半点的坚定、从容。风格是灵魂的装饰：如果过分的油光粉面，人工化妆，总之，只能证明灵魂缺乏真诚，其中有些虚伪的东西。极度注重着装，不配是男人做的事情！如果能让我们"从里面"观察一个仁人的灵魂，——噢！那是多么美丽而可敬的形象，我们看到的是何等华丽而宁静的光彩，正义，勇敢，节制，谨慎，何等的光耀！不仅仅是这些美德，还有俭朴，自制，耐心，豁达，和蔼，还有那种在人类中无法相信地稀有的美德——人性，这些美德也给灵魂布上最崇高的光焰。此外，先见之明，批判思维，还有在一切之上的，宽宏大量，——噢！诸神，给它的形象增添多少美丽，多少庄严，多少威信，多少恩泽！观看到这个形象的人，没有不宣称它那么值得爱戴，尊敬。如果有谁望见这样的面容——比我们平常在人们中看到的更威严，更光彩照人——难道不是会为之惊呆，仿佛看见了天神，默默祈求，让他赞美它而不是亵渎它？然后，进而向前，被那副面容所吸引，拜倒在地，崇敬它，哀求它？而在长久地仰望那副如此高尚的容颜之后，那副如此远远地高于我们平常习惯在人们之间所见那双温柔而同时有光芒闪亮的眼睛——或许，恐惧和崇敬交加——不觉喊出维吉尔著名的诗句：

> 我如何称呼你，少女！你有仙女的容颜
> 听你的声音，也不是凡人！……
> 请你发善心，噢，陌生的姑娘，助我一臂之力！①

---

① 引自维吉尔《埃涅阿斯》第一章。

　　如果我们准备崇拜它，它就会来救助我们。为此，不要求献祭一百头健壮的公牛，也不必供献金银，或在神庙的功德箱施舍：对它的信仰只需要虔诚，心地正直。我再重复一遍：如果我们有可能瞻仰这样的形象，任何人都不能不对它燃烧起爱情！可是现实中，有许多障碍，或挡在我们的眼前，或极度的光芒使我们失明，或我们的目光处在黑暗中。然而，就像用一些药物，可以治疗我们的眼睛，使其恢复敏锐，如果我们肯治疗灵魂的眼疾，我们也能看得出美德的存在，尽管是掩藏在变形的躯体，被贫困所遮蔽，在卑贱的社会地位虚假的表面之下。我们会发现，我再说一遍，它无量的美，尽管掩藏在不幸的外表后面。反过来说，我们也可以理解一个病态的灵魂的卑鄙下流，尽管闪耀着财富的光芒，尽管荣誉和行使权力的欺人的光辉亮瞎我们的眼睛。大概我们这样更好理解，所有那些像孩子喜欢玩具那样地惊叹的东西，孩子什么玩具都十分宝贵，甚至更喜欢父母和兄弟陪伴着三文钱买来的一串项链！我们和小孩子有什么区别，正如阿里斯顿说的那样，我们的游戏——比孩子们的喜爱要疯狂得多！——是肖像画和雕塑？孩子们在海滩拾到色彩斑斓的石子会兴高采烈，我们更喜欢从埃及和北非的沙漠进口的五彩缤纷的巨大石柱，建筑凯旋门，或容纳大量宾客的宴会厅。我们望着镶嵌大理石板的墙壁赞不绝口，明知道下面是什么材料。我们欺骗自己的眼睛：当我们把天花板镀上金，我们做的难道不是陶醉在自欺欺人之中？我们知道那层金箔下面包着的是木头！可是，不仅仅墙壁和屋顶包装着薄薄的一层，我们社会的这些表面上巨大的幸福也是一种"镀金"的幸福！仔细观察一下，你就会发现在那件道貌岸然的轻薄的袍子下面掩藏腐败。只要是钱（如此吸引无数的大员和法官，如此地动员大员和法官！……），我要说，只要是开始把钱当成一种值得，真正的荣誉就开始失去地位；交替地，商人和商品，我们习惯于问数量，而不是问质量[①]。我们因利益而成了好人，我们因利益而成了坏人，我们实践道德，当期望从中获得利润，如果我们觉得犯罪更能赚钱，立即就掉转方向。我们的父母让我们习惯给金银以价值，贪婪就这样种下，生根发芽，与我们一起生长。所有的人，归根到底在其他事情上都意见纷纭，唯独在对"邪恶金属"上面，充分地一致：只向

[①] 原文有个注解："金钱和野心，是每个人的人生理想，你有什么，就是什么，别人也那样评价你。"这里的数量应指金钱，而质量指道德。

往它，只希望它是自己的，它是感恩行动时献给诸神的所能找到的最贵重的东西。公共道德堕落到如此地步，贫穷竟然成了诅咒和羞辱的对象，被富人所鄙夷，受穷人所憎恨。诗人们也来为此助兴，给我们的激情添一把火，颂扬财富好像是唯一能够美化人生的装饰。在他们看来，神仙没有比他们自己①能挥霍和拥有的那些更好的东西了。

> 太阳神的宫殿，建在高高的山顶
> 闪闪放射出金子的光芒。②

再看描写的太阳车：

> 金轴，金辕，金车轮，
> 车轮的辐条是银子的。③

当然，如果把历史上最好的时代，都称作"黄金时代"！……在希腊悲剧中，也不乏以荣誉、健康、声名换取利润的人物。

> 称我是最恶的强盗吧，只要叫我"富翁"④。
> 我们所有人都想知道他是不是富豪，谁管他是不是好人。
> 人们不问为什么来，从哪儿来，只问你有多少财富。
> 普天之下，一个男人的价值只在于他所拥有的。
> 任何财富的占有都不使我损失名誉，缺乏财富才是。
> 如果富，我愿意活，如果穷，我宁愿死。
> 正在赚着钱的人之死，死得壮丽！⑤
> 噢，钱，人类最高财富，那快乐要高于

---

① 指这些诗人。
② 引自奥维德《变形记》第二章。
③ 引自奥维德《变形记》。
④⑤ 希腊古典悲剧，残章。

慈祥的亲妈，威严和蔼的老父，儿女一堂！

如果说维纳斯的目光那么温柔闪亮，

她在神与人之间激发的爱情恰如其分！

刚刚听完欧里庇得斯[①]的这些诗句，全场观众都群情激愤，要把演员赶下台，幸而欧里庇得斯亲自跑上台去对观众说，请他们耐心等一下，看看这个酷爱金子的守财奴是什么下场！实际上在剧中，贝雷洛丰特受到一切人生戏剧性的惩罚。贪婪永远躲不过惩罚，虽然最大的惩罚是它存在的本身。它要多少泪水和折磨！贪婪的人要忍受多少痛苦煎熬，时而是为了野心获得的财富，时而是为了已经拥有的财富。再加上每天为保藏财富的焦虑！守住拥有钱财，比赚钱更加折磨人！面对某种损失，贪财鬼发出多少叹息，哪怕是再大，都不如他想象的要大！对他来说，命运都不能减少他任何的拥有，没有获利在他的眼里就是损失。"可是所有人都认为他'富有'，是'富豪'——都特别愿意像他一样，有那么多的财产！"说得对！然后呢？你认为能有比这更坏的处境吗？一个人自觉可怜同时又是嫉妒的对象！但愿财富的追求者，最开始听听富人的看法；但愿荣誉的追求者，最开始听听已经在这条道路上抵达顶峰的野心家们的意见。然而，所有批判过去野心的人，都只是为了形成新的野心。实际上没有任何人满足于自己的辉煌，哪怕是非常快速地达到的；所有人都哀叹他们的计划，事情进展得不顺，总是抱怨今不如昔。

那么，正是在这点上哲学能给你起作用，以我之见，是无可估量的善：使你永远不哀叹现在的处境！

一种任何狂风暴雨都不能动摇的好心情——不是靠智慧的组合词汇，也不是一套完美演讲的影响所能达到。让语言任其所欲地那样流淌，只要你的灵魂保持坚定，保持它的结构；要高雅，要保持不受伪善意见所染，因此俗众所恶，唯我独赏。令你的灵魂以你的行动判断你的进步，根据独立于欲望和恐惧之程度，来评价自己的学识。

---

① 欧里庇得斯（前480—前406），希腊悲剧大师。

第一百十六

人们常常辩论的一个问题，保持有节制的情欲和没有情欲，哪样更可取？我们斯多葛派主张彻底摒弃情欲，亚里士多德派则限于调节它们。我看不出一种病，不论其多么轻，如何能被认为是对健康有好处的！但是你别害怕：我不正式禁止任何你认为是不可或缺的。你认为对生活是必要的、有用的或舒适的倾向，我都表示宽容和理解：我仅限于把你拽出恶习。如果我禁止你欲望，那么我准许你意愿，这样你就可以无需害怕地做同样的事情，更有坚定的决心，甚至更喜欢那些快感，因为控制它们比作它们的奴隶，更容易享受它们。

"为失去朋友而深感悲痛，"你说，"是人性特有的：因此，请让我痛痛快快地该哭就哭。公众舆论自然也影响我们，如果我们被人误解了，我们会伤心；为什么不给我如此合法的、担心被别人说坏话的权利？"没有恶习不躲藏在冠冕堂皇的理由后面；最开始，表面上都是克制的，可接受的，只是一点一点地扩张起来。如果你让恶习落脚，就不能将其铲除。所有的情欲一开始都是轻微的；然后就越来越强烈，随着增长，获得力量。我们摆脱一种情欲，比阻止它进入要难得多。谁都知道所有的情欲都来自——这么说吧，一种自然的倾向。大自然把照顾我们自己的任务托付给我们，如果我们过分地随心所欲，原来的倾向就会变成恶习。大自然给必要的行为添加进快感，不是为了叫我们把它当作目的，而仅仅是把那些非彼不可能生存的事情让我们感觉更舒畅。如果我们追求其本身，就堕入放荡。所以，当情欲靠近，我们抵抗它们，因为，正如前面所说，不让其进入，比将其请出要容易得多。"你不要禁止我，"你说，"在某种程度上对疼痛或恐惧的敏感。"你瞧，那个"一定程度"必然会想办法扩充，悄悄越过你的意志强加的界线。可以允许智者有稍稍不对自己警惕的权利，因为懂得止住泪水，对快感也收纵自如。可是我们，最好别向情感迈进，因为我们想返回不是容易的事情。我觉得帕奈提奥斯 [①] 对一个青年的回答是正确的，一天，那个青年问他，智者是否允许有爱情。"至于圣贤，"他说，"等我们以后再说。我与你，我们远都不是圣贤，最好不去对不确定的、不可控

---

① 帕奈提奥斯（前185—前110），希腊哲学家。

的情形冒险，它可以将我们束缚于他人的意志，使我们变得卑贱。如果爱情向我们微笑，我们为它的热情接纳而兴奋；如果拒绝，我们为它的高傲而懊恼。不论对我们表现得容易还是困难，爱情总是有害的：容易了，给我们诱惑，抗拒了，又激怒我们。因此我们最好安安生生，对我们的弱点有自知之明。不让我们脆弱的精神沉溺于美酒、美色、阿谀奉承和别的诱惑我们的情欲的陷阱。"帕奈提奥斯对爱情问题的回答，我用来说关于普遍的情感问题，我们尽量远离动荡的地方，因为我们甚至在坚实的土地都很难保持平衡！

我已经想象，你把所有人习惯对斯多葛派说的反驳，冲着我的脸甩过来："你们的许诺太过于伟大，正如你们的教义过于僵硬。我们是庸人，我们不能舍弃一切。我们对疼痛敏感，但有节制；我们感觉欲望，但是有度量；我们易怒，可是有能力平息下来。"你知道，为什么我们认为不可能控制我们自己吗？仅仅是因为我们不相信我们有能力这样做。而且还不单纯是！还有一个因素要考虑：我们捍卫我们的恶习，因为我们喜爱它们，我们更愿意原谅它们，而不是摆脱它们！大自然给我们足够的勇气。问题在于利用它们，集中我们所有的力量让它们为我们服务，或至少，不让它们反过来对付我们。缺乏力量不过是个借口，我们缺乏的是意愿。非不能也，乃不为也。

第一百十七

你给我找了个好差使，对此却并没有察觉，将我置于苦辩之中：对你随便提出的问题，我既不能反对我的学派，背叛我对它之忠，又不能同意我的学派，而违背我的良心。

你问我，斯多葛派这个理论对不对，根据这个理论，"智慧"是善，而"是智慧的"则不是。首先，我将给你阐述斯多葛派的观点；接下来，我斗胆表达出自己的想法。

我们学派的人说，一切善均有体，因此，一切善均有行，凡有行者皆为体。一切善者，皆有用；当然要以某种方式作反应，以能够有用；如果有行为，既是有体。他们说，"智慧"为善；就必然而然地要将其视为有体。至于说"是智慧的"，他们认为不需要相同的条件。所涉及的是非体的东西，是另一个东西的，也就是"智慧"的表现 ①。这样一来，"是智慧的"，便没有行为与用益。"怎么会是这样？"人们会反驳道，"难道我们不说是智慧的是好事？"我们这样说，可是所涉及的是其所从属的，换句话说，指的就是"智慧"。

首先，你来听听其他人对这个论点的回答。然后，再由我对我的学派的立场作出我的定义，而你要注意我的观点。有些人说："照这种思路，'幸福地生活'也不是善。不管愿意与否，斯多葛派必得承认'幸福生活'乃是一善，可是有幸福的生活则已经不是一善了。"对我们的学派还有另一个驳斥："你们想成为智者；当然地，'是智慧的'，乃某种我们应当愿望的东西；当一种东西应该被愿望，那个东西就是善的。"我们的人不得不强词夺理，给动词 expetere（愿望）塞进去一个与语言天才相反的音节。如果你不介意，我就把这个音节加进来。论据就成了这样："凡善者既为愿望的（expetendum），凡当我们达到善而所获得的，是可愿望的（expetibile）。那个某东西 ② 我们并非当作一种善而追求，而是作为曾经所求得之善的添加。"

我不是这个观点。我以为，我们学派那些人，由于被基本观点束缚住，不允许他们改变公式，而被迫采取这样的手段。

我们习惯于对普遍持有的意见相当注重，寻求普遍一致的意见，作为真理的证明。就是这样证明诸神的存在，除了别的理由，因为所有人对神的想法都一样，不管是在哪里，不管法律和风俗习惯如此不同，没有任何一个民族不信神，不以这样或那样的方式敬神。当我们讨论灵魂的不朽，我们给普遍观念很大的分量，人类由此显露出对阴间的恐惧或崇拜。

可是我不像战败的角斗士那样，跪求观众的仁慈 ③，我要用自己的武器辩论。

影响某物的事件存在于该物之外还是该物的组成部分？若为该物的组成部分，则与那个发生于该物者为同样之体。实际上，没有接触便不能发生事件，一切接触的都是物体，没有行动便不能有事件；一切有行者皆为体。

若事件发生在物之外，那么是由于在影响之后退出了；然则，凡退出者均

---

① Accident，事件，偶然性，突发事件。

② 上文：某种我们应当愿望的东西。

③ 古罗马角斗场中的一种规定，斗败者可以向观众请求免死。

有运动，一切有运动者皆为体。你在等着我说"赛跑"和"跑"，"热"和"热的"，"光"和"闪光"是一个，是同一个东西！不，我承认在每组的概念上的区别，我不承认有本质上的区别。如果健康是非善非恶，那么身体好也是非好非坏，如果美丽是无差别的，那么是美的也无所谓。如果正义为一善，为人公正也同样是善；如果不道德是一恶，作恶人也是一恶，同样——赫拉克勒斯！——如果白内障是一灾，患白内障也是灾祸！总而言之，两者都不可能独自存在：一个智者，具有智慧；具有智慧的人，是智者。因此，正像一个概念是这样另一个概念也是，不能怀疑这使得一些哲学家去想两者就是一个，就是同一个东西。

我还想提出另一个问题：既然一切都要么是善，要么是恶，要么是非善非恶，我们应该将"是智慧的"归入哪类呢？他们说不是善，恶又不是，那么显然应该属于中间的。然而，我们将那些不论是好人和坏人都受影响的属性，说成是中性的，或非善非恶的，例如，财富、美丽、贵族。然而，这个谓语[①]——"是智慧的"——只能属于一个好人；当然地，就不是非好非坏。同样，不能是一种恶，既然不能属于一个坏人；因此，是一种善。是那种只有好人才能具有的善，"是智慧的"这种素质，只有一个好人才能拥有；当然地，是一种善。

他们说"是智慧的"，是"智慧"的表现。可是被称作"是智慧的"这个东西，究竟是"智慧"的原因还是后果？不论是原因还是后果，在两种情况下均为体，因此，不管是造成的原因，还是所造成的后果，均为体。如果为体，则为一善，因为唯一的妨碍其为一善的，就是其为非体的[②]事实。

逍遥派[③]们的观点是，"智慧"与"是智慧的"之间没有区别，因为，两个概念相互包含。抑或我们不认为，只有具有"智慧"的人，才是"是智慧的"吗？或许，我们能这样想，一个人"是智慧的"，而不具备"智慧"？

古代的辩证学家区别两个概念，这种两分法是由他们那里传到斯多葛派。我来讲给你，什么是这个两分法。

"一块田"是一件事情，"拥有一块田"是另一件事情。很明显："拥有一块

---

① 也可译成"属性"。

② 见本文第三段，关于"是智慧的，为非体"之说。

③ 指亚里士多德学派。

田"关涉的是拥有者，而不是田。相似地，"智慧"是一件事，"是智慧的"是另一件事。我相信，你承认这是两个不同的东西，一个是被占有的，另一个是占有它的人："智慧"是被占有的，那个"是智慧的"人占有。智慧在于完美的精神，或者说抵达最高境界的精神；一言以蔽之，是生活的艺术。"是智慧的"又在于什么？我不能说"一个完美的精神"，而是那个拥有完美精神的人所处在的状态。因此，一个"正义的精神"是一回事，而我们暂且这么说吧，"具有正义精神"则是另一方回事。

他们继续这个推理，说："有不同类型的物体，例如'一个人''一匹马'；这些物体伴随着给其命名的灵魂的运动。这些运动有某种与身体有别的特殊之处。例如：我看见加图走过；感官显示给我事实，我的精神相信它。我所看见的那个，我将视觉和精神作用于其上的那个，是一个体。接着，我说：'加图在走过。'然而我这些话已经不是体，是关于体的某种表述，是那种某些人称为'讲述的'（effatum），另一些叫作'发布的'（enuntiatum），还有些人称其为'道出'（dictum）的。如此，当我们说'智慧'我们理解为在说某种有体的东西；当我们说某人是智慧的，我们在关于某体作出表述。因此，指明一个事物和描述一个事物，两者之间存在巨大区别。"

现在，让我们想象，这是两个不同的东西（注意我还没有表达我的看法！）：是什么阻止第二个东西是不同的，尽管如此，却是善？刚刚说了，田是一回事，有田另一回事。显而易见：拥有者和拥有物，性质不同，因为一个是人，另一个是一块土地。可是在我们所涉及的那个问题里，两个概念——具有智慧的人和智慧本身——共享同一个性质。此外，在前一个问题里，拥有物和拥有者是两个不同的存在物，而在第二个情况，拥有物和拥有者共存于一物。土地的拥有是对法律而言，智慧的拥有是以性质而言；前者可以转让，交给另一个主人，后者永远不离开其拥有者。因此，我们不能将两个如此不同的情况置于同一个层次。

我一开始时就说过，可以是两件不同的东西，不因此两件东西就不是好的；如此，"智慧"与"智慧的人"是两件事，而两者均被认为是好的。正如一点也不妨碍"智慧"与"拥有智慧者"为一个善。也一点也不妨碍"智慧"与"拥有智慧"，亦即"是智慧的"，是为一善。为什么我要"拥有智慧"？为了"是智慧的 ①"！非此物则另一物不能为善，此物不是善又是什么？你们自己说，且说得好，不可接受"智慧"脱离其实践应用。那么好，"智慧"的实践应用在于什么？在于"是智慧的"；这才是那个里面最重要的东西，乃至于若不存在这个实践应用，前者就变成可有可无的东西。如果酷刑是一种坏事，那么受酷刑也是坏事，因为如果不证实其所意味的，就不能判断为坏事。"智慧"在于一个完美精神之特有状态；那么，怎么可能把那种不实践应用便不为善的东西不认为是善？我们应该努力达到"智慧"吗？答案是肯定的。那你就别惊讶，如果获得了智慧，却禁止你实践它。我们努力想获得的东西是一种善。"是智慧的"就在于对智慧的实践应用，正如"演说"或"观看"是"雄辩"和"视觉"的实践应用。因此"是智慧的"就是对"智慧"的实践应用，而智慧的实践应用是某种我们应该实现的东西；所以，我们应该谋求"是智慧的"；而且，如果我们应该谋求它，就因为它是善。

许久以来，我谴责自己模仿那些我批判的人，为讨论显而易见的问题空费口舌。实际上，谁又怀疑，如果发烧是件坏事，有热度了就是不好，或生命是好事，那么活着也是好事吗？所有这些问题都围绕在智慧的周围，不涉及它的核心；然而，这个核心才是我们应该关心的。或许，我们觉得该扯得离题远一些，智慧有更深更广的领域：让我们去研究神的本质，星辰维持的原理，繁星如此多样的轨迹；让我们去研究星辰的运行是否影响我们的生活，使所有动物和灵魂的有活力的精气是否来自星宿，是否我们以为是偶然的现象原本有其遵从的某种规律，因此，宇宙中没有任何事情发乎偶然和某种秩序之外。这些问题，尽管已经不是关于人格培养，却能使精神高尚，将其提高到所研究的问题本身那样的伟大；而前面所讨论的问题，使其低下，压抑，同你所想的相反，不锻炼精神，反而使其衰弱。你要看清楚：把本该致力于更重要的、更高尚的问题的精力浪费在这样的——我不说是虚假的——但毫无疑问是一无所用的问题上，难道正确吗？知道了"智慧"和"是智慧的"是不是两个不同的东西，我有什么收获？知道了前者是善，而后者不是，我又能怎样？我们疯疯傻傻，将两个东西来抓阄，你得了"智慧"，我得了"是智慧的"。结果：一个平局！不如指给我抵达这两者的道路。告诉我应该避免什么，应该追求什么，什

---

① 也可译成"智者"。

么学习能给我虚弱的精神以力量，什么方式能使我把那些从眼前经过并企图将我拉下水的诱惑远远地摒弃。以什么方式我能抵御那么多的灾祸，以什么方式我能避开打击到我头上的，或是我自寻烦恼的不幸。教会我不悲不叹，承受逆境和挫折，或如何得到幸福却不给他人造成呻吟；教会我不是等待最后的和不可避免的祸①，而是当觉得适当的时候自己去迎接它。我认为没有比愿望死更永生的，因为，如果你想活，为什么要愿望死呢？而假使你不想，为什么要向诸神乞求你一出生它们就赐给了你的东西？有朝一日，你必有一死，哪怕你不愿意，这是你最确定的拥有；而如果你愿意，那行使权就在你手上。前一个可能性，是不可避免的，后一个可能性，是任君自选。一天前，我在一个有才华的作家的书的前言中，读到这句话："但愿我死得越早越好！"愚昧呀：别比你的运气期望得更多！"但愿我死得越早越好！"没准在说这些话的时候，突然衰老了！……不然的话，什么拦着你呢？谁也没拦着你：你自己同意便离开此生，在大自然里找个地方，选择做你的出口的大门。我所说的是组成宇宙的元素——水、土、空气；其中任何一个，正如是生命的必要条件，也同样是走向死亡的可靠道路。"但愿我死得越早越好！"你怎么理解"越早越好"？你选择哪一天？很可能比你指望的那一天到达得更早。这样的话揭露出懦弱的灵魂，想以这样表露对生活的厌倦以唤起怜悯。一个呼唤死亡的人，是因为不想死！祈求诸神，赐予长寿健康；如果更愿意死，死亡至少还有杜绝欲望的益处。

这些问题，尊贵的路西利奥，才是我们应该思考的，以便使我们的精神坚强起来。"智慧"则在于此，"是智慧的"则在于此，而不在于用空洞无聊的问题浪费在无用的高妙精深之中。难道说命运摆在你面前那么多尚待解决的问题，你却钻进诡辩论中？听见战斗的号角，却向空舞剑，是多么愚蠢！请把玩具枪放在一边，已经是拿起真刀真枪的时候了。告诉我，如何才能无忧无惧，气定神闲，怎样才能摆脱秘密欲望的负担。必须行动！"智慧是善，而是智慧的则不是善"：讨论这些，不是让人们把我们看作"智者"，而是可笑地将我们一切所学都当成空洞无物的思辨来炫耀。

这个问题就算解决了，我们提出另一个问题：尚且未达到的智慧，是不是善？我来问你：一个空粮仓感觉不到未来收获的重量；一个孩子，哪怕再健壮

① 指死亡。

活泼，也没有将来青少年时代的迹象，是不是显而易见？一个病人，患病的时候，一点都享受不到未来的必然病愈后的健康，正如一个长跑运动员或角斗士一点都用不到不经过许多月就不能恢复的体力。谁不知道，未来的东西，因为还没有到来的事实，不能成为财产。一个东西要当既可用才是善；为了让一个东西有用，必须已经存在。如果没有用，便不是善；如果有用，那么就已经存在。我有朝一日必然要成为智者；当我成了智者，那就是善；可惜尚且还不是。任何事物必须先存在，其性质要随后而来。我要问，以什么方式，那个尚不存在的东西能够成为善呢？我能给你什么更好的证据，比说"它必将存在"更好地说明一件事物是不存在的呢？那个必将到来明显地就是还没有到来。春天必然会出现；这我知道，然而，此刻则是冬天。夏天必然出现，这我知道，然而，我们不在夏天。我所找到的最好的证明某种东西不存在的方式，就是它是"未来的"这一事实。我一定要成为智者，我也这样期望，然而此刻我不是智者；如果成功获得那一善，便将摆脱此一恶。我是智者必然将发生：由此并不得出：从现在起我就是智者的合法结论。我不能同时处于占有未来之善和当下之恶；这两种状态不共存，善与恶不能同时存在于同一个人。

让我们把这些精妙绝伦的巧辩放置一旁，积极地来探讨那些在生活中有用的问题。一个急着去给临产腹痛的女儿请接生婆的人，不会停下来去读公告或运动会的海报；一个家中着火，赶去救火的人，不会沉着冷静地对局，想办法解救一个棋子。可是你，我的天！四处传来十万火急的消息，家中失火，子女们身陷危难，家乡被敌军围困，财产被洗劫，再加上海难、地震，一切其他能折磨我们的，而为这些灾难支离破碎的你，却把时间浪费在纯粹的精神游戏中！——关心起"智慧"和"是智慧的"之间的区别。当你面前是遮天盖地的雪崩，而你却提出和解决辩证法问题。大自然不是那样慷慨，给我们多到允许浪费的时间。你看即便是十分有条理的人也如何会丢失大量的时间：一部分花费在照顾自己和或家人的健康上；另一部分在私人或公共的活动上；我们一半的人生交付了梦乡。时间如此有限，如此迅猛地将我们吞噬，我们还得将其大部分消耗在纯粹的浪费中吗？！还要记住，我们的精神非常容易习惯于寻求快感，而不是治疗，或者说，让哲学成为消遣，而它其实是一种疗法。我不知道什么是"智慧"与"是智慧的"之间的区别：只知道，知道还是不知道对我来说都一样。告诉我：当知道了"智慧"与"是智慧的"的区别以后，我是否就成了智者？那么我为什么要更愿意陷入智慧的繁琐概念，而不是去做智慧的行动？使我变得更坚强、更自信，去站立在等同于命运或者高于命运的高度。如果我所有的学习都冲着这个方向，我就能超越命运。

第二十卷
（第一百十八至第一百二十四）

第一百十八

你要求我的信加快节奏。让我们来算一笔账：你就会发现我并不拖欠。我们约好的，你的信在我的信之前，也就是说，你来信，我复信。尽管如此，我不表示为难，因为我知道你是可靠的欠债人。现在我就提前写给你，不做那个雄辩大师西塞罗，对阿提科的要求："即便没有什么事情，那就写心血来潮的。"① 对我，你永远不缺乏发挥的题材。不必谈充斥西塞罗的书信的那些内容：谁是竞选运动的候选人；谁是代表一个团体参选，谁只依靠自己；谁期望获得恺撒的支持当执政，谁依靠庞培，谁仰仗权力的腐败；瑟西里奥放高利贷无情到什么程度，就连亲戚要是不给他百分之十二的利息都别想从他那里拿到一分钱！② 关注我们自己的缺陷比别人的更重要：我们认真分析自己，查一查我们多少次参选……不主动地放弃被选！我尊敬的路西利奥，这才叫贵族气质，自信而自由的行为：我们什么也不为自己索取，两袖清风地穿过所有命运的集会！把所有的部落召集在一起，候选人一个个为选举的结果心急如焚——有的直接向投票者许诺金钱，有的间接地通过代理人，有的手上印满了人们的亲吻，那是假使他当选了，连让他们握一下他都不会同意的手，可是所有人都焦虑地等待选举结果的正式宣布——你能想象到，既不买也不卖，冷眼旁观这场欺人的交易是多么有兴味吗？不仅是远远观察法官和执政官选举集会给人以满足，给人更大满足的，是另一种更重要的，所有人向命运的祈求：有的求当一年大法官的荣耀，有的求终生的权力，有的求战场旗开得胜马到成功，有的求财富，有的求婚姻，有的求子孙，有的求自己和家人的健康！只有一个伟大的灵魂才能什么都不去祈求，相反，它会说："命运，你跟我毫无关系！我在你的势力之外。我清楚地知道你弃绝了大小加图，而推崇瓦提尼乌斯③！我什么也不要。"

---

① ② 引自西塞罗致阿提科书信集。
③ 见书信第九十四：为此我们应该记住卢尔乌斯与瓦提尼乌斯辩论时说的话："你知道有选举腐败，所有人都知道你知道！"

此谓将命运的法力连根斩断。

这是我能经常对你讲的，我总能讨论的题材，我们两人的周围有千百个焦躁不安的人，为了得到点非常有害的东西，死心塌地地行恶，总是去寻求一旦得到，立即就没了情趣的甚至成了满心厌恶的东西。你见过有人喜欢一件东西，在得到之前，就已经觉得足够了吗？幸福，与流行观念相反，不是野心勃勃，而是含蓄谦逊，正是因此，永远不让谁餍足。你觉得满足俗众的东西是高端的，那是因为你尚且远没有达到斯多葛派的完美；对获得这种完美的人，所有这些都是绝对的平庸！我在说谎：那是对开始登上那个水平的人而言，因为你以为最高点的地方，不过才是一个台阶。所有的人由于对真理的无知而不幸地混淆。被庸俗之见所欺骗，去寻求似是而非的某些东西，千辛万苦得到之后，却发现是有害的，无用的，或远远低于预期。大部分人惊讶赞叹过一段时间才显出是梦幻泡影的事物；俗众便是这样把仅仅貌似伟大的东西当作珍宝。

为了不让同样的事情发生在我们身上，让我们来研究什么是善。关于善有不同的观念，每个哲学家给它下了不同的定义。有的人这样定义说："善是引诱灵魂的东西，将灵魂吸引向它。"对此我们当即反对：是的，假使向灾难引诱呢？你很清楚，许多邪恶是诱惑人的。在真理和表面真理之间，有很大的差别。正是因此，善是与真理分不开的，一个善的东西，不能不是真的。可是那种用心机吸引的东西，只是表面上似真理：暗示，吸引，诱惑。还有的思想家提出这种定义："善是一切唤醒自我意志，激发灵魂向它的方向运动的东西。"我们对此也作驳斥：有许多东西激发灵魂的运动，变得令人向往，结果对向往的人造成损害。在我看来，宁可这样表述更好："善是那种在灵魂中激发一种符合自然方向的，只有我们开始和变得当之无愧的时候才努力追求获得的运动。"亦即适应了道德之善的层次，而善德实际上是那种完全可愿望的。我不想放过此机会，指出普遍之善与道德之善的区别。两个概念有共同之处，甚至是不可分开的：什么都不能被认为是善，如果其中没有道德之善的成分，而道德之善是不可置疑之善。这两个层次的区别是什么？道德之善是绝对的，在其中完全地实现幸福，由于与其接触，一切其他事物都能转化为善的形式。举个例子：有的事物其本身非好非坏，例如军事服役、外交生涯、司法工作。如果这些工作是符合道德之善，就变成善事，由中性转变为善。善，普遍地说，取决于是否与道德之善相连；道德之善即是善本身；普遍之善取决于道德之善，而道德之善仅取决于其自身。一切简单之善皆可曾经为恶；然则道德之善从未可不曾为善。

还有的哲学家建议这样表述："一切符合自然的均为善。"请注意我所说的：一切好的都是符合自然的；但这并非意味着一切符合自然的都是一种善。有许多事物符合大自然，但是那样地微不足道，不足以享有善之名；总之是无足轻重的。善不能是微乎其微的，微小则不足以为善，既为善则不再是无足轻重。以什么标准来识别善呢？当以绝对的形式符合大自然。"你说一切善均符合大自然，因为那是它的属性。然后你又说有些事物符合大自然却不是善。可是到底为什么那些是，而这些不是呢？如果两者有共同的基本线条——符合大自然——何以一种获得某种属性，而另一种则不具有？"由于其自身的巨细。如果我说有的事物，随着生长会起变化，不是告诉你什么新奇事。一个人，从新生到成年，随着他的发展，属性便发生变化：开始时是非理性的，然后变成理性的。有些事物，随着生长，不但体积变大，性质也变化。你会反驳我说："一个事物不会因为变大而变得不同。不论将葡萄酒灌进瓶子里还是装在酒桶里，结果都一样：两个容器里的葡萄酒的品质都一样。一滴蜜和一瓶蜜味道也一样。"这些例子是不恰当的：葡萄酒和蜜里面，有持续一致的品质，如果增量并不发生改变。有的事物，尽管增加数量，仍保持它的种类和属性；而有的事物，在增加许多以后，最后关键的一个添加，就会起变化，给整体一个与直到那时所具有的不同的特性。一个拱顶，取决于最后一块石材：嵌在侧拱中间的龙口石，以其重量，维持住拱形的状态。是什么缘故，最后的添加，尽管数量上微乎其微，起到如此关键性的作用？因为它不光是增加了数量，还带来了完整。在过程中，有的东西失去原有的形状，获得新的形状。当我们的精神将某种事物不断地扩展，开始对面前的庞大体积感到厌烦，便开始说面对一个无穷大；也就是说，最初面对的东西虽然庞大，但是有穷的，具备了与最初时决然不同的样貌。也可以是我们欲将一物不断地从中间截断，越短越难，直到该物变成不可分的。相似地，我们从缓慢运动，到几乎感觉不到，直至不动。以同样的方式，有某种符合自然的事物：不断地增量，最终获得另一种属性，变成了善。

第一百十九

　　每当我发现什么有趣的，都不等你说"快来分享一下"！我会主动这样做。你想不想知道，这次我又有什么发现？你可以打开钱袋，是简单的利润问题。我告诉你怎样眨眼的工夫就成为富翁。你该是多么想听这节课！且做对了：我带你从最近的路到达最大的宝库。然而，你得需要一个债权人：如果你想做生意，必须贷款。可是，我不想让你通过担保人做中介，也不想让你的名字在放贷人之间口口相传。我把加图推荐的那个债权人介绍给你：除了向你自己，永远不去借债！如果我们匮乏了，就向自己要，哪怕是很少，这很少的一点就将是足够的。路西利奥朋友，在缺乏欲望与拥有许多之间，没有任何区别：在两者之中，关键之处，都在于我们不感觉到愁苦。我不建议你拒绝自己的自然需要，因为本性是任性的，有不能不满足的需要。我所建议你的是说服自己，一切超过自然需要的，都是勉强的和不是非要不可的。比如说，如果我们饿了，就需要吃饭。可是吃粗面包还是精面包，这就与自然无关，它只要求我们填饱肚子就好，不管粗精。如果我们渴了，大自然一点也不关心我们是到附近的池塘去打水还是相反地，我们把水贮藏在冰窖池，喝人工冰镇的矿泉水。本性只要求解渴。我们到底是用金杯、水晶杯，还是玛瑙杯，还是蒂沃利①的陶杯，或者用手捧着来喝，这都不重要。考虑每件事情的最后的目的，这样就能避免多余。我饥肠辘辘，那么好，把手伸向最近的食物，饥饿就成了我送向口中食物的调味品。一个饥饿的人，不会讲究太多。

　　我想象你渴望知道这会儿我有什么好想法，好准备我的美食。用这个格言，在我看来，出类拔萃："智者是自然财富最有勤奋的研究者。""你给我端来个空盘子，"你说道，"你想蒙骗我是不是！我已经打开了保险柜，已经想象去大海的对岸冒险经商，在算计该给国家缴纳哪种税，要进口什么商品！你许诺给我财富，却教会我接受贫穷：你这是欺骗！"你的意思是说把一个什么都不缺的人叫穷人？"瞧你说的！他什么也不缺是由于极端的放弃能力，而不是靠着命运的恩宠！②"换句话说：你不认为那个人是富人，仅仅是由于他的财富，天然

---

① 地名。
② 此句也可译成"财富的受益"。

的财富，是有限的吗？你以为更愿意哪种：有许多，还是有足够？一个有许多的人，还想要，这只证明还没有足够的；一个知足的人，得到一个富人永远得不到的某种东西：欲望的终极。难道你不认为它是一种财富，仅仅因为由于有它，没有人流落他乡？因为由于有它，没有儿子毒弑父亲、妻子鸩杀丈夫？因为它，在战争时代保得平安，在和平时代不生利息？因为拥有它没有危险，也不用为经营它而操心费神？

"我觉得拥有的少，仅限于不挨冻受饿！"朱庇特拥有的不比这更多！足够永远不是少，正如不足够永远不是多①。战胜了大流士，征服了印度之后，亚历山大大帝依然是穷。我在说谎吗？他继续寻找更多的土地去征服，他去陌生的大海冒险，派遣新的舰队远涉重洋，可以说，摧毁了世界的屏障。满足得了大自然的，都满足不了这个人！这显示出什么是一个人拥有一切之后，却更加贪心：这就是人类头脑的失明，那么多人随着向前迈进，就忘记了最初的脚步！这个人，刚刚还是一块微不足道的土地的可疑的主人，征战到大地的边缘，却伤心地从原路返回！

钱从来不是谁的财富，相反，只是使每个人欲望比已有的更多。你知道什么是这个想象的原因？是当钱越多，资本就变得更容易翻倍。结论：你自己选，去寻求做一个与李锡尼·克拉苏齐名的人呢，还是一个带着账本，计算着已经有的资本，盘算着还要赚钱的人？如果你相信我的意见，这个人是穷得可怜，如果你宁愿照你的意见，有朝一日你也能成为穷人。但是，一个适应自然的有限需要的人，不仅不感觉到贫穷，而且都不畏惧贫穷。为了让你知道，将我们的财产严格限制到自然需求有多么难，我告诉你，甚至智者——那些财产刚刚被我们减少到不可缺少的最低限度，因此，你认为是穷的人！——都拥有某些多余的。然而，人们普遍任凭自己被物质财富亮瞎眼，被迷惑——只要看到谁家挥霍无度，花钱流水，金碧辉煌装饰到屋顶，或拥有一大群手脚敏捷的、外表引人注目的奴隶，所有这些幸福都是完全转向外部的，可是智者的真正幸福——在公众的眼光里和对命运的偶然来说，是摒弃了的幸福——专门是内在的。至于说那些人，在财富之虚假名义下，去从事无穷无尽的真正的悲惨的辛勤，说他们拥有财产，就如同当我们发烧的时候说，我有热病，而是实际上是热病有了我们这同一意义上。我们也习惯使用相反的表达方式：他中了

---

① 佩索阿：少所求，得满足，无所求，乃自由。

病邪；对了，我们也应该这样说：中了财邪！

我觉得，没有任何一个忠告，比这个更有益（而且怎么重复都不嫌多！）：把一切限制在自然的欲望，你以很少或无需花费就能满足，但是，要避免将恶习与欲望混淆。也许，你关心用什么桌子、用什么银器进晚餐，注意奴隶们上菜的节奏、毕恭毕敬？自然只需要一件事：食物。

难道你渴得心里着火，还要去找金杯？

如果你饿了，除了孔雀和菱鲆什么都拒绝？ ①

饥不择食，还有什么奢望，只求吃饱就好，不太注意用什么填肚子。贪吃的可怜快感，倍受虽然饱足却还想再吃的渴望的折磨，寻求填塞的方法，不仅仅是填满胃，从第一口就想办法刺激已经毫无踪影的食欲！所以贺拉斯完全有道理说，口渴不在乎用什么样的杯子，以多么优雅的手递上来。如果你觉得奴隶卷曲的头发对你很重要，或是放在你面前的杯子是不是透明，那你还是不渴。在我们仰仗大自然的恩典中，还有这种，而且是根本的，它慷慨地提供一切我们必不可少的。丝毫也不为难我们。只是在多余的东西上，才能允许我们挑肥拣瘦，拒绝这个，不要那个，"不太好看""不太考究"或"看上去不舒服"！当宇宙的造物主决定我们生存的规律时，关心的是我们的健康，而不是品位讲究的习惯；对健康必不可少的我们唾手可得，而奢侈豪华的我们只能通过以遗憾和痛苦的交换来获得。因此，让我们享受大自然这一不可估量的恩泽；我们想，比起它毫不吝惜地赐予一切我们能自然地所欲的，没有任何其他的名义，更堪受有我们的感恩！

第一百二十

你在信里，东拉西扯地谈了些琐碎事，最后，集中到一个问题，你想看到

---

① 引自贺拉斯的讽刺剧。

对这个问题阐述，比如：我们如何获得"善"与"道德"的观念。别的思想家认为这两个观念是有区别的；而我们斯多葛派，认为仅仅是唯一现实的不同方面。我就来更清楚地解释。有些人把一切"有用的"都看成是"善"，因此，把财富、马匹、葡萄酒或鞋子，看成是"善"——乃至于善在他们的思想中降低到这种地步，连微不足道的事情都成了善！理论上人们认为"道义"是应当担当的义务，例如宗教式地赡养老年的父母，帮助一个贫困的朋友，在军事征伐中表现出勇气，谨慎而有节制地表达意见。对我们而言，正如前面所说，那两个观念属于一个现实的不同形式。如果不符合道德，什么都不是善，一切符合道德的都必然是善的。我觉得没有必要加上何谓两个观念之间的区别，因为我在许多地方都对这个问题发表了看法。我仅仅再增加这一点：我们从来不把能被恶所利用的东西当作善。你很清楚地看到，大量的人将财富、社会地位，膂力用于恶！

那么就让我们来谈谈你问的那个问题，也就是我们最初是如何获得关于"善"与"道德"的观念。大自然不曾给我们这些观念：它只给我们提供了科学的条件，而不是科学本身。有人说，我们"碰巧"遇到了这种观念，——想象美德意识纯粹因为被谁偶然撞见了，这是绝对不可信的。我们的看法是，通过对许多现象的观察和比较，使我们得出了结论；我们学派以为，是通过类比而得到"道德"和"善"的观念。既然拉丁语语法学家给了"类比"这个词城市权①，我以为我们不应该放弃这个词汇，而是有使用它的充分权利。因此，我不把它当做舶来语使用，而是当成通用语。让我们来看类比在这个案例里是什么。我们察觉到身体的健康：由此，推断出灵魂的健康。我们察觉到身体的某些力量：由此我们推断灵魂也有力量。有时候，我们钦佩地观看某些善良的，人文的，勇敢的行为，我们开始崇尚这些行为，视为楷模。有时候，在这些行为中，掺杂进应受谴责的因素，但依然在杰出光耀的外表下隐藏着，我们习惯于掩饰它们。天性使我们夸张那些值得称赞的东西，所有人，当赞扬某个人的光荣，总是超出事实：然而，正是这样，我们创造出不可超越的善的形象。法布里修斯拒绝了国王皮洛士的黄金，他相信能够藐视一个国王的财富，比拥有一个王国更有价值。同一个法布里修斯，当皮洛士的一个御医献计要去毒死国

---

① 指在罗马使用的地位，在拉丁语里的合法地位。

王，他却派人去告诉皮洛士防备正在策划的背叛阴谋。同一个灵魂，能够做到不为黄金所战胜，也不愿用毒药去战胜。我们感到对这个伟大的人物充满了敬佩之情，他既不为国王的许诺所诱惑，也不为国王的叛徒所引诱，坚定地爱慕善的理想，即便是在全面战争中，也保持两手清白——这是难以做到的事情！这个人相信不能作亵渎神圣的事情，哪怕是对一个敌人；保持最严格的贫穷——他的光荣称号！——以同样的精神拒绝了黄金也拒绝了毒药。"皮洛士，多亏了我你才活着，"他说，"你现在利用到不久前你特别厌烦的东西：法布里修斯不可被收买。"普布里乌斯·豪拉提乌斯·科克莱斯[1]独立桥头，命人将桥拆毁，以阻挡敌人的进攻，却断了自己的退路。他抵挡着敌人，直到听见木桥的轰塌声音。于是他向身后一望，看到自己冒生命危险把祖国解救出危难，厉声喝道："谁愿跟我来！"便纵身跳入河中，他在激流中奋力游泳，不但救出了自己，还救出了铠甲，光荣地凯旋，披挂着铠甲，骄傲地走在罗马的街上，仿佛是从桥上走回。是这样的行为，使我们明白什么是美德。

我还要加上一个看法，也许被看成是荒诞的：有时候，一个实际的恶，却以道德之善的面貌出现，同样，一种完美的道德却以相反的形象显像。如你所知，有些恶习与美德十分接近，即便是完全的荒唐却可以近似于善：例如，浪费可以被当成慷慨，尽管在懂得施舍和不懂得保藏之间有巨大的区别。有许多人，我告诉你路西利奥，不是施舍，而是撒钱，因为我不认为一个人挥霍自己的财产是慷慨。冷漠可以被看作是亲切，无情可以被看作是勇敢。这种近似性，迫使我们十分注意辨别表面近似、但是实际上天壤之别的行为表现。当我们观察一些人由于超乎寻常的行为而出类拔萃，我们开始观察到，其中的一个，比如，以巨大的热情和人格力量实现了什么——可这是孤立的事件。我们看到另一个人，在战争中勇敢却在论坛上胆怯，有尊严地承受贫穷却对流言蜚语低头。在这种情况下，我们赞美行为，却鄙视那个人。反之，我们看见另一个人，对朋友慷慨，对敌人宽容，公正无私地处理国家的和私人的事物，对繁重的工作任劳任怨，并且表现出随机应变的能力。我们还看见他在需要的时候，双手分发馈赠，看见他毫不动摇，坚持不懈，当需要持久的奋斗，就用勇

---

[1] 古罗马独眼英雄，约活动于公元前6世纪前后。公元前508年由埃特鲁里亚人组成的军队入侵罗马，他毁坏了台伯河上的苏布里基乌斯桥，遏止了敌军进攻。

气鼓励疲惫的身体。除此而外，在所有的行为中永远保持一致性，不是因为精明算计而去当一个好人，而是他的人格引导他有能力遵从善行，不仅如此，他没有能力不行善。在这样的人身中，我们看到存在着达到完美的美德。美德分成四个方面：抑制欲望，控制恐惧，作出适当的决定，给每个人他所应得的 [①]。就是这样，我们构想出节制，勇敢，谨慎和公正的观念，每种观念负有专门的职责。那么，我们从何构想出美德？美德显示给我们它自身确立的次序：知耻，原则的坚定，一切行为的和谐性，将其升华到一切突发事件之上的伟大。由此，我们构思出一种幸福生活的理想，在始终不渝的道路上行进，对自己完全地掌控。而这一理想如何展现在我们的眼前？我来告诉你。一个完美的人，具有美德的人，永远不怨天尤人，从来不以坏心情面对发生的事情，相反，他自信是宇宙的公民，一个对一切都做好准备的斗士，接受困难就像是委托给他的事业。面对不幸，不是愤愤不平，好像那是倒霉，满腹牢骚，而是将其看成他肩负的重任。"不管发生什么，"他会说，"我责无旁贷；不论形势多么艰苦卓绝，我必须尽我所能做到最好！"一个从来不怨天尤人的人，我们必须把他看成是伟大的人。这个人让人们知道，他是什么材料铸成的，就像黑暗中火炬的光明，把所有的灵魂吸引向他，由于他的镇静自若，他不论对神和还是对人的一律平等。这个人具有完美的灵魂，将其潜能发挥到极致，乃至于在其之上别无他物只有神的智慧，是这个智慧的一部分，传输到这个凡人的胸中。而对一个人来说，没有比思索他的有死处境更神性的了，觉悟到人从生下来就注定要在某段时间之后离开生活，懂得我们的身体不是永久住宅，而是只能短暂停留的旅店，当我们感觉自己让客店老板厌烦的时候，就必须离开。

尊贵的路西利奥，灵魂是来自某种更高尚的本源的最好证明，就是它能够在有限的活动空间，判断出无际的空间，有能力不惧怕从这里离开，因此，记忆着从何处而来，也知道将向何处而去。难道我们不感觉令我们痛苦的限制吗？不感觉我们身体的毛病吗？一会儿是头疼，一会儿是胃疼、胸疼、嗓子疼；有时是神经，有时是脚，折磨我们，今天是腹泻，明日是咳嗽；有时是血旺，有时是气虚。从各个角度排挤我们，将我们赶走！恰似我们住在别人家里常常发生的！因此，尽管我们有这个眼看要毁坏的身体，却把希望计划到人生

---

① 即节制，勇敢，正义，审慎。

尽可能的最大限度，没有能让我们满足的财富和权力！还有没有比这更不知羞耻，更加愚蠢的？什么都满足不了这些不久就要死掉的蠢物，这些正在死掉的东西，因为每天都离最后一天更近，每个时刻都把我们所有人推向倒地的那一点。看清楚吧，我们的头脑的失明：被我们称为未来的已经在发生，它的一大部分已经属于了过去；我们生活过的时间，返回到了我们出生前它所在的地方。我们畏惧最后的一天，那是一种错误，因为每一天都对死亡作出贡献。我们倒地前的最后一步，不是由于我们的衰弱，而那仅仅是它表现出来的节点；最后一天把我们推入死亡，可是在别的日子，所有的日子，我们天天都向它接近；死神慢慢地将我们收割，而不是猛地将我们掠走。所以，一个伟大的灵魂，对上面的性质有自知之明，以尊严和勤奋，在指派给他的职位上努力，不把周围的任何东西据为己有，而是如在羁旅，使用它们如借得之物。

当我们遇到这样一个人，秉赋坚定的原则，不能不描绘出一个出类拔萃的人格的形象，假使正如前面所说的，这个人是一贯保持一致的，就证明他的伟大的真实性。原则保持恒常，虚假的外表持续短暂。有些人的行为一时如瓦蒂尼乌斯，一时又如加图父子。有时候，库里乌斯都没有他们严厉，法布里修斯没有他们贫穷，满足于他的粗糙的餐具的图伯朗都不算节俭；有的时候财富堪比李西诺，豪宴堪比阿皮修，奢侈堪比麦塞纳斯。没有更好的迹象比动摇不定、总是摇摆于喜好美德又热爱恶习之间，更说明一个人精神修养不足够的。

"有时拥有两百个奴隶，有时十个；有时只谈国王、封疆大吏、奢华、伟大，有时喊道：'我只想要三条腿的桌子，用贝壳盛盐，一件粗布袍来御寒！'有人给这个俭朴的没野心的人一百万，不出五天，一文不剩……" [①]

难道许多人不是与贺拉斯笔下的人物相似，总是反复无常，实际上他的面目难以辨别，像相反方向的风，吹来吹去！我是说有许多吗？几乎所有的！难道不是每个人的想法和目的一天一变：一会儿想有合法的婚姻，一会儿想要一个情人；一会儿行为像个暴君，一会儿又比奴仆还要和善；一会儿骄傲得趾高气扬、面目可憎；一会儿谦卑到低三下四；一会儿将家财散尽，一会儿贪婪地聚敛。没有什么能比变化多端的面孔，更能揭示出缺乏道德原则、肆无忌惮透顶，每副面孔，都是自己不同的面貌。你应该把一个人一生只扮演一个角色，

① 引自贺拉斯讽刺剧。

看成是例外。实际上，除了智者，谁也不高兴只演一个角色，我们所有人都在不断变化。时而，我们拿出一副艰苦朴素的表情，时而，我们仗义疏财，放荡不羁，紧接着又戴上刚刚摘下的面具。因此，必须要求自己一生始终做曾经所决定做的，让别人，哪怕是不崇敬你，至少能够认识你。他们出现如此多端的变化，乃至于让我们对昨天刚见到的人今天就有权利来问："这个人是谁呀？"

第一百二十一

我看出来，当给你演示我今天遇到的一个小问题，围绕在它上面花费许多时间，你会生我的气。接着你就会大叫："可这和道德有什么关系？"你想叫就尽情地叫，可是让我先介绍给你对你有权威性的人物：波希多尼、阿吉德莫，都很情愿接受和你争论。除此以外，让我告诉你：并非一切关于风俗的都有助于道德的完善。有的关于人的饮食问题，有的关于身体锻炼、服装、教育，或休闲娱乐：这些都以人当作对象，然而并非都促进人格改善。即便是涉及人类的风俗习惯，也存在不同的探讨方法：有的以移风易俗为目的，有的研究它的性质和根源。当我研究是什么原因大自然产生了人类，给其一切动物中突出的地位，难道你觉得我失去了道德眼光？假使你这样看，那就错了。如果不首先弄清楚什么是人的最高之善，也不探索清楚人的性质，你又怎么能知道哪些风俗习惯是我们该采纳的？只有在研了了大自然对你的要求之后，你才能对应该做什么、避免什么有明确的观念。"我想知道的是，"你说，"如何结束我的欲望和恐惧。把我从迷信中解救出来；教诲我，那种我们所谓的'幸福'在何种地步上是不稳定的，是意义空虚的，对这个词增加一个简单的前缀一点也不困难 ①。"你放心，我会慷慨地满足你的愿望；一定赞扬美德，强烈地斥责恶习。尽管有些人指责我，在这一点上过分固执尖刻，从来不放过机会谴责邪恶，抑制最激烈的情欲，控制必然会终结于痛苦的快感，批判人类习以为常的野心。当我看到我们最大的邪恶来自我们自身的欲望，我们的悲苦生于之前曾热烈为之欢呼的东西，我又怎能不这样做？！

---

① 指在 felicidade（幸福）前加前缀 in-，成为 infelicidade（不幸福）。

　　然而，且允许我说一件乍看来有点毫不沾边的问题。所提出的是这个疑问：是否所有的动物都对它们的自然功能有所意识？以动物肢体运动的准确和及时来判断，答案是肯定的，都好像是专门为此训练的；事实上，所有的动物都对身体的各个部位有完美的控制。工匠熟练地使用工具，舵手随心应手地操纵船舵，画家毫不迟疑，信手运用复杂多样的色彩描绘一幅肖像，手与眼在颜料碟 ① 和画板之间灵活地运动；同样，动物也会任意支配身体。我们往往惊讶舞蹈家懂得用手势表达各种情节和感情，像讲演一样流畅地模仿各种表情动作：这种艺术给他的功能，动物是天然就有的。没有任何动物对肢体运动感觉有困难，对使用它们的方式丝毫也不犹豫。就这样，生来就知道运动它们，一来到世上就赋予了这些知识，可以说生下来就是已经训练好的。

　　有人反对说："动物适宜地活动肢体，是因为如果以别的方式活动，就会感觉疼痛。或者，用你们的表达方式说，他们是迫不得已的：是恐惧而不是意愿迫使他们准确的运动。"这种想法是错误的：动物仅仅当受到限制的时候才动作蠢笨，如果是自然地活动，就很灵巧。是怕疼决定它们的说法也不正确，即便在疼痛的作用下，动物也努力作出自然的运动。这同样发生在婴儿的身上，当他们想站立起来，保持平衡，他们开始尝试自己的力量。跌倒、爬起，哭过多少次，直到获得自然姿势的实践，不管疼不疼。有的动物长着甲壳，我们把它翻得背朝下，它便蜷缩起来，四肢摇动，直到成功返回正常姿势。一只翻得肚子朝天的乌龟不感觉任何疼痛，然而焦急地要翻回自然的姿势，不停地乱动，直到重新四脚着地。因此，所有的动物都对自然功能有意识，而正是因此，灵活地运用四肢；动物一出生便有这种意识的最好的证明，就是所有的动物都表现得立即就熟练地使用这些功能。

　　"根据你们所说，自然构造是某种存在于灵魂的主导原则与身体之间的关系。那么，一个婴孩儿如何能察觉，就连你们解释起来都困难的、那么复杂而微妙的现象？那得让所有的动物生来就必须是辩证的，才能够理解那种即便是对大部分穿长袍的公民 ② 都难以弄懂的定义。"假使我说过动物懂得"自然

---

① 原文的 cera 是蜡，而且是单数，查不到用蜡质作颜料的根据，陶瓷的写法也有 cera 这个成分，不知此处是否指色彩盘。

② 指贵族、知识阶层。

构造"的定义，而不是说它们知道自己的自然构造，那么这个反驳还有点道理。对大自然的直觉，比解释什么是大自然要容易得多。这就是说，婴儿不懂"构造"是什么意思，但是感觉得到自己的自然构造；一匹动物不知道什么是动物，但感觉得到自己是一个动物。还有，婴儿是以混乱、整体、模糊的方式感觉到他的自然构造。我们知道自己有个灵魂，可是我们不知道何谓灵魂、居住在何处、有什么属性、从何而来。相似于我们直觉到我们应该具有一个灵魂，虽然我们并不知道它的性质和位置，动物对它的自然构造也有直觉。它们必须感觉到某种存在 [1]，能让它们感觉到其他的别的事物；它们必须有一种所遵从的感情，某种制约它们的东西。我们所有人都知道存在某种产生我们运动的东西，虽然我们并不知道那是什么东西。知道存在某些特定的倾向，虽然并不知道这些倾向从何而来。相似地，婴儿和动物对他们存在的主体部分有某种意识，尽管不够清晰明确。

"你们说，"反对我们的人继续道，"所有的动物都立即适应自己的自然构造，并且说人的自然构造是理性的，因此，人不是作为动物而是作为人对其适应，既然人只以其之所以为人而骄傲。那么，一个还不是理性的婴儿怎么适应他的自然构造呢？"每个年龄段，有其独特的自然构造，从儿童到青年，从中年到老年，都各自不同。所有的人都适应自己年龄阶段的自然构造。例如一个孩子，还没长牙，就得适应这个结构。长出了牙齿，就适应新的情况。植物也是如此，麦穗青的时候有一种结构，刚钻出土地的嫩芽是另一种结构，然后茁壮成长，生出嫩麦秆，支撑吐出的麦穗，结种，麦穗成熟了，即将收割送到场院，麦穗变硬，不同的时段，就遵从和适应不同的自然结构。婴儿，儿童，青年，老年——是生活的不同阶段，我依然是我，我曾经是婴儿，曾经是儿童，曾经是青年。换句话说，尽管我们每个人的结构变化了，对自然结构的适应本身依然是同样。大自然把我托付给我照看，而不是托付给我一个孩子、一个青年或一个老年。因此，一个新生的婴儿适应他现在的出生婴儿的条件，而不是未来的青年的条件；即使是有另一个他应该进入的更高的阶段，并非就说明他出生的时候的条件不符合自然。动物开始于对自我的意识，因此需要一个中心参考点。如果我寻求快感，是为自己寻求。由此而来对自我的关照。如果我们

---

① 动物的自我生存意识。

避免疼痛，这样做是为了自我利益。假使一切都由重视我自身而做，那是因为小心照看我自身高于一切其他的。所有的动物，生而具有这一倾向 ①——天生的倾向，不是后天获得的。大自然循循善诱地而不是猛烈粗暴地养育它的幼仔。因为最近的就是最适当的保护者，所以每个动物自己负责自己的保护。由于这一原因，按照前面给你的信 ② 中所说的，即便是刚刚从母胎或卵中生出来的动物的幼仔，都天生地懂得危险能够从何处而来，避开可能使它造成死亡的东西；猛禽的影子在地面掠过，就足以让习惯的猎物躲藏到安全的地方。没有任何一种动物进入此生，不是立即就懂得死亡的恐惧！

"可是，是什么恐惧？"反对者接着说，"一个刚出生的动物，能够具有意识，知道什么对它有益，或者反之，能够杀死它吗？"让我们首先来研究是否动物有这种意识，并且不是以什么方式获得的。你看，它们有这种意识的证明恰在于它们的反应就像是有意识的。为什么一只母鸡不逃避一只孔雀或者鹅，而逃避一只比它小许多、从来没有见过的鹞鹰？为什么小鸡害怕猫却不怕狗？显然它们对那些对它们有害的有与生俱来的知识，不是从经验推断出来的，因为在经验危险之前，已经表现出恐惧。你不要想象这是偶然发生的：动物只怕它们的天敌，从来不忘记迅速防备，在这类敌人面前，总是赶快逃掉。况且，随着渐渐长大，并不变得更加胆小，由此得出结论，不是经验促使它们害怕，而是一种自我保护的自然本能。从经验而生的习性是更晚的，各种类型的，而天赋的是所有动物相同的，并且是生而即有的。如果你愿意，我能告诉你是如何使每种动物懂得哪种动物对它是有害的。动物知道自己是由肉体构成；立即就懂得什么东西能切割、烧烤、碾碎肉体，还有哪些动物是它们的危害，对那些动物，形成凶狠可怕的印象。这个过程是相互联系的：动物立即适应自我保护的需要，寻找一切对它有利的东西，以避免对它的加害。同一种天然的本能，使它寻找一切有用的，以避免一切有害的；无需任何反思，无需一点考虑，动物根据大自然给它的指示作出反应。君不见蜜蜂建造蜂巢的出色本领，驯服地接受分工？君不见蜘蛛以人类难以模仿的完善作网，布丝的巧妙，将一些丝拉直作底线，另一些丝织成环状，中心部位更密，边缘更稀疏，像一张

---

① 指生存意识，自我保护。
② 在书信第八十二和第一百十六，塞涅卡说到人的自我保护本能。

网，把要捕捉的小动物缠住？这种技术是天生的，不是学习的结果。因此我们在任何种类中看不到一只动物比别的更灵巧；所有的蛛网都相似，蜂巢里所有的小窝都是几何地相同。在学到的技术中，总是有某种犹豫、不同，而天生的技术总是一致相同的。大自然无非是给每种动物自我保护的本能和施展这种技能的灵巧，因此，在动物中，学习和生活是同时的事情。我们也不必惊奇动物天生的本能，非此它便无以生存。大自然从一开始就赋予它们生存不可缺少的装备：自我保护的本能。任何动物如果没有它就不能继续生存，然而，这种本能是，仅仅靠它不能够保证生存，可是没有它便没有生存的可能。你尚且在任何人中找不到，轻蔑自己，甚至对自己毫无兴趣的人。哪怕是最愚蠢的，没有能力表达的蠢物，都作出一切努力维护自己的存在，即便是在这个世界什么对他都毫无关系。你会看到最反叛的人，考虑到与他们性命攸关，而去帮助他人的保存①。

第一百二十二

天渐渐地短了，可即便如此，给那些所谓黎明即起的人足够的时间！那个天还没亮就去尽职尽责，站立着迎接第一缕阳光的人，才是更有贵族气质的，相反，阳光高照依然在赖床，直到中午才开始活动，那简直就是耻辱，对不少人来说，中午都还是太早的清晨！有的人没有区分夜晚和白天的概念，没有能力睁开眼睛，依然是昨夜的醉意沉沉，只有等夜幕再次降临。这种人的条件，很像我们的对跖人，像维吉尔说的，他们的生活与我们相反：

> 当初升的太阳车接近我们，马匹气喘吁吁，
> 黄昏之星开始照耀在他们的头顶。②

只不过，对跖的不是地理位置，而是生活方式，使这些人不同于普通大

---

① 此处应有所暗指：求生是人的本能。
② 引自维吉尔《农事诗》第一章。

众！就在这儿，罗马，有真正的对跖人，用大加图的话来说，从来没见过日出日落。怎么能相信这些人懂得**如何**生活，如果他们连**何时**都不知道。还说什么怕死，那些人宁愿活得像被埋葬了！这样的人不祥得如同猫头鹰！……哪怕是在他们生活的黑夜里享用再多的美酒，点燃再多的熏香，通宵达旦，把再多的时间消费在恶习中，享用再精致的千百种菜肴——所举行的不是盛宴，却更是自己的葬礼！只是对亡灵的祭奠，一般都是在百天举行！……

可是，对一个积极生活的人，任何一天都不太长。让我们延长生命：这种延长的理由、义务，仅仅在于行动。我们限制夜晚持续的时间，将其一部分时间转换，做白天的事。为了将来宴飨而饲养的禽类，被关在黑暗的环境里，为的是让它们不活动，容易长肥，因为完全不活动使身体增加脂肪，而暗中生活使它们变得体重膘肥。相反，喜欢夜间生活的人身体是变形的，脸色比病人的苍白更令人担忧：几乎成了透明的，有气无力，像是尚且活着的躯体上的烂肉。而我觉得这祸害还是小的，因为灵魂上的阴暗才是大中之大！他们的灵魂麻木不仁，躺在就连盲人都令他们羡慕的黑暗中。何况，谁在黑暗中生活，难道还需要眼睛？

你问我，如何在灵魂中产生这种避开白天，只过夜生活的陈腐糜烂的形式。所有的恶习都敌视大自然，躲避事物的自然秩序。放荡人生的目的恰恰是享受标新立异，不是稍稍偏离正道，而是离得越远越好，直至去过一种与一切正常相反的生活。要么就是你不认为在斋戒的时候饮酒，空腹饮酒，只在酒醉后才用餐，是违反自然？还有这种业余体育爱好者的罗马青年中习以为常的恶习，在游泳池边饮酒，周围都是裸体的泡澡客，然后到水里去清洗无数杯烈酒化成的汗水。午饭后饮，晚餐后饮，人人都饮！这是愚氓所为，而不是真正的享乐！醇酒只有不混合在食物间，才能使人品到快意，能自由地渗透到神经，当一切空间都属于它，微醺才是种享受①。

你不觉得一个男人穿女人的服装是违反自然？不觉得那些不合时宜地拼命让青春永驻的人是违反自然？还能想象得到怎么样更残忍、更可怜的命运，一个男人为了献身于另一个男人，永远成不了男人？！一个人，他的性应该不受强暴，为什么年龄都不能保护他免于受强暴？那些想在冬天要玫瑰的人，或那

---

① 塞涅卡说自己不饮酒。

些靠温室和适时的移植而成功地在雾天开出百合花的人，难道不是违反自然？在塔楼的顶上种果园的人，不是违反自然？那些在他们住宅的屋顶和晒台种出大片茂密的森林，使植物在正常情况下它们的树冠都难以达到的高度去生根，那不是违反自然？那些在大海之中修建温泉的地基，相信如果他们加热的游泳池不临风迎浪就不是超级时尚的人，不是生活在违反自然？而一旦一切都习惯于与自然的秩序相反，最终就将完全地背离大自然！

"天亮了：该睡觉了。是休息的时间了：快去锻炼身体，散步，吃午饭。将近黎明了：那是理想的晚饭时间。重要的是与所有的人不一样：像普通人一样生活，是庸俗的迹象。我们不按照别人的作息时间：我们自己决定什么时候开始和结束我们的一天！"

在我看来，这些蠢货都是纯粹的僵尸！说真的，这些人的生活，与死人，甚至早夭的人，除了有蜡烛和火炬的亮光，还有什么区别？

曾经有一个时代（我记得很清楚！）许多人过这种生活。其中就有老法官阿西流·布塔。在挥霍了大量的财产之后，去找台伯留哭穷。"你醒得晚了点！"台伯留回答他。尤利乌斯·蒙塔努斯是个还说得过去的诗人，他出名是因为台伯留对他始亲终疏，一天他朗诵一首诗，随意地从日出讲到日落。一个听众因为拖了一整天的朗诵而愤怒，说再也不会来听他的絮叨，于是，皮纳留·纳塔喊道："我太喜欢他了：我愿意从日出到日落！"当蒙塔努斯朗诵到这几句：

> 福珀斯 ① 开始放射出炽热的光芒。
> 天空现出玫瑰色亮光，忧伤的燕子，
> 在重新启程之前，用它尖细的喙，
> 给叽喳的小雏分食面包渣。②

一个叫瓦罗的罗马骑士、马尔库斯·文尼修斯 ③ 的朋友、盛大宴会的美食家，他的银舌头是进入豪宴的门票，喊道："那么布塔该开始睡觉啦！"过一会

---

① 指阿波罗。
② 引自莫莱尔的诗。
③ 罗马执政官。

儿，蒙塔努斯朗诵道：

> 牧人已把畜群赶入羊圈，
> 缓缓夜色给困倦的大地带来宁静。①

瓦罗又喊道："你说什么？已经是夜晚啦？那我得去给布塔请安啦！"

在罗马，没有比布塔完全阴阳颠倒的生活更出名的了。可是，正像我说的，在那个时代，许多人这样生活。有些人宁可喜欢这种风格的生活的原因，不是因为他们觉得夜晚有独特的魅力；而是他们对一切习以为常的东西的厌恶，是白天的光明使他们更加于心有愧，还因为这种情况：他们想要什么或蔑视什么，只根据是贵重的，或便宜的，因此免费的光明，只唤起他们的漠视。好像这还不够，行为放荡的人还企图让他们的生活，趁着还活着，成为世上流传的话题。因为如果没有人八卦，他们想象中就是浪费了生命。所以总是做些惊世骇俗的事情，引起街谈巷议。许多人设豪宴挥金如土，更多的人为情妇一掷千金，但是在这种环境下，要想出名，重要的是需要别出心裁而不是纯粹和简单的挥霍：在一座像罗马这样繁忙的城市，普普通通的堕落不足以为谈资。有一天，我们听一个善谈的人摆龙门阵，他叫阿尔比诺瓦努·培当，说当初住在一座与塞克斯托·帕皮纽斯的家毗邻的房子里。帕皮纽斯就是许多憎恨日光的人其中之一。"大约夜里九点钟，"培当讲道，"我听见鞭打的声音。我问发生了什么事：人们告诉我，他在同奴隶们算账。午夜左右，听见吵吵嚷嚷的。我问出了什么事。说是在清嗓子。清晨两点，我问那轰隆轰隆的车轮声是什么意思：先生去出游了！已经是黎明时分，忙忙乱乱，招呼奴隶、侍从、厨师，乱哄哄你方去罢我登场。出什么事啦？我们的先生刚洗完澡，要喝加蜜汁的酒，吃樱桃片糕！你们说这个人一顿饭持续一天还要长，不是的，相反，他活得那才叫俭朴，他唯一消费的东西，就是夜！……"当我们中的有些人把他叫作吝啬鬼，阿尔比诺瓦努·培当说："你们甚至可以说他靠灯油活着！"

你不该惊讶在恶习中能发现这样的奇葩：恶习是数不清的，有各种面貌，不可能把它们全部分门别类。从善是简单的；而邪路则是复杂的，可有无穷无

---

① 引自莫莱尔的诗。

尽的歧途。这同样出现在风俗习惯上：遵循自然的人，一切简易，毫无问题；仁者之间的风俗习惯，差别很小。相反，沾染恶习的人的习惯不但与正常人不同，他们之间也千差万别。我以为这种病态的原因，是对正常规范的厌恶。有的人欲以奇装异服、超时尚的饮食、宝马香车，显示与众不同；同样也愿意用在对时间的运用上，就是标新立异。他们不拘于普通的礼节，依靠变态赢得可怜的存在感，名声是这些人可谓阴阳颠倒的人生的全部所求。结论就是，路西利奥，我们要遵循大自然给我们指引的道路，一步也不离开它。如果我们遵循它，一切对我们都显得简单易得。如果企图违背大自然而生活，就无异于逆着海潮行船。

第一百二十三

抵达我的阿尔瓦别墅时，已经是深夜，精疲力竭，更是为一路的颠簸而不是漫长的行程。进到家中，找到的唯一备好的东西……就是饥肠辘辘！我决定更好地利用厨师和面包师让我等待的时间，靠在一张躺椅上休息一会儿。同自己对话：任何挫折皆非真正的严峻，如果我们坦然面对，如果不是我们决定把烦恼夸张并把它装在心里，我们什么心烦事儿都没有。我的面包师没有面包，总管，看院人，庄户，他们肯定有。"粗面包！"你会说。且慢，等一下它就会变成上档次的：不但如此，饥饿负责把它变成柔软雪白的面包！为此，只需要不饿得紧了就不去吃它。因此我决定等待，要么有人给我拿来好面包，要么我不介意吃块坏面包。我们需要满足于少许：即便是准备周全的富人，也会在什么地方，什么时候遇到困难。谁都不能拥有想要的一切，可是所有的人都能不去奢求所没有的，心满意足地利用环境所提供的。我们的自由，一大部分是取决于有教养的、习惯忍受逆境的胃！谁都难以想象，当我看到疲劳如何自己平复，所感到的快慰：我不需要按摩，不需要热水澡，唯一所需的良药就是一点点时间！休息一下，缓解疲劳造成的紧张，即兴的晚餐的味道，胜过接风的晚宴！我必须突如其来地试验一下我灵魂的能力，这样，试验的结果更直接，更符合实际。当灵魂预先有所准备，不论发生什么都去承受，它真正有多坚强并不是那么明显。灵魂坚定的最好考验，是接受临时发生的挫折，不但平静地，而且以好情绪接受；不愤怒，不抱怨，不嘟嘟囔囔；以无欲补匮乏，说服自己，对习惯来说可能是缺少点什么，但对自己来说，什么都不缺！

如果不是手头没有那些东西，我们察觉不到许多东西是多余的，意味着我们使用它们，仅仅是因为有，而不是应该使用。多少东西不是仅仅因为别人——大多数人！——买了，我们也要有。我们不幸的原因之一，就是总在模仿别人，我们不以理性为指导，而是被时尚牵着走。某些东西，如果使用的人少，我们就不想模仿，可是当成为普遍的潮流，我们就去追随——仿佛频率是某种价值的迹象！我们不是以善，而是以错为标准，只要那种错误是大部分人的习惯。就是这样，如今倘若没有一队努米底亚人骑马护卫跟随，没有步行的武士在前面开道，谁也不出行：没有奴仆去驱散路人清道，就被认为是社交上有失颜面，道上扬起的尘云，就显示出重要人物的到来！没有谁旅行时不是一队骡马，驮着著名工匠雕琢的水晶杯、玛瑙杯：仅仅带着让人看着寒酸的可以随便碰撞的行李旅行就是在社会上丢人现眼。所有人都带着年轻侍从，脸上涂抹着雪花膏，怕晒，又怕冷，免得损害了娇嫩的皮肤：在随从队伍中，有脸色健康的，不涂化妆品的年轻奴隶，那是社会耻辱！

必须避开和这种人攀谈，他们是恶习真正的搬运夫，从一个地方传播到另一个地方。你没准会想，最坏的一类是散布谣言的人，不是啦：还有散布恶习的人！没有比听他们说话更有害的：即便是他们的话语不立刻生根，至少在灵魂中留下一些种子，在我们离开他们之后，继续存在，并在以后再次顽强地冒出来。就像我们听完一场音乐会出来，美妙的旋律不绝于耳，余音袅袅，阻止思考，让人不能在更严肃的问题上集中精力；同样，听过阿谀奉承的和为恶习着迷的人的谈话许久以后，还会萦绕在脑海。不容易将这种诱惑的声音驱逐出灵魂：它继续轻轻地共鸣，周期性地涌现在思想里。所以，我们应该从一开始，就对这种有害的闲聊闭上耳朵，因为一旦我们接受，它们就会得寸进尺。可以保证，最终甚至会听到这样的话：

"美德，哲学，正义——所有这些都只不过是没有意义的喧嚣。幸福仅仅在于享受生活：吃，喝，大把地花钱，这才叫不忘我们是有死凡夫地活着！时间一天天度过，生命一去而不返。对此有什么怀疑？智慧又有何用？趁着血气方刚，应该享受快乐的年龄，却禁欲苦行，我们能得到什么快乐，不论禁与不禁，时间最终会拒绝给我们快乐。这难道不意味着我们提前死了，过早地放弃了死亡必将从我们这里夺走的快乐？你没有一个情人，也没有刺激情人妒火的娈童；每天走出家门从来也不大醉酩酊；你点菜就像得回去向老爸报账：这不叫生活，是看着别人生活！除非你是个呆子才去节省必然要留下的财产，拒绝给自己一切快乐不能叫你的继承人爱你而只能叫他憎恨你，因为你给他留下的越多，他越盼着你早死！不必理睬那些板着脸谴责他人生活的人，那些仇视自己生活的人，那些想给世界说教的哲学家；你千万别犹豫，比起好名誉，你宁愿要好生活！"我们要把这些腔调当作奥德修斯把自己绑在海船的桅杆上才敢去听的海妖的歌声那样避开。效果是一样的：使我们远离祖国，远离父母，远离朋友，远离美德实践，如果我们不远远地绕过它们，就会用无耻堕落的生活将我们碾碎 ①。我们更愿意走正路，坚持在这条道路上，直到只有符合道德的才能给我们快乐。这条道路就在我们的眼前，如果我们说服自己，只有两种东西，吸引我们的和吓跑我们的。财富、快感、美色、野心和其他美好的诱惑吸引我们，相反，苦难、死亡、疼痛、辱没、贫困，吓坏我们。所以，我们的责任，是获得一种修养，使我们既不欲此亦不惧彼。我们与两者斗，把阵地让给诱惑我们的，集中力量抗击进攻我们的。你不见上坡或下坡的时候我们身体的姿势不同吗？一个人向谷底走，身子是向后倾斜的，向上坡行走时，是前倾的。如果下坡向前倾，上坡向后仰，我尊贵的路西利奥朋友，那是违反自然规律的。对快感让步，就相当于下坡，迎战困难，就相当于上坡，在第二种情况我们集结一切力量攀登，前一种情况我们需要抑制自己。

你不要想，我只认为那种吹捧快感，唤起我们对苦难恐惧的谈话对我们是非常有害的，——似乎不如此，就不足以吓阻我们。不是的，我还认为那些使用斯多葛派的语言，只是为了把我们引入恶习的歧途的人是有害的。这是他们的想法：只有智者才娴于做爱！"只有智者能实践这一艺术；也只有智者才精于享用美酒，实践同性性爱。因此，我们研究娈童到什么年龄适合用于做爱！"这事儿就留着给希腊人去办吧。而我们首先思索这些格言："谁也不是偶然成为好人；美德需要学习。快感是低贱的、微不足道的东西，我们不应该给其哪怕最小的价值；非理性的动物也懂，甚至最下贱可耻的人都乐此不疲。声名是某种空洞多变的东西，比风还要轻浮。贫穷，只有对其愤愤不平的人，才是坏

---

① 葡萄牙文版注释：文字语义模糊，根据 F. Prechac 的整理翻译。

事。死亡并非一件坏事，而是，假使你想知道的话，在所有的人之间唯一的一律平等的形式。迷信是一种错误，一种疯狂，是恐惧神，而不是热爱神，是亵渎神而不是崇拜神。实际上，否定神或亵渎神，有何区别？"这才是我们不但要说，而且，尤其是，应该内化的东西。哲学不能为恶习提供借口。如果一个医生建议一个病人一切类型的放纵，那是因为他没救了！

第一百二十四

我能让你知道许多古人的规诫，
如果你不讨厌某些繁文缛节。①

你当然不会厌烦，没有能让你畏惧的奥妙精微。你卓越的修养不适合只探讨重大的问题，我还允许你总是从你的研习中寻找一些道德的进步，仅仅为的是，让你自己去探究，看到极端的缜密得不出任何结论。我尽量做好，免得是这样。

问题是这个：善是通过感官还是智力学到。再附带一点，在非理性的动物和刚出生的婴儿中，不存在善的意识。对那些认为快感就是至善的思想家来说，善是可感觉的；我们则相反，由于我们认为善是灵魂特有的东西，把它看成是可理解的。如果是感官判断善，那我们就没有理由拒绝任何快感，因为所有的快感都吸引我们、诱惑我们。反之，我们也从来不会主动自愿地忍受任何疼痛，因为任何疼痛都是对感官有害的。此外，那些过度喜好快感和最怕疼的人也就无需受到我们的斥责。何况我们还批评那些馋嘴的吃货和淫乱放纵之徒，看不起那些因为怕疼而不敢像真正男人一样有担当的人。实际上，他错在哪里？如果说事实上他们是在遵从感官，而善恶则由感官来判断？难道你们不是把什么是该追求的、什么是该避免的决定权，授予了感官？可是真实情况是，只有理性才有判断这个问题的权利：正如是由它来做出关于幸福、美德、伦理的决定，善与恶也是由它来确定。按照前面提到的思想家，就是授予低级

---

① 引自维吉尔《农事诗》第一章。

的部分对高级的部分的裁决权；换成别的话来说，是感官——模糊混乱的，动物比人更敏捷的——来宣布什么是善！一个哲学家会怎么说，在他看来最敏锐的感官是触觉还是视觉？一种都没有视觉敏锐的感官，负责分辨善恶！……你看这是对真理多么的无知，不见这个通过触觉决定什么是至善和至恶的哲学家，是将崇高与神性如何贬低？

"所有的科学，所有的技术，都需要有一个感官学习的基础，由此发展进步；同样，幸福也有其基础，最开始，有某种表现，由感官学到。就连你们自己，斯多葛派的幸福也以某种直接和明显的事物为出发点！"我们所说的是，幸福取决于符合大自然的生活；所谓"符合大自然的"是直接明显的给定，正像比如说"完整"，这个概念。这种与大自然的符合（此乃万灵自出生便具有的特性），我不把它称为"善"，而称为"善之始"①。你们把至善，也就是快感，给予婴儿时期，那就相当于说初生的婴儿已经起始于完人所达到的境界！这难道不是本末倒置？假使有人说，一个怀在母腹中的胎儿，性别不分，柔弱，不全，尚未成形，已经具有某种善，错误是普世地明显。那么，一个新生儿与尚在母腹中的胎儿，又有何区别？两者关于善恶的理解程度是相同的，一个新生儿没有能力理解善，就如同一棵树或一只非理性的动物。为什么一棵树或一只非理性动物中不存在善？因为缺乏理性。所以，在新生婴儿身上也不存在善，因为他尚缺乏理性。只不过是当他进入理性，即获得善。一只非理性动物是一回事，尚且不理性的动物是一回事，而一个尚且不完善的理性动物则是另一回事；任何这些动物中都不存在善，只有理性才允许其存在。我所说的这三种情况之间的区别是什么？非理性动物中永远不会有善，尚且不理性的动物暂且不存在善；在尚且不完善的理性动物中，能存在善，但此刻尚且无善。我重复一遍，路西利奥朋友：善不是存于一切和任何身体，也不是存在于任何年龄，与儿童时期的距离之远，就相当于终点与出发点，或完成的工程与最初的草图；因此，不存在于娇嫩的，尚在成长过程中的小身体里。在这个小身体里没有，如同在胎儿里没有。也可以用这样的表达：我们察觉一株树或一丛灌木有其特殊之善，但是并不是一从土里钻出芽来就具有这些特性。小麦也有特定之善，但是不是嫩苗的时候就具有，也不是麦子吐出嫩穗的时候，只有天气炎热完全

---

① 如孟子说的"四端"。

成熟的时候，麦穗才开始颗粒饱满。正如大自然中的别的生命，只有成熟时才表现出特有的优点，人的特殊美质也是在他进入完美理性时才出现。人的特殊美质是什么？我已经讲过：一个自由的、高尚的、一切遵从自己，不屈服于任何其他因素的灵魂。这种善，在儿童时期肯定不存在，毫不怀疑少年时期不存在，希望在青年时期存在是理想主义，在长期和不断的学习之后，如果能接近它，那已经是很老的年龄。如果说善是这样的，它显然是智力的。

"可是你说过的，"人们会反驳说，"树或灌木也有其特殊之善；因此，一个新生儿也有其特殊之善。"树和非理性动物都不存在真正的善；当我们说到其"善"，我们是用"善"这个词的转意。如果问我那是什么善，我会说：遵从自己的本性。善无论如何不能是非理性动物的特性，因为它是更有天赋的更完美的生灵特有的。只有存在理性的地方才有善。在大自然中有四类存在物：树，动物，人，神。这后两种，由于是理性的，具有相同的性质，两者的区别仅仅是一个有死，另一个永生。他们的特有之善，在神则是大自然提供的，在人则是长期学习而获得的。其他的生命在涉及它的本性方面是完美的，但并非绝对完美，因为缺乏理性。绝对完美是那种针对大自然普遍秩序的完美，这种完美是理性的；各种动植物只能是针对其本物种的完美。一个生物不自然地具有允许幸福的条件，对它就不存在幸福；而从幸福角度讲，取决于一系列的善。非理性动物不知何谓幸福，也不知允许幸福的那些条件，自然地，在非理性动物中没有善。非理性动物通过感官来学习现在，只有遇到刺激起它相似感觉的境况，才能回忆起过去；正如把一匹马带到一条熟悉的路附近，它能识别。但是在马厩，它没有对路途的记忆，尽管从那条路走过无数次。第三段时间，亦即未来，也是在非理性的理解之外。你看，我们怎么能想象那些缺乏记忆过去功能的生物的性质是完美的？时间有三个部分：过去、现在、未来。动物只有三者之中最短瞬即逝的现在受其支配；对过去的回忆是少见的，仅仅被当下所发生的境况所唤起。因此，一个完美性质特有的善，不能存在于非完美性质之中；如果不是这样，即是说，善本身在动物性的可及范围，那么植物便也可及。我不否认非理性动物，在看起来符合大自然的方面，具有某些强大的一定的倾向，我只是说那些倾向是无条理的，混乱的，而在善的定义上，从来不是无条理的，混乱的。"怎么是这样？非理性的动物的运动总是毫无规矩的，漫无目的吗？"如果它的本性是能感受什么是"规矩"，我会说是没规矩和没意义。动物按照它们的本性的运动。一件事物只有在其有可能被"规整",才说它是"没规矩的",就像是说一个有能力"安安静静"的人"坐立不安"。只有在一个能实践美德的生灵才存在恶习。非理性动物特有的运动类型,仅仅是它的本性所允许它的。可是为了节省你的时间,就算我们承认非理性动物中有某种善,某种美德,某种完美;可是这种善,这种美德,这种完美没有绝对的价值。这种绝对价值是理性生灵所专有的,他能知道为什么,在什么限度,以什么方式采取行动。总而言之,善存在于有理性者。

现在,你想知道这么一大篇论述目的何在,能给你的灵魂带来什么益处。我就说到了。首先,用来训练灵魂,使它敏锐,让它在致力于不断活跃的严肃倾向中,得到一点乐趣。此外的作用是,制止人有恶习的倾向。可是我还要对你说:没有任何方式,比让你了解自己的善对你更有用,更将你与非理性的动物分开,把你置于与神为伴。最后,我问你,为什么你要锻炼体力?大自然给许多动物,驯养的或野生的,更多更大的力气。为什么你要打扮自己?任凭你怎么打扮,许多非理性动物都比你好看。你为什么小心翼翼地梳理你的头发?像波斯人那样的披散着,像日耳曼人那样扎起来,像西古提人那样竖起来——马鬃更密,狮子毛更美。即便是你想练习赛跑,永远比不上野兔的速度。你不愿放弃这种必然会失败的,不是你的专长比赛,而去致力于你独有之善吗?这种善就在于美丽而纯洁的灵魂,神的仿形,在芸芸众生之上,无需求助任何自身之外。你是一个理性动物。什么是你特有之善?完美理性。要追求将其升华到最高的等级,让他尽可能地发扬光大。只有当所有的快乐发自你的内心,当看到那些人们拼命争得、野心获得、视若珍宝而收藏的东西,没有你喜欢的,更确切地说,连想要的都没有,才能认为你自己是幸福的。我送给你一句座右铭,用来评价自己,验证你完美的程度:当你确信,这个世界上的幸福是人最大的不幸,你便拥有了自己唯一的善。

残 篇

奥卢斯·格利乌斯^①，第十二卷^②：

我并非必须赞美塞涅卡的才华，也无意批评他所有的著作，可是我把他对西塞罗、恩纽斯、维吉尔的评判表述于此，请读者自断；我们将看到这些评判的价值。在他写给路西利奥的《道德书简》第二十二卷^③的信中，称恩纽斯描写老英雄塞特古的诗作是"滑稽的"：

> 从前，他的同胞们，生活在当时的，
>
> 和占有历史地位的人，
>
> 称呼他为"精英"和"可信的精髓"。^④

接着，在涉及这些诗句的时候，又说道："让我吃惊，作为那么雄辩的人们，喜欢恩纽斯到如此程度，把他可笑的句子说成是杰出的。甚至一个叫西塞罗的人，都把这些诗句当作他的佳句来引用！"^⑤关于西塞罗，他说了这些话："我不惊奇有人能写出这样的句子，既然出现能赞美它们的人；除了西塞罗，身为他那样的伟大讲演家，竟然站出来为了给自己护短，好让自己的诗也成了佳句。"过一会儿，又写出这样恶心的话："在西塞罗的作品中就可以找到段落，甚至散文里，显示出他没有白白去读恩纽斯。"接着，他引用西塞罗的段落，批评里面恩纽斯的风格，例如《论共和国》里的这句话："斯巴达的墨涅拉俄斯讲话的时候，带点快乐的轻松"；还有，在同一部书："在他的讲话中采用短雄辩。"最后，故作诙谐，好像为西塞罗的错误开脱："这种恶劣的文风

---

① 奥卢斯·格利乌斯（Aulius Gellius），活跃于公元 1 世纪的古罗马作家，著有《阿提卡之夜》（*Noctes Atticae*）。

② 本篇引自《阿提卡之夜》第十二卷，文中的楷体字，是引用塞涅卡《道德书简》的第二十二卷。

③ 葡萄牙文版注释："奥卢斯·格利乌斯引用《道德书简》第二十二卷的内容，然而传统的手抄本只有二十卷，这说明塞涅卡这部书的原著比我们掌握的要多许多。"

④ 引自恩纽斯《编年史》。

⑤ 引自西塞罗《布鲁图斯》58—59。

不专门是西塞罗的，而是那个时代的，当世人都读那些书，他不能独出心裁！"最后说，西塞罗把这些恩纽斯风格的文字塞进作品，是为了避免人们指责他的语言过于优雅鲜明。

关于维吉尔，在同一卷里他这样写道：

> 如果我们的维吉尔在这里那里强加入一些艰涩凝重的诗句，用过度长的音节，只是让恩纽斯的粉丝团能够在现代诗歌里，寻找到一丝古色古香。

虽然，我已经厌倦了塞涅卡。但不想放过这句话，是他缺乏优雅的精神的上好证明："恩纽斯有些特别深刻的思想，尽管是写给带羊骚味的读者，也许有可能让今天洒香水的读者喜欢。"在批判上面引用过的关于塞特古的诗句的时候，他说："一个欣赏这样诗句的人，显然也会喜欢索特里尔的床。"

不管是谁愿意，说塞涅卡值得让青年人阅读和学习，他觉得古代作家的严肃和声调完全可以比作索特里尔的床，亦即破坏了美的家具，已经过了时，枯燥无味，没有人喜欢。尽管如此，塞涅卡有一些值得引用的、不愧提到的东西，比如他对一个不可能再贪的、受钱财的渴望所折磨的守财奴说的那句绝妙的话："如果你不拥有的要多得无数，你拥有那点财产又有什么重要？"

译后记

2009年圣诞节前，里斯本大学的坎坡斯教授送我两本书。我想那是圣诞礼物的意思，虽然他并没有明确地这样说。与他结识，是有时他来和我探讨关于《论语》方面的一些问题。他是位希腊/拉丁文和古典哲学教授，两本书是他的译著。其中的一部，便是古罗马政治家、戏剧家和哲学家塞涅卡（公元前4年至公元65年）的书信集，750多页。另一部是亚里士多德全集中的《论题篇》，500多页。

我没有哲学方面的基础，更不用说古典哲学。面对两本装帧精致的书，还是忍不住翻阅一下。读亚里士多德的书，需要深奥的基础学识，光是里面的希腊文字就如天书一般，倒是塞涅卡的这部书信集，比较亲切易懂，读起来好像聆听一位古代哲人的教诲。里面不少的思想，甚至能和中国古代的哲学家相印证。比如，关于朋友之间的信任原则，可以比较《论语》中的曾子曰：吾日三省吾身：为人谋而不忠乎？与朋友交而不信乎？传不习乎。关于贫富这个永恒的人类社会主题，塞涅卡的观点，也让人想起孔子和子贡的对话，子贡曰：贫而无谄，富而无骄，何如？子曰：可也。未若贫而乐，富而好礼者也。塞涅卡认为世间唯一的财富就是道德财富。

毕竟是外文，读起来总不能像中文那样流畅，常常对语义产生疑问，需要思索语句与文章所表达的主旨之间的逻辑联系，思辨内容，理解起来，比较费力，有时需要用中文把一些复杂的复合句整理出来，最初的几封信篇幅短小，于是一边读，一边翻译了几篇，放在自己的网上博客里。当时将这些书信翻译成中文，仅仅是为了阅读时理解的方便，用我比较习惯的中文思维，理解文章的逻辑，寻找主题。虽然最初不过是顺便写在了电脑里，当把全文的意思理顺时，也是一种快乐。既然翻译出来了，也想与交友上的朋友们分享文中的一些警句，尤其读到他对时间流逝去而不返的感慨时，没有些年纪的人是很难体会的。年轻人是时间的富翁，却也不该荒废。至于发表这些译稿，并不说明全部赞同他的想法，哲学家的有些观点似乎还是值得探讨的。就这样渐渐积累起来四十余篇。不时有一些网上读者会发表一些评论和鼓励的话，于是开始有了把全部著作翻译出来的想法。从零散的翻译，变成系统的、集中精力来做这件事。陆陆续续的，就有了今天的这部译稿。

因此提醒读者，这不是一部学术性的翻译，不是以研究哲学和历史的角度来翻译，而是博客式的，与朋友分享的那类。就如同每天有些想法，或读到一些觉得有意思的东西，在网上发微博那样的内容。完全有可能，有些术语甚至词句，跟那些从其他语言翻译的有差别。可是翻译这件事情，总不比读原文原著，有差异是难免的。比如我们不懂得梵文，就读中文的佛经，但是也有翻译成英文的佛经，读起来就与读中文的佛经感觉不一样，可是我们不能就因此而断定，英文翻译错了。其实很好理解，即使是用现在的中文解释古汉语的经典，也有各家学派。这样说，也是为可能出现的差异做个辩护。

这部书原文是用拉丁文写成，我所根据的原本是古本江基金会出版的葡萄牙文版。这个葡文版是直接从牛津大学出版社 1965 年拉丁文版翻译的。既然依据的版本是翻译著作，对原作者的思想已经经过"加工"，我所看到的内容，应该说是译者的理解。这样就必须考虑葡萄牙文版的可靠性。首先我觉得直接从拉丁文翻译，在今天可能性是比较小的，那么就看一下，从葡萄牙语翻译，比从其他西方语言翻译，究竟有没有优越性。

葡萄牙语最初源于拉丁语，主要词汇至今保留着拉丁语基本的含义和书写形式，葡萄牙语与拉丁语的关系，几乎相当于现代汉语和古文言的关系。古代葡萄牙大学，讲授的语言就是拉丁文，天主教神父们在教堂的讲演，也直接使用，或大量引用拉丁文，拉丁文之于葡萄牙的知识分子，就如同中国古代士大夫看待文言文。十六世纪的葡萄牙大诗人卡蒙斯在他的著名史诗《卢济塔尼亚人之歌》第一章第三十三节中写道，爱神维纳斯钟爱葡萄牙人的原因之一就是："他们的语言更令人幻想，简直是稍不纯正的拉丁语"。相似到什么程度，我们来比较拉丁语在《道德书简》里面的一些词汇，拉丁文 / 葡萄牙文：epistulae morales ad lucilium/epístolas morais a Lucílio（致路西利奥的道德书简），naturales quaestions/questões naturais（自然问题），uirtus/virtudes（美德），dicis, dices/diz, dizes（说，你说），uita beata/vida beata（幸福生活），sequi naturem/seguir natureza（遵循自然），affectus/afectos（情感），ratio/razão（理性），summum bonum/sumo bem（至善），honestum/honesto（诚实），tranquillitas animi/tranquilidade do ânimo（alma）（灵魂安静），officium/ofício（义务，职务），amicita/amizade（友谊），spiritus/espírito（精神），mundi/mundo（世界），fatum/fado（[注定的]命运），fortuna/fortuna（命运[福祉，财富]），causa/causa（原因），prouidentia/providência（天意），sapientia/sapiência（智慧），sapiens/sábio
（智者，圣人），opinio/opinião（意见，舆论），uoluptas/volúpia，voluptuosidade
（淫欲，好色）。

我们可以看出，书写形式的变化，主要反映了语言的发音，如 p/b, g/q, t/d,
就好像中国北方人轻浊辅音不辨，还有些字母在古代通用如 u/v，现在分成两
个字母。可以说拉丁文与葡萄牙文许多字词，尤其是知识类的词汇的词根，基
本没有变化。所不同的主要是后缀，表示词性如名词、动词、动词变位和一些
词语关系的结构有不同。

葡文版译者若泽·安东尼奥·瑟古拉多·坎坡斯（José António Segurado e
Campos），是里斯本大学文学系拉丁文和希腊文教授，1964 年进入该大学任讲
师，1974 年获得博士学位。博士论文就是关于一篇被认为是塞涅卡所著的悲剧
《奥克塔薇娅》，还发表过许多关于塞涅卡悲剧的研究。除了塞涅卡，他还研究
过维吉尔的拉丁文史诗。拉丁文与葡萄牙文有这样可靠的血缘关系，再加上这
样一位拉丁文、希腊文专家和研究塞涅卡的学者的工作，我们完全可以信任葡
萄牙文版本的可靠性。

然而，终究是译本，不是原著。就像我们读古人的文言文，每个人的理解
都有所差异，难免添加了译者的感情。以前，我在葡萄牙教葡萄牙人学汉语、
写汉字的时候，每个字给学生写个字头，然后让他们抄写五遍，这五个字越来
越不像，到最后一个，简直就是他们自己发明的汉字了。因为他们抄写下一个
字，对照的是前面自己写的字，每个字都变化一点儿，结果就面目全非。翻译
也是这样吧，每个人的理解力不同，知识水平不同，生活经验不同，习惯用语
不同，何况，有另一个语言里没有的词汇和概念。何况，同一本书的原文，读
者如果理解都不同，如何使一本著作的翻译相同？可以想象，从拉丁语翻译到
英语和葡萄牙语，或者别的什么语言的时候，译本会有多大的差别。如果比较
一下从英文版和葡萄牙文版翻译成的中文版，就很有可能会发现这种差别有多
大，也可能就像我那些学汉语的学生写汉字。为了不至于离原著的本意太远，
我尽量使译文忠实于葡萄牙文的原文，因此用词、句式会显得有些生硬。有一
种翻译，是表现自己的才华；另有一种翻译，只是想告诉读者，原著想说什么
而已。好像有人说，好的作品，有了权威的翻译，别人就该住口。我觉得有点
霸道，就好像一部原作，谁都有权利去读，并且可以有自己的理解。作者都不

会禁止别人阅读和理解他的作品。塞涅卡的著作，显然不是专门写给哲学家的，每个读者都有权利阅读，都不非得具备古典哲学知识后才配去读，或者才能读懂。翻译者也是如此，把自己对原文的理解表达出来而已。翻译与创作，用的不是同一种制式的大脑。属于不同的思维模式。创作是发挥想象力，自由地表达。海阔凭鱼跃，天高任鸟飞，甚至可去追寻引力波。过去未来都在笔下。翻译则不同，翻译是阅读、理解、表达，而且是在作者的思维框架内表达，是鱼缸里的鱼。翻译，就是阅读和理解，并且把它说出来而已。

关于哲学家名字和他的著作的中文译名，最开始是在网上随便查到的，网上所用的有塞内卡、塞内加、塞涅卡等。而在《辞海》中，哲学家的中文名字为"塞涅卡"，书信集的译名为《论道德的书简》。而葡萄牙文的书名直译则是《致路西利奥的书信》，拉丁文书名直译《卢修斯·阿内乌斯·塞涅卡致路西利奥的道德书简》，共124篇（另有一篇残章）。路西利奥的名字根据葡萄牙文音译，似乎也可以采取从拉丁文音译，则为卢西留斯。书中的古代哲学家的名称，根据《辞海》和网上百科信息翻译。如未查明者，均采用音译。

塞涅卡，公元前4年至公元65年，古罗马哲学家、戏剧家、诗人、政治家。他出生在科尔多瓦，儿童时期就被父亲带到罗马，从师许多哲学学派的大师。他是斯多葛派的重要代表人物之一。曾经当过尼禄的老师，在尼禄当政的青年时期，做过尼禄的顾问大臣。尼禄独裁者和暴君的真实面目逐渐显露出来后，公元62年，塞涅卡向尼禄提出辞呈，65年，尼禄认为塞涅卡参与了推翻他的阴谋，命塞涅卡自杀。生活在暴君的身边，塞涅卡一直感觉到死亡的威胁。塞涅卡在写这些信的时候，已经是晚年。他身患哮喘、痛风，都是非常痛苦的疾病，时刻有死亡的危机和病痛的折磨，使他不断地思考生死的问题，这种忧虑表现在他的许多信中。塞涅卡致路西利奥的《道德书简》，被认为是他的著作中最重要的一部。关于路西利奥，若泽·安东尼奥·瑟古拉多·坎坡斯教授在葡文版《引言》中已经说明，在此不作赘述。

前面说到，开始翻译塞涅卡这些书信时，是觉得这些信写得很有哲理。人们说，塞涅卡的著作，有时代的超越性，这说明他对人性本质的观察之深刻。读他的文章，让人们觉得，两千年前的社会、人物，都在当下找得到影子。奢华，奴役，生老病死，都没变，这就是人性。有人性中理性的一面，有社会现实中残酷的一面。一个古人能够思索这些，令许多今人无限感慨。书信的内容十分广泛：关于自由、勇敢、热爱祖国、社会责任、美德的内涵、时间财富、如何阅读、交友重信、珍惜生命、哲人无忧、乐在分享；关于死亡、自杀、自由、社会责任、什么是社会；内容还涉及逻辑、修辞、文风；对日常生活的观察，如种植葡萄、嫁接、移植橄榄树；还有关于古罗马建筑、装饰、菜肴、奢侈之风、纺织技术、人工养鱼、奴隶的处境，等等。

塞涅卡是古希腊哲学的传承者，书中有大量关于西方文明源泉的介绍和批判。如果比较孔子、苏格拉底、释迦牟尼的生活时代，就会发现，他们几乎都是在同一个地球人类历史时期。孔子生活于公元前552年至前479年，苏格拉底生活在前470年至前339年，释迦牟尼最早，也在公元前564年至前484年，还有人说佛陀生活于前624年至前544年。从历史的视角来看，这些古代文明的圣人，几乎都在同一个时代，年谱上的时间甚至都有交集。这不能不说是个奇异的现象。这些人的同时出现，究竟是地球气候适于经济发展的原因，因而出现足以产生文明思想的经济文化基础呢？还是那时候的神，或制造了地球文明的外星人，有意送来了一些"观念"给人类呢？塞涅卡的这些信中，有时候会发现古代的希腊罗马哲学家，与中国古代的老子、庄子、孔子、孟子，有许多暗合之处。孔子的仁义信勇，老子的善恶、无为、相对还有庄子的死生、孟子的恻隐之心，所不同之处，在于塞涅卡关于理性与神性的一致性。

翻译塞涅卡，并非代表译者完全认同他的观点。这本书的信息量非常大，从中可以了解塞涅卡和希腊罗马人的思想，可以了解古罗马的社会，罗马城的日常生活场景，奴隶制度之下，奴隶主的穷奢极欲和奴隶的悲惨处境以及反抗精神。

在翻译第九封信的内容时，译者就感觉里面的观点比较难以接受，作者在论述他的观点时，似乎也十分费力，因此篇幅才那么长。在我看来，论据和结论都还是比较勉强。比如，说朋友像雕像，失去一个再雕刻一个补上位置。我以为是不可这样替代的。他还用爱情比喻友情，假使这样推论就会被引申成：失去一个爱情，可以再弥补一个爱情。这里说明一下，免得被认为我翻译这篇书信，是赞同他的思想。又如第十四封信的主旨是明哲保身。再次申明，翻译并不表示认同他的全部思想。

但是这些书信，可以当作真实的历史资料来读，让人们能够管窥古罗马的社会。好像我们在博物馆看到古罗马文明的一片化石：两千年前，西方的一位哲学家在暴政和战火的危险中，对生存的忧虑："我们会惧怕贫穷、疾病和权势者罪恶的暴力。三者之中，最震撼我们的是他人滥用权力造成的灾难，因为会伴随着巨大的动荡和混乱。自然灾害、贫穷和疾病，都是静静地发生的，并不通过视觉和听觉引起恐怖。而第三种灾难发生在一片喊叫中：刀剑，烈火，铁链，经过训练的成群猛兽，将人撕碎，肝肠涂地。想象一下这时的情景吧，监牢，十字架，绞架，拖尸钩，穿透身体从口中钻出的木桩，被车裂的肢体，用可燃物编织再涂满燃料的火刑袍和一切人们居然还能够残忍发明的别的酷刑。""智者使用同样的方法：避开伴随在危险的权势者身边，但是小心不要表现出是在躲避他。安全大部分取决于我们寻求它而不过分的明显，因为我们回避某些事，就相当于我们在谴责它。故当以一切谨慎防范小人。"人类社会就是在毁灭与反思中，寻求着道路。

第十八封信中，有些文句令人感觉某种贵族与奴隶、富人与贫民地位平等的思想正在塞涅卡的思想中冒出萌芽。有些段落令人联想到"众人皆醉唯我独醒，举世皆浊唯我独清"那种中国古代哲人的思想。从描写伊壁鸠鲁为自己吃了不到一个铜板而吹嘘的故事中可以看出，当时人们的思想和行为都处于比较幼稚的时期，很有些像战国时期的百家争鸣中所争论的，摩顶放踵，拔一毛以利天下而不为也，颇有相似之处。可爱的是塞涅卡对饥饿时进食的细微体会的描写，还有贵族们挨点饿，竟觉得自己那么高尚！那时的哲学，是人类开始对自身的觉悟。塞涅卡已经意识到命运的不公。

塞涅卡的信中，反映出废除奴隶制的一个原因。奴隶主养活奴隶成为负担。这篇书信很有意思，它透露出奴隶制的一个问题，甚至是最终废除奴隶制的另一个原因：奴隶主为养活奴隶感到成为一种负担。你看他说：穷人的"周围没有一大群奴隶，为了养活他们，必须依靠遥远地区的富庶。没有要养活半打有着健康习惯的胃口、除了吃饱没有其他奢望的人的问题"。还记得塞涅卡在第四封信中关于当时尖锐社会矛盾的叙述："那个为了不继续忍受主人的辱骂而跳楼的奴仆，那个为拒捕而用匕首自尽的逃亡奴隶。……你可以肯定这一点：一个不在乎自己生命的人，绝对是你的性命的主宰！你来查阅一下死于奴隶之手的案件吧，或是暴力的，光天化日的，或是阴谋设下圈套的，你会发现死于奴隶之怒比死于国王之怒的绝不在少数！"可以看出，奴隶制的解体，首先是由于奴隶的觉醒和反抗。但站在不同的立场，结论是不一样的。第四十七封书信是对奴隶地位的反思："好好地想一想，这个被称为你的奴隶的人，和你生于同样的种子，享受同样的天空，呼吸同样的空气，像你一样有生也有死。你作为自由人看着他和他作为奴隶来看你，有着同你一样的权利。"他的思想虽然没有到反对奴隶制度的高度，但是已经有奴隶也是人而不是牲畜的思想。

许多信件中，反复的主题是对死亡的思考，这大概是塞涅卡感觉到死亡威胁的原因，如葡萄牙文版的《引言》所说，他认为"死亡是可能保证自由的唯一方式"。需要指出的是，关于这一点，在大量的文章中，塞涅卡谈到自杀并为之辩护，可以在一定的条件下，以这种形式放弃生存。从某种意义上说，塞涅卡是自杀的辩护士，甚至是因为，或许是人能表现完全彻底的自由的唯一境况。正如他在一封信里说的，没有谁能自由地选择生的时刻，可是每个人都有选择他想在哪个时刻死的自由。然而他不主张任何情况下的自杀，而专门是指当只有放弃道德之善才有可能继续活着的时候。因此，比如说，塞涅卡只在患了无法医治的病，如果疾病让人的理性混乱，才接受自杀，可是，如果唯一的目的是避免身体的疼痛，则不接受。然而，塞涅卡根本上是主张自愿死亡，当外界条件，具体说，政治条件变得使人不可能有尊严地生活的时候，意思是不能严格遵循道德价值观生活。

葡萄牙文版的翻译者坎坡斯教授认为，这部书信集是塞涅卡与路西利奥的真实通信。但是，也有人认为这部书信集可能是一种文章体裁，别忘了他是戏剧家，所以很容易想象一个通信的对象。根据他的书信几乎每篇一个题材来看，这种说法也很可信。他在一封信中说："我在为子孙后代而奋力。我要编撰一些将来对他们有益的东西。把一些像良方药剂一样有益的告诫写在纸上，我在自己的创伤上试用过，因此知道它们是有效的。"况且，至今没有人发现路西利奥给他的通信。通信的一方保持得这么完整，另一个通信者，几乎没有信息，这似乎难以让人相信。

读塞涅卡的这些书信，就像在看现实主义的绘画，对当时的社会生活描写得非常细致。两千年前的古罗马帝国贵族生活，自由民，工匠，奴隶，斗兽场，论坛，元老院，社会制度，贵族的骄奢淫逸，奴隶的生活地位和工作，叫卖奴隶的市场，公共洗澡堂，夜晚的晚会，剧院的前十四排专门留给骑士团……这些比看电影、小说真实，比读历史具体。还能看到人类理性思维的那个发展阶段。一个文明的兴起、衰落，都是很快。塞涅卡在信中有许多描述贵族奢侈生活的场面，这让人想起司马迁的《史记·货殖列传》，汉朝从秦朝的废墟中建立的时候，天子都找不到四匹一个颜色的马来驾车，到了文景之治之后，社会就变得非常富裕，也滋生了极端的奢华，连奴仆都穿丝绸的衣服。这才不过七十年。古人说，由俭入奢易，由奢返俭难。奢侈是人的本性吗？

如果我们在博物馆看到一件两千年前的精美文物，在一座古老的遗址看到一块碑刻，在一座千年古刹看到一幅气度宏伟的壁画，我们会感到敬畏，发出惊叹，想象那时的社会、文化，而读塞涅卡就好像是聆听从久远的时空穿越而来的一个老人给我们描述关于那些文物古迹的活生生的故事。那个时代人们的经历、危险、忧虑、思想和情感，使得那些文物和历史遗迹突然变得更生动，更加富于声色，被活生生的行动、对话、情景、各种人物的灵魂的影子所填满。使人学会聆听，更加相信因为人们对于现代历史和现实的编造和谎言而使得我们疑古的历史确实发生过。人类在社会行为方面，人性的本身如果说没有太大的改变的话，而所改变的那些，说不定就是变得更加不那么天真了。这部书信集，就是一座真实的历史和思想的博物馆。

这些书信的翻译稿件，由于最初是发表在网络的博客里，因此有意识地使用了一些网络流行语，我想塞涅卡如果生活在今天，也不会反对，因为他的目的，主要是吸引并且指导年轻人。塞涅卡说，人的心灵中，都有潜在的理性，也就是善的种子，或许，使用现在的语言环境，更容易诱发人们心灵中美德古莲的种子发芽。身在天涯一角的小城，没有什么可参考的书籍，前面所坦言的有关哲学方面的知识的贫乏，希望得到读者和专家的指教，尤其是谅解。

2016 年 3 月 13 日，于里斯本